高等职业教育汽车类专业校企合作“互联网+”创新型教材

汽车机械基础（少学时）

主　编　谢少芳　卢晓春
参　编　陈　翔　伍文艳
主　审　吴　晶

机械工业出版社

本书是在基于企业对技能型人才的实际需求，对接行业企业职业标准及能力培养要求，对学生应具备的知识结构和能力结构进行精准定位的基础上编写而成的。

本书内容分为五个单元，包括汽车机械基础总体认识、汽车动力装置常用机构、汽车传动装置常用机构、汽车常用零部件及机械创新设计，每个单元又分成多个任务。全书对汽车各类型机械的基本概念、类型、原理、特点以及具体应用进行了详细的介绍，采用双色印刷，图文并茂、生动形象。

针对汽车机械原理性等难点讲解时，还配有二维码，学生可通过扫描二维码实时查看相应的动画，一目了然。通过对本书内容的学习，学生可掌握汽车机械的相关基础知识，为以后专业课程的学习打下基础。

本书可作为职业教育院校汽车相关专业的教材，也可供汽车维修技术人员及汽车爱好者学习与使用。

图书在版编目（CIP）数据

汽车机械基础：少学时/谢少芳，卢晓春主编. —北京：机械工业出版社，2021.8（2026.1 重印）
高等职业教育汽车类专业校企合作“互联网+”创新型教材
ISBN 978-7-111-68566-1

Ⅰ.①汽…　Ⅱ.①谢…　②卢…　Ⅲ.①汽车-机械学-高等职业教育-教材　Ⅳ.①U463

中国版本图书馆 CIP 数据核字（2021）第 124116 号

机械工业出版社（北京市百万庄大街 22 号　邮政编码 100037）
策划编辑：蓝伙金　责任编辑：蓝伙金
责任校对：张　征　封面设计：鞠　杨
责任印制：刘　媛
北京建宏印刷有限公司印刷
2026 年 1 月第 1 版第 10 次印刷
184mm×260mm · 14.75 印张 · 404 千字
标准书号：ISBN 978-7-111-68566-1
定价：49.50 元

电话服务　　　　　　　　网络服务
客服电话：010-88361066　　机　工　官　网：www.cmpbook.com
　　　　　010-88379833　　机　工　官　博：weibo.com/cmp1952
　　　　　010-68326294　　金　书　网：www.golden-book.com
封底无防伪标均为盗版　　机工教育服务网：www.cmpedu.com

高等职业教育汽车类专业校企合作“互联网+”创新型教材

编写委员会

序

教材是教学过程的主要载体，加强教材建设是深化教学改革的有效途径，推进人才培养模式改革的重要条件，也是保障教学基本质量、培养高端技能型人才和技术应用型人才的重要基础。

为了深入贯彻党的十九大精神和全国教育大会部署，落实党中央、国务院关于教材建设的决策部署和《国家职业教育改革实施方案》有关要求，弘扬劳动光荣、技能宝贵、创造伟大的时代风尚；深化职业教育“三教”改革，突出职业教育的类型特点，统筹推进教师、教材、教法改革，深化产教融合、校企合作；适应新时期汽车行业的快速发展和汽车产业转型升级需要，实现“专业设置与产业需求对接、课程内容与职业标准对接、教学过程与生产过程对接”，推进高等职业教育汽车类专业的高质量发展；我们在市场调研和专家论证的基础上，组织了由一批优秀高职院校名师和一线企业专家组成的编写委员会，以校企合作形式，共同编写了本套“高等职业教育汽车类专业校企合作‘互联网+’创新型教材”。

一、编写依据、指导思想和编写原则

1. 编写依据

以教育部《关于组织开展“十三五”职业教育国家规划教材建设工作的通知》（教职成司函〔2019〕94号）文件精神和2021年教育部颁布的职业教育专业目录为依据。结合汽车行业发展，重点开发新能源汽车、智能控制技术、智能网联汽车等急需的战略性新兴领域。

2. 指导思想

本套教材以“一主线三融合四服务”的构建思路。“一主线”，即以能力培养目标为主线。“三融合”，即融合企业职业标准，融合知识、能力及素质培养，融合线上线下+课内课外学习；“四服务”，即内容体系为认识规律服务，理论基础为技术应用服务，媒体资源为教学（自主学习）服务，教学模式为教学目标达成服务，实施课程体系改革并系统建设立体化教材。

3. 编写原则

以“必需、够用”为编写原则，以企业需求为基本依据，兼顾行业升级需要和降低城市雾霾等环境保护的新要求，突出新能源汽车等新知识、新技术、新工艺和新方法。

二、教材特色

从企业实际出发，以培养技术应用型技术人才为主，在总结多年教学经验和已有教材的基础上，充分吸取先进职教理念和方法，形成如下特点：

1. 突出职教特色，坚持质量为先

遵循技术技能人才成长规律，知识传授与技术技能培养并重。配合推进三教（教师、教材、教法）改革，创新新编写模式。以“理实一体”为编写理念，以企业需求和岗位需要为依据，对接职业标准和岗位要求，突出职业岗位核心能力的培养，加强技能训练。

2. 突出“校企合作，产教融合”，提高与行业企业的契合度

坚持产教融合，校企双元开发。强化行业指导、企业参与，注重吸收行业企业技术人员、能工巧匠等深度参与教材编写。课程以最新专业目录为依据，结合产业转型升级需要，及时将产业发展的新技术、新工艺、新规范，包括智能网联汽车、新能源汽车技术、汽车智能制造技术等融入教材。

3. 体现“互联网+职业教育”，提高师生的满意度

围绕“互联网+职业教育”发展需求，探索配套资源开发、信息技术应用，统筹推进的新形态一体化教材。配套多种形式的数字化教学资源教材，为教学组织提供较大的选择空间。

三、教材编写队伍

本套教材由机械工业出版社，广东交通职业技术学院、哈尔滨工业大学（威海）、深圳职业技术学院、韶关学院、顺德职业技术学院、广东机电职业技术学院、广州科技贸易职业技术学院、东莞职业技术学院、广州珠江职业技术学院、广州华商职业学院、河源职业技术学院、广东农工商职业技术学院等10多所职业院校，广州丰田汽车特约维修有限公司、深圳深业汽车集团、柯柏文（深圳）科技有限公司、南京奥吉汽车研究院、深圳风向标教育资源股份有限公司等一线企业、研究单位组织编写，编写团队包括院校院/校长、专业名师、学科带头人、骨干教师和企业高管、企业专家、技术骨干，结合高职院校“双高计划”、一流专业等建设项目，充分体现了“校企合作，产教融合”的开发特色，有利于教材反映最新的技术和教学成果。为保证教材的质量、水平奠定良好基础。

高等职业教育汽车类专业校企合作“互联网+”创新型教材
编写委员会

前言

本教材基于行业企业职业标准及能力培养要求，对接“汽车类专业职业能力模块库”，编者分析了汽车机械基础技术应用课程相关的基本技术应用知识、技能、职业关键能力，以汽车(机械)的组成及传动路线为导向，注重学生创新能力培养，设计了汽车机械基础总体认识、汽车动力装置常用机构、汽车传动装置常用机构、汽车常用零部件及机械创新设计共5个教学单元15个任务。本教材以学生为中心，采用单元任务式的学习方法，将基本知识与拓展训练、专业技能与素养培养相结合来设计教材内容，通过由简单到复杂即由单项能力训练任务到综合能力训练任务的模式安排教学，以学生直接体验的导入方式促进学生掌握最新知识和技术，实现知识、能力及素质融合培养，使学生既获得直接的知识、技能，又能培养职业关键能力。

本教材的主要特点：

1. 以基本职业能力培养目标为主线，融合行业企业职业标准，融合知识、能力及素质培养，融合线上线下+课内课外学习，组织内容编写；

2. 以汽车的组成及传动路线为导向，导入发现问题、解决问题等创新思维能力培育，基于汽车基本维修职业能力，优选糅合传统的机械基础课程的教学内容；

3. 配套丰富的在线立体化教材资源与素材，并通过二维码技术将网络数字资源嵌入纸质教材。

本书由广东交通职业技术学院谢少芳、卢晓春主编并统稿，陈翔、伍文艳老师参与编写，由广州城市职业学院吴晶教授主审，在此深表感谢。在本书编写的过程中，我们参考了大量资料和文献，在此，对原作者一并表示深切的谢意。

在编写过程中，由于受编者实践经历、对知识体系理解的限制，加上时间仓促和水平有限，书中难免有缺点甚至错误，欢迎读者批评指正，以便再版时修改更正。

编　者

课程介绍

课时分配参考

教学资源索引

1. 动画资源

（续）

序号	名称	图形	页码	序号	名称	图形	页码
2.10	铰链四杆机构类型的判别		33	2.23	偏置曲柄滑块机构急回特性分析		38
2.11	曲柄滑块机构演化过程		34	2.24	铰链四杆机构压力角和传动角		39
2.12	单滑块（对心曲柄）机构		34	2.25	缝纫机踏板机构		40
2.13	双滑块机构		34	2.26	错列的机车车轮联动机构		40
2.14	曲柄转动导杆机构		35	2.27	铣床快动夹具-死点应用		40
2.15	简易刨床的主运动机构		35	2.28	凸轮机构		42
2.16	摆动导杆机构		35	2.29	发动机气门凸轮机构		42
2.17	牛头刨床的主运动机构		35	2.30	自动送料机构		43
2.18	自卸汽车的翻斗机构		36	2.31	空间圆柱凸轮机构		43
2.19	手动压水机		36	2.32	平板移动凸轮机构		44
2.20	偏心轮机构		36	2.33	尖顶从动件		44
2.21	曲柄摇杆机构急回特性分析		38	2.34	滚子从动件		44
2.22	摆动导杆机构急回特性分析		38	2.35	平底从动件		44

（续）

序号	名称	图形	页码	序号	名称	图形	页码
2.36	凸轮机构的运动过程		46	2.49	链传动		64
2.37	凸轮机构位移线图（等加速等减速运动）		47	3.1	外啮合齿轮传动		71
2.38	凸轮机构位移线图（简谐运动）		47	3.2	内啮合齿轮传动		71
2.39	配气机构-凸轮轴		49	3.3	齿轮与齿条机构传动		71
2.40	带传动		52	3.4	平行轴斜齿圆柱齿轮传动		71
2.41	带传动应用		54	3.5	人字齿齿轮传动		71
2.42	同步带传动		54	3.6	直齿锥齿轮传动		72
2.43	V 带传动受力分析		60	3.7	曲线齿锥齿轮传动		72
2.44	带传动的打滑		60	3.8	交错轴斜齿圆柱齿轮传动		72
2.45	带传动的弹性滑动		60	3.9	蜗杆传动		72
2.46	滑道式定期张紧		62	3.10	准双曲面齿轮传动		72
2.47	摆架式自动张紧		62	3.11	齿廓啮合过程		72
2.48	张紧轮式定期张紧		62	3.12	渐开线的形成		73

（续）

序号	名称	图形	页码	序号	名称	图形	页码
3.13	渐开线性质 1		73	3.26	齿面点蚀		83
3.14	渐开线性质 2		73	3.27	齿面磨损		83
3.15	渐开线性质 3		73	3.28	齿面胶合		83
3.16	渐开线性质 4		73	3.29	蜗杆传动		86
3.17	直齿圆柱齿轮结构名称和符号		74	3.30	平面定轴轮系		89
3.18	正确啮合		76	3.31	空间定轴轮系		89
3.19	重合度概念		77	3.32	周转轮系		89
3.20	直齿圆柱齿轮的渐开线曲面的形成		78	3.33	混合轮系		90
3.21	斜齿圆柱齿轮齿廓曲面的形成		79	3.34	较远距离的轮系传动		90
3.22	斜齿圆柱齿轮的接触线		79	3.35	汽车变速器		91
3.23	锥齿齿廓形成		80	3.36	三星轮换向机构		91
3.24	锥齿轮机构		81	3.37	汽车差速器		92
3.25	轮齿折断		82	3.38	转化前周转轮系		95

（续）

序号	名称	图形	页码	序号	名称	图形	页码
3.39	转化后周转轮系		95	4.10	多片摩擦式离合器		133
3.40	不带油轮的油池润滑		98	4.11	A 型键联结		134
3.41	带油轮的油池润滑		98	4.12	B 型键联结		134
3.42	喷油润滑		98	4.13	C 型键联结		134
4.1	汽车传动轴		103	4.14	导向平键联结		135
4.2	单级减速器		105	4.15	滑键联结 1		135
4.3	连杆结构		110	4.16	滑键联结 2		135
4.4	整体式滑动轴承		110	4.17	半圆键联结		136
4.5	对开式（剖分式）滑动轴承		110	4.18	平头楔键联结		136
4.6	凸缘联轴器		129	4.19	钩头楔键联结		136
4.7	凸缘联轴器应用-电动搅拌机		129	4.20	切向键联结		137
4.8	十字滑块联轴器		130	4.21	普通螺栓联接		143
4.9	单片摩擦式离合器		133	4.22	六角头加长杆螺栓联接		143

（续）

序号	名称	图形	页码	序号	名称	图形	页码
4.23	双头螺柱联接		143	5.2	多缸发动机原理		160
4.24	螺钉联接		143	5.3	摇头电风扇传动机构		162
4.25	螺纹联接预紧-测力扳手		144	5.4	叉杆升降机构		164
4.26	螺纹联接预紧-定力扳手		144	5.5	升降机构原理		166
5.1	冲床运动机构		158	5.6	摩擦棘轮机构		167

2. 微课视频资源

名称	图形	页码	名称	图形	页码
微课1.1　汽车机械构造总体认识		2	微课1.8　常用钢铁材料分类及牌号(一)		12
微课1.2　机器的组成		3	微课1.9　常用钢铁材料分类及牌号(二)		13
微课1.3　机构、构件、零件等基本概念		4	微课1.10　常用钢铁材料分类及牌号(三)		17
微课1.4　运动副类型		5	微课2.1　平面连杆机构的基本类型与应用		31
微课1.5　平面机构简图绘制		7	微课2.2　平面连杆机构的演化形式		33
微课1.6　平面机构自由度计算		8	微课2.3　连杆机构的基本特性及应用		37
微课1.7　材料的性能		9	微课2.4　凸轮机构的类型		43

（续）

名称	图形	页码	名称	图形	页码
微课 2.5　凸轮机构的工作过程		45	微课 3.7　齿轮传动的失效形式		82
微课 2.6　从动件常用运动规律		46	微课 3.8　轮系的类型与功用		88
微课 2.7　带传动基础知识		52	微课 3.9　定轴轮系传动比计算		92
微课 2.8　传动带的结构和型号		55	微课 3.10　周转轮系传动比计算		95
微课 2.9　带轮的结构和材料		58	微课 4.1　轴的功用及类型		102
微课 2.10　带传动的弹性滑动和打滑		60	微课 4.2　轴上零件的定位与固定		105
微课 2.11　带传动的张紧		61	微课 4.3　滑动轴承的类型与应用		109
微课 3.1　齿轮传动的类型及应用认识		70	微课 4.4　滚动轴承的类型与认识		116
微课 3.2　渐开线的形成及其齿廓啮合特点		73	微课 4.5　滚动轴承的代号与认识		118
微课 3.3　渐开线标准直齿圆柱齿轮结构参数		74	微课 4.6　滚动轴承的拆装与维护		125
微课 3.4　渐开线标准直齿圆柱齿轮传动		76	微课 4.7　滚动轴承的固定和支承		125
微课 3.5　斜齿圆柱齿轮传动		78	微课 4.8　联轴器类型与应用		128
微课 3.6　圆锥齿轮传动		80	微课 4.9　离合器类型与应用		132

（续）

名称	图形	页码	名称	图形	页码
微课 4.10 键联接类型与应用		134	微课 4.13 螺纹联接类型及结构		142
微课 4.11 花键联接类型与应用		137	微课 4.14 螺纹联接的预紧及防松		143
微课 4.12 螺纹基础认识		138			

目录

单元1

汽车机械基础总体认识

教学导航

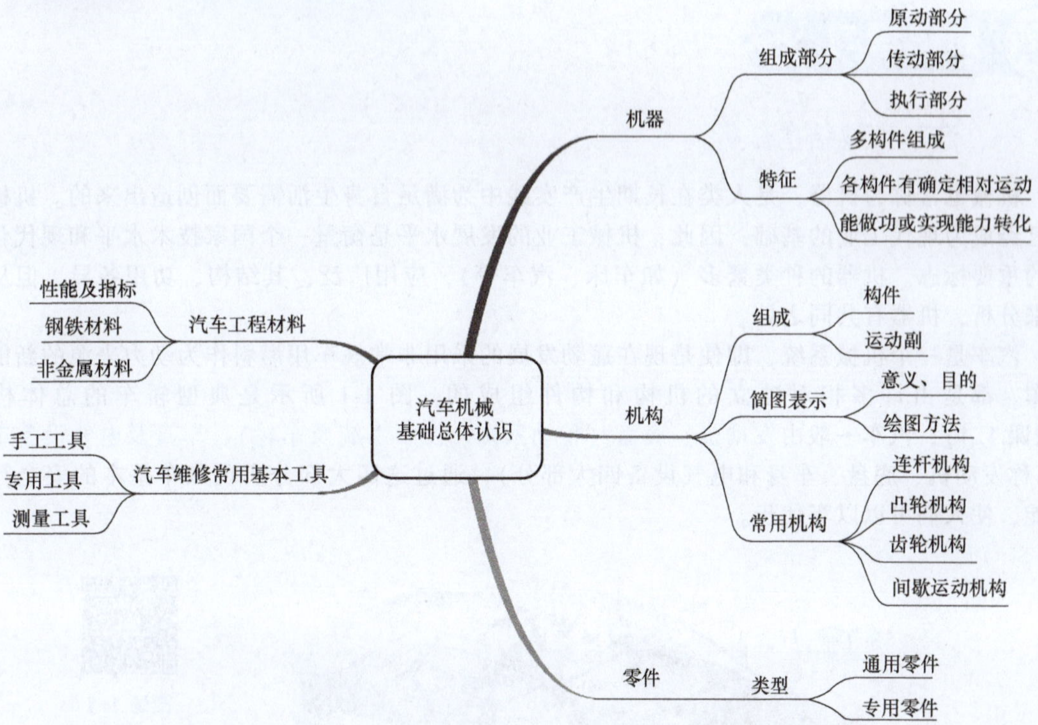

汽车是人类重要的交通工具之一，汽车工业也是机械工业的重要组成部分，我国汽车保有量每年以17%的速度递增，近年其产值占国民经济总产值的8%，占机械工业产值的40%，已成为国民经济的支柱产业。

什么是机械？有关机械的基本知识包括哪些具体内容呢？汽车拥有一个什么样的机械系统？它是怎样组成的？如何表示、如何分析探讨汽车机械传动？大家进入汽车机械专业的学习，有必要首先认识汽车机械总体构造、了解相关基本概念、汽车工程材料基本知识及汽车维修常用基本工具及使用方法等。

学习目标

(1) 认识汽车的结构，理解机器、机构、构件、零件的基本概念，并能正确识别表达机构简图；

(2) 了解汽车常用工程材料的类型、牌号及性能特点，会使用材料工程手册；

(3) 认识汽车维修常用工具，并能正确使用。

任务1 汽车机械总体分析

任务要点

(1) 认识及观察整车各总成的整体结构组成，分析工作传动路线并观察如何传动；
(2) 通过对汽车结构组成的认识，理解机器、机构、构件、零件等机械相关概念；
(3) 分析机构组成原理，掌握机构简图绘制方法。

知识学习

一、汽车机械结构分析

机械也常称为机器，是人类在长期生产实践中为满足自身生活需要而创造出来的。机械工业已经成为现代工业的基础，因此，机械工业的发展水平是衡量一个国家技术水平和现代化程度的重要标志。机器的种类繁多（如车床、汽车等），应用广泛，其结构、功用各异，但从组成来分析，机器有共同之处。

汽车是一个机械系统，即使是现在蓬勃发展的采用非常规车用燃料作为动力来源的新能源汽车，都是由许多相对独立的机构和构件组成的。图 1-1 所示是典型轿车的总体构造（微课 1.1），汽车一般由发动机、底盘（传动系统、控制系统及车轮）、车身及电气设备组成（简称发动机、底盘、车身和电气设备四大部分），通过这四大部分实现汽车基本的安全行驶功能，使人们可以以车代步。

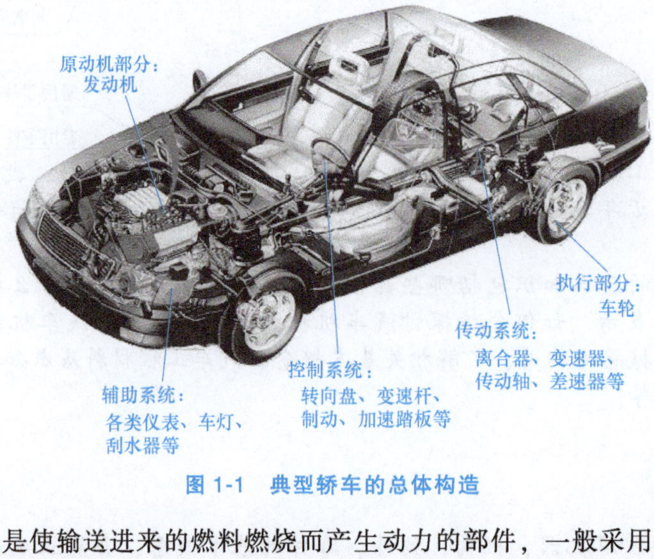

微课 1.1

图 1-1 典型轿车的总体构造

发动机是使输送进来的燃料燃烧而产生动力的部件，一般采用内燃机。底盘由传动系、行驶系、转向系和制动系组成。接收发动机输出的动力，使汽车产生运动，并保证驾驶人能正常操纵行驶，车身是驾驶人工作及容纳乘客和货物的场所。电气设备由电源和用电设备两大部分组成。

二、机器结构分析

图 1-2 所示为单缸内燃机的构造，它是由气缸体、活塞、进气阀、排气阀、推杆、凸轮、连杆、曲柄和大小齿轮等组成的。内燃机工作时，气缸燃气推动活塞运动。活塞的上下往复移动通过连杆转变为曲轴的连续转动。凸轮和推杆是用来打开或关闭进气阀和排气阀的。为了保证曲轴每转两周，进、排气阀各开闭一次，在曲轴和凸轮之间安装了齿数比为 1∶2 的一对齿轮。这样，当燃气推动活塞运动时，进、排气阀有规律地开闭，加上供给、点火系等装置的配合，这样燃气的热能就转换为曲轴转动的机械能了。

从以上例子分析，可以归纳成以下几点认识：

1）一部完整的机器就其功能来讲，一般由四个部分组成（微课 1.2）：

① 动力部分。它是驱动整个机器完成预定功能的动力源，如汽车的发动机。各种机器广泛使用的动力源有电力、热力、液力、压缩气体、风力等。

② 执行部分。它是机器中直接完成工作任务的组成部分，如汽车的行驶系统、内燃机的活塞、起动机的吊钩、机床的刀架等。

③ 传动部分。它是机器中介于原动机和执行部分之间，用来完成运动形式、运动和动力参数转换的组成部分。利用它可以减速、增速、调速、改变转矩以及改变运动形式等，从而满足执行部分的各种要求，如汽车的传动系统、内燃机的连杆、齿轮机构。常用的传动形式有机械传动、液压传动、气压传动、电动传动等。其中机械传动应用最广。

机械传动通常是通过各种传动机构（如连杆传动机构、凸轮传动机构、带传动、齿轮传动、间歇运动机构、起停和换向等装置）与各种零件（如轴、轴承、联轴器、螺栓及弹簧等）配合完成传动任务的。其运动特性通常用转速、速比、变速范围等参数表示，动力特性通常用功率、转矩、效率等表示。

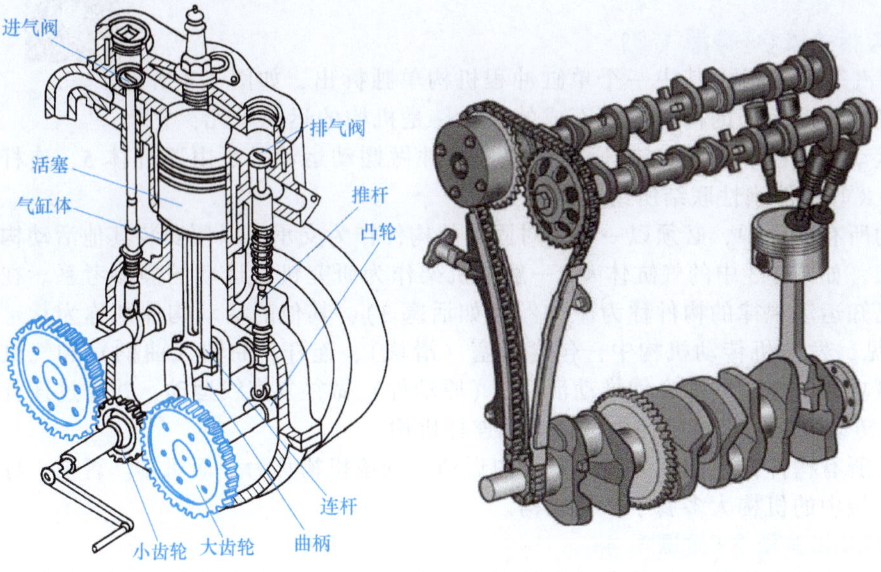

a)　　　b)

微课 1.2

单缸内燃机原理

图 1-2　单缸内燃机构造

a）凸轮轴下置　b）凸轮轴上置

④ 控制部分。它是使上述彼此协调运作，并准确、安全、可靠地完成整机功能的组成部分，如汽车的转向系统、制动系统、内燃机的凸轮配气机构等。它包括机械控制、电气控制、

液压控制和气压控制等。

以上四部分中，执行部分和传动部分是机器的主体。

2）任何机器都是由许多零件组合而成的。根据机器的功能和结构要求，某些零件需刚性联结成一个整体，成为机器中运动的基本单元体，通常称为构件。零件是机器中最小的制造单元。为了结构和工艺的需要，构件既可以由若干个零件组成，也可以是独立运动的零件。

3）机器不仅能传递运动和动力，还能变换或传递能量、物料和信息。机器具有以下三个特征：

① 机器是由多个构件组成的。

② 各构件间具有确定的相对运动，能够实现预期的机械运动。

③ 能够完成有效的机械功或进行能量转换（如内燃机把热能转换成机械能）。

具有机器前两个特征的多构件组合体，称为机构。机构能实现一定规律的运动，是机器中执行机械运动的装置。例如图 1-2 中，曲柄、连杆、活塞和气缸体所组成的曲柄连杆机构可以把往复直线运动转变为连续转动；由大小齿轮和气缸体所组成的齿轮机构可以改变转速的大小和方向；由凸轮、推杆和气缸体所组成的凸轮机构可以将连续转动变为有规律的往复运动。

如果仅研究构件的运动和受力情况，机构与机器之间并无区别。因此，机械可以看作机器和机构的总称。

4）机器的各组成部分随其用途不同而各异，但在不同的机器组成中常包括齿轮、带轮、凸轮、连杆、液压、气压等传动机构，以及轴、轴承、联轴器、离合器、键、螺栓、销和弹簧等零部件，包含有机械、电气等传动、控制元件和机构。它们在不同的机器中所起的作用和工作原理基本相同，是各种机器共同的、重要的组成部分。对这些常见机构、零部件和元件，一般称为常用机构、通用零部件和元件。

三、平面机构结构分析及运动简图

1. 机构的组成与相关概念（微课 1.3）

微课 1.3

将图 1-2 所示的汽车内燃机中其中一个单缸冲程机构单独拆出，如图 1-3 所示。机构是由具有确定相对运动的构件组合而成的；构件是机构的运动单元，它在机构中具有独立运动的特性。如图 1-3b 所示，连杆构件做摆动运动，是由连杆体 5、连杆盖 7、螺栓 6 和螺母 8 等零件刚性联结所组成的。

在组成该机构的所有构件中，必须以一个相对固定的构件作为支承，以便安装其他活动构件，该构件称为机架，如图 1-3 中的气缸体 4。一般取机架作为研究机构运动的静参考系。在活动构件中，输入已知运动规律的构件称为原动件（如活塞 3），其他的活动构件则称为从动件（如曲轴 1）。可见，发动机传动机构中，包含活塞（滑块）、连杆、曲轴（曲柄）和气缸等构件。当发动机做功时，爆燃的混合气推动活塞 3（原动件）做往复直线运动，并通过连杆 2 带动曲轴 1 做连续转动。因此，该机构也称为曲柄连杆机构。

机构运动时，若所有构件都在相互平行的平面内运动，则该机构称为平面机构。否则，称为空间机构。一般机械中的机构大多属于平面机构。

2. 运动副的分类及相关概念（微课 1.4）

在机构中，组成机构的各构件都应具有确定的相对运动。为此，各构件之间必须以某种方式联接起来。若两个构件之间既相互直接接触，又具有一定的相对运动，形成一种可动的联接称为运动副。机构中各个构件之间的运动和力的传递，都是通过运动副来实现的。可见，机构也是由运动副联接而成的具有确定相对运动的构件系统。

两构件组成运动副的接触元素——点、线和面，称为运动副元素。凡是通过面接触而构成的运动副称为低副。根据组成平面低副的两构件之间的相对运动的性质，低副又可分为转动副

微课 1.4

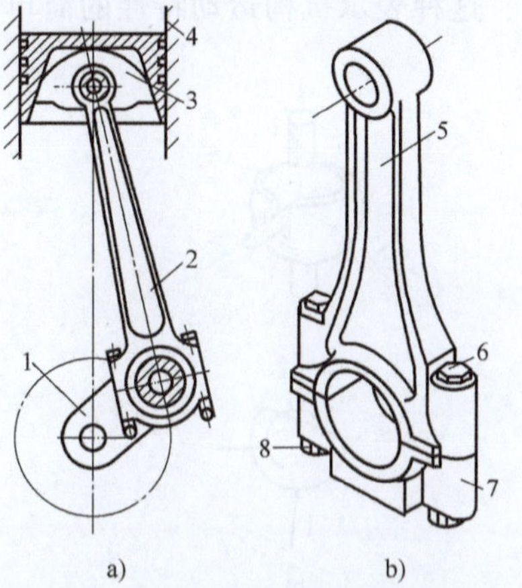

内燃机曲柄连杆机构

连杆的组成

图 1-3 内燃机曲柄连杆机构和连杆

a）曲柄连杆机构 b）连杆 2 的组成

1—曲轴 2—连杆 3—活塞 4—气缸体

5—连杆体 6—螺栓 7—连杆盖 8—螺母

（图 1-4a）和移动副（图 1-4b）。如图 1-3 中，曲轴与连杆、连杆与活塞构成转动副；活塞与气缸构成移动副。凡是通过点或线接触而构成的运动副称为高副（图 1-4c、d），如图 1-2 中的齿轮的啮合、凸轮与推杆就构成了高副。一般而言，平面机构中低副引入两个约束，仅保留一个自由度；高副引入一个约束，而保留两个自由度。

此外，组成运动副的两构件之间做相对空间运动，称为空间运动副（图 1-5），在此不进行详细讨论。

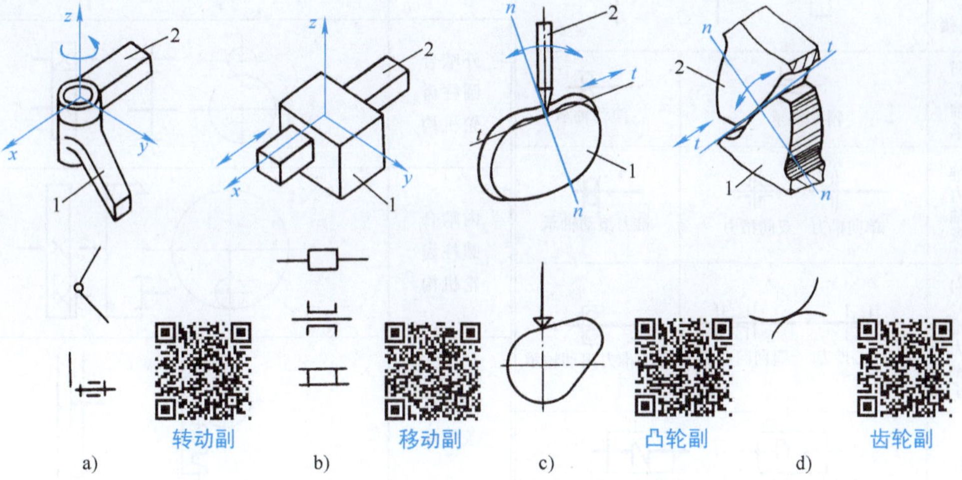

图 1-4 平面运动副及其符号

a）转动副 b）移动副 c）高副（点接触） d）高副（线接触）

3. 机构简图的绘制方法及步骤

机构的运动仅与机构中运动副的性质（低副或高副）、运动副的数目及相对位置（转动副中心、移动副的中心线、高副接触点的位置等）、构件数目等有关，而与构件的外形、截面尺寸、组成构件的零件数目、运动副的具体构造无关。因此，为简化问题，便于研究，常常可不考虑与运动无关的因素，而用规定的构件和运动副符号及简单线条，按一定的长度比例尺确定运动副的位置，绘制出简单图形，这种表示机构运动特性的简单图形称为机构运动简图。

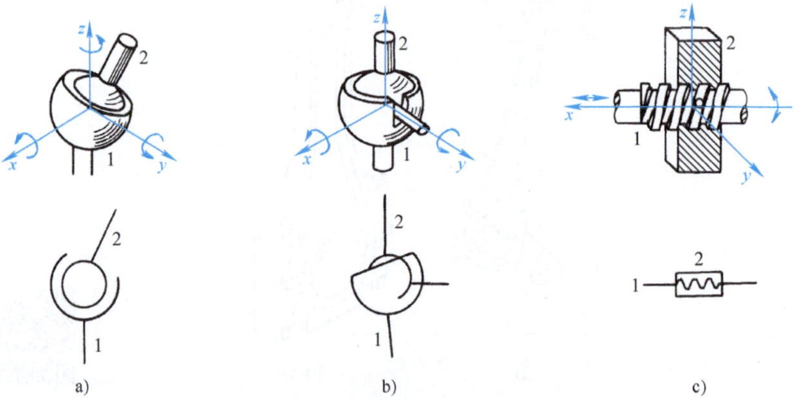

球面副

螺旋副

图 1-5　空间运动副及其符号

a）球面副　b）球销副　c）螺旋副

机构运动简图中常用构件和运动副的表示方法见表 1-1。

表 1-1　常用机构运动简图符号（摘自 GB/T 4460—2013）

名　称		代表符号	
构件组成部分的固定联接			
构件组成部分与轴（杆）的固定联接			
轴承	向心轴承	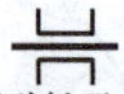 滑动轴承	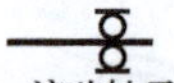 滚动轴承
轴承	推力轴承	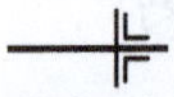 单向推力 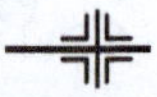 双向推力	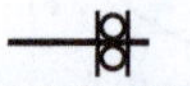 推力滚动轴承
轴承	向心推力轴承	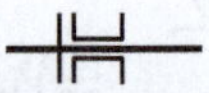 单向向心推力 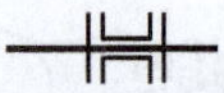 双向向心推力	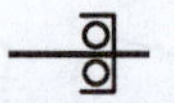 向心推力滚动轴承
联轴器		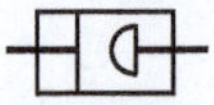 可移式联轴器	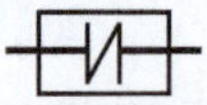 弹性联轴器
离合器		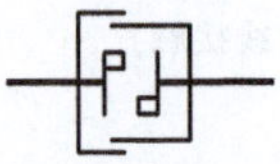 啮合式	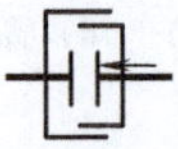 摩擦式
制动器		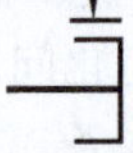	

名　称	代表符号
链传动	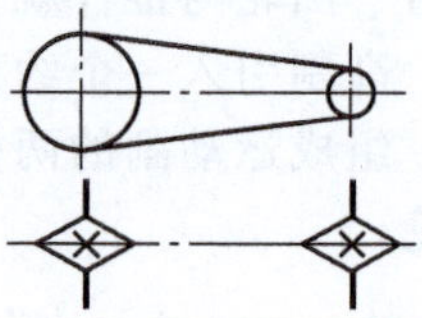
外啮合圆柱齿轮机构	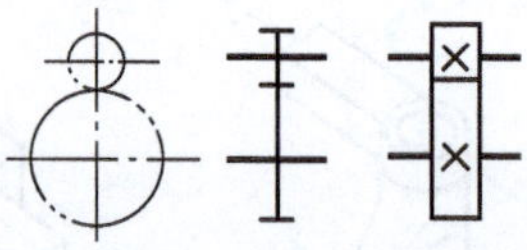
内啮合圆柱齿轮机构	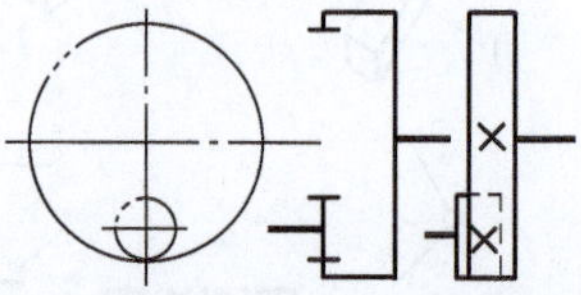
齿轮齿条传动	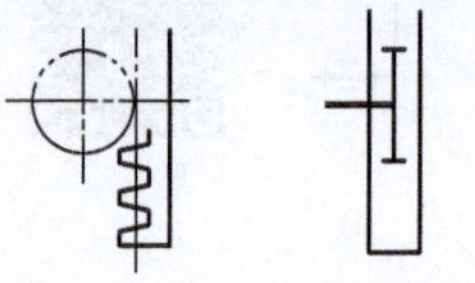
锥齿轮机构	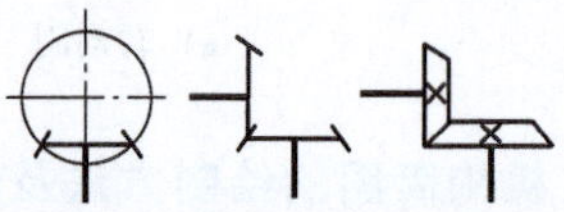
蜗杆传动	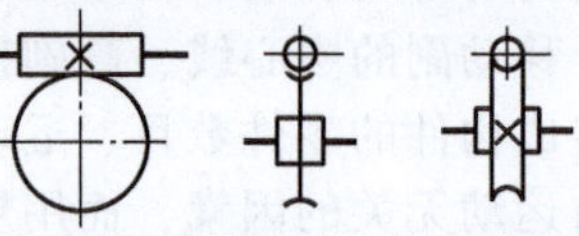

机构运动简图不仅简明地表达了实际机构的运动情况和运动特征，而且可通过该图进行机构的运动分析和动力分析。

实际工作中，有时只需要表明机构运动的传递情况和构造特征，而不要求机构的真实运动情况。因此，不必严格地按比例确定机构中各运动副的相对位置及其尺寸，这样的简图称机构简图（或称为机构示意图）。在进行新机器设计分析时，常用机构简图进行方案比较。

机构运动简图的绘制方法和步骤如下：（微课 1.5）

1）分析机构的组成。

2）分析构件间的相对运动和接触情况，确定运动副的类型和数目。

3）选择能清楚地表达各构件间运动关系的视图平面。

4）选择比例尺，绘制机构运动简图。

微课 1.5

例 1-1 绘制图 1-6 所示内燃机的机构组成。

解：（1）曲轴连杆机构

1）由于气缸体与内燃机机体可视为固定联接，故对整个机构而言是相对静止的固定件，即为机架；活塞在燃气的推动下运动，是原动件；其余的构件是从动件。

2）活塞与气缸体之间的相对运动是移动，从而组成移动副；活塞与连杆、连杆与曲轴、曲轴与机体之间的相对运动是转动，所以组成转动副。

上述四个构件中，用了一个移动副和三个转动副，从固定件开始，经原动件到从动件按一定顺序相联，又回到固定件，从而形成一个独立的封闭构件组合体，即组成一个独立的机构，称为曲轴连杆机构。

3）选择平行于四杆机构运动的平面作为视图平面。

4）当活塞（原动件）相对气缸的位置确定后，选取适当的比例尺，用相应的构件和运动副的符号即可绘制出机构运动简图。

（2）平面齿轮机构　齿轮 1 与曲轴固定联接，因曲轴运动已知，所以齿轮 1 是原动件，齿轮 2 是从动件。齿轮 1、2 分别通过曲轴、凸轮轴，由气缸支持，故气缸是机架。

齿轮 1、2 分别相对机架做转动，所以组成转动副；齿轮 1、2 之间的接触是线接触，组成高副。因此，三个构件用两个转动副和一个高副按一定顺序相联，形成一个独立的封闭的构件组合体，即平面齿轮机构。

选择齿轮的运动平面作为视图平面，并选用与曲轴连杆机构相同的比例尺，用相应的构件和运动副的符号绘制出机构运动简图。

需要指出，因齿轮只转动，由齿轮轮廓接触组成的高副（又称为齿轮副）常用其节圆（点画线表示）相切来表示。

（3）平面凸轮机构　平板凸轮与机架组成转动副，并与进气门推杆组成高副，形成一个独立封闭的构件组合体，即为平面凸轮机构。选择其视图平面，并用与曲轴连杆机构相同的比例尺，绘制出机构运动简图。

以上三个内燃机的运动简图如图 1-7 所示。

由上述可知，内燃机的原动件是活塞，齿轮 1 与凸轮轴的运动均取决于活塞。当活塞的位置一定时，齿轮 1 与凸轮轴的位置也就确定了，不可任意变动，随着活塞位置的改变，则可画出一系列相应的机构运动简图。

绘制机构运动简图应注意的一些问题：

1）简图上应按规定符号画出全部构件，并标明主动件，必要时将各构件编号并注明。

2）简图上应按规定符号画出全部运动副。

3）简图上应能够真实反映各构件之间的位置和关系。

内燃机机构组成

内燃机运动简图

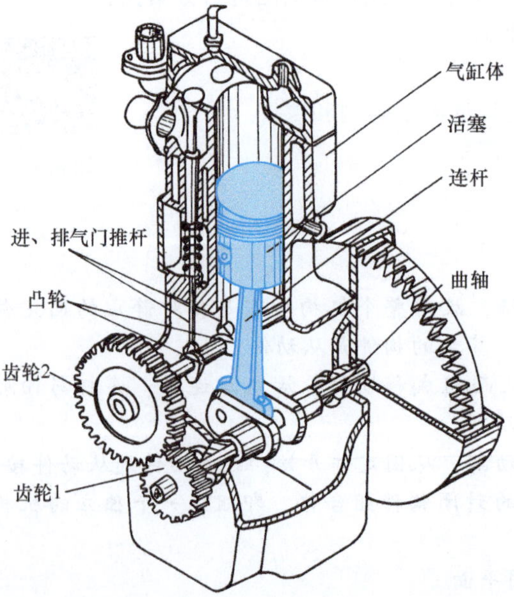

图 1-6　内燃机机构组成

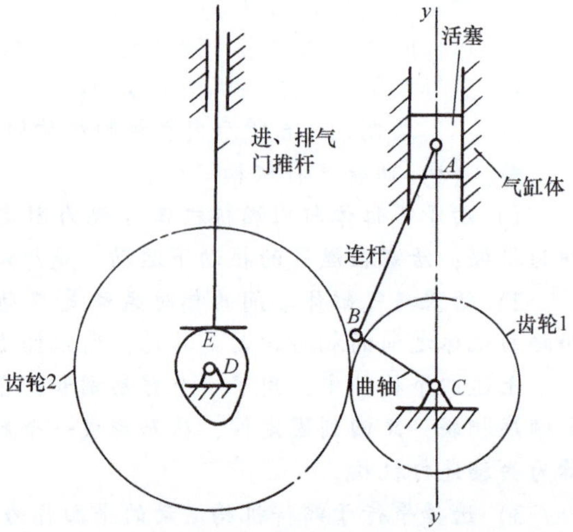

图 1-7　内燃机运动简图

4. 平面机构具有确定运动的条件

微课 1.6

机构的自由度是指机构相对于机架所具有的独立运动参数的数量，它取决于组成机构的活动构件的数目、运动副的类型和数目。

假设某平面机构由 n 个活动构件、P_L 个低副和 P_H 个高副所组成，由于一个不受约束构件的平面运动有三个自由度，而一个低副有两个约束条件，一个高副有一个约束条件。因此，平面机构自由度的计算公式为

$$F=3n-2P_L-P_H \tag{1-1}$$

例 1-2　计算图 1-7 所示内燃机机构的自由度。【微课 1.6】

解： 图中曲轴与齿轮 1、齿轮 2 与凸轮轴固定连接在一起，故可分别视为一个构件。因此可得：$n=5$，$P_L=6$（其中有两个移动副、四个转动副），$P_H=2$。所以，该机构自由度为

$$F=3\times5-2\times6-2=1$$

当机构的自由度 $F>0$ 时，机构相对于机架是可以运动的。由于平面机构的原动件通常都是用低副与机架相联接，它们相对于机架的独立运动数目为 1，即每个原动件只能输入一个独立运动。由此可见，机构自由度的数目（F）就为所需原动件的数目（W），即独立运动或输入运动的数目。当输入机构的独立运动数目小于机构的自由度时，机构的运动状态是不确定的；当输入机构的独立运动数目大于机构的自由度时，机构将会卡死或损坏。因此，平面机构具有确定运动的充要条件为：机构自由度大于 0，且原动件数目等于机构的自由度（即 $W=F$）。

通过平面机构的结构组成分析，根据自由度与实际机构的原动件数是否相等，可以判断其运动的确定性和所绘制机构运动简图是否正确，也可以判定机构运动设计方案是否合理，并对运动不确定的设计方案进行改进，使其具有确定的运动。

任务 2 汽车工程材料认知与应用

任务要点

（1）了解汽车结构零部件材料应用；
（2）认识常用钢铁材料类型、牌号、性能特点及应用；
（3）认识常用非金属材料类型、性能及应用。

知识学习

汽车工程材料是指用于制造汽车零部件的材料。参照工程材料的分类，汽车工程材料可分为金属材料、高分子材料、陶瓷材料、复合材料和玻璃五大类。据统计，汽车上的零部件采用了4000余种不同的材料加工制造。以现代轿车用材为例，按照重量来换算，钢材占汽车自重的55%~60%，铸铁占5%~12%，有色金属占6%~10%，塑料占8%~12%，橡胶占4%，玻璃占3%，其他材料（油漆、各种液体等）占6%~12%。常用汽车工程材料分类见表1-2。

表 1-2 常用汽车工程材料分类

- 工程材料
  - 金属材料
    - 黑色金属
      - 碳钢
      - 合金钢
      - 铸铁
    - 有色金属及其合金
  - 高分子材料
    - 工程塑料
      - 热固性塑料
      - 热塑性塑料
    - 合成纤维
    - 合成橡胶
      - 通用橡胶
      - 特种橡胶
    - 胶黏剂涂料
  - 复合材料
    - 非金属基复合材料
    - 金属基复合材料
  - 陶瓷材料
    - 普通陶瓷
    - 特种陶瓷
  - 玻璃

微课 1.7

一、材料的性能（微课 1.7）

材料的性能包括使用性能和工艺性能。

材料的使用性能是指零部件在正常使用条件下材料所表现出来的性能。主要包括力学性能、物理性能和化学性能。材料的使用性能决定材料的使用范围、安全可靠性和使用寿命。

材料的工艺性能是指材料在被制成各种零部件的过程中适应加工的性能。对于金属材料来讲，工艺性能主要包括了铸造性能、锻造性能、焊接性能、可加工性能和热处理工艺性能。材料的工艺性能直接影响着零部件的质量，是零部件选材和制订加工工艺路线时必须考虑的因素之一。

1. 材料的力学性能

汽车是由各种材料制成各种零部件并组装而成的，在使用过程中，各零部件会受到各种外加载荷作用，这就要求材料具有抵抗外力作用的能力。材料的力学性能是指材料在外加载荷作用下所表现出来的性能。

材料的力学性能主要包括强度、塑性、硬度、韧性、疲劳强度等。用来表征材料力学性能的各种临界值或规定值，统称为力学性能指标。材料的力学性能的优劣就是用这些指标的具体数值来衡量的。

材料的力学性能主要决定于材料的化学成分、组织结构、冶金质量、表面和内部的缺陷等内在因素，但一些外在因素如载荷性质、温度、环境介质等也会影响材料的力学性能。外加载荷按照性质来分，一般分为静载荷、冲击载荷和交变载荷。根据加载形式的不同，外加载荷（图 1-8）也可分为拉伸载荷、压缩载荷、弯曲载荷、剪切载荷和扭转载荷等。

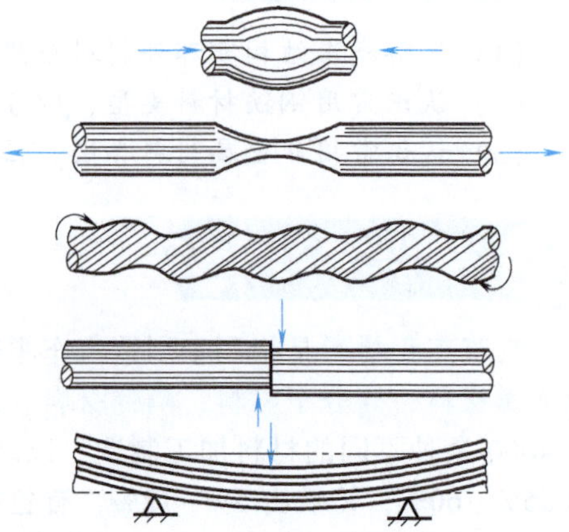
图 1-8　载荷的形式

受到载荷作用时，承载物所发生的尺寸和形状的变化称为变形。一般分为弹性变形和塑性变形。所谓弹性变形，是指材料受到载荷作用时产生变形，载荷卸除后恢复原状的变形。而塑性变形则是指材料在载荷作用下产生变形，且当载荷卸除后不能恢复原状的变形，也称为永久变形。

力学性能不仅是验收、鉴定材料性能的重要依据，也是零件设计和选择材料的重要依据。

(1) 强度与塑性　强度与塑性是材料最重要的两个力学性能指标。

强度是指材料抵抗塑性变形或断裂的能力。根据外加载荷形式的不同，强度可分为抗拉强度、抗压强度、抗弯强度、抗剪强度和抗扭强度等。材料的塑性是指材料在断裂前产生永久变形的能力，通常用断后伸长率和断面收缩率两个指标来表示。

通常，采用拉伸试验来测定材料的强度与塑性的各种力学性能指标。

(2) 硬度　硬度是衡量材料软硬程度的力学性能指标。材料抵抗其他硬物压入其表面的能力称为硬度。一般情况下，强度越高，硬度也越高。硬度试验已成为产品设计、质量检查、制订合理工艺的重要试验方法之一。

最常用的硬度为布氏硬度（HBW）和洛氏硬度（HRC）。

(3) 韧性　一些汽车零部件如内燃机的活塞销、连杆、变速器齿轮等，在工作过程中往往受到以一定速度作用于机件上的冲击载荷。冲击载荷的加速度大，作用时间短，使材料在受冲击时，应力分布和变形很不均匀，易产生损坏。因此，在设计和制造工作中应考虑到材料在冲击载荷下的力学性能。

(4) 疲劳强度　汽车发动机曲轴、齿轮、弹簧及轴承等许多零件，都是在交变载荷下工作的。承受交变应力的零件，在工作应力低于材料的屈服强度的情况下长时间工作时，会产生裂纹或突然断裂，这种现象称为疲劳失效或疲劳破坏。材料抵抗疲劳断裂的能力称疲劳强度，它可以通过疲劳试验，绘制疲劳曲线进行测定。疲劳失效具有隐蔽性和突发性，因此，对材料疲劳失效的预防是十分必要的。

2. 材料的理化性能

材料的理化性能指其物理性能和化学性能。

(1) 材料的物理性能　材料的物理性能是指材料的固有属性，如密度、熔点、导热性、导电性、热膨胀性、磁性和色泽等。

1) 密度。材料的密度是指单位体积物质的质量，用符号 ρ 表示，单位为 kg/m^3。实际生产中，汽车零部件的选材必须首先考虑材料的密度，如汽车发动机中要求采用质量小、运动时惯性小的活塞，多采用低密度的铝合金制成。

2) 熔点。熔点是指材料由固态向液态转变的温度。熔点是制定冶炼、铸造、锻造和焊接等热加工工艺规范的一个重要的参数。

3) 导热性。材料的导热性是指材料传导热量的能力。常用热导率（亦称导热系数）用 λ 表示，单位为 W/（m·K）。材料的热导率越大，导热性就越好。导热性是金属材料的重要性能之一，在金属热加工和热处理时，必须考虑金属材料的导热性。

4) 导电性。材料传导电流的能力称为导电性。常用电阻率 ρ 和电导率 σ 表示。电阻率 ρ 的单位为 Ω·m，电导率 σ 的单位为 S/m，σ 与 ρ 互为倒数。电导率大的金属，其电阻率小，适于制造电热元件。

5) 热膨胀性。材料的热膨胀性是指材料随着温度的变化产生膨胀、收缩的特性。常用线膨胀系数 α_l 和体膨胀系数 α_V 来表示。

6) 磁性。材料能被磁场吸引或被磁化的性能称为磁性或导磁性。常用磁导率 μ 来表示，单位是亨利每米，符号为 H/m。具备显著磁性的材料称为磁性材料，目前生产中应用较多的磁性材料有金属和陶瓷两类。

(2) 材料的化学性能　材料的化学性能是指材料抵抗周围介质侵蚀的能力。

对于金属材料来说，化学性能一般指耐蚀性和抗氧化性；对于非金属材料，还存在着化学稳定性、抗老化能力和耐热性等问题。

1) 耐蚀性。材料在常温下抵抗周围介质（如大气、燃气、水、酸、碱、盐等）腐蚀的能力称为耐蚀性。

2) 抗氧化性。材料在高温下抵抗氧化的能力称为抗氧化性，又称为热稳定性。

3. 材料的工艺性能

汽车上使用的大多数零件是采用金属材料制造的。金属材料的工艺性能是指金属材料在加工过程中所具有和表现出来的性能。它与金属的物理性能、化学性能和力学性能有关，也与温度、受力状态和成形条件等工艺条件有关。

金属材料的工艺性能包括铸造性能、可锻性、可焊性、可加工性和热处理工艺性。

(1) 铸造性能　铸造性能是指金属在铸造成形过程中所表现出来的性能，包括液态金属的流动性、凝固过程的收缩率、吸气性和成分偏析倾向等。材料的铸造性能好，可以铸造出形状准确、结构复杂、强度较高的铸件，并可简化工艺过程，提高成品率。

(2) 可锻性　金属的可锻性是指材料对采用压力加工方法成形的适应能力，是衡量材料通过塑性加工获得优质零件难易程度的工艺性能。可锻性的优劣常用金属的塑性和变形抗力来综合衡量。塑性越高，变形抗力越小，则可以认为该金属的可锻性好，反之则差。

(3) 可焊性　可焊性是指金属材料在一定的焊接工艺条件下，获得优质焊接接头的难易程度。可焊性包括工艺可焊性和使用可焊性两个方面。

(4) 可加工性　可加工性是指通过机械切削加工设备加工工件的工艺。主要有车削、铣削、刨削、磨削等。

(5) 热处理工艺性　热处理工艺是指对材料进行加热、保温、冷却，改变其材料内部结构和性能的工艺。热处理工艺性包括淬透性、变形开裂倾向、过热敏感性、回火脆性、回火脆性倾向、氧化脱碳倾向等。

二、常用钢铁材料应用

钢铁材料是指以铁（Fe）为主要元素、碳（C）的质量分数（w_C，一般称为含碳量）一般在4%以下且含有一些其他元素的铁碳合金。其中 w_C 在2.11%以下的称为碳钢，w_C 为2.11%~6.69%的称为铸铁。所谓合金就是指由一种金属元素跟其他金属或非金属熔合而成的、具有金属特性的物质。

钢铁材料是现代机械制造应用的最主要材料，种类很多，应用广泛，钢铁材料的分类见表1-3。本节内容将从常用的钢铁材料类型、牌号、性能特点及应用进行介绍。（微课1.8）。

1. 碳素钢

（1）碳素钢的分类

1）按碳的质量分数分。

① 低碳钢。$w_C \leqslant 0.25\%$的钢。

② 中碳钢。$0.25\% < w_C \leqslant 0.60\%$的钢。

③ 高碳钢。$w_C > 0.60\%$的钢。

2）按有害杂质硫和磷的含量。分为普通钢 $w_S \leqslant 0.25\%$，$w_P \leqslant 0.04\%$；优质钢 $w_S \leqslant 0.035\%$，$w_P \leqslant 0.035\%$；高级优质钢 $w_S \leqslant 0.03\%$，$w_P \leqslant 0.03\%$。

3）按用途。分为碳素结构钢、碳素工具钢。

4）按成形方法。分为加工用钢、铸造用钢。

5）按脱氧程度。分为沸腾钢、镇静钢、半镇静钢等。

表1-3 钢铁材料的分类

- 钢铁
  - 钢
    - 碳素钢——碳素结构钢、优质碳素结构钢、碳素工具钢、易切削钢、铸钢
    - 合金钢
      - 合金结构钢
        - 低合金结构钢、渗碳钢、调质钢
        - 轴承钢、弹簧钢、超高强度钢
      - 合金工具钢
        - 量具刃具钢
        - 合金模具钢
          - 冷作模具钢
          - 热作模具钢
        - 高速钢
      - 特殊性能钢——不锈钢、耐热钢、耐磨钢
  - 铸铁——白口铸铁、灰铸铁、可锻铸铁、球墨铸铁、蠕墨铸铁

微课1.8

（2）常用碳素钢的牌号、性能及用途

1）普通碳素结构钢。这类钢通常不经过热处理而直接使用，选用时主要考虑其力学性能和有害杂质含量。不考虑碳的质量分数。其牌号由屈服强度字母、屈服强度数值、质量等级符号、脱氧方法符号等内容按顺序组成。其中屈服强度字母以“屈”字汉语拼音首字母“Q”表示；屈服强度数值为 R_{eL} 值；质量等级分A、B、C、D四级，A级质量最低，D级质量最高；脱氧方法符号用汉语拼音字首表示，“F”表示沸腾钢，“Z”表示镇静钢，但可省略。例如Q235-A·F，表示 R_{eL} = 235MPa的A级质量的碳素结构钢，属于沸腾钢。

普通碳素结构钢的规定牌号有Q195、Q215、Q225和Q275四种。如图1-9所示，普通碳素结构钢一般作为工程用钢，如钢板、钢筋、型钢等，广泛用作桥梁、建筑等构件。普通碳素结构钢也可作为机器用钢，但用于制造不重要的机器零件，在汽车零部件中，可用普通碳素结构钢制造的有螺钉、螺母、垫圈、法兰轴、后桥后盖、制动器底板、车厢板件、备胎托架、发

电机支架、曲轴前挡油盘、拉杆、销、键等。

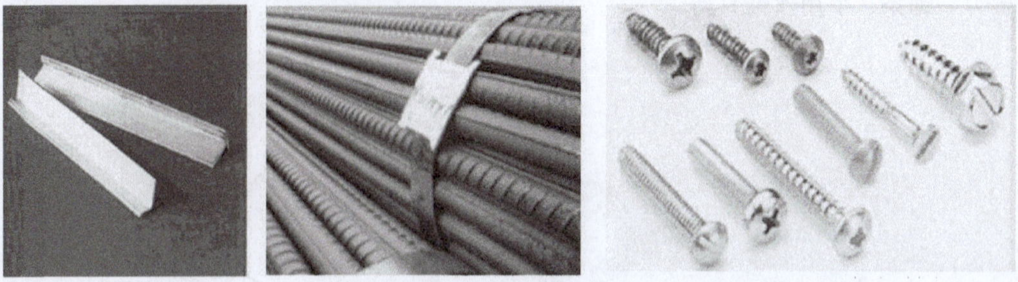

a)　　b)　　c)

图 1-9　普通碳素结构钢的用途

a）多边形角钢　b）钢筋　c）螺钉、铆钉

2）优质碳素结构钢。这类钢属亚共析钢，牌号用两位数字表示，代表钢中平均碳的质量分数的万分数，例如 45 表示平均碳的质量分数为 0.45% 的优质碳素结构钢。若钢中锰的含量较高，则在两位数字后加符号“Mn”。若为沸腾钢，则在两位数字后加符号“F”如 65Mn、08F 等。

优质碳素结构钢，一般需经过热处理后使用，有较高的力学性能和工艺性能，广泛应用于制造较重要的机械零件。如图 1-10 所示，优质碳素结构钢在汽车上的应用：08 钢应用于驾驶室、油箱、离合器等；20 钢应用于离合器分离杠杆、风扇叶片、驻车制动杆等；45 钢应用于凸轮轴、曲轴、万向节主销、离合器踏板轴等；65Mn 钢应用于气门摇臂复位弹簧、活塞油环簧片、离合器压板盘弹簧、活塞销卡簧等。

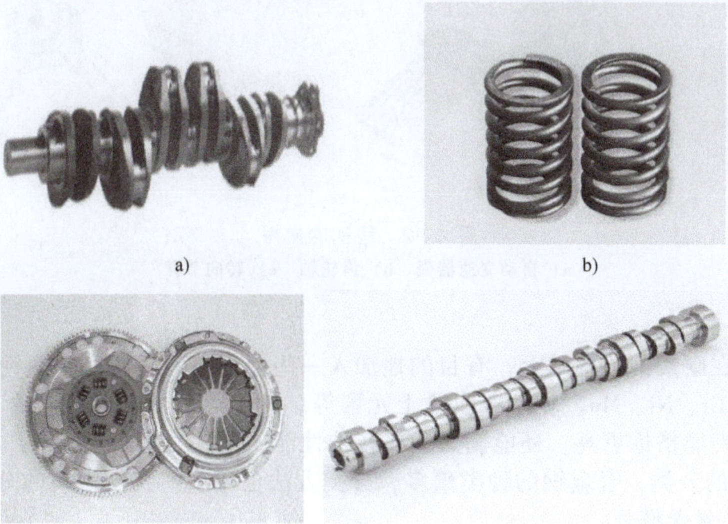

a)　　b)

c)　　d)

图 1-10　优质碳素结构钢的应用

a）曲轴　b）气门摇臂复位弹簧　c）离合器　d）凸轮轴

微课 1.9

3）碳素工具钢。碳素工具钢的牌号冠以“碳”字的汉语拼音首字母“T”，后面加数字表示钢中平均碳的分质分数的千分数；若是高级优质碳素工具钢，则在数字后加“A”。如 T10A 等。这类钢属共析、过共析钢，强度高，硬度高，耐磨性好，塑性、韧性差。适于制造各种低速切削工具，经热处理后使用（微课 1.9）。

常用的碳素工具钢有 T8、T10、T10A、T12A 等。如图 1-11 所示，由于碳素工具钢的热硬性较差，热处理变形较大，仅适用于制造不太精密的模具、木工工具和金属切削的低速手用刀具（锉刀、锯条、手用丝锥）等。

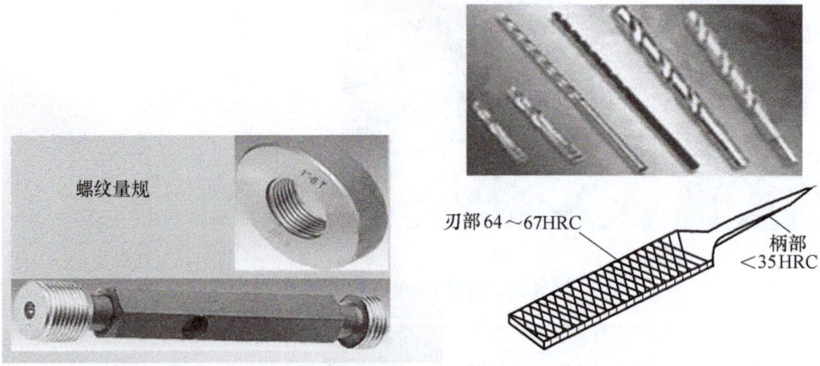

图 1-11 碳素工具钢的应用

4）铸钢。这类钢属于中、低碳钢即亚共析钢，适于制作形状复杂的钢件。牌号以“铸钢”两字的汉语拼音首字母“ZG”，后面加两组数字表示。第一组表示屈服强度，第二组表示抗拉强度。例如 ZG200—400，表示该牌号钢的屈服强度 R_{eL} = 200MPa，抗拉强度 R_m = 400MPa。如图 1-12 所示，汽车及其他机械设备中许多形状复杂或尺寸比很大的批量生产零件都可以用铸钢来制造。

a) b) c)

图 1-12 铸钢的应用

a）自动变速器壳 b）齿轮轴 c）转向节臂

2. 合金钢

合金钢是指在碳素钢的基础上，有目的地加入一些合金元素后而得到的钢种，常用的合金元素有 Si、Mn、Cr、Ni、Mo、W、Ti 和稀土元素等。与普通碳素钢相比，合金钢的热处理工艺性较好，力学性能指标更高，还能满足某些特殊性能要求。

（1）合金钢的分类 合金钢的种类繁多，分类方法也很多。我国常用的分类方法有：

1）按合金元素含量分。

① 低合金钢。合金元素的质量分数小于 5%。

② 中合金钢。合金元素的质量分数在 5%～10%之间。

③ 高合金钢。合金元素的质量分数大于 10%。

2）按用途分。可分为合金结构钢、合金工具钢和特殊性能钢三类，本节重点介绍合金结构钢，合金工具钢和特殊性能钢作为阅读及拓展知识。

（2）合金结构钢的牌号、性能和用途 按国家标准的规定，合金钢的牌号采用“数字+合金元素符号+数字”的方法来表示。合金结构钢主要用于制造机器零件及工程结构件，是应用非常广泛的一类合金钢。其牌号的前两位数字表示钢中碳的平均质量分数，以万分数计。合金元素符号后的数字表示该元素的平均质量分数，若合金元素的质量分数小于1.5%，一般不标出。

例如：60Si2Mn，表示 w_C 为0.6%，w_{Si} 为2%，w_{Mn} 小于1.5%的合金结构钢。

常用的合金结构钢有以下几种。

1）低合金高强度结构钢（GB/T 1591—2018）。低合金高强度结构钢的成分特点为低碳、低合金，所加入的合金元素主要有锰、钒、钛等。具有高强度、高韧性、良好的可焊性和冷成形等性能特点，强度比普通碳素钢高30%~50%。这类钢一般在热轧空冷状态下使用，广泛用于汽车大梁、船舶、车辆、压力容器和建筑结构、桥梁等方面，以减轻重量，节约钢材。常用的牌号有Q355、Q390、Q420、Q460等。

如图1-13所示，低合金高强度结构钢常用于汽车上，如Q355用于纵梁前加强板、横梁、角撑、保险杠等；Q420用于车架纵横梁、蓄电池固定框后板、汽油箱托架等。

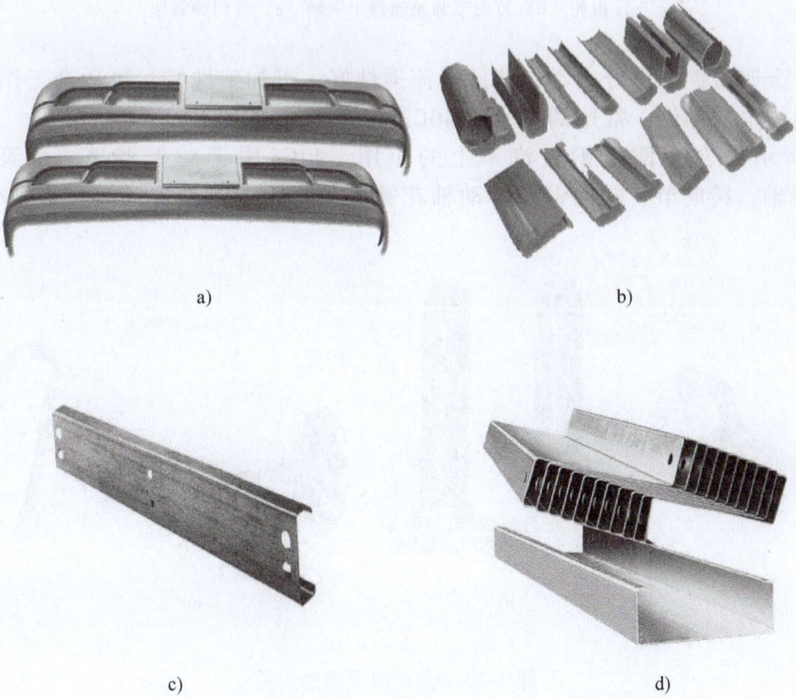

a)　b)　c)　d)

图1-13　低合金高强度结构钢的应用

a）保险杠　b）角撑　c）车架纵横梁　d）蓄电池固定框后板

2）合金渗碳钢（GB/T 3077—2015）。合金渗碳钢是在渗碳钢的基础上，加入一定量的合金元素（如铬、镍、锰、硼、钨、钼、钒、钛等）而形成的。合金渗碳钢属于低碳合金钢，要经过渗碳、淬火、低温回火后才能使用。合金渗碳钢表层经渗碳后硬度高而耐磨（可达58~64HRC），心部有较高的强度和韧性，可加工性好，适合制造工作时受强烈冲击和摩擦的零件。常用的牌号有15Cr、20Cr、20CrMnTi等。

图1-14所示为合金渗碳钢常用于制造汽车上的重要零件：15Cr用于活塞销、气门弹簧座、气门挺杆等；20CrMnTi用于各类重要齿轮、万向节和差速器十字轴等。20MnVB用于传动轴十字轴、万向节十字轴、差速器十字轴、后桥减速器齿轮等。

3）合金调质钢（GB/T 3077—2015）。合金调质钢是在调质钢中加入一定量的合金元素而形成的。合金调质钢是中碳合金钢，要经过调质处理后才能使用，调质后还可进行表面淬火或

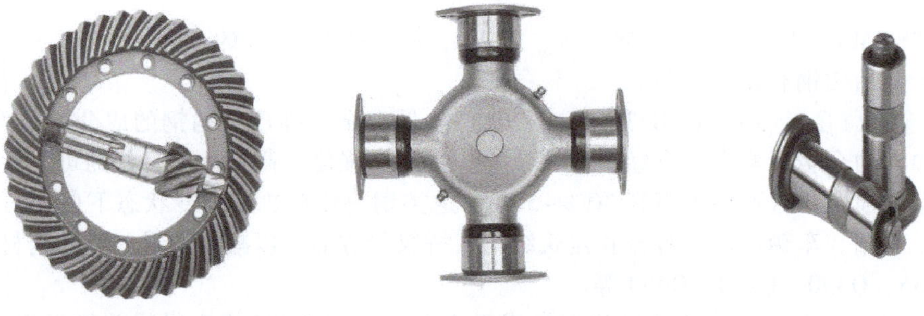

a)　　b)　　c)

图 1-14　合金渗碳钢的应用

a）齿轮　b）万向节和差速器十字轴　c）气门弹簧座

化学处理。合金调质钢的综合力学性能好，淬透性好，可加工性好，更适合工作时受力大、易出现严重磨损的重要零件。常用的牌号有 40Cr、35CrMn、40CrNiMo 等。

图 1-15 所示为合金调质钢在汽车上的应用：40Cr 用于减振器销、水泵轴、连杆等；40MnB 用于半轴、转向节、转向臂、传动轴花键等；45Mn2 用于进气门、半轴套、板簧 U 形螺栓等。

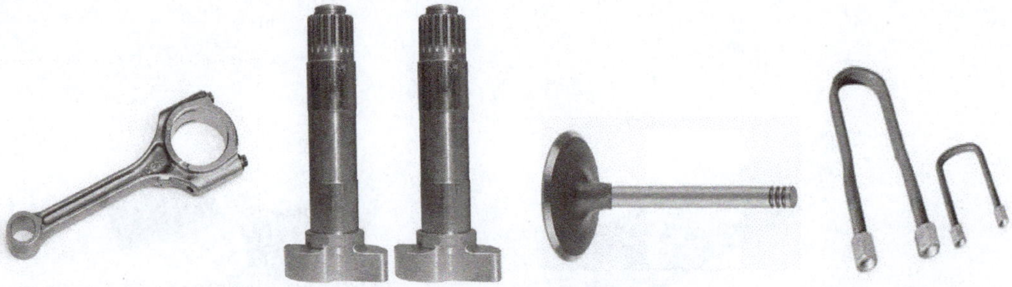

a)　　b)　　c)　　d)

图 1-15　合金调质钢的应用

a）连杆　b）传动轴花键　c）进气门　d）板簧 U 形螺栓

4）合金弹簧钢（GB/T 1222—2016）。在弹簧钢中加入合金元素即形成了合金弹簧钢。相对于弹簧钢它具有更高强度和疲劳极限，更好的塑性和韧性。常用的弹簧钢有 65Mn、60Si2Mn、50CrVA 等。

汽车和发动机制造业是合金弹簧钢的最大用户，其用量占合金弹簧钢总产值的 50%。如图 1-16 所示，55SiMnVB、55Si2Mn 用于板簧；65Mn 用于气门弹簧、制动器复位弹簧、离合器压紧弹簧等；60Si2Mn 用于牵引钩弹簧、板簧等。

5）超高强度钢（GB/T 3077—2015）。超高强度钢是指屈服极限大于 1400MPa，兼有较好韧性的合金钢，它是在合金调质钢的基础上加入多种合金元素而形成和发展起来的。

常用的超高强度钢有 30CrMnTiNi2A、4Cr5MoVSi（碳的平均质量分数为千分数）等。主要用作航空、航天工业的结构材料，现在也大量应用于制造汽车车身结构和发动机结构零件等（图 1-17）。

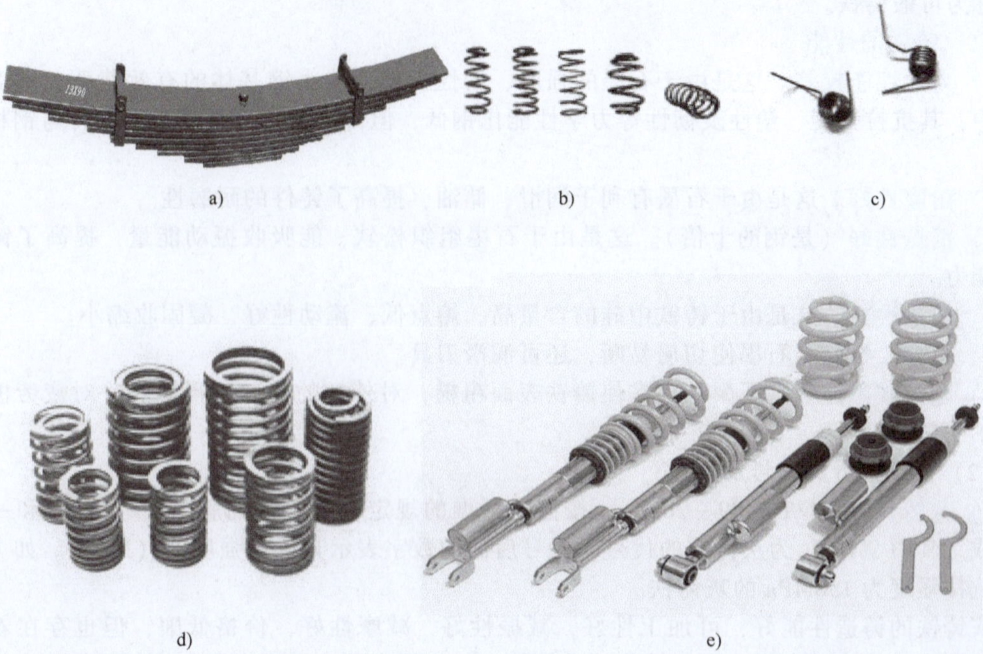

图 1-16 合金弹簧钢的应用

a）板簧 b）制动器复位弹簧 c）离合器压紧弹簧 d）气门弹簧 e）牵引钩弹簧

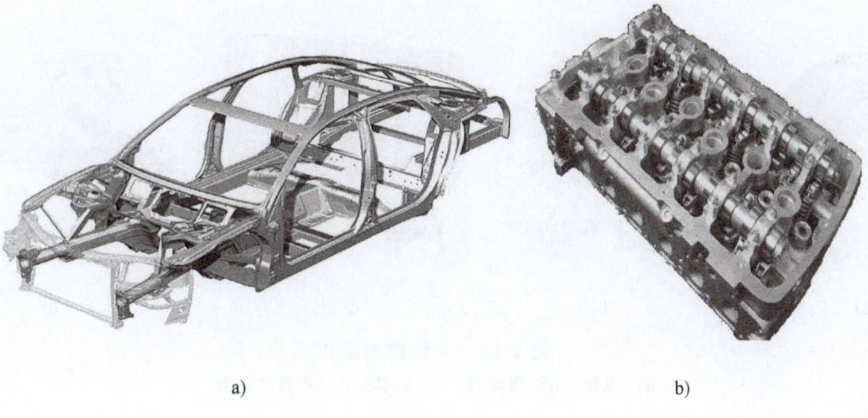

图 1-17 超高强度钢的应用

a）汽车车身结构零件 b）发动机结构零件

微课 1.10

3. 铸铁(微课 1.10)

铸铁是一系列主要由铁、碳、硅（Si）组成的合金，其 w_C 为 2.11%~6.69%。根据碳的存在形式不同，常将铸铁分为白口铸铁和灰铸铁两大类。

白口铸铁中的碳主要以碳化铁（Fe_3C）的形式出现的，其断口呈亮白色。白口铸铁的硬度高、脆性大、难加工，多用来炼钢或制造可锻铸铁件的毛坯。

灰铸铁中的碳主要是以石墨的形式出现的，其断口呈灰色。在灰铸铁中，石墨大部分为层片状的称为灰铸铁，形状为球状的称为球墨铸铁，形状为蠕虫状的称为蠕墨铸铁，形状为团絮状的称为可锻铸铁。

（1）铸铁的性能

1）力学性能较差。这是由于石墨的强度、韧性极低，减小钢基体的有效截面，并引起应力集中，其抗拉强度、塑性及韧性等力学性能比钢低，但铸铁的抗压强度很高，可与钢相近或更高。

2）耐磨性好。这是由于石墨有利于润滑、储油，提高了铸件的耐磨性。

3）消振性好（是钢的十倍）。这是由于石墨组织松软，能吸收振动能量，提高了铸铁的消振能力。

4）铸造性好。这是由于铸铁中硅的含量高，熔点低、流动性好、凝固收缩小。

5）可加工性好。石墨使切屑易断，还可润滑刀具。

6）缺口敏感性低。石墨的存在使铸铁表面粗糙，对外加的缺口不再敏感，对疲劳极限的影响不明显。

（2）铸铁的分类牌号及用途

1）灰铸铁（GB/T 9489—2010）。按国家标准的规定，灰铸铁的牌号由“HT”和一组数字组成。其中“HT”为灰铸铁的代号，代号后面的数字表示其抗拉强度值（MPa）。如HT150表示抗拉强度为150MPa的灰铸铁。

灰铸铁的铸造性能好，可加工性好，减振性好，减摩性好，价格低廉，但也存在着塑性差、韧性差、抗拉强度低、焊接性能较差等缺点，多用来制造机床床身、机架、箱体、壳体以及承受摩擦的导轨、缸体等零件。如图1-18所示，在汽车上多用于不镶缸套的整体缸体、缸盖等零件的制造，还可用于制造飞轮、飞轮壳、变速器壳及盖、离合器壳及压板、进排气歧管、制动鼓以及液压制动总泵和分泵的缸体等。

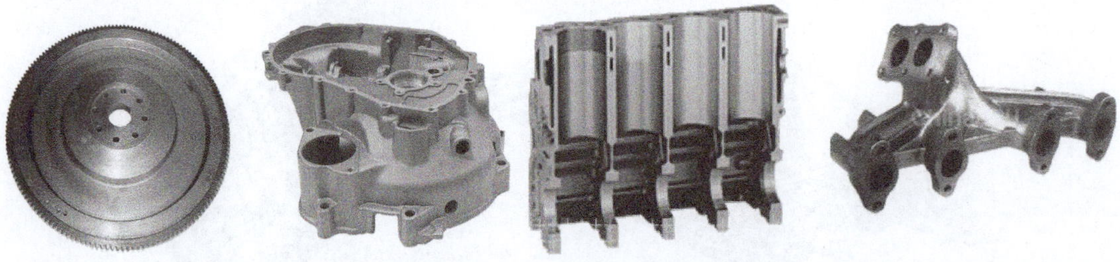

a) b) c) d)

图1-18 灰铸铁的应用

a）飞轮 b）飞轮壳 c）缸体 d）进排气歧管

2）球墨铸铁（GB/T 1348—2009）。球墨铸铁是在灰铸铁的铁水中加入球化剂（稀土镁合金等）和孕育剂（硅铁）进行球化-孕育处理后，得到具有球状石墨的铸铁。

球墨铸铁的牌号由“QT”和两组数字组成，其中“QT”为球墨铸铁的代号，代号后面的两组数字分别表示抗拉强度 R_m（MPa）和伸长率 A（%）。例如：QT450—10表示抗拉强度为450MPa，伸长率为10%的球墨铸铁。

球墨铸铁的力学性能较高，价格又比钢便宜，如图1-19所示，球墨铸铁常用来代替部分铸钢和锻钢（以铁代钢、以铸代锻）制造曲轴、机床主轴、汽车拖拉机底盘零件以及齿轮、阀体等重要零件。

曲轴是球墨铸铁在汽车上应用最成功的典型零件之一。东风5t载货汽车的6100汽油机采用球铁曲轴已有20多年。此外，汽车上的驱动桥壳体、发动机齿轮等重要零件也常采用球墨

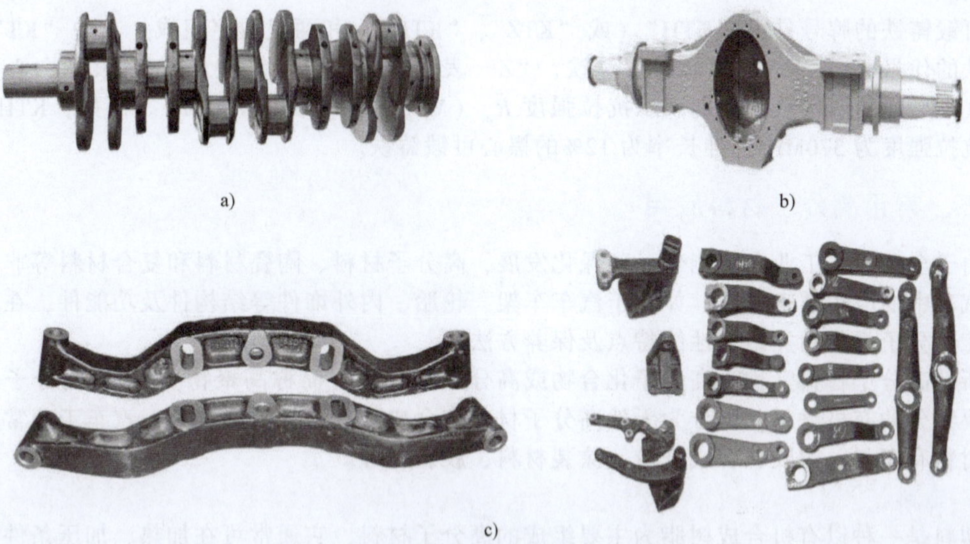

a) b) c)

图 1-19 球墨铸铁的应用

a）曲轴 b）驱动桥壳体 c）底盘零件

铸铁制造。汽车工业是球铁的主要用户，在发达的工业化国家中，球铁件产量中有 20%~40% 用于汽车。

3）蠕墨铸铁。蠕墨铸铁是在灰铸铁的铁水中加入蠕化剂（镁钛合金等）和孕育剂（硅铁）进行蠕化-孕育处理后，得到具有蠕虫状石墨的铸铁。这类铸铁的石墨短而厚，头部较圆，呈蠕虫状。

蠕墨铸铁的牌号由“RuT”和一组数字组成，其中“RuT”为蠕墨铸铁的代号，代号后面的一组数字表示抗拉强度 R_m（MPa）。例如：RuT300 表示抗拉强度为 300MPa 的蠕墨铸铁。

蠕墨铸铁的性能也介于灰铸铁和球墨铸铁之间。用蠕墨铸铁制造的制动毂的使用寿命比灰铸铁的高 3 倍多。6100 汽油机排气管、6100 柴油机缸盖也常用蠕墨铸铁制造。如图 1-20 所示，是蠕墨铸铁在汽车典型零部件中的应用。

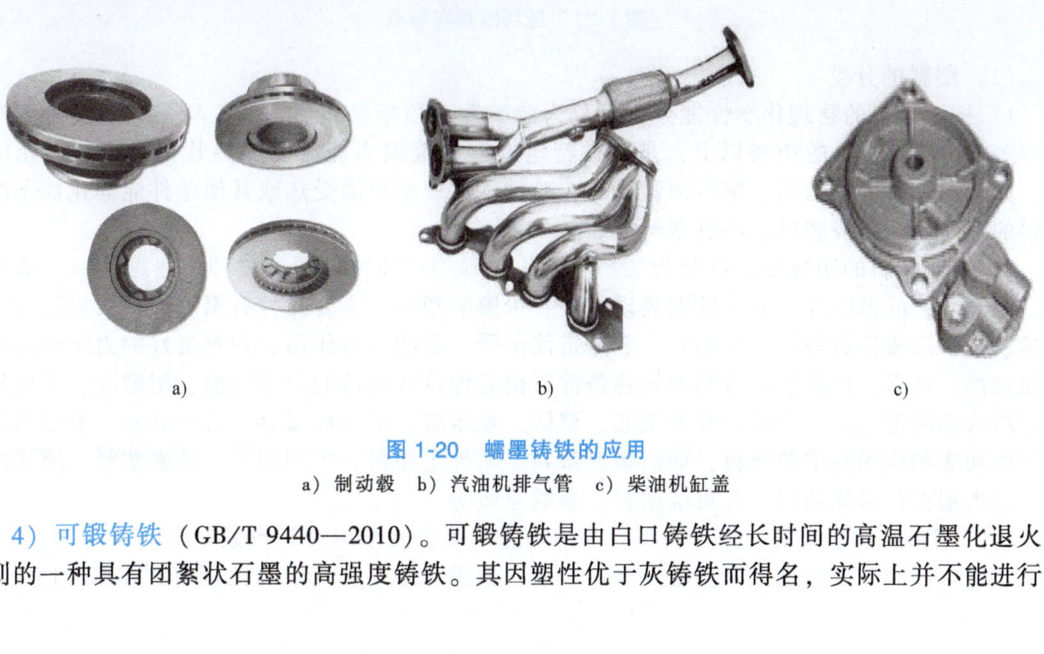

a) b) c)

图 1-20 蠕墨铸铁的应用

a）制动毂 b）汽油机排气管 c）柴油机缸盖

4）可锻铸铁（GB/T 9440—2010）。可锻铸铁是由白口铸铁经长时间的高温石墨化退火而得到的一种具有团絮状石墨的高强度铸铁。其因塑性优于灰铸铁而得名，实际上并不能进行锻造加工。

可锻铸铁的牌号是由“KTH”（或“KTZ”、“KTB”）和两组数字组成。其中“KT”是可锻铸铁的代号，“H”表示黑心可锻铸铁，“Z”表示珠光体可锻铸铁，“B”表示白心可锻铸铁；代号后面的两组数字分别表示抗拉强度 R_m（MPa）和伸长率 A（%）。例如：KTH370-12表示抗拉强度为370MPa，伸长率为12%的黑心可锻铸铁。

三、常用高分子材料应用

由于全球汽车工业向节能化、环保化发展，高分子材料、陶瓷材料和复合材料等非金属材料在汽车中的应用越来越广，如用于汽车车架、轮胎、内外饰件等结构件及功能件，在应用中要注意高分子材料的类型、性能特点及保养方法。

所谓高分子材料又称为高分子化合物或高分子聚合物（简称高聚物），是以高分子化合物为主要组分的有机材料，可分为天然高分子材料和合成高分子材料两大类。汽车工业常用的高分子材料有塑料、橡胶、合成纤维、涂装材料、胶黏剂等。

1. 塑料

塑料是一种以有机合成树脂为主要组成的高分子材料，它通常可在加热、加压条件下被塑造或固化成型，得到所需的固体制品，故称为塑料。它具有质量轻、比强度高、耐腐蚀、消声、隔热、良好的减摩性、耐磨性和电绝缘性等优点，但也存在着强度低、耐热性差、耐疲劳性差、修理性不好、耐候性差、耐蠕变性差、尺寸不稳定和废弃处理困难等不足。

塑料的主要成分是有机合成树脂，也可加入各种增强材料、填料、增塑剂、固化剂、稳定剂、着色剂和阻燃剂等，如图1-21所示。

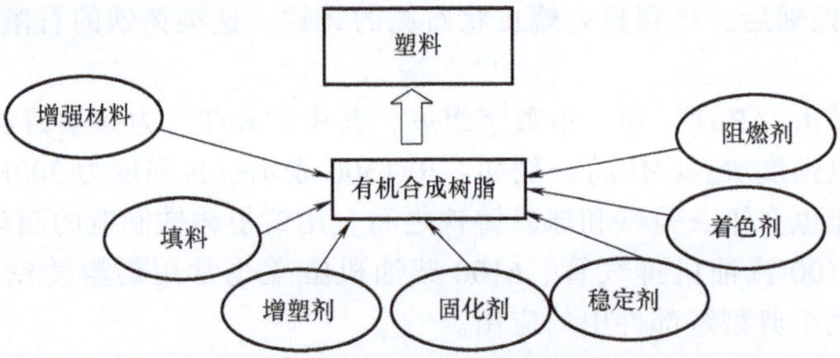

图1-21 塑料的基本组成

（1）塑料的分类

1）按照塑料的物理化学性能分，可分为热塑性工程塑料和热固性工程塑料两类。热塑性工程塑料占塑料总量的70%以上，是指在特定的温度范围内能反复加热软化和冷却硬化的塑料，如聚乙烯、聚氯乙烯、聚丙烯塑料等；热固性工程塑料因受热或其他条件能固化成不溶性物料的塑料，如酚醛塑料、环氧塑料等。

2）按照塑料的用途分，可分为通用塑料、工程塑料和特种塑料三种。通用塑料一般指量大、用途广、成型性好、力学性能表现一般、价廉的塑料，主要品种有聚乙烯、聚氯乙烯、聚丙烯、聚苯乙烯塑料等；工程塑料一般是指能承受一定的外力作用，并有良好的力学性能和尺寸稳定性，在高、低温和较苛刻的环境条件下仍能保持其优良的力学性能、耐磨性，可以作为工程结构件的塑料。主要品种有聚酰胺、聚砜、聚苯醚、耐热环氧等；特种塑料一般是指具有一定的功能和应用要求的塑料，如耐辐射塑料、超导电塑料、医用塑料、导磁塑料、感光塑料等。这类塑料包括氟塑料、有机硅塑料、聚酰亚胺等。

（2）塑料在汽车上的应用　轿车工业的快速发展促使车用材料也紧紧围绕着环保、节能、安全、舒适性和低成本这五个主题展开。目前，塑料在整车重量中的比例占到10%～15%，其他各类材料的比例钢铁为65%~70%，铝为5%~10%，玻璃为2%~4%。

近年来，汽车轻量化已成为汽车材料发展的主要方向。汽车轻量化为塑料工业的发展提供了广阔的空间。据业内专家介绍，发达国家已将汽车用塑料量的多少作为衡量汽车设计和制造水平的一个重要标志。汽车一般部件重量每减轻1%可节油1%；运动部件每减轻1%可节油2%。国外汽车自身质量同过去相比已减轻了20%~26%。预计在未来的10年内，轿车自身的重量还将继续减轻20%，而塑料在汽车中的应用将使汽车轻量化成为现实。

汽车用塑料按照用途可分为汽车内饰件用塑料、汽车外装及结构件用塑料和汽车用工程塑料。

1）汽车内饰件用塑料。汽车内饰件用塑料要求具备吸振性能好、手感好、耐用性好的特点，以满足汽车安全、舒适、美观的目的。内饰件用塑料品种主要有：聚氨酯（PUR）泡沫、聚氯乙烯（PVC）、聚丙烯（PP）和ABS等。如图1-22所示，它们用于制作坐垫、仪表板、扶手、头枕、门内衬板、顶棚里衬、地毯、控制箱、转向盘等内饰塑料制品。在内饰件方面，汽车和内饰制造商不断推出新型内饰材料，以满足用户舒适性和安全感。

图1-22 塑料在汽车内饰中的应用

2）汽车用工程塑料。汽车用工程塑料在汽车上主要用做结构件，要求塑料具有足够的强度、抗蠕变性及尺寸稳定性等特性。汽车上常用的工程塑料有聚丙烯（PP）、聚乙烯（PE）、聚苯乙烯（PS）、ABS、聚酰胺（PA）、聚甲醛（POM）、聚碳酸酯（PC）、酚醛树脂（EP）等。采用汽车用工程塑料取代金属制造汽车配件，可直接取得汽车轻量化效果，还可改善汽车的某些性能，如防腐蚀、防锈蚀、减振、控制噪声、耐磨等。

3）汽车外装及结构件用塑料。汽车外装及结构件包括传动轴罩、车架罩、发动机罩等，要求高强度，因此多采用纤维增强塑料基复合材料制造。

2. 橡胶

橡胶是以生胶为原料，加入适量的硫化剂、硫化促进剂、硫化活性剂、防焦剂、防老剂、补强填充剂、软化剂、着色剂等配合剂，经硫化后得到的一种材料。橡胶具有高弹性、黏弹性好、强度大、可塑性高、耐磨性好以及绝缘、隔声、防水、缓冲、吸振性能好等特性，因此橡胶广泛地应用于弹性材料、密封材料、减振防振材料和传动材料，在汽车工业生产中有着重要的地位，是一项重要的汽车工业材料。

（1）常用的橡胶材料　生产上常用的橡胶材料有天然橡胶、合成橡胶和再生胶。

1）天然橡胶。天然橡胶材料是指以天然胶为生胶制成的橡胶材料，代号为NR。天然橡胶属于通用橡胶。它具有优良的弹性，弹性温度范围为-70~130℃；具有较高的强度和优异的耐屈挠疲劳性能、耐磨性、耐寒性、防水性、绝热性和电绝缘性；具有良好的加工性能。其缺点是耐老化性和耐候性差，耐油性和耐溶剂性较差，易溶于汽油和苯类等溶剂，易受强酸侵蚀，且易自燃。

天然橡胶材料有广泛的用途，大量用于制造各类轮胎，尤其是子午线轮胎和载货汽车轮胎。另外，还用于制造胶带、胶管、各种工业用橡胶制品。

2）合成橡胶。随着石油工业的迅速发展，合成橡胶由于原料来源丰富、成本低廉，在各行各业得到了广泛的应用，也成为汽车工业中一种重要的材料。合成橡胶的种类繁多，分为通用合成橡胶和特种合成橡胶。

3）再生胶。再生胶是硫化胶的边角废料和废旧橡胶制品经粉碎、化学和物理方法加工后，去掉硫化胶的弹性，恢复塑性和黏性，重新再硫化的橡胶。再生胶对于环保和生产资料的再利用有着重要的意义。再生胶的主要特性是强度较低、硫化速度快、操作比较安全，并有良好的耐老化性，加工容易，成本低廉。

再生胶广泛地用于各种橡胶制品的生产。轮胎工业中用于制造垫带、钢丝圈胶、三角胶条、封口胶条等。汽车上也用作胶板、橡胶地毡、汽车用橡胶零件等。再生胶也可掺用于制作胶管、胶带、各种模型制品。

（2）橡胶制品在汽车上的应用　橡胶是汽车常用的一种重要材料。一辆轿车上的橡胶件重量占车重的4%~5%。轮胎是汽车的主要橡胶件，此外还有各种橡胶软管、密封件、减振垫等约300余件。

除轮胎以外，汽车用橡胶配件还由各种胶管、传动带、油封，以及高压密封、减振缓冲胶垫、风窗玻璃密封条等。这些零部件应用于轿车的各部位，数量虽然不大，但对汽车的性能和质量却起着相当重要的作用。

3. 涂装材料

涂装材料是一种呈液态的或粉末状的有机物质，可以采用不同的工艺将其涂覆在物体表面上，形成黏附牢固、具有一定强度的连续固态薄膜。这样涂覆形成的膜通称涂膜，又称漆膜或涂层。涂料对所形成的涂膜而言是涂膜的半成品，涂料只有经过使用即施工到被涂物件的表面形成涂膜后才能体现出其作用。

涂料的作用：

1）保护作用。涂料在物件表面形成一层保护膜，能阻止或延迟材料在大气等各种介质中的锈蚀、腐朽和风化等破坏现象的发生和发展，使材料的使用寿命延长。

2）装饰作用。涂料可以改善材料表面的外观形象，起到美化的作用。

3）特殊功能作用。涂料能够提供多种不同的特殊功能，如改善材料表面的力学、物理、化学和微生物学等方面的性能。

汽车涂装修补采用的材料包括漆前处理材料、涂料、漆后处理材料和辅助材料等。

4. 胶黏剂

胶黏剂和密封胶在汽车工业中是粘接各种零件和防漏的重要材料之一。它在汽车的防振、隔热、防漏、防松和降噪等方面起着重要的作用。我国每辆汽车上胶黏剂和密封胶的用量约达30kg，其中车身用胶量居首位。在我国已开发并应用于生产中的汽车胶黏剂品种有40余种，如点焊密封胶、焊缝密封胶、折边密封胶、风窗玻璃胶黏剂等。不同品种的胶黏剂其性能差异较大，适用范围也不相同。胶黏剂的各种性能，还与所加入的填料、固化剂、稀释剂、增韧剂等的性能与数量密切相关。因此，应用中要正确选用胶黏剂，保证胶接件的质量及使用要求。

5. 合成纤维

合成纤维是以石油、天然气、煤和石灰石等为原料，经过提炼和化学反应合成高分子化合物，再将其熔融或溶解后纺丝制成的纤维。

合成纤维具有比天然纤维和人造纤维的物理、化学性能和力学性能更优异的特点，如强度高、密度小、弹性好、耐磨、不怕虫蛀、隔热、隔光、隔声、密封性、绝缘性较好等，而且表面较光亮，纤维强力高，色泽牢固鲜艳，耐皱性、耐冲击性好，并具有良好的化学稳定性，在一般条件下不怕汗液、海水、肥皂、碱液等的侵蚀，不易发霉。其缺点是耐热性一般。

合成纤维在汽车上多用于内部装饰，也大量用于汽车轮胎帘子线、传动带等，是一种发展迅速的工程材料。

任务3 汽车维修常用基本工具认知与使用

任务要点

(1) 认识常用手工工具及其使用；
(2) 认识常用专用工具及其使用；
(3) 认识常用量具及其使用。

知识学习

一、手工工具及使用

1. 螺钉旋具

螺钉旋具主要用于旋松或旋紧有槽螺钉。螺钉旋具（以下简称旋具）有较多的类型，其区别主要是头部形状，每种类型旋具都按长度不同分为若干规格。常用的旋具是一字形和十字形，如图 1-23 所示。

在汽车维修中，选用的旋具应与槽口的形状、厚度和宽度相适应，以防损坏螺钉头。旋具不可当撬棒使用，也不能承受过大的扭力，否则会损坏旋具。

2. 钳子

钳子有很多类型和规格，常用钳子类型如图 1-24 所示，钳子多用来弯曲或安装小零件、剪断导线或螺栓等。在汽车维修中，应根据作业内容选用适当类型和规格的钳子，不能用钳子拧紧或拧松螺纹联接件，以防破坏螺纹，也不可用钳子当锤子使用，以免钳子损坏。

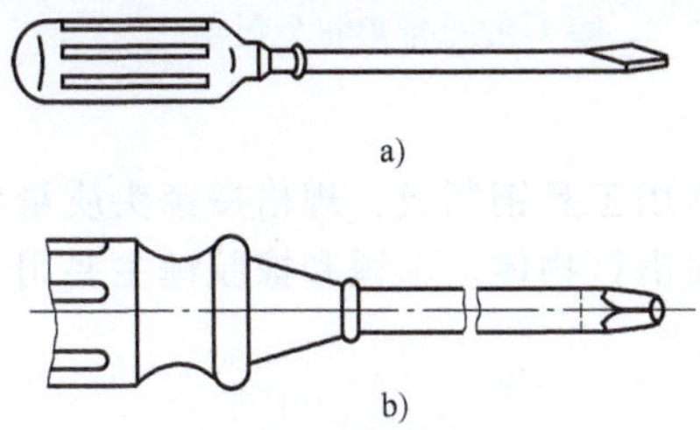

图 1-23 常用螺钉旋具

a）一字槽螺钉旋具 b）十字槽螺钉旋具

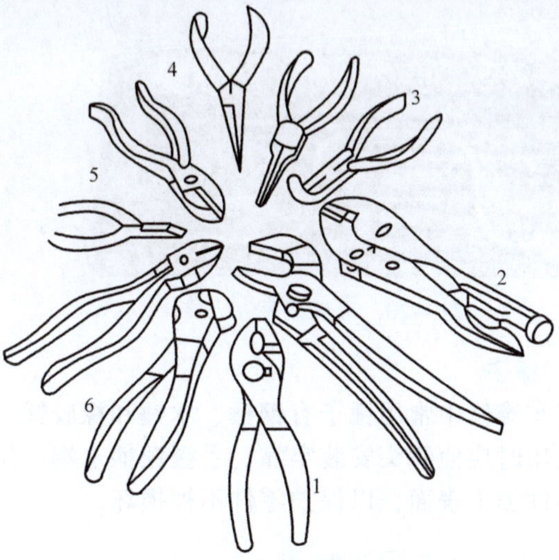

图 1-24 常用钳子类型

1—鲤鱼钳 2—夹紧钳 3—钩钳 4—尖嘴钳 5—组合钢丝钳 6—剪钳

3. 扳手

扳手主要用来拧松或拧紧螺栓或螺母，常用扳手类型如图 1-25 所示。每一类型的扳手都有不同的规格，一般都成套购置。除活扳手的规格按尺寸大小划分外，其他扳手规格均按标准螺纹件规格划分。

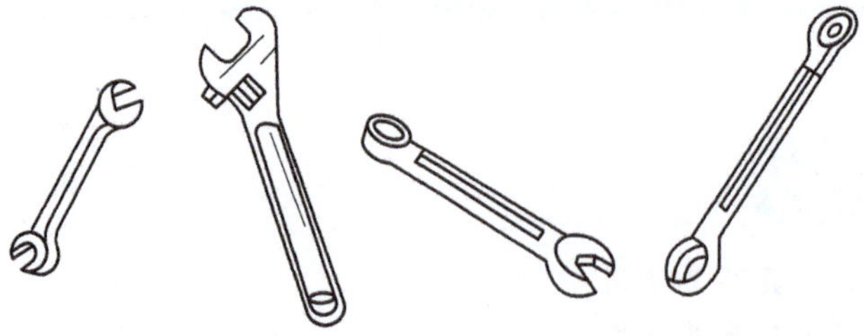

图 1-25 常用扳手类型

a）呆扳手 b）活扳手 c）两用扳手 d）梅花扳手

4. 套筒扳手

套筒扳手一般是由不同规格的套筒、加长杆和各种手柄等组成的成套工具，如图 1-26 所示。套筒的规格按标准螺纹件规格划分。因为使用套筒工具拆装螺纹联接件，具有快速、高效的优点，且对拆装位置隐蔽、空间狭小处的螺纹联接件更具优越性，所以在汽车维修中它是使用频率最高的工具。

5. 扭力扳手

扭力扳手用于拧紧对拧紧力矩有严格要求的螺纹件，通常需要与套筒扳手配合使用，使用时可直接显示出所施加的拧紧力矩。常用扭力扳手如图 1-27 所示。

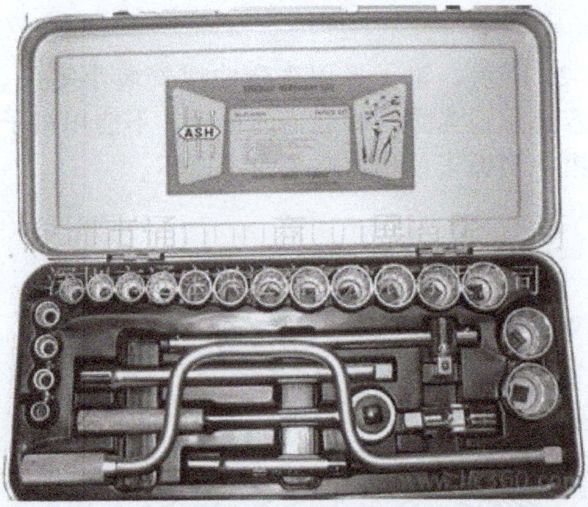

图 1-26 套筒扳手

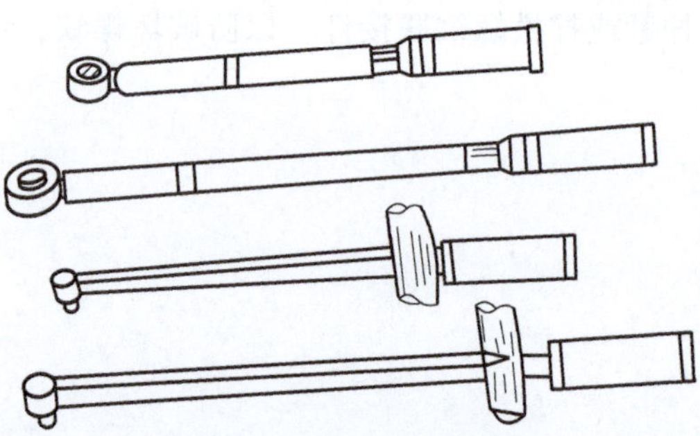

图 1-27 常用扭力扳手

6. 锤子

汽车维修中常用锤子有钢锤、木锤和橡胶锤。钢锤通常用工具钢制成，规格按锤头质量划分，使用时应使锤头安装牢靠，手握锤柄末端，用锤头正面击打物体。木锤和橡胶锤主要用于击打零件加工表面，以保护零件不被损坏。

二、专用工具及使用

1. 火花塞套筒

火花塞套筒是用于拆装火花塞的专用工具，常为内六筒式结构，筒身上加工有手柄穿入孔，如图 1-28 所示。火花塞套筒有两种规格，14.8mm 和 10mm。

2. 活塞环拆装钳

活塞环拆装钳是用于拆装活塞环的专用工具，如图 1-29 所示。使用时应将活塞环拆装钳上的环卡卡在活塞环的开口上，轻握手柄慢慢收缩使活塞环张开，以便拆装。

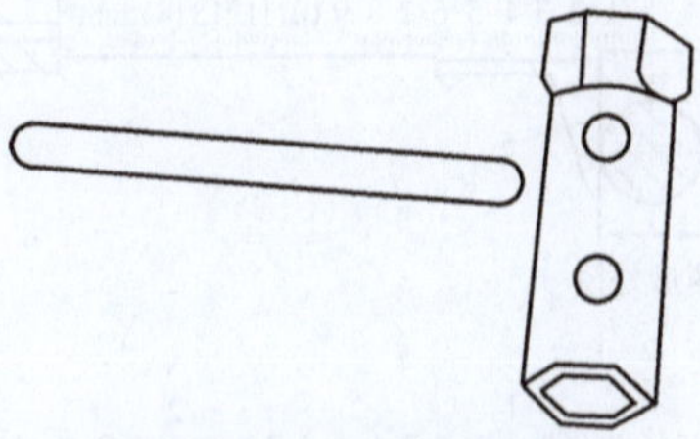

图 1-28 火花塞套筒

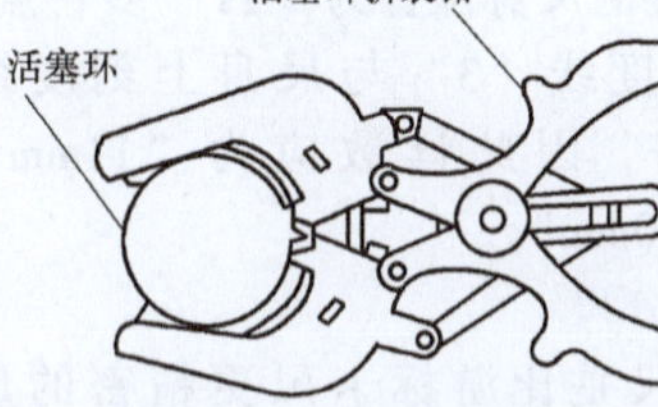

图 1-29 活塞环拆装钳

3. 气门拆装钳

气门拆装钳是用于拆装气门的专用工具，如图 1-30 所示。在拆装气门时，将气门拆装钳托架抵住气门，压环对正气门弹簧座，压下手柄即可使气门弹簧压缩，然后取出气门弹簧锁止零件，再慢慢放松手柄，便能很容易地取下气门弹簧和气门等。

4. 顶拔器

顶拔器用于拆卸过盈配合安装在轴上的齿轮或轴承等零件的专用工具。常用顶拔器为手动式，在一杆式弓形叉上装有压力螺杆和拉爪；使用时在轴端压力螺杆之间垫一垫板，用顶拔器的拉爪拉住齿轮或轴承，然后拧紧压力螺杆，即可从轴上拉下齿轮，轴承等过盈配合安装零件，如图 1-31 所示。

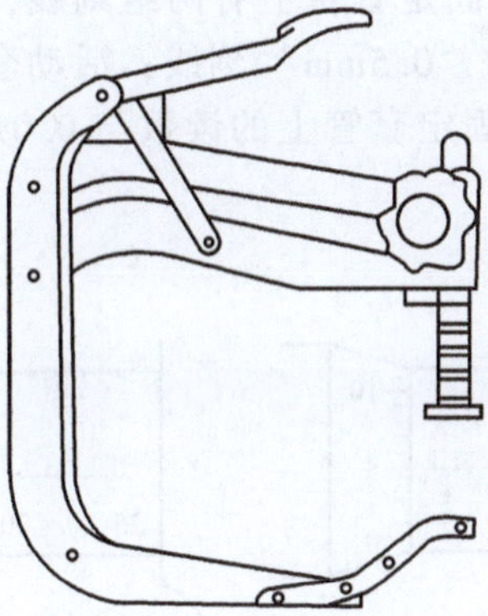

图 1-30 气门拆装钳

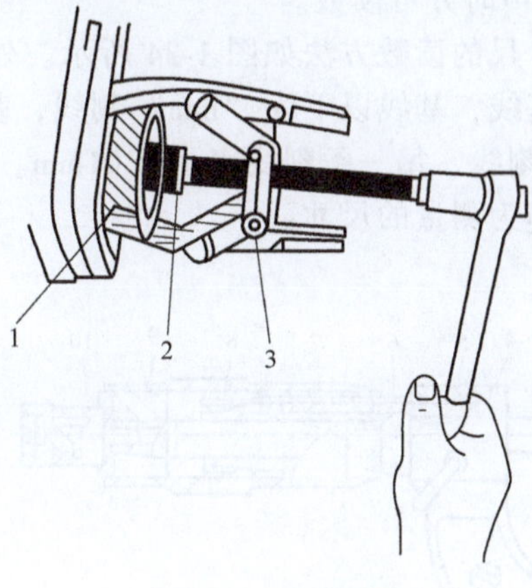

图 1-31 顶拔器

1—齿轮 2—垫板 3—拉爪

三、常用量具及使用

1. 游标卡尺

游标卡尺主要用来测量零件的内外直径和孔的深度等。其分度值分为三种：0.10mm，0.02mm，0.05mm。测量时应根据测量分度值的要求选择合适分度值的游标卡尺，擦净卡脚和被测零件的表面；测量时将卡脚张大。再慢慢地推动游标，使两卡脚与工件接触；禁止硬卡硬拉；使用后要把游标卡尺卡脚擦净并涂油后放入盒中。

游标卡尺由尺身、游标、活动卡脚和固定卡脚组成。常用分度值为 0.10mm 的游标卡尺如图 1-32 所示，其尺身上每一刻度为 1mm，游标上每一刻度表示 0.10mm。读数时，先看游标上

"0"刻度线对应的尺身刻度线读数，再找出游标上与尺身某一刻度线对得最齐的一条刻度线读数，测量的读数为尺身读数加上 0.1 倍的游标读数。如图 1-32 中下图所示，游标"0"刻度线对准的尺身位置为"11"多一点，而游标上的刻度线"3"与尺身上刻度线"4"对得最齐，因此读数应为"11mm + 0.1mm×3 = 11.30mm"。

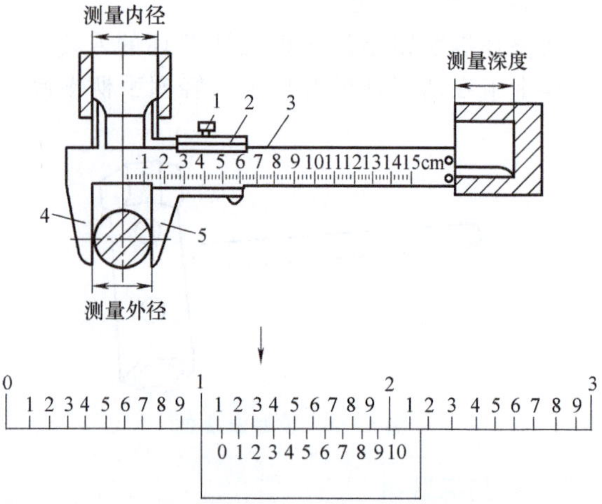

图 1-32 分度值为 0.10mm 的游标卡尺结构图及其读数方法

1—固定螺钉 2—游标 3—尺身 4—固定卡脚 5—活动卡脚

2. 外径千分尺

外径千分尺是比游标卡尺更精密的量具，其精度为 0.01mm。外径千分尺的规格按量程划分，常用的有 0~25mm，25~50mm、50~75mm、75~100mm、100~125mm 等规格。使用时应按零件尺寸选择相应规格。外径千分尺的结构如图 1-33 所示。使用外径千分尺前，应检查其精度，检查方法是旋动棘轮，当两个砧座靠拢时，棘轮发出二三声"咔咔"的响声，此时，活动套管的前端应与固定套管的"0"刻度线对齐，同时活动套管的"0"刻度线还应与固定套管的基线对齐，否则需要进行调整。

注意：测量时应擦净两个砧座和工作表面，旋动砧座接触工件，甚至棘轮发生二三声"咔咔"的响声时方可读数。

外径千分尺的读数方法如图 1-34 所示。外径千分尺固定套管上有两组刻线，两组刻线之间的横线为基线，基线以下为"mm"刻线，基线以上为"0.5mm"刻线；活动套管上沿圆周方向有 50 条刻线，每一条刻线表示 0.01mm。读数时，固定套管上的读数与 0.01 倍的活动套管读数之和即为测量的尺寸。

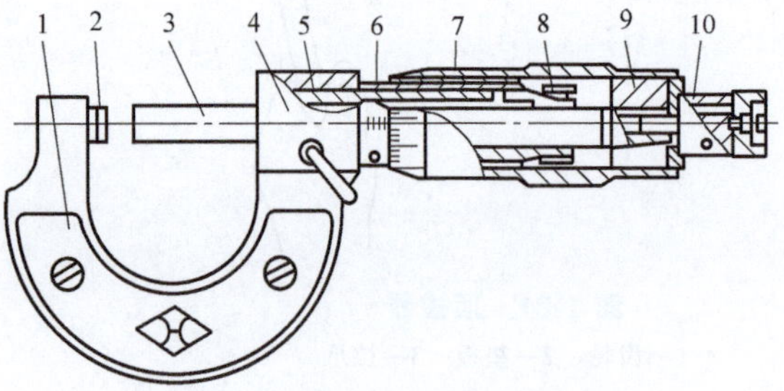

图 1-33 外径千分尺的结构

1—尺架 2—固定座 3—活动座 4—锁紧装置 5—螺纹轴套 6—固定套管 7—活动套管 8—螺母 9—接头 10—棘轮

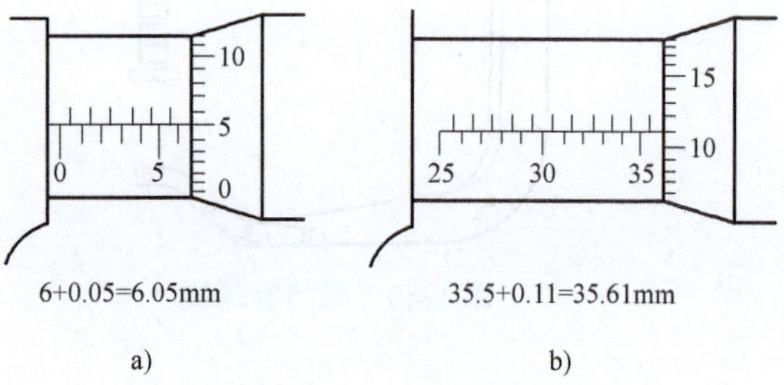

图 1-34 外径千分尺的读数方法

a）读数方法 1 b）读数方法 2

3. 百分表

百分表主要用于测量零件的形状误差（如曲轴弯曲变形量、轴颈或孔的圆度误差等）或配合间隙（如曲轴轴向间隙等），其精度为 0.01mm，按量程分为 0~3mm、0~5mm、0~10mm 三种规格。百分表的刻度盘一般为 100 格，大指针转动一格表示 0.01mm，转动一周表示 1mm，小指针可指示大指针转动的圈数。

在使用时，百分表一般要固定在表架上，如图 1-35 所示。用百分表进行测量时，必须首先调整表架，使测杆与零件表面保持垂直接触且有适当的预缩量，并转动表盘使指针对正表盘上的“0”刻度线，然后按一定方向缓慢移动或转动工件，测杆则会随零件表面的移动自动伸缩。测杆伸长时，表针顺时针转动，读数为正值；测杆缩短时，表针逆时针转动，读数为负值。

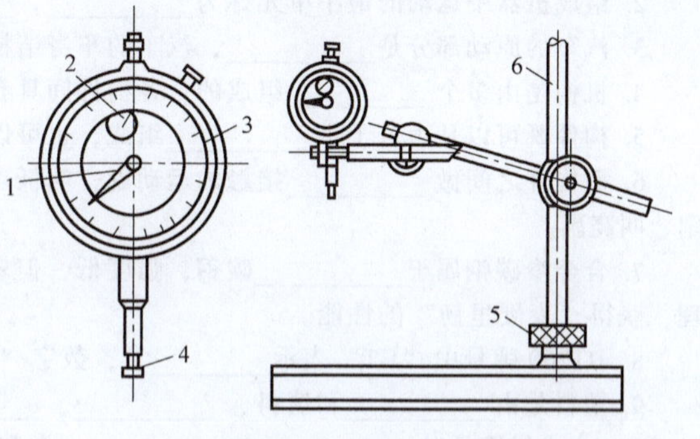

图 1-35 百分表

1—大指针 2—小指针 3—刻度盘 4—测头 5—磁力表座 6—支架

4. 量缸表

量缸表又称内径百分表，主要用来测量孔的内径如气缸直径、轴承孔直径等。量缸表主要由百分表、表杆和一套不同长度的接杆等组成，如图 1-36 所示。

测量时首先根据气缸（或轴承孔）直径选择长度尺寸合适的接杆，并将接杆固定在量缸表下端的接杆座上；然后校正量缸表，将外径千分尺调到被测气缸（或轴承孔）的标准尺寸，再将量缸表校正到外径千分尺的尺寸。并使伸缩杆有 2mm 左右的压缩行程，旋转表盘使指针对准零位后即可进行测量。

注意：测量过程中，必须前后摆动量缸表以确定读数最小的直径位置，同时还应在一定角度内转动量缸表以确定读数最大时的直径位置。

5. 塞尺

塞尺由多片不同厚度的钢片组成，每片钢片的表面刻有表示其厚度的数字，如图 1-37 所示。在汽车维修中，塞尺常用来测量零件之间的配合间隙，如气门间隙、曲轴轴向间隙等。

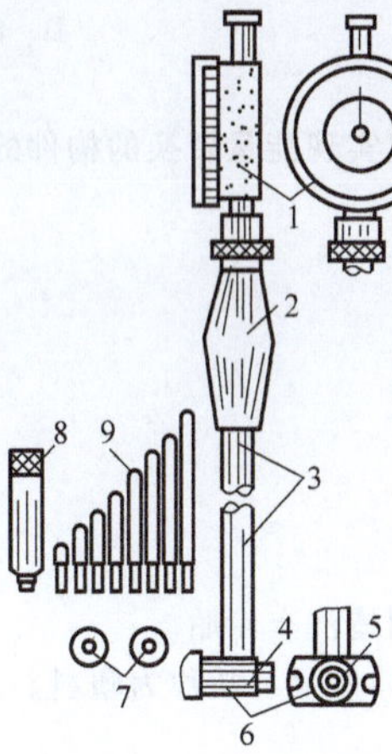

图 1-36 量缸表

1—百分表 2—绝缘套 3—表杆 4—接杆座 5—活动测头 6—支撑架 7—固定螺母 8—加长接杆 9—接杆

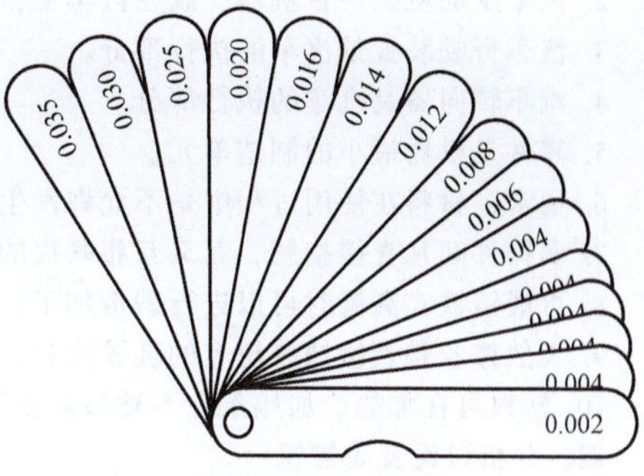

图 1-37 塞尺

单元训练与测评

一、填空题

1. 一部完整的机器一般由________、________、________和________四部分组成。

2. 组成机器中运动的最小单元称为__________，__________是机器最小的制造单元。

3. 汽车的原动部分是__________，汽车的车身结构属于__________。

4. 机构是由多个__________组成的；各构件间具有__________相对运动，能够实现预期的机械运动。

5. 构件既可以是由若干个__________组成，也可以是由独立运动的单一__________。

6. 两构件之间做__________接触的运动副，叫低副。两构件之间做__________或__________接触的运动副，叫高副。

7. 合金渗碳钢属于__________碳钢，强度低，但塑性、韧性较好；通常进行__________和__________处理，获得“表硬里韧”的性能。

8. HT200 牌号中“HT”表示__________，数字“200”表示__________。

9. 塑料是由__________和填料、__________、__________、稳定剂等添加剂制成的一种高分子材料。

10. 合成纤维是以__________、__________、煤和__________等为原料，经过提炼和化学反应合成高分子化合物，再将其熔融或溶解后纺丝制得的纤维。

二、选择题

1. 下列六种机械零件：其中__________为专用零件，__________是通用零件。

A. 汽车发动机的阀门弹簧　　B. 起重机的抓斗

C. 车床变速箱中的齿轮　　D. 飞机的螺旋桨

E. 柴油机的曲轴　　F. 自行车的链条

2. 汽车的变速器齿轮系是__________。

A. 动力装置　　B. 传动装置　　C. 执行装置　　D. 控制装置

3. 汽车的发动机是__________。

A. 机器　　B. 机构　　C. 构件　　D. 零件

4. 对于汽车而言，汽车的发动机是汽车的__________。

A. 动力装置　　B. 传动装置　　C. 执行装置　　D. 控制装置

5. 汽车发动机中要求采用质量轻、运动时惯性小的活塞，多采用__________材料制成。

A. 铸铁　　B. 铝合金　　C. 陶瓷　　D. 塑料

6. QT400-17 是__________。

A. 球墨铸铁　　B. 灰铸铁　　C. 铸钢　　D. 合金钢

三、判断题

1. 机器是构件之间具有确定的相对运动，并能完成有用的机械功或实现能量转换的构件的组合。（　）

2. 汽车发动机是一台机器，放在汽车上，是汽车的动力部分。（　）

3. 汽车行驶装置是汽车的执行部分。（　）

4. 汽车转向器是汽车的执行部分。（　）

5. 零件是机器最小的制造单元。（　）

6. 通常，材料在使用过程中是不允许发生塑性变形的。（　）

7. 两构件间凡直接接触，而又互相联接的都叫运动副。（　）

8. 可锻铸铁在高温时可以进行锻造加工。（　）

9. 天然橡胶是直接橡胶树上的乳胶成分，强度较低，不适合用于制造汽车轮胎。（　）

10. 塑料可在加热、加压条件下被塑造或固化成型，得到所需的固体制品，故称为塑料。（　）

四、分析讨论及简答题

1. 分析自行车、电动自行车是否是机器，并说明理由。

2. 讨论分析汽车上采用的传动机构名称，各起什么作用。

3. 本单元我们认识了汽车机械的组成，日常生活接触到的和工业中的机械如缝纫机、洗衣机、机床、起重机、纺织机、机器人等都是机器，请选择两种你最熟悉的机器分析认识其组成、结构与功能。

五、试绘制图 1-38 所示机构运动简图。

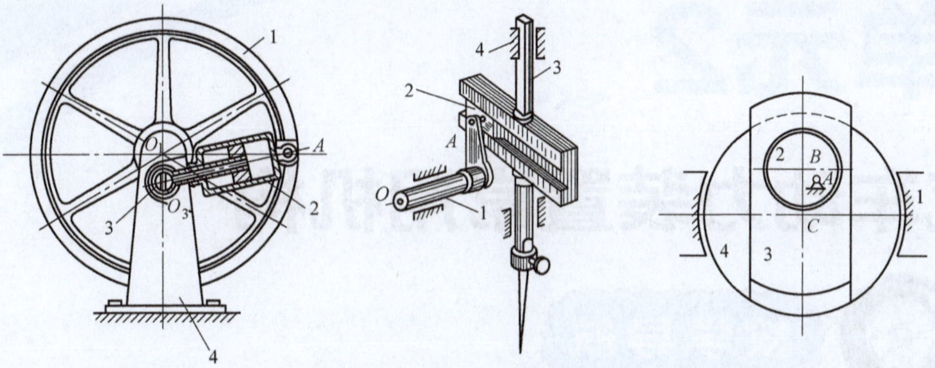

a)　　b)　　c)

图 1-38　绘制机构运动简图

a）回转柱塞泵　b）缝纫机下针机构　c）偏心轮机构

单元2

汽车动力装置常用机构

教学导航

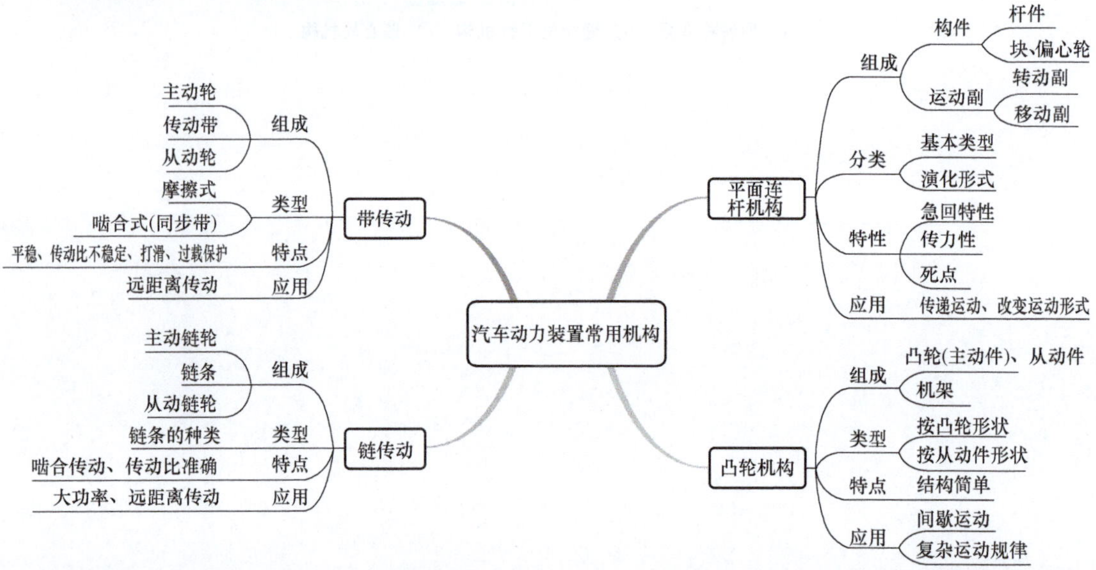

汽车的动力来源于内燃机（也称发动机），发动机是将燃料的化学能转变为机械能的机器。从机械学的角度上来说，发动机的主要传动机构有：曲柄连杆机构、凸轮配气机构和气门正时机构。

曲柄连杆机构的任务是将燃料燃烧时产生的热能转变为活塞往复运动的机械能，再通过连杆将活塞的往复运动变为曲轴的旋转运动而对外输出动力；而凸轮配气机构和气门正时机构则负责按照发动机每个气缸内所进行的工作循环和发火次序的要求，定时开启和关闭气缸的进、排气门，使新鲜可燃混合气（汽油机）或空气（柴油机）得以及时进入气缸，废气得以及时从气缸排出。这些传动机构怎么工作？传动时有什么特点？正常传动有什么要求？要回答这些问题，需要学习动力装置（发动机）主要传动机构的组成基本原理、传动工作原理，了解常用标准零部件的相关国家标准和规范选用。

学习目标

（1）学习理解汽车动力装置中曲柄连杆、凸轮配气及带传动等机构的结构组成、类型、工作原理、构件材料及相关国家标准选用等相关知识；

（2）能够初步分析机构传动故障原因，并正确使用维护机器；

（3）培养分析机器组成及传动路线能力，训练汽车维修的基本职业素养。

任务4 平面连杆机构分析与应用

任务要点

(1) 在示教发动机实物上，认识及观察发动机曲柄连杆机构中各组成零部件的结构和选用的材料；

(2) 认识汽车连杆机构的分类、工作原理、结构组成及应用，了解相关国家标准；

(3) 分析曲柄连杆机构的传力特点及机构运动特性，认识汽车发动机连杆机构传动的失效。

知识学习

有一辆本田雅阁 2. 4LX 轿车在暴雨中急驶，冲过水洼路不久，突然听到轰地一声，内燃机（发动机）熄火，并无法再次起动。送到维修厂后检验员根据车主自述，初步诊断为发动机发生机械故障，遂进行如下检查：拆开火花塞，火花塞孔溢出水；敲击消声器，溢出水。诊断发动机发生淹缸事故。剖检发动机，发现该发动机淹缸后，一缸活塞被损，缸壁已被连杆捣穿，连杆体挤弯；另一喷油器芯杆折断。请你试分析一下该事故的原因。

要分析上述汽车发动机出现问题的原因，需要先了解连杆机构的组成和工作原理。

一、平面连杆机构的类型与演化（微课 2. 1）

微课 2. 1

平面连杆机构是由一些刚性构件采用低副（转动副或移动副）连接组成的平面机构。其类型很多，但构件的形状大多数是杆状的（称为杆），其中最简单、应用最广的是由四个构件（杆）组成的平面四杆机构。四杆机构包括铰链四杆机构和滑块四杆机构。目前，平面连杆传动机构已广泛应用于汽车和其他各种机械、仪表及操纵机构中，如汽车发动机中的活塞—连杆机构、汽车前轮的转向机构、发动机回转式柱塞泵和刮水器等。

1. 铰链四杆机构的基本形式

铰链四杆机构中的所有运动副都是转动副，如图 2-1 所示，杆 4 是固定不动的，称为机架。不与机架直接连接的杆 2，称为连杆。与机架用转动副相连接的杆 1 和杆 3，称为连架杆。

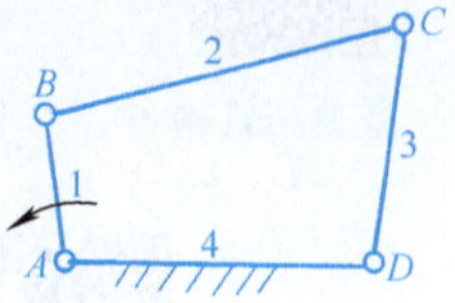

图 2-1 铰链四杆机构

当机构中的杆 1（或杆 3）能绕铰链 A（或 D）做整周的连续旋转时，则此杆称为曲柄。如果不能做整周的连续旋转，只能在小于 360° 的某一角度内摆动，则此杆就称为摇杆。由于机构中的两个连架杆（杆 1 和杆 3），可以有一个是曲柄，而另一个是摇杆；也可以两个都是曲柄或都是摇杆。因此，按两连架杆运动形式的不同，铰链四杆机构分为三种基本形式，即曲柄摇杆机构、双曲柄机构和双摇杆机构。

铰链四杆机构

(1) 曲柄摇杆机构　如图 2-1 所示铰链四杆机构中，若两个连架杆（杆 1 和杆 3），一个为曲柄，另一个为摇杆，则称该机构为曲柄摇杆机构。通常曲柄 1 为原动件，并做匀速转动；而摇杆 3 为从动件，做变速往复摆动。曲柄摇杆机构主要用途如下：

1）将转动变为摆动，以曲柄为原动件时，则摇杆做摆动。

2）将摆动变为转动，以摇杆为原动件时，则曲柄做转动。

图 2-2 所示为曲柄摇杆机构在汽车刮水器中的应用。

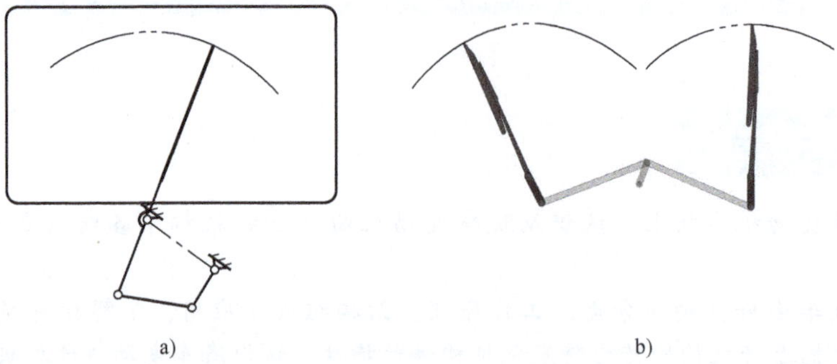

曲柄摇杆机构

图 2-2　曲柄摇杆机构在汽车刮水器中的应用

汽车刮水器

（2）双曲柄机构　如图 2-3 所示，若铰链四杆机构的两连架杆均为曲柄时，称为双曲柄机构。双曲柄机构的运动特点是：当主动曲柄做匀速转动时，从动曲柄做周期性的变速转动，以满足机器的工作要求。

如图 2-4 所示，在双曲柄机构中，若相对的两杆长度分别相等时，则称为平行双曲柄机构。它有正平行双曲柄与反平行双曲柄两种形式。前者的运动特点是两曲柄的转向相同且角速度相等，连杆做平动；后者的运动特点是两曲柄的转向相反且角速度不等。正平行四边形机构的特点是两曲柄转向相同时，它们的角速度始终相等，连杆也始终与机架平行，四根杆形成一平行四边形，如图 2-5 所示的机车车轮联动机构。反平行四边形机构的特点是两曲柄转向相反，如图 2-6 所示为车门启闭机构，当主动曲柄 1 转动时，从动曲柄 3 做相反方向转动，从而使两扇门同时开启或关闭。

双曲柄机构

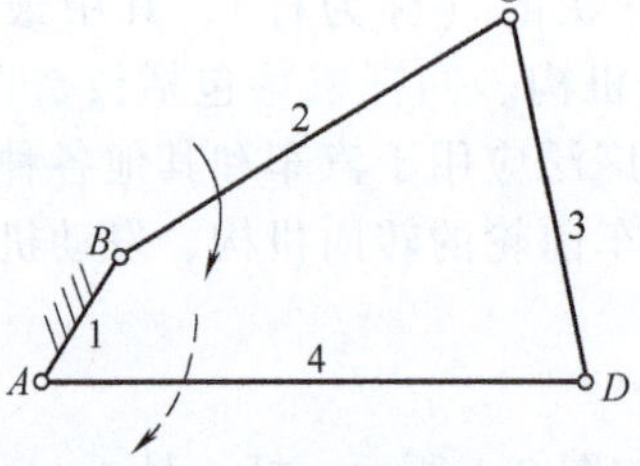

图 2-3　双曲柄机构

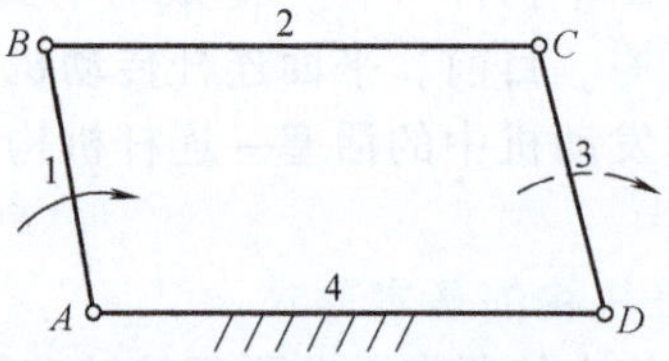

图 2-4　平行双曲柄机构

平行双曲柄机构

机车车轮联动机构

图 2-5　机车车轮联动机构

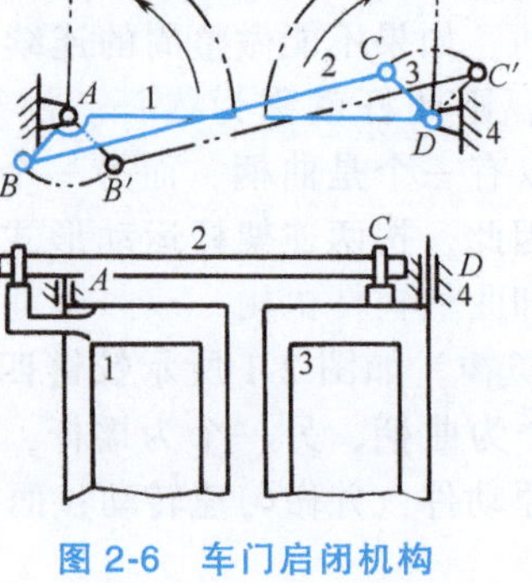

图 2-6　车门启闭机构

车门启闭机构

（3）双摇杆机构 如图 2-7 所示，若铰链四杆机构的两个连架杆均为摇杆，则称为**双摇杆机构**。图 2-8 所示的汽车前轮转向机构中，具有等长摇杆的机构，又称等腰梯形机构。当车辆转弯时，它能使与两摇杆固接的两前轮轴转过不同的角度，不论在任何位置，都能使两前轮轴线的交点 P 落在后轮轴线的延长线上。当整个车身绕 P 点转弯时，四个车轮都能在地面上做纯滚动，从而避免了轮胎在地面上滑动所引起的磨损。

双摇杆机构

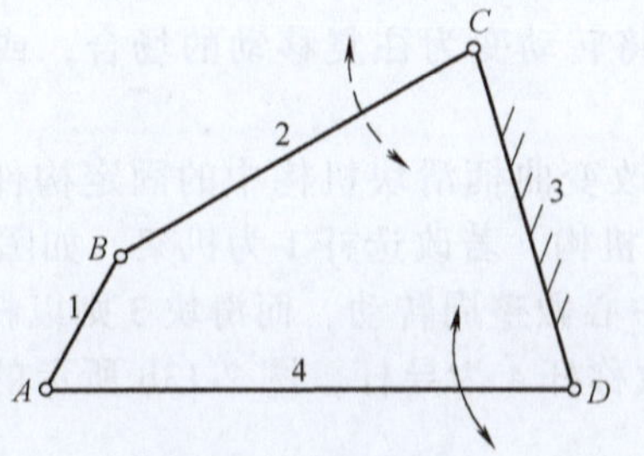

图 2-7 双摇杆机构

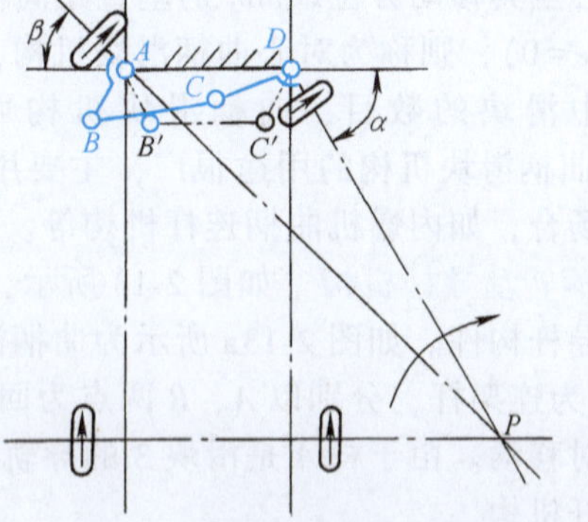

图 2-8 汽车前轮转向机构

汽车前轮转向机构

2. 铰链四杆机构类型的判别

铰链四杆机构作为平面机构，它的三种基本形式的主要区别在于连架杆是否为曲柄。而机构有无曲柄存在，则取决于机构中各构件的相对长度及最短杆所处的位置。根据运动分析可知：

1）当铰链四杆机构中有最短杆存在，且最短杆的长度 L_{min} 与最长杆的长度 L_{max} 之和不大于其他两杆件长度 L'、L''之和，即 $L_{min}+L_{max} \leqslant L'+L''$时：

① 若最短构件为连架杆，则该机构一定是曲柄摇杆机构（图 2-9a）。

② 若最短构件为机架，则该机构一定是双曲柄机构（图 2-9b）。

③ 若最短构件为连杆，则该机构一定是双摇杆机构（图 2-9c）。

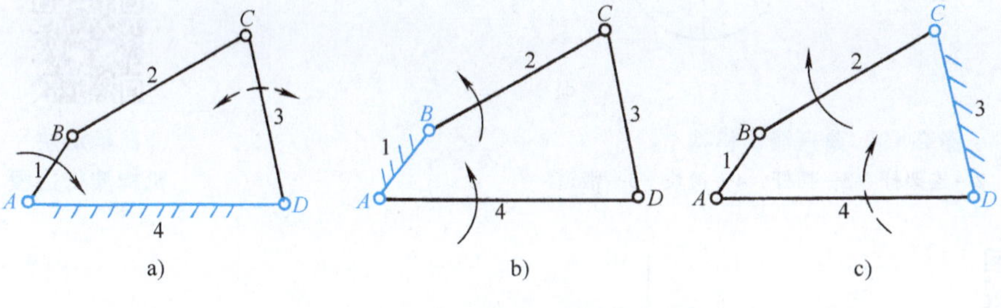

图 2-9 铰链四杆机构类型的判别

a）最短构件为连架杆 b）最短构件为机架 c）最短构件为连杆

铰链四杆机构类型的判别

2）当铰链四杆机构中最短杆的长度 L_{min} 与最长杆的长度 L_{max} 之和大于其他两杆件长度 L'、L''之和，即 $L_{min}+L_{max}>L'+L''$时，不论取哪一个构件为机架，都无曲柄存在，机构只能是双摇杆机构。

3. 铰链四杆机构的演化形式（微课 2.2）

（1）曲柄滑块机构 如图 2-10a 所示的曲柄摇杆机构中，摇杆 3 上 C 点的轨迹是以 D 为圆心、摇杆 3 的长度 L_3 为半径的圆弧 $\overset{\frown}{mm}$。如将转动副 D 的半径扩

微课 2.2

大，使其半径等于 L_3 并在机架上按 C 点的近似轨迹 mm 做成一弧形槽，摇杆 3 做成与弧形槽相配的弧形块，如图 2-10b 所示。此时，虽然转动副 D 的外形改变，但机构的运动特性并没有改变。若将弧形槽的半径增至无穷长，则转动副 D 的中心移至无穷远处，弧形槽变为直槽，转动副 D 则转化为移动副，构件 3 由摇杆变为滑块，于是曲柄摇杆机构就演化为曲柄滑块机构，如图 2-10c 所示。此时移动方位线 $\overline{mm}$ 不通过曲柄回转中心，故称为偏置曲柄滑块机构。曲柄回转中心至其移动方位线 $\overline{mm}$ 的垂直距离称为偏心距 e；当移动方位线 $\overline{mm}$ 通过曲柄回转中心 A 时（即 $e=0$），则称为对心曲柄滑块机构，如图 2-10d 所示。

按机构中滑块的数目，曲柄滑块机构可分为单滑块机构（图 2-11）和双滑块机构（图 2-12）。曲柄滑块机构的用途很广，主要用于将转动变为往复移动的场合，或将往复移动变为转动的场合，如内燃机曲柄连杆机构等。

（2）曲柄转动导杆机构　如图 2-13 所示，当改变曲柄滑块机构中的固定构件时，可得到各种形式的导杆构件。如图 2-13a 所示为曲柄滑块机构，若改选杆 1 为机架，如图 2-13b 所示，杆 2、4 就成为连架杆，分别以 A、B 两点为回转中心做整周转动，而滑块 3 则以杆 4 为导轨并沿着它做相对移动。由于杆 4 是滑块 3 的导轨，故称杆 4 为导杆，图 2-13b 所示的机构又称为曲柄转动导杆机构。

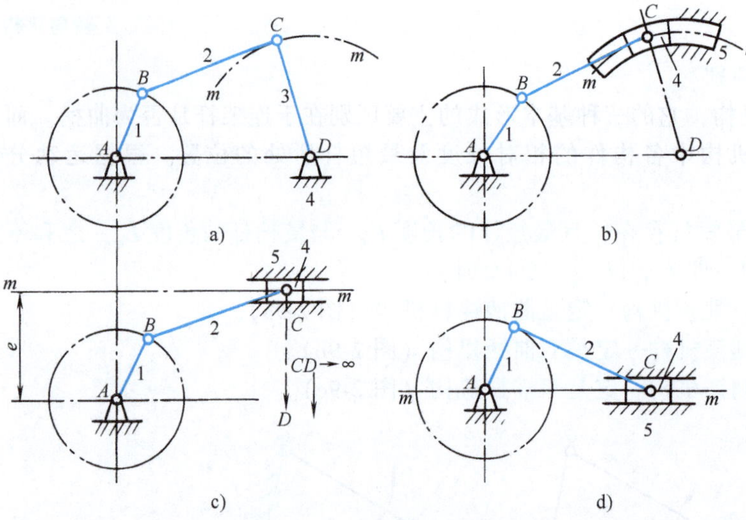

图 2-10　曲柄滑块机构

1—曲柄　2—连架杆　3—摇杆　4—滑块　5—滑道

曲柄滑块机构演化过程

单滑块（对心曲柄）机构

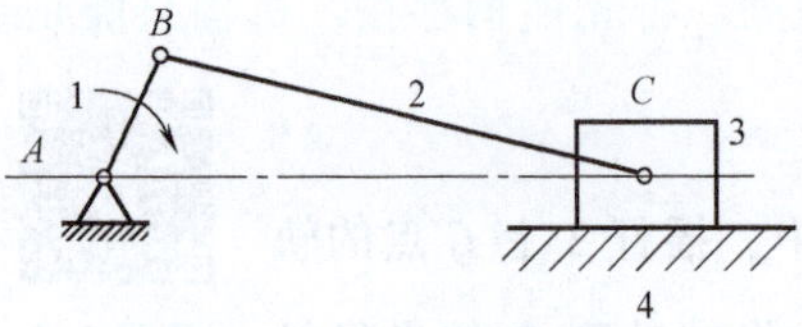

图 2-11　单滑块机构

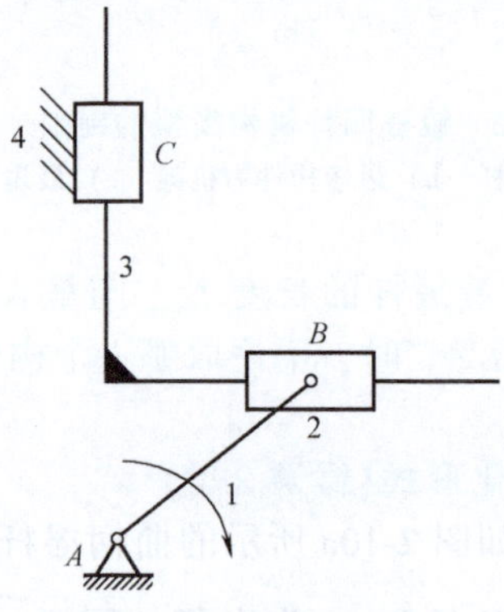

图 2-12　双滑块机构

双滑块机构

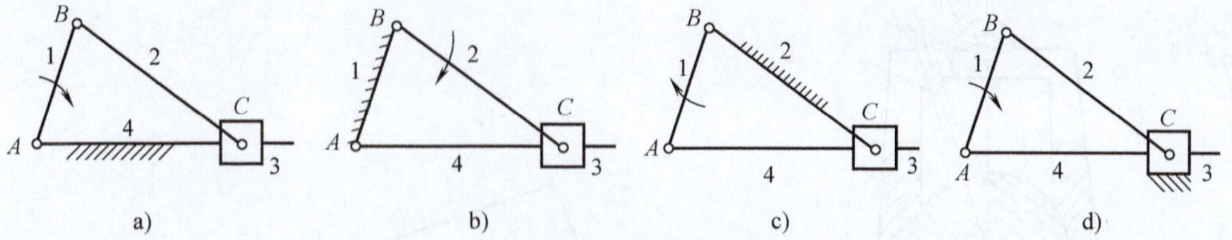

图 2-13 铰链四杆机构的演化形式

a）曲柄滑块机构 b）曲柄转动导杆机构 c）曲柄摇块机构 d）直动导杆机构

曲柄转动导杆机构在机械中应用广泛，简易刨床的主运动就是利用了曲柄转动导杆机构（图 2-14）。牛头刨床中的主运动机构利用了摆动导杆机构（图 2-15）。

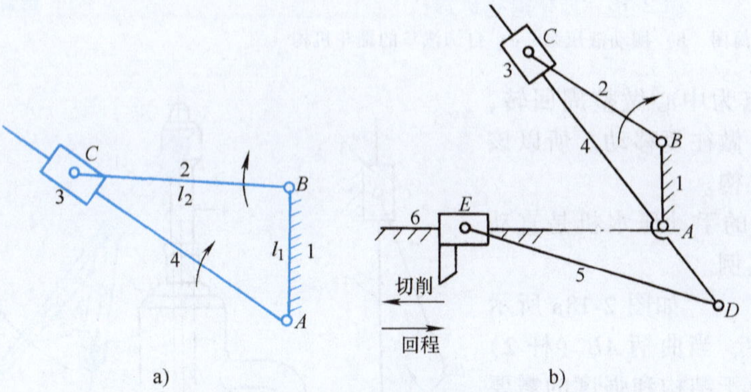

曲柄转动导杆机构

简易刨床的主运动机构

图 2-14 曲柄转动导杆机构

a）运动简图 b）简易刨床的主运动机构

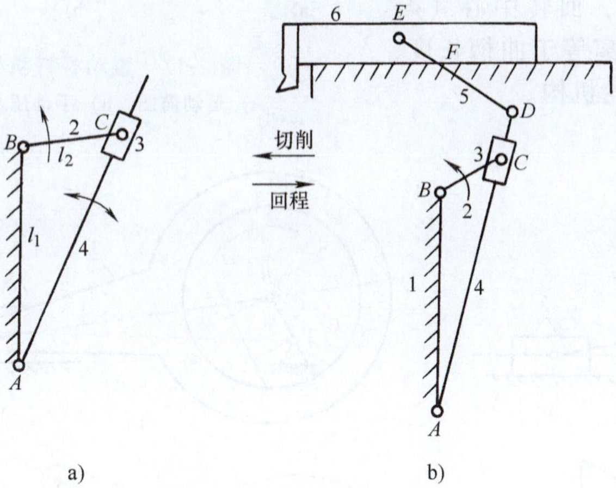

摆动导杆机构

牛头刨床的主运动机构

图 2-15 摆动导杆机构

a）运动简图 b）牛头刨床的主运动机构

（3）曲柄摇块机构 若改选杆 2 为机架，如图 2-13c 所示，则杆 1 和滑块 3 与机架相连，此时滑块 3 将以 C 点为回转中心做摆动运动，所以该机构又称为曲柄摇块机构。

曲柄摇块机构常用于摆动液压泵（图 2-16b）和液压驱动装置中。图 2-16c 所示自卸汽车的翻斗机构，也是曲柄摇块机构的实际应用，当液压缸 3 的压力推动活塞 2 运动时，车斗 1 便绕转动副中心 A 倾斜，当达到一定角度时，物料就自动卸下。

（4）直动导杆机构 若改选滑块 3 为机架，如图 2-13d 所示，则杆 2 和杆 4 与机架相连，

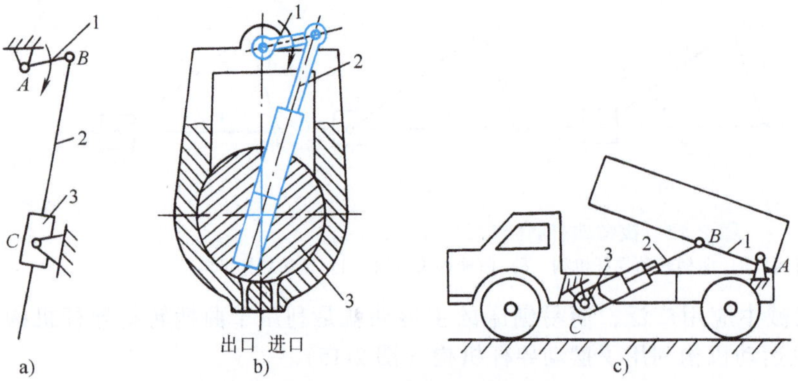

图 2-16 曲柄摇块机构

a）运动简图 b）摆动液压泵 c）自卸汽车的翻斗机构

自卸汽车的翻斗机构

此时杆 1 将以 B 点为中心做整周回转，杆 4 则沿着滑块 3 做往复移动。所以该机构又称为定块机构。

图 2-17b 所示的手动压水机是直动导杆机构的应用实例。

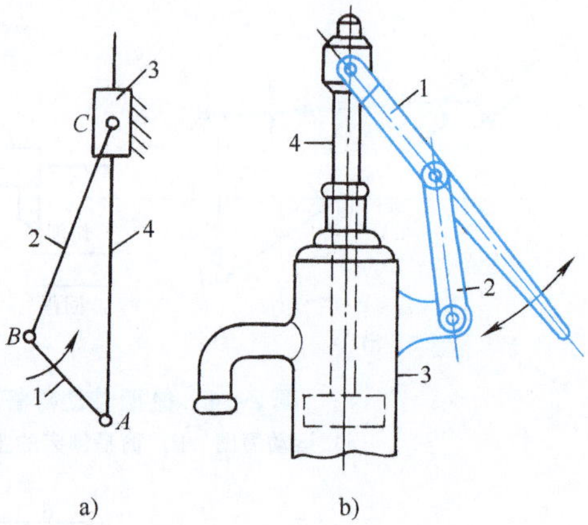

图 2-17 直动导杆机构

a）运动简图 b）手动压水机

手动压水机

（5）偏心轮机构　如图 2-18a 所示的曲柄滑块机构中，当曲柄 AB（杆 2）的尺寸较小时，由于结构和强度的需要常常将曲柄 AB 做成图 2-18b 所示的一个几何中心与其回转中心不重合的圆盘，此盘称为偏心轮，回转中心 A 与几何中心 B 之间的距离等于曲柄长度，这种机构则称为偏心轮机构。

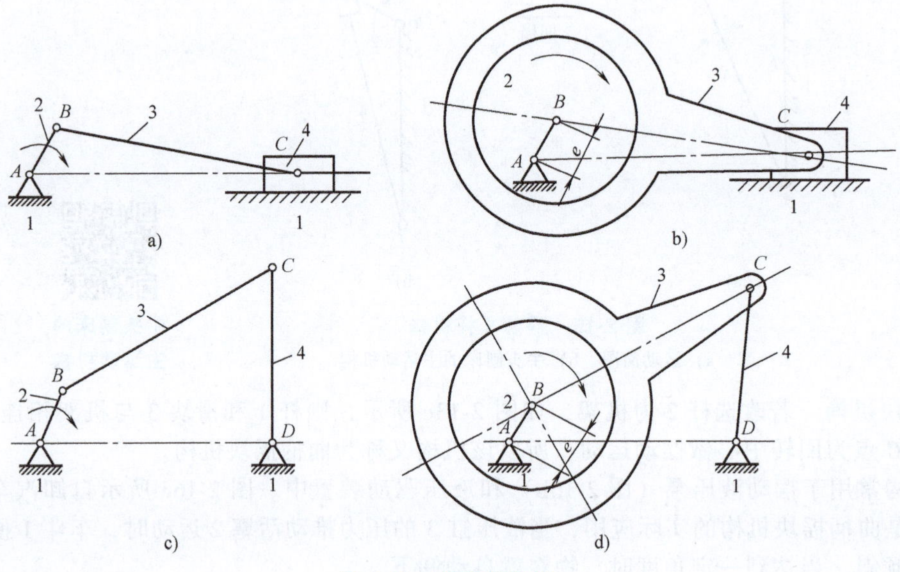

图 2-18 偏心轮机构

偏心轮机构

显然，演化后的偏心轮机构与曲柄滑块机构的运动特性是完全一致的，这种机构通常应用在曲柄长度很短和需要利用偏心轮惯性的场合，在剪板机、压力机、内燃机、颚式破碎机等机械设备中广泛应用。

综上所述，铰链四杆机构的各种演化形式都是以铰链四杆机构中的曲柄摇杆机构、含有一个移动副的曲柄滑块机构以及含有两个移动副的四杆机构为基础，或曲柄构件演化的偏心轮，通过分别选取此三种机构中的不同构件为机架而获得的。四杆机构及其演化机构见表 2-1。

表 2-1　四杆机构及其演化机构

铰链四杆机构	含有一个移动副的四杆机构	含有两个移动副的四杆机构	曲柄构件演化的偏心轮机构
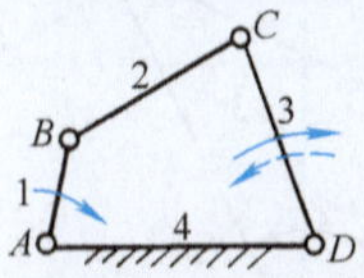 a）曲柄摇杆机构	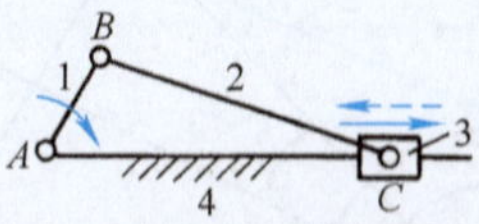 e）曲柄(摇杆)滑块机构	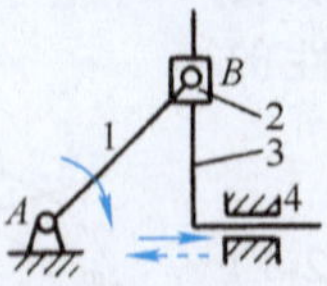 i）曲柄移动导杆机构	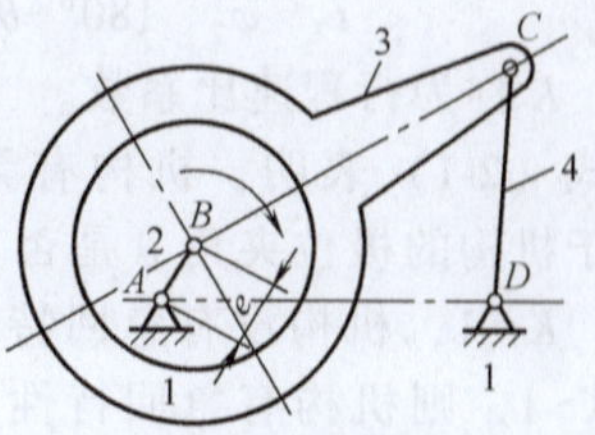 m）偏心轮摇杆机构
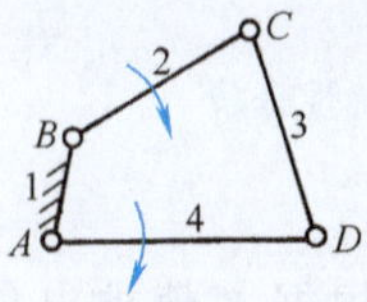 b）双曲柄机构	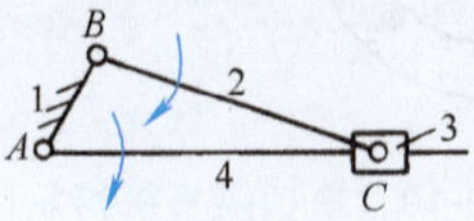 f）曲柄转动导杆机构 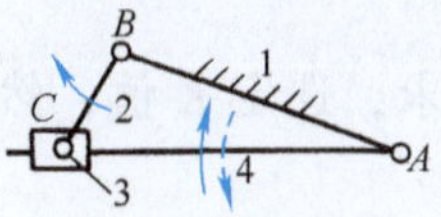 f′）曲柄摆动导杆机构	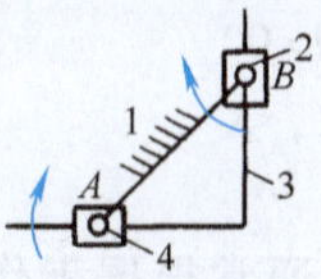 j）双转块机构	
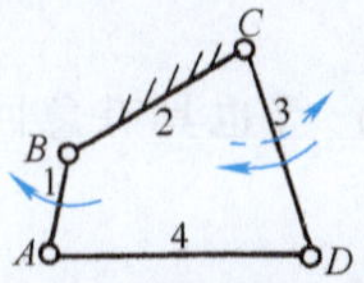 c）曲柄摇杆机构	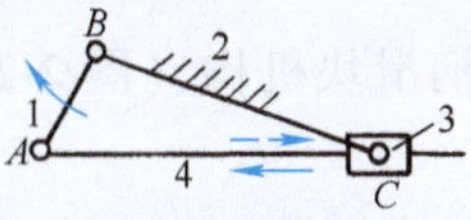 g）曲柄摇块机构	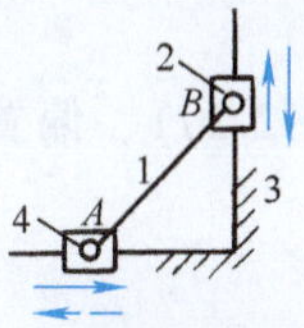 k）双滑块机构	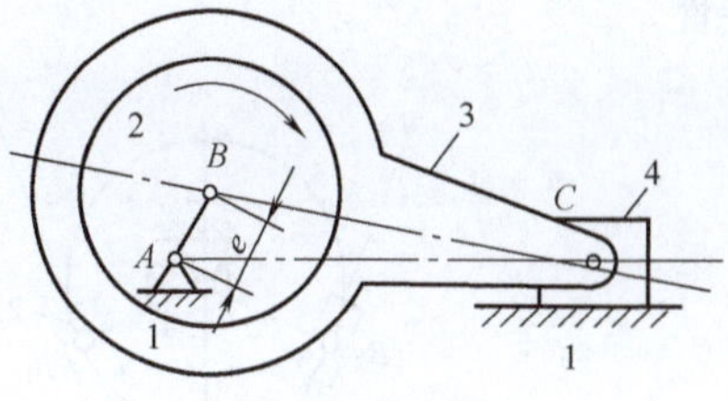 n）偏心轮滑块机械
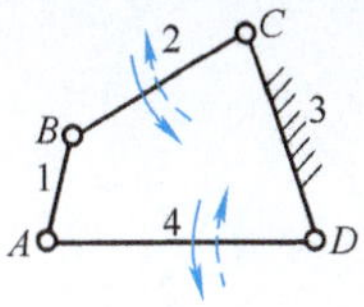 d）双摇杆机构	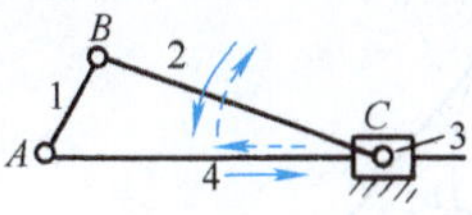 h）直动导杆机构	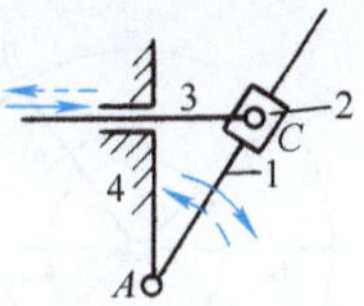 l）摆动导杆滑块机构	

二、平面连杆机构的基本特性分析及应用（微课 2. 3）

微课 2. 3

1. 急回特性

（1）极位夹角 θ　如图 2-19 所示的曲柄摇杆机构，原动件曲柄 1 在转动一周的过程中，有两次与连杆 2 共线（即为 AB_1C_1、AB_2C_2）。此时，摇杆 3 分别处于 C_1D 和 C_2D 两个极限位置。摇杆在两个极限位置间的夹角称为摇杆的摆角 ψ；而曲柄与连杆两共线位置间所夹的锐角，称为极位夹角 θ。

（2）急回特性　当曲柄 1 以等角速度顺时针方向由位置 AB_1 转到 AB_2 位置时，转角为 $\varphi_1=180°+\theta$，此时摇杆 3 由 C_1D 位置摆到 C_2D，摇杆摆角为 ψ，设所需时间为 t_1；当曲柄继续由 AB_2 顺时针转到 AB_1 时，转角为 $\varphi_2=180°-\theta$，此时摇杆也由 C_2D 摆回 C_1D，摇杆摆角为 ψ，所需时间为 t_2。由 $\varphi_1>\varphi_2$，得 $t_1>t_2$，说明摇杆往返时间不同。机构的这种性质，称为机构的急回特性。许多机械常利用机构的急回特性来缩短空回行程的时间，以提高劳动生产率，如在往复工作的机械中（如插床、插齿机、刨床、搓丝机等）就常利用此特性。

曲柄摇杆机构急回特性分析

（3）行程速比系数　工程上常用从动件往返时间的比值来表示机构急回特性的大小，即

$$K=\frac{t_1}{t_2}=\frac{\varphi_1}{\varphi_2}=\frac{180°+\theta}{180°-\theta} \tag{2-1}$$

式中，K 称为行程速比系数。

式（2-1）表明，机构有无急回特性，取决于机构的极位夹角 θ 是否为零。当 $\theta=0°$时，$K=1$，机构没有急回特性；当 $\theta>0°$时，$K>1$，则机构有急回特性；θ 越大，K 也越大，急回作用越显著。

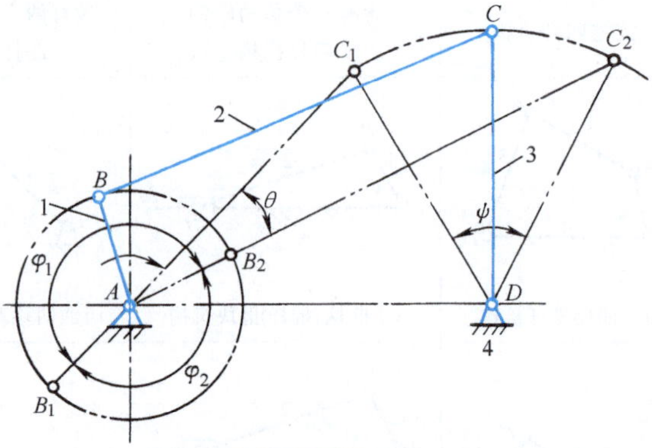

图 2-19　曲柄摇杆机构急回特性分析

当需要设计有急回特性的机构时，通常根据工作要求，选定 K 值，然后根据 K 值求出角 θ，其公式为

$$\theta=180°\frac{K-1}{K+1} \tag{2-2}$$

然后，根据 θ 值来确定各构件的尺寸。

除曲柄摇杆机构外，摆动导杆（图 2-20）、偏置曲柄滑块机构（图 2-21）等也具有急回特性。

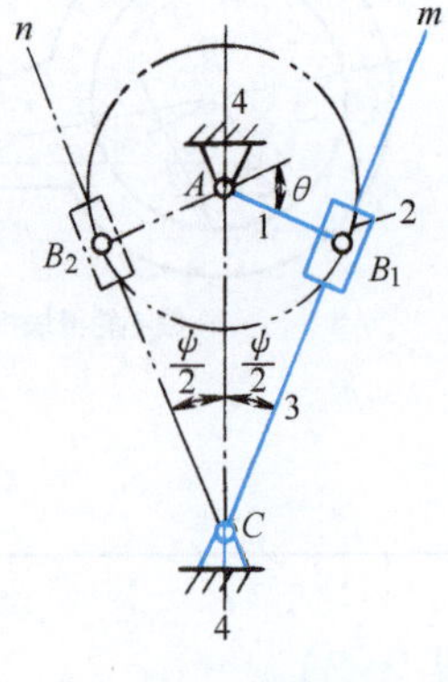

摆动导杆机构急回特性分析

图 2-20　摆动导杆机构急回特性分析

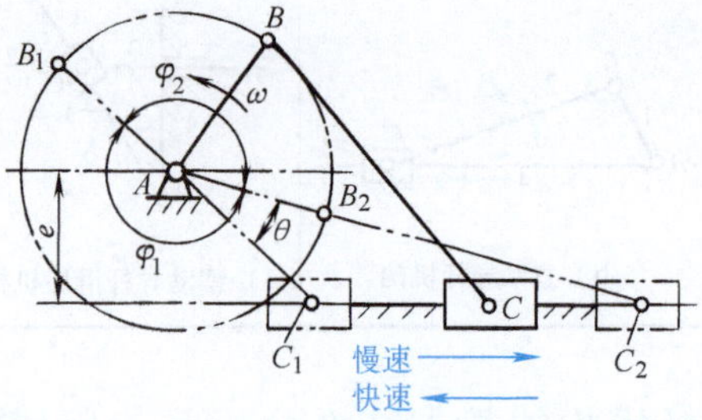

图 2-21　偏置曲柄滑块机构急回特性分析

偏置曲柄滑块机构急回特性分析

2. 传力性能

设计平面连杆机构时，不仅要满足机器的运动要求，还应具有良好的传力性能，以提高机械的效率。因此要分析机构的传力特性，体现这方面性能的特性参数就是压力角。

（1）压力角和传动角的概念　图 2-22 所示的铰链四杆机构运动时，若不考虑构件的惯性力、运动副中的摩擦力及构件本身的重力，则原动件 1 通过连杆 2 作用于从动件 3 上的力 $\boldsymbol{F}$ 是沿连杆 BC 的方向；力 $\boldsymbol{F}$ 的方向线与力作用点 C 的速度 v_C 方向线之间所夹的锐角，称为压力角，用 α 表示。力 $\boldsymbol{F}$ 在 v_C 方向上的分力 $\boldsymbol{F}_t=\boldsymbol{F}\cos\alpha$，是推动从动件运动的力，为有效分力；而摇杆轴线方向的分力 $\boldsymbol{F}_n=\boldsymbol{F}\sin\alpha$，只能增大铰链中的摩擦和磨损，故为有害分力；显然，压力角 α 越小，有效分力 $\boldsymbol{F}_t$ 越大，有害分力 $\boldsymbol{F}_n$ 越小，对提高机构效率越有利。可见，压力角是表示机构传力性能好坏的标志。

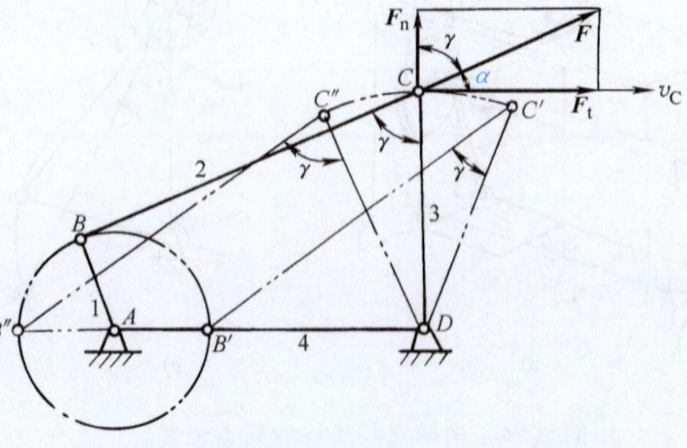

图 2-22　铰链四杆机构的压力角和传动角

铰链四杆机构压力角和传动角

在工程上，为了度量方便，也常用压力角 α 的余角 γ（称为传动角），它等于连杆与摇杆所夹的锐角，用它来判断机构的传力性能比较直观。显然，因 $\alpha=90°-\gamma$，故 γ 越大，机构的传力性能就越好；反之，机构的传力性能就差。当 γ 过小时，机构会自锁。

（2）保证机构具有良好传力性能的条件　由图 2-22 可知，在机构运动过程中，传动角 γ 是随机构的位置而变化的。为了保证机构有良好的传力性能，设计时，对一般机械，最小传动角 $\gamma_{min}>40°$；传递大功率时，$\gamma_{min}>50°$。

（3）最小传动角的确定　对于以曲柄为原动件的曲柄摇杆机构，经研究表明，最小传动角一定出现在曲柄与机架二次共线位置（$AB'D$、$AB''D$）之一处（图 2-22）。比较两个位置的 γ 角，取其中较小值作为最小传动角。

对于以曲柄为原动件的曲柄滑块机构，最小传动角 γ_{min} 出现在曲柄垂直导路时的位置。偏置式曲柄滑块机构的 γ_{min}，出现在曲柄垂直导路的位置位于与偏距相反方向一侧时的位置（图 2-23a）。对于以曲柄为原动件的摆动导杆机构，因对导杆的作用力 $\boldsymbol{F}$ 始终垂直于导杆，并与作用点的速度方向相一致，故其压力角 α 恒为零，即 $\gamma=90°$，如图 2-23b 所示，说明导杆机构具有很好的传力性能。

如果变换以上机构的原动件，机构的 γ_{min} 如何变化，读者可自行验证。

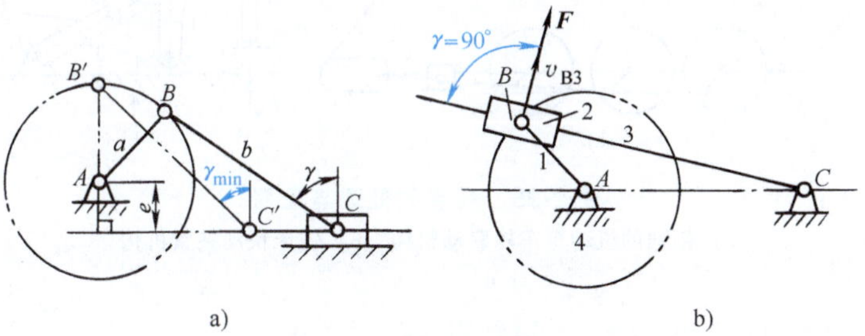

a)　　b)

图 2-23　γ_{min} 的位置

a）曲柄滑块机构 γ_{min} 的位置　b）导杆机构 γ_{min} 的位置

3. 死点位置

图 2-24a 所示缝纫机踏板机构（曲柄摇杆机构）在工作时，是以摇杆（脚踏板）为原动件，曲柄为从动件。当曲柄 AB 与连杆 BC 共线时（图 2-24b），连杆作用于曲柄上的力 $\boldsymbol{F}$ 正好通过曲柄的回转中心 A（此时压力角 $\alpha=90°$，$\gamma=0°$），该力对 A 点不产生力矩，因而曲柄不能转动，机构所处的这种位置，称为死点位置。

缝纫机踏板机构

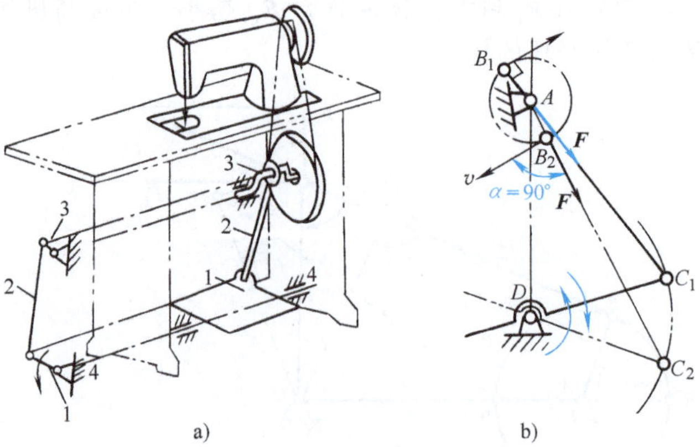

图 2-24　曲柄摇杆机构的死点位置

a）缝纫机踏板机构　b）机构的死点位置

显然，只要从动件与连杆存在共线位置（即有极限位置）时，该机构就存在死点位置。因此，以滑块为原动件时的曲柄连杆机构、以导杆为原动件的摆动导杆机构及平行双曲柄机构等，都存在死点位置。发动机曲柄连杆机构中，当活塞与连杆处于同一直线且通过曲轴的回转中心时，处于死点位置，分别称活塞处于“上止点”和“下止点”。

对于机械的运动，死点位置会使从动件处于静止或运动方向不定的状态，因而需设法加以克服。工程上常借飞轮，将机构带过死点位置。例如发动机曲轴上安装飞轮，能使曲轴保持连续转动；也可采用相同机构错位排列的方法来渡过死点位置，如图 2-25a 所示机车两边的车轮联动机构，就是利用错位排列的方法，使两边机构的死点位置互相错开，即利用位置差来顺利通过各自机构的死点位置。

除此之外，工程上也常利用机构的死点位置，如处于静止位置，来实现一定的工作要求。如图 2-25b 所示的铣床快动夹紧机构，当工件被夹紧后，无论反力 F_N 有多大，因夹具 BCD 成一直线，机构（夹具）处于死点位置，不会使夹具自动松脱，从而保证了夹紧工件的牢固性，提高了工作的可靠性。

错列的机车车轮联动机构

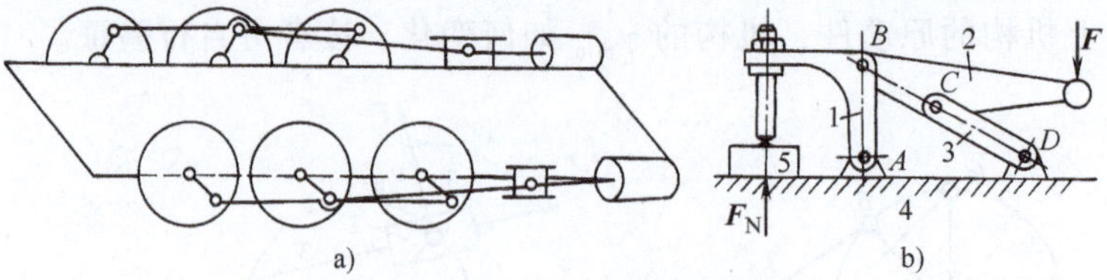

图 2-25　死点的处理与应用

a）错列的机动车车轮联动机构　b）铣床快动夹紧机构

铣床快动夹具-死点应用

三、平面连杆机构构件材料及失效形式

连杆机构应用于内燃机，结构如图 2-26a 所示。内燃机中，一般几个曲柄通过铸造、锻造

等工艺方法制造成一体，称为曲轴，如图 2-26b 所示，常用材料为球墨铸铁、珠光体可锻铸铁、45 锻钢等。其相关的性能参数可在 GB/T 23339—2018 中查阅。

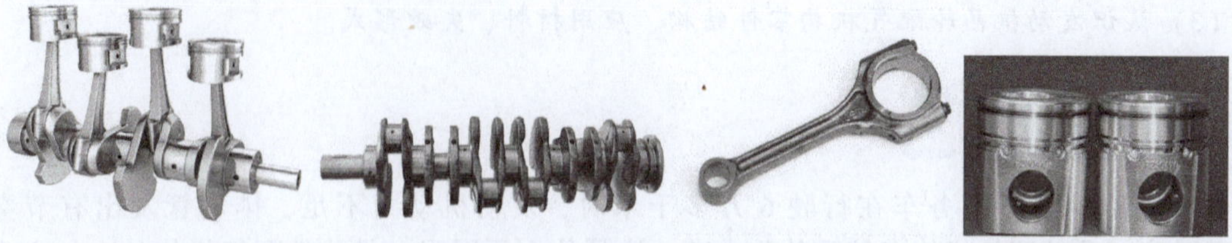

a) b) c) d)

图 2-26 内燃机的曲柄连杆机构构件

a）曲柄连杆构件 b）曲轴构件 c）连杆构件 d）活塞构件

内燃机的连杆为结构件，如图 2-26c 所示，包括连杆体、连杆盖、连杆螺栓、连杆螺母和连杆衬套等，均为标准件，公差与配合要求见相关标准手册。气缸直径不大于 200mm 的往复活塞式内燃机连杆、连杆盖一般由 45 钢、50Mn 或 40Cr、35CrMo、42CrMo 合金结构钢等锻造，经调质热处理硬度为 230 ~ 320HBW（或 22 ~ 32HRC），特殊要求时，硬度不宜高于 350HBW（或 36HRC），主要力学性能见表 2-2。

表 2-2 连杆结构件材料的力学性能（GB/T 23340—2018）

材料牌号	抗拉强度 R_m /(N/mm²)	下屈服强度 R_{eL} /(N/mm²)	断后伸长率 A (%)	断面收缩率 Z (%)	冲击韧性 /J
45	≥750	≥550	≥15	≥40	≥60
50Mn	≥750	≥550	≥15	≥40	≥60
40Cr	≥780	≥600	≥15	≥40	≥60
35CrMo	≥820	≥630	≥15	≥42	≥80
42CrMo	≥830	≥650	≥12	≥44	≥80

活塞与活塞环、活塞销等零件组成活塞组，常见有铸铁活塞、钢活塞、铝合金活塞及组合活塞，相关技术参数可以查找相关技术标准。

内燃机工作时，活塞与气缸盖、气缸壁等共同组成燃烧室，承受燃气作用力，并将此力通过活塞销和连杆传给曲轴。因此，连杆在传力过程中易产生变形甚至失效，并造成活塞偏磨，间隙变大而敲缸。活塞在高温、高压、高速、润滑不良的条件下做往复运动工作，会产生变形并加速磨损，还会产生附加载荷和热应力，同时受到燃气的化学腐蚀作用，会将气缸壁刮伤，长时间后会在气缸壁上形成很深的沟纹，或活塞环卡在环槽内中，即常说的“拉缸”“卡死”失效现象。

任务 5 凸轮配气机构分析与应用

任务要点

（1）在示教发动机实物上，认识汽车发动机凸轮配气机构（简称凸轮机构）运动分析及结构组成，理解凸轮配气机构的组成、分类及其在汽车上的应用；

（2）观察发动机凸轮配气机构传动规律，分析凸轮机构工作过程，理解凸轮结构及从动件常用运动规律的特点；

（3）认识发动机凸轮配气机构零件结构、应用材料、失效形式。

知识学习

有一辆东风风行商务车在行驶6万多千米时，发动机动力不足，排气管发出有节奏的“隆隆”声，凸轮配气机构有较重的敲击声。这是什么原因呢？是凸轮配气机构什么地方出现问题？要解答这个问题，需要学习凸轮机构的组成、工作原理。

一、凸轮机构类型

如图2-27所示，凸轮机构传动是通过凸轮与从动件之间的接触来传递运动和动力的，是一种常用的高副机构，只要做出适当的凸轮轮廓，就可以使从动件得到预定的复杂运动规律，设计简单。因此，在各种机械设备中很常用，尤其在汽车及其他自动化、半自动化机器的控制机构中应用更广。

1. 凸轮机构的组成和特点

图2-28所示是汽车发动机气门凸轮机构。当凸轮1以等角速度回转，径向尺寸不同的凸轮轮廓与气门阀杆4的平底接触时，驱动气门阀杆4产生上、下往复运动，从而实现气门按预定的运动规律开启或闭合。凸轮轮廓的形状决定了阀门开启或闭合的时刻、开度的大小和开启的持续时间。不同的车型采用不同的凸轮轮廓实现气门控制。

凸轮机构

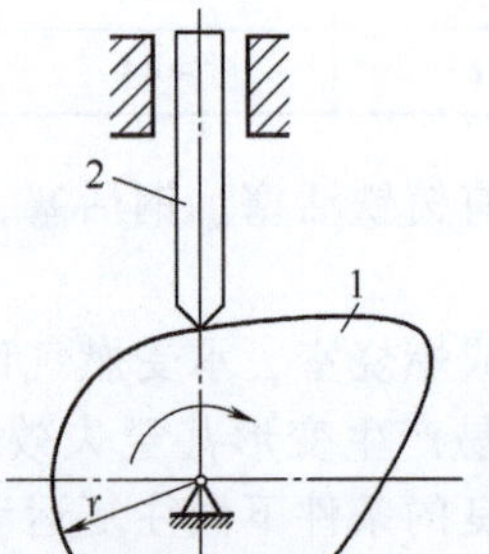

图2-27 凸轮机构
1—凸轮 2—从动件

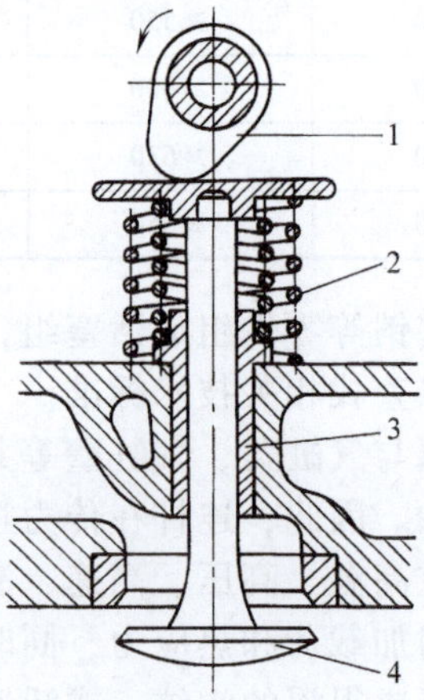

图2-28 发动机气门凸轮机构
1—凸轮 2—弹簧 3—导套 4—气门阀杆

发动机气门凸轮机构

图2-29所示为汽车快怠速机构，图中节气门联动臂5拨动快怠速凸轮4顺时针方向转动，并带动联动杆3和阻风门摆臂1使阻风门2打开。

图2-30所示为自动车床中的凸轮组。它由两个凸轮机构组成，用于控制前、后刀架的进、退和停歇的动作，从而实现自动车削的目的。

图2-31所示为自动送料机构，当凸轮1等速转动时，其上的沟槽经滚子迫使从动件2按一定运动规律做往复移动，从动件即从储料器中推出坯料，送到加工位置。

由以上例子可见：凸轮机构是由凸轮、从动件和机架三个基本构件组成的高副机构

（图 2-32），它将凸轮的转动（或移动）变换成从动件的移动或摆动，并在其运动转换中，实现从动件不同的运动规律，完成力的传递。

与平面连杆机构相比，凸轮机构的特点是：结构简单、紧凑，工作可靠，容易设计；但是，由于从动件与凸轮间为高副接触，易磨损。因而凸轮机构只宜用于传力不大的控制机构和调节机构中。上述汽车内燃机气门凸轮机构就是利用凸轮轮廓曲线控制气门开闭时间的。

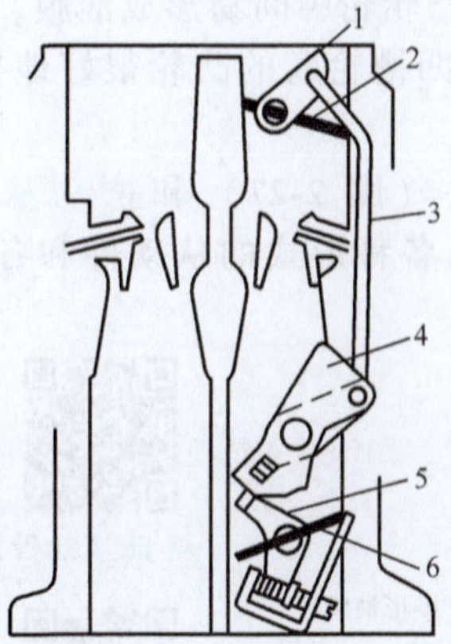

图 2-29 汽车快急速机构（底盘）

1—阻风门摆臂 2—阻风门 3—联动杆 4—快急速凸轮 5—节气门联动臂 6—节气门

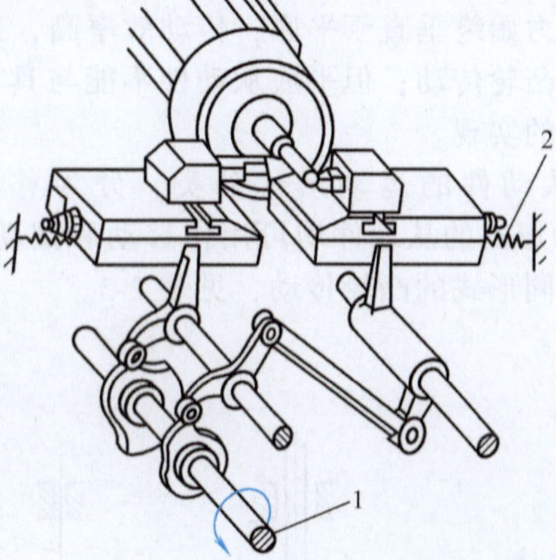

图 2-30 自动车床中的凸轮组

1—凸轮轴 2—复位弹簧

自动送料机构

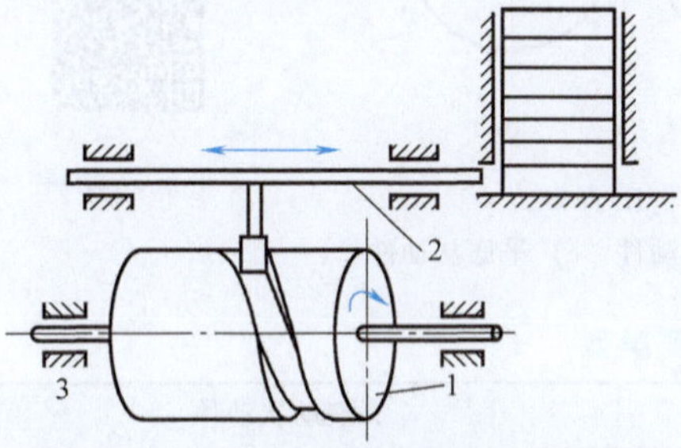

图 2-31 自动送料机构

1—凸轮 2—从动件 3—机架

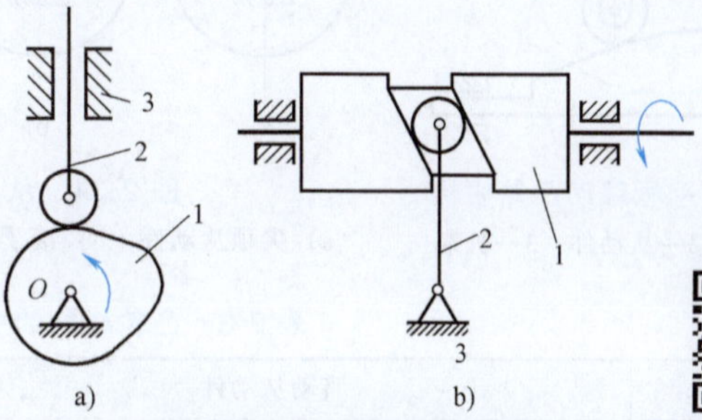

图 2-32 凸轮机构的组成

a）平面凸轮机构 b）空间凸轮机构

1—凸轮 2—从动件 3—机架

空间圆柱凸轮机构

2. 凸轮机构的类型（微课 2.4）

微课 2.4

凸轮机构的类型很多，按不同的方法有不同的分类。

（1）按凸轮的形状和运动分类

1）盘形回转凸轮。这种凸轮是能绕固定轴线转动并具有变化向径的盘形零件，如图 2-27 中的构件 1。这是凸轮的最基本形式。

2）平板移动凸轮。这种凸轮是相对机架做直线运动的平板状零件，如图 2-33 中的构件 1。可看作是当转动中心位于无穷远时的盘形回转凸轮演化而成。

3）圆柱回转凸轮。这种凸轮是轮廓曲线位于圆柱体上并绕其轴线旋转的凸轮。可看作是平板移动凸轮卷绕在圆柱体上演化而成，如图 2-31 中的构件 1。

（2）按从动件的形状分类

1）尖顶从动件。以尖顶与凸轮轮廓接触的从动件，如图 2-34a 所示。这种从动件结构最简单，其尖顶能与任意复杂的凸轮轮廓保持接触，以实现从动件的任意运动规律。但尖顶易磨损，仅适用于作用力很小的低速凸轮传动。

2）滚子从动件。以铰接的滚子与凸轮轮廓接触的从动件，如图 2-34b 所示。这种从动件因其上滚子与凸轮轮廓之间为滚动摩擦，磨损较小，可承受较大的载荷，故应用最普遍。缺点是滚子不一定能与凸轮上凹陷的轮廓很好地接触，从而影响实现预期的运动规律。

3）平底从动件。以平底平面与凸轮轮廓接触的从动件，如图 2-34c 所示。若不考虑摩擦，凸轮对从动件的作用力始终垂直于平底，传动效率高，且平底与凸轮轮廓间易形成油膜，利于润滑，故常用于高速凸轮传动；但平底从动件不能与具有内凹或凹槽轮廓的凸轮很好地接触，影响预期的运动规律的实现。

另外，还可按从动件的运动形式分类，分为移动从动件（图 2-27）和摆动从动件（图 2-30）。前述三种形式的从动件均可用作移动和摆动从动件。各种形式的从动件和各种形式的凸轮可以组成不同形式的凸轮传动，见表 2-3。

平板移动凸轮机构

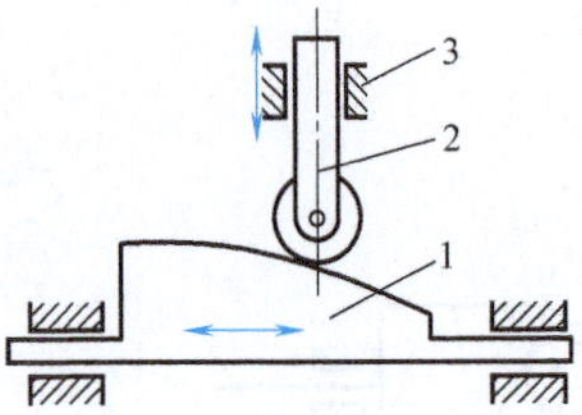

图 2-33 平板移动凸轮机构

1—凸轮 2—从动件 3—机架

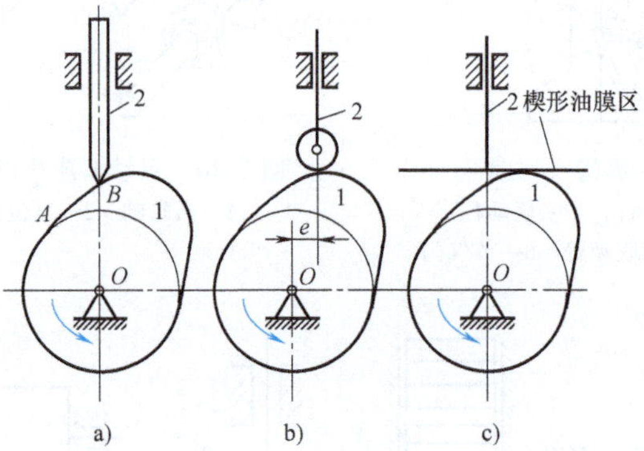

图 2-34 从动件的形状

a）尖顶从动件 b）滚子从动件 c）平底从动件

尖顶从动件

滚子从动件

平底从动件

表 2-3 凸轮机构的主要类型

类型		直动从动件		摆动从动件
	从动件	对心	偏置	
盘形凸轮机构	尖顶从动件	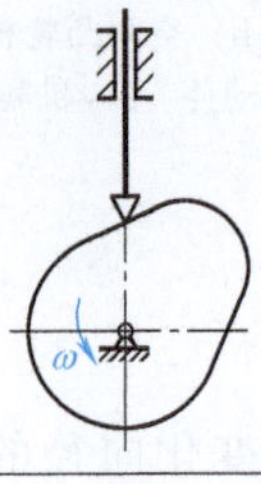	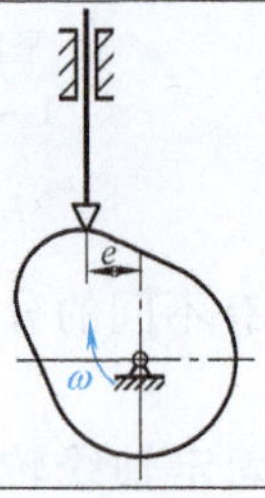	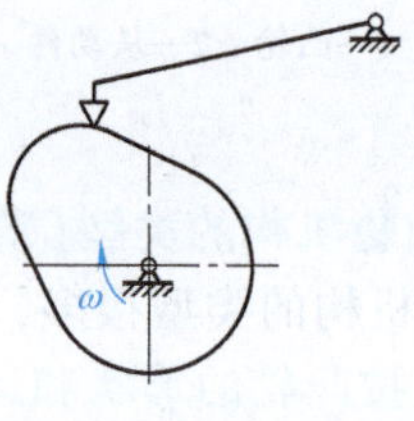
	滚子从动件	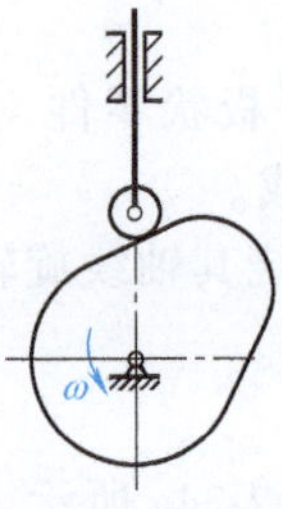	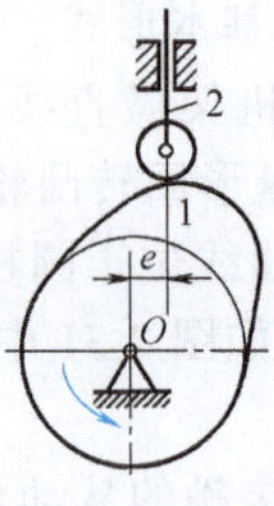	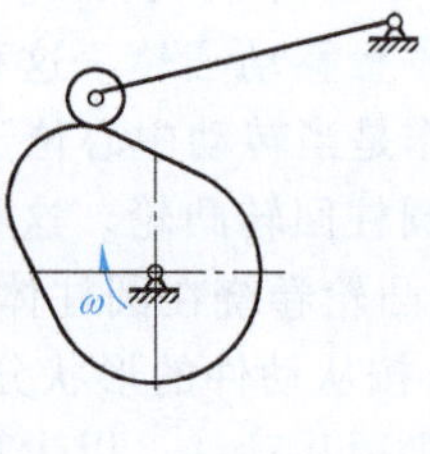

（续）

类型		直动从动件		摆动从动件
	从动件	对心	偏置	
盘形凸轮机构	平底从动件	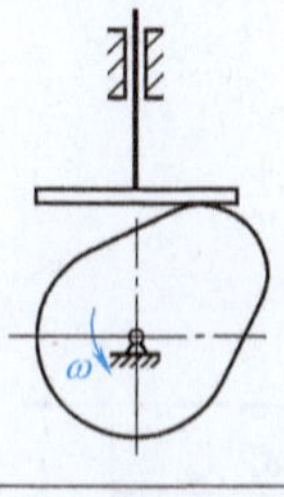	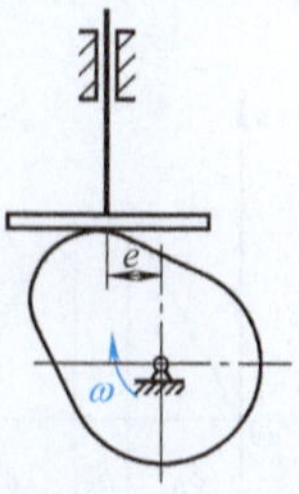	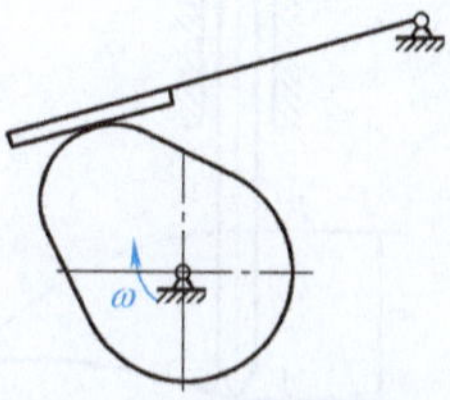
移动凸轮机构		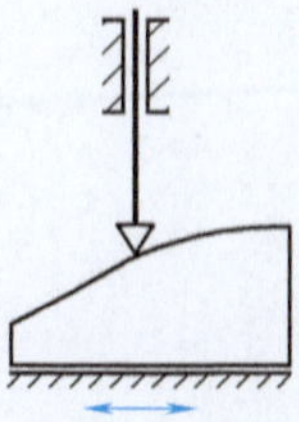	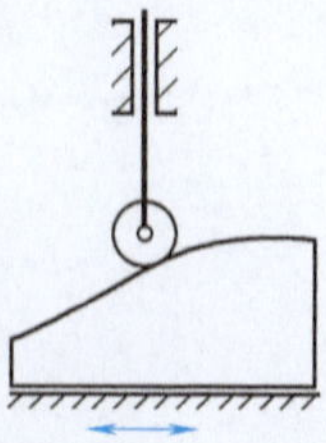	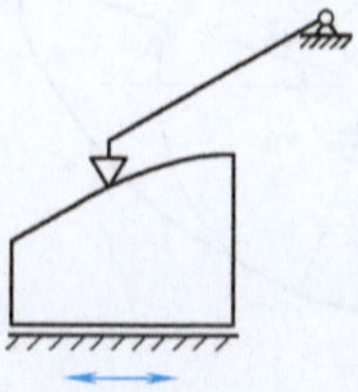 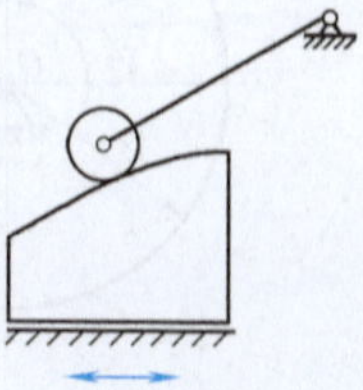
圆柱凸轮机构		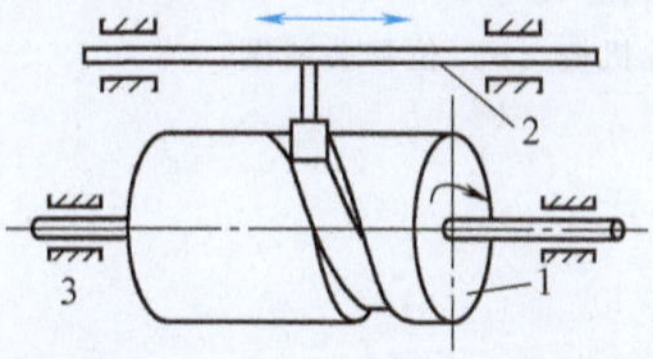		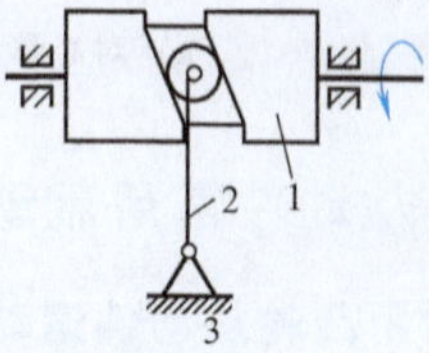

凸轮传动中，应使从动件与凸轮轮廓始终保持接触。凸轮轮廓接触可利用力的锁合与形的锁合。力的锁合凸轮是依靠凸轮的重力、弹簧力（图 2-30）来实现。形的锁合是依靠特殊的几何形状来实现，如图 2-31、图 2-32b 中的凹槽沟。几何锁合凸轮机构可以避免弹簧附加的阻力，从而降低驱动力和提高效率，缺点是机构外廓尺寸大，设计也复杂。

二、凸轮机构的工作过程分析（微课 2.5）

微课 2.5

图 2-35a 所示为一个对心移动尖顶从动件盘形凸轮机构，其工作过程如下：

在凸轮上，以凸轮的最小向径 r_b 为半径所作的圆称为基圆，r_b 称为基圆半径。点 A 为凸轮轮廓曲线的起点。当凸轮与从动件在 A 点接触时，从动件处于距凸轮轴心 O 最近的位置。当凸轮以匀角速度 ω_1 逆时针转动 δ_0 时，凸轮轮廓 AB 段的向径逐渐增加，推动从动件以一定的运动规律达到最远位置 B'，这个过程称为推程。这时从动件移动的距离 h 称为升程，对应的凸轮转角 δ_0 称为推程运动角。当凸轮继续转动 δ_s 时，凸轮轮廓 BC 段的向径不变，此时从动件处于最远位置停留不动，这个过程称为远停程，对应的凸轮转角 δ_s 称为远休止角。当凸轮继续转动 δ_0' 时，凸轮轮廓 CD 段的向径逐渐减小，从动件在重力或弹力的作用下，以一定的运动规律回到最低位置，这个过程称为回程，对应的凸轮转角 δ_0' 称为回程运动角。当凸轮继续转动 δ_s' 时，凸轮轮廓 DA 段的向径不变，此时从动件处于最低位置停留不动。这个过程称为近停程，对应的凸轮转角 δ'_s 称为近休止角。当凸轮继续转动时，从动件重复上述规律循环运动。一般情况下，推程是凸轮机构的工作行程。

以从动件的位移 s 为纵坐标，对应的凸轮转角 δ（或时间 t）为横坐标，依据上述凸轮与从动件的运动关系，可逐点画出从动件的位移 s（等于从动件与凸轮轮廓接触点到基圆上的向径长）与凸轮转角 δ（或时间 t）间的关系曲线，如图 2-35b 所示，称为从动件位移曲线。根据从动件位移曲线，可作出其速度曲线和加速度曲线。

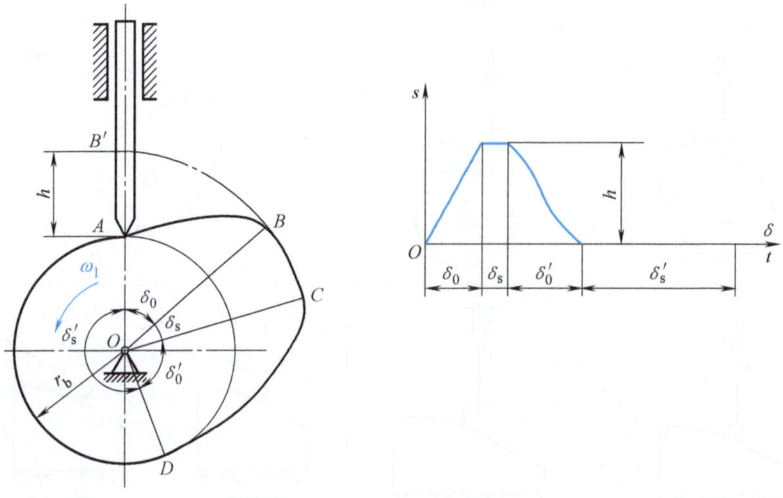

凸轮机构的运动过程

图 2-35 凸轮机构的运动过程

a）对心移动尖顶从动件盘形凸轮机构 b）位移曲线图

微课 2.6

三、从动件常用运动规律分析及应用

1. 常用凸轮从动件运动规律（微课 2.6）

从动件运动规律即是从动件的位移、速度和加速度随时间（或凸轮转角）的变化规律。几种常用的从动件运动规律见表 2-4。

表 2-4 几种常用的从动件运动规律

项目名称	位移线图	速度线图	加速度线图	运动特性和适用范围
等速运动规律	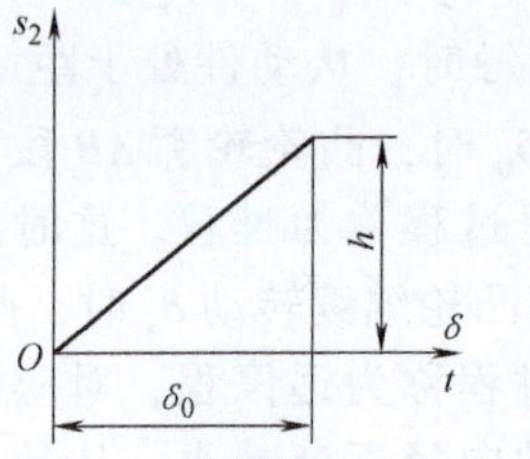 斜直线 运动方程： $s_2=\frac{h}{\delta_0}\delta$	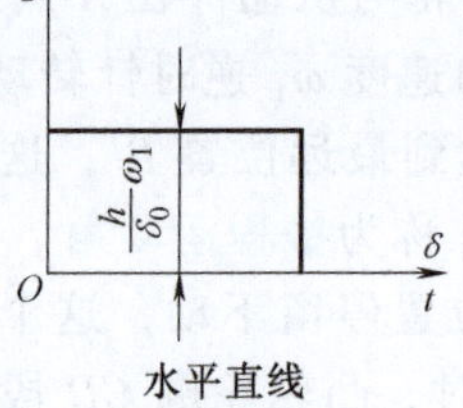 水平直线 运动方程： $v_2=\frac{h}{\delta_0}\omega_1=$常数	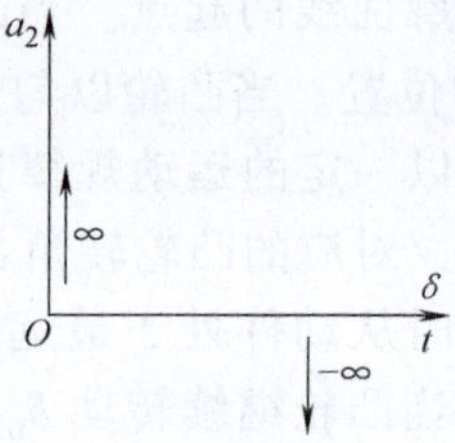 运动方程： $a_2=0$	**产生刚性冲击** 当从动件运动时，其加速度为零。但在推程运动开始和终止的瞬时，因有速度突变，故这一瞬时的加速度理论上为由零突变为无穷大，导致从动件理论上产生无穷大的惯性力，使凸轮机构受到极大冲击。若必须采用等速运动规律，则必须在其运动的开始和终止阶段拼接上其他运动规律作为过渡，以缓和冲击 适用于低速和从动件质量较小的凸轮传动

（续）

项目名称	位移线图	速度线图	加速度线图	运动特性和适用范围
等加速等减速运动规律	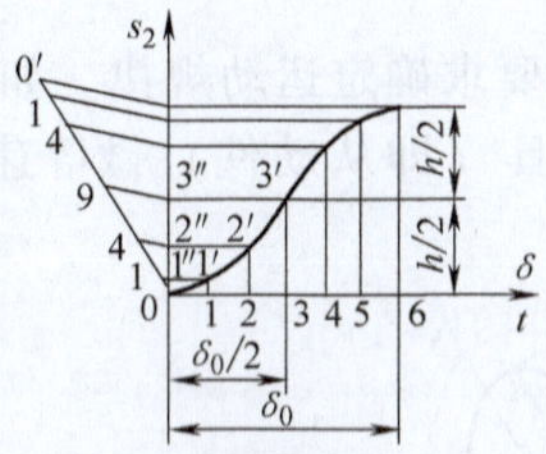 抛物线 运动方程： $s_2=\frac{2h}{\delta_0^2}\delta^2$ 凸轮机构位移线图（等加速等减速运动）	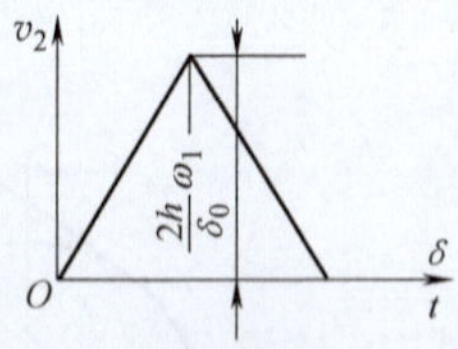 斜直线 运动方程： $v_2=\frac{4h\omega_1}{\delta_0^2}\delta$	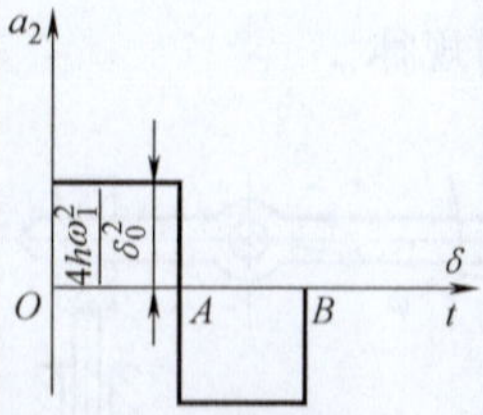 水平直线 运动方程： $a_2=\frac{4h\omega_1^2}{\delta_0^2}$	**产生柔性冲击** 通常从动件在前半个推程中做等加速运动，后半个推程中做等减速运动。这种运动规律虽然加速度 a_2 为常数，但在 O、A、B 诸点处加速度出现有限值突变，由此而产生的惯性力的变化也为有限值。这种由加速度和惯性力的有限变化对机构所造成的冲击、振动和噪声要较刚性冲击小 适用于中速、轻载的场合，不适用于高速凸轮传动
简谐运动规律	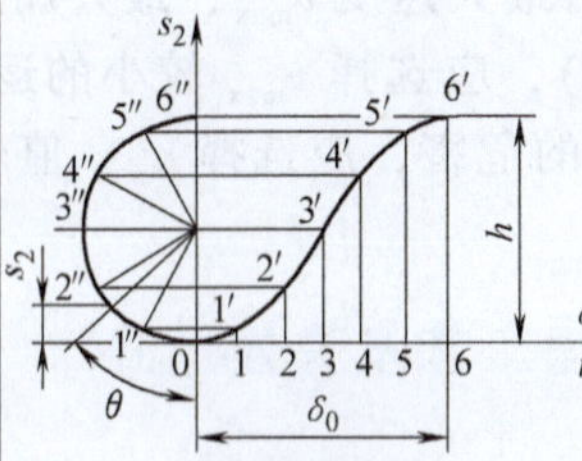 简谐运动曲线 运动方程： $s_2=\frac{h}{2}\left[1-\cos\left(\frac{\pi}{\delta_0}\delta\right)\right]$ 凸轮机构位移线图（简谐运动）	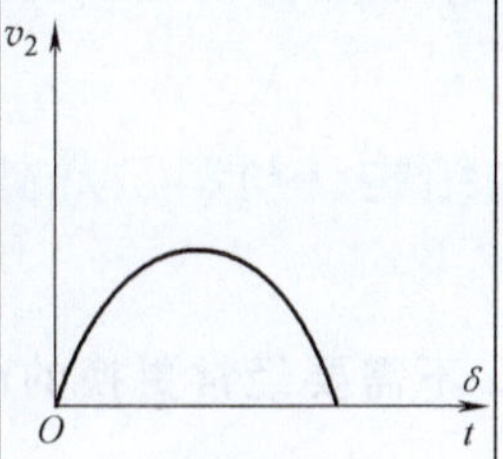 抛物线 运动方程： $v_2=\frac{\pi h\omega_1}{2\delta_0}\sin\left(\frac{\pi}{\delta_0}\delta\right)$	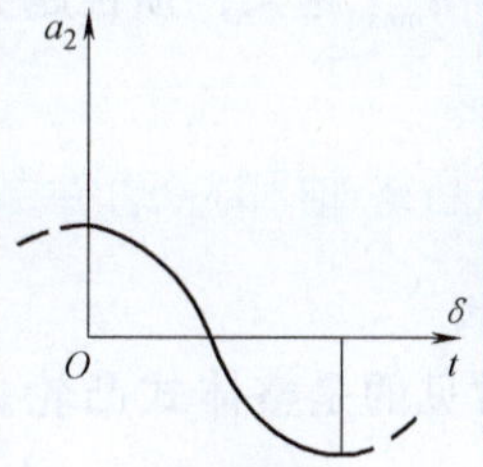 余弦曲线 运动方程： $a_2=\frac{\pi^2 h\omega_1^2}{2\delta_0^2}\cos\left(\frac{\pi}{\delta_0}\delta\right)$	**产生柔性冲击** 从动件在推程做简谐运动，这种运动规律在从动件推程的起点和终点 O、A 两点处，从动件的加速度也出现有限数值的突变，故也有柔性冲击，只有当加速度曲线保持连续时，才能避免冲击。适用于中速的场合

2. 从动件运动规律的选择

选择从动件运动规律时需考虑凸轮传动机构的使用场合、工作条件等。所选的运动规律首先应满足凸轮在机械中执行工作的要求，同时还应使凸轮机构具有良好的动力特性，便于制造等。因此，必须综合考虑确定选择的主要依据。一般来说：

1）对于只要求从动件实现一定的位移，而对行程中的运动规律无严格要求的低速凸轮传动，如图 2-36 所示的夹紧工件凸轮机构，以及变速器中使滑移齿轮做轴向滑移的凸轮，只需保证从动件的位移达到要求即可。运动规律的确定应从便于凸轮加工出发来考虑，如选用等速运动规律。因为直动从动件做等速运动时，对于盘形凸轮，其轮廓曲线是阿基米德螺旋线；对于圆柱凸轮，其轮廓是普通螺旋线，制造简便，也可采用易于加工的圆弧和直线作为凸轮的轮廓线。

2）对从动件的运动规律有特殊要求的凸轮传动，应按其要求确定运动规律。如图 2-37 所示的控制刀架进给的凸轮传动，为使加工表面光洁，要求刀具（即从动件）做等速进给，所以宜选用等速运动规律。

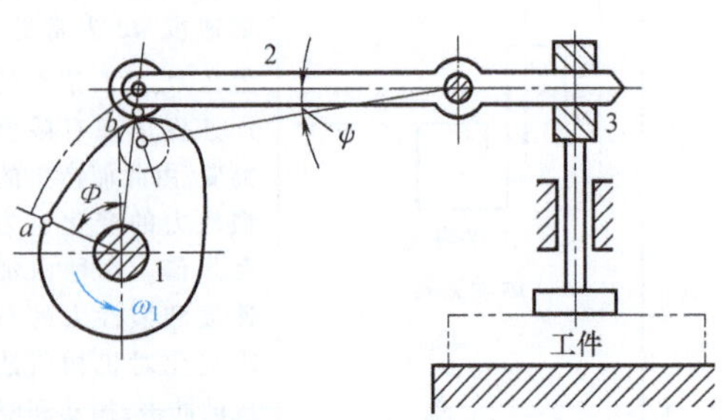

图 2-36 夹紧工件的凸轮机构

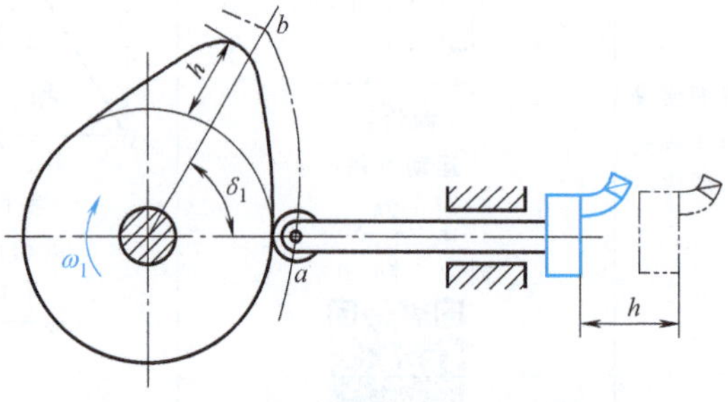

图 2-37 控制刀架进给的凸轮传动

3）在高速运转下工作的凸轮传动，选择从动件运动规律时要特别考虑它的动力特性、加速度变化情况，力求避免过大的惯性力，减小冲击和振动。为此，宜选用余弦加速度运动规律，但其凸轮轮廓曲线不易加工。有时可采用几段圆弧光滑地连接起来的轮廓曲线，替代上述轮廓线，只要使两者的误差在允许范围内即可，这样仍可获得近似的运动规律。

在选择从动件运动规律时，除了考虑以上因素外，还应对最大速度 v_{max}、最大加速度 a_{max} 的影响加以比较。当从动件质量较大时，为了减少动量（mv），应选择 v_{max} 较小的运动规律。对于高速凸轮由于 a_{max} 越大，惯性越大，所以为了减少惯性的危害，应选择 a_{max} 值较小的运动规律。

四、凸轮、凸轮轴和从动件的结构、材料、热处理工艺及失效形式

1. 凸轮的结构

最简单、最常见的是整体式凸轮。不需要经常更换的凸轮、较小的凸轮一般均采用这种结构。

图 2-38 所示为镶块式凸轮，其凸轮廓线由若干镶块拼接、固定在鼓轮上组合而成。鼓轮上加工出许多螺纹孔，供固定镶块用。这种凸轮可以更换镶块，改变凸轮廓线形状，以适应工作情况变化，常用于需要经常更换凸轮的场合，如自动车床。

图 2-39 所示为组合式凸轮，盘状凸轮与轮毂是分离的，用螺栓将它们紧固成整体。盘状凸轮上螺栓的通过孔开成长圆弧槽，这样便于调节凸轮与轴的周向相对位置，因而使从动件的起始位置与轴的相对位置可以根据需要进行调节。

2. 凸轮轴的结构

凸轮轴是发动机配气机构气门传动组中的主要零件，用来驱动和控制发动机各缸气门的开启和关闭，使其符合发动机的工作次序、配气相位及气门开度的变化要求。凸轮轴的结构如图 2-40 所示，凸轮轴由凸轮（包括进、排气凸轮）、凸轮轴轴颈等构成。对于凸轮轴下置式的发动机，凸轮轴还具有驱动机油泵和驱动汽油泵的偏心轮的作用。

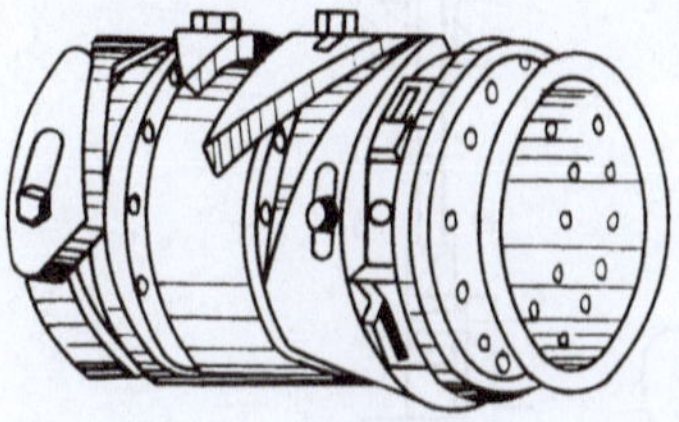

图 2-38　镶块式凸轮

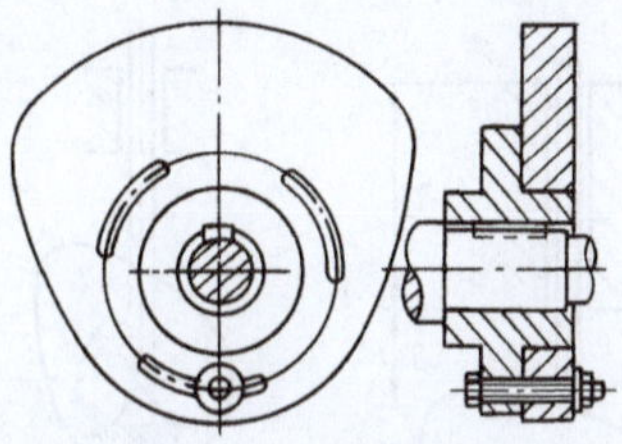

图 2-39　组合式凸轮

配气机构-凸轮轴

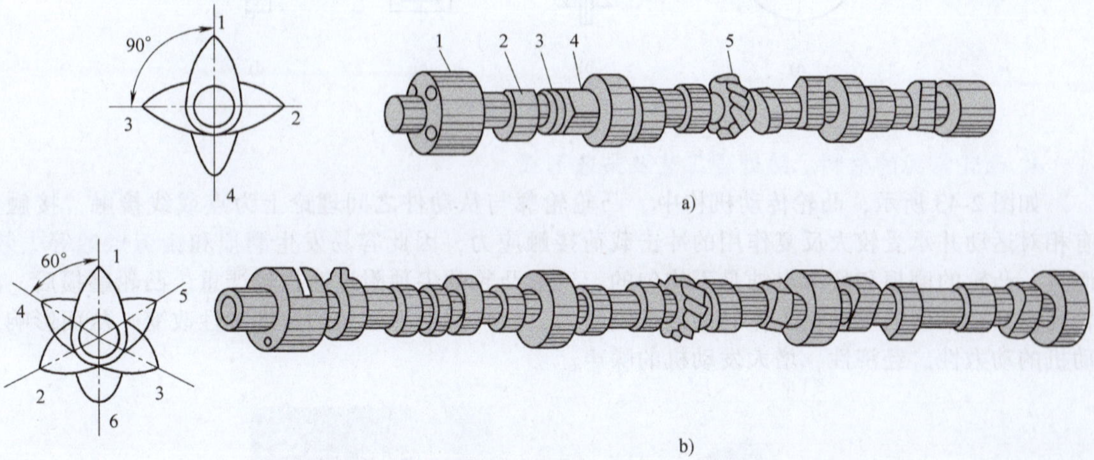

图 2-40　凸轮轴的结构

a）四缸发动机凸轮轴　b）六缸发动机凸轮轴

1—凸轮轴颈　2、4—凸轮　3—偏心轮　5—齿轮

每根凸轮轴上的凸轮数量因发动机结构形式而异。如图 2-41 所示直列四缸发动机，只装有一根凸轮轴，每个凸轮只驱动一个气门，每缸采用一进、一排两个气门，所以凸轮轴上有八个凸轮。凸轮的轮廓形状决定着气门的最大升程、气门开启和关闭时的运动规律及持续时间。

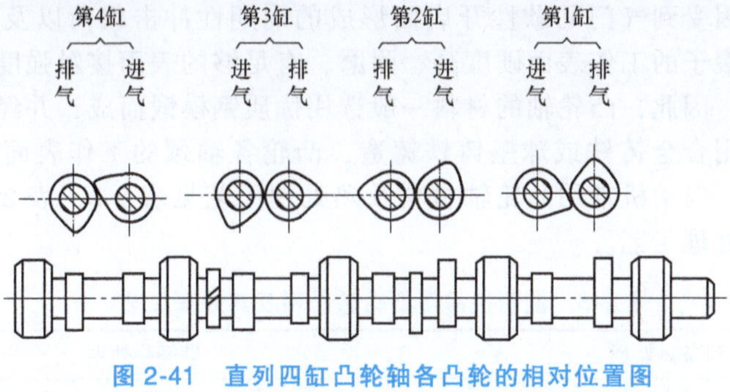

图 2-41　直列四缸凸轮轴各凸轮的相对位置图

3. 从动件的结构

从动件的结构形式前已叙述，这里仅讨论其导路结构。应用较多的是从动件的导路在凸轮的一侧，如图 2-42a 所示。从动件悬臂长度 L_1 不宜过长，一般应小于导路长度 L 的一半。为了改善从动件的运动灵活性，还可将导路分设在凸轮的两侧，如图 2-42b 所示。图 2-42c、d 所示是双侧导路的另一种结构形式，这种结构将凸轮轴当成导路的一端。

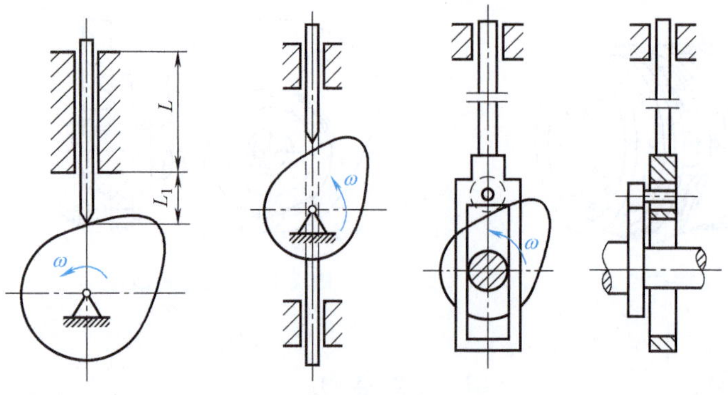

a) b) c) d)

图 2-42 导路的结构形式

4. 凸轮常见的材料、热处理工艺及失效形式

如图 2-43 所示，凸轮传动机构中，凸轮轮廓与从动件之间理论上为点或线接触，接触处有相对运动并承受较大反复作用的冲击载荷接触应力，因此容易发生磨损和疲劳点蚀等失效。而且，凸轮的磨损和疲劳点蚀是不均匀的，一般凸轮的尖顶附近磨损较严重。凸轮磨损后，凸轮高度减小，影响发动机工作时的进排气阻力，使气门上下运动的速度特性改变，从而影响发动机的动力性、经济性，增大发动机的噪声。

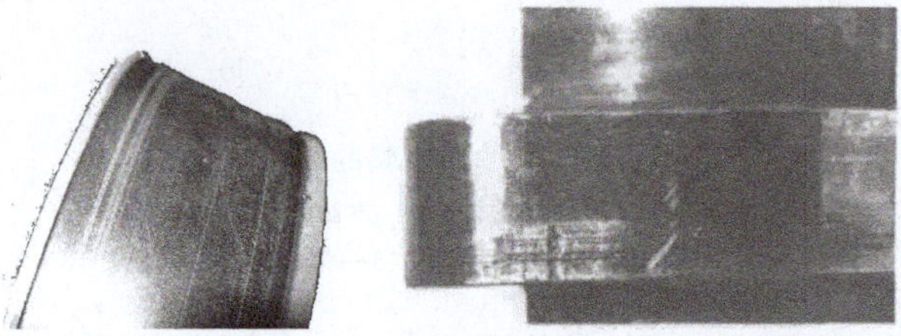

a) b)

图 2-43 凸轮的失效

a）磨损 b）疲劳点蚀

凸轮在工作时，因受到气门间歇性开启而形成的周期性冲击载荷以及从动件间的接触摩擦，这就要求凸轮和滚子的工作表面硬度高、耐磨，有足够的表面接触强度。此外，还要求凸轮心部有较大的韧性。因此，凸轮轴的材料一般选用优质钢模锻而成，并经表面高频淬火或渗碳淬火处理，也可采用合金铸铁或球墨铸铁铸造，凸轮各轴颈的工作表面一般经热处理后精磨，以改善其耐磨性。发动机常用凸轮轴材料及热处理工艺见表 2-5，表 2-6 是其他机械机构凸轮常用的材料及热处理工艺。

表 2-5 发动机常用凸轮轴材料及热处理工艺

用途	材料	预备热处理		最终热处理		
		工艺	硬度 HBW	工艺	层深/mm	硬度 HRC
小拖拉机	QT600-3	正火	229~302	贝氏体等温淬火		43~50
轿车	合金铸铁	去应力退火	241~302	贝氏体等温淬火氮碳共渗	0.1~0.15	>700HV
吉普	45	调质	187~229	感应淬火	3.0~6.0	颈 55~63 齿 45~58

（续）

用途		材料	预备热处理		最终热处理		
			工艺	硬度 HBW	工艺	层深/mm	硬度 HRC
载货车		45	正火	163~197	感应淬火	2.5~5.5	颈 55~63 齿 45~58
拖拉机		QT600-3	去应力退火	230~280	贝氏体等温淬火		≥45
重型车		20			渗碳、淬火回火	1.3~1.7	58~62
		QT600-3	去应力退火	≥170	贝氏体等温淬火		43~51
		50	正火		感应淬火、回火	1.5~2.0	59~63
大马力柴油机	船	20CrMnTi	正火	—	渗碳、淬火、回火	1.7~2.2	56~61
	机车	50Mn	退火 去应力退火	241~285	感应淬火	2~5 1.5~4	凸轮 58~62 轴颈 55~62
		45	正火	—	感应淬火、回火	1.3~2.5	50~55

表 2-6 其他机械机构凸轮常用的材料及热处理工艺

使用场合	材料	热处理
速度较低、载荷不大的一般场合	45	调质 230~260HBW
	HT200、HT250、HT300	170~250HBW
	QT600-3	190~270HBW
速度较高、载荷较大的重要场合	45、40Cr	表面淬火 40~50HRC 高频淬火 52~58HRC
	20Cr、20CrMnTi	渗碳淬火 56~62HRC
	38CrMoAlA、35CrAlA	渗氮 大于 60HRC

从动件接触端（包括尖顶、滚子或平底）可采用与凸轮相同的材料。由于从动件接触端的工作次数比凸轮工作表面上各点工作次数多，故两者的材料和硬度相同时，从动件接触端总比凸轮先磨损。但从动件比凸轮容易制造，更换也较方便。在生产实际中，从动件一般可采用45 钢，接触端经表面淬火，表面硬度达 40~45HRC。针对高速重载或使用靠模凸轮时，可采用碳素工具钢 T8、T10 等制造，表面硬度 58~62HRC，或者采用 20Cr，经渗碳淬火，表面硬度 56~62HRC。

任务 6 带传动和链传动分析与应用

任务要点

（1）在示教发动机实物上，了解带传动在汽车上的应用，理解带传动的类型及带的结构；

（2）拆装、调试并观察发动机正时带及 V 带传动，分析其工作传动路线；

（3）了解链传动在汽车上的应用，理解链传动组成、类型、传动原理及使用维护。

知识学习

一辆帕萨特小汽车在路上行驶过程中，发动机突然熄火，并无法再正常起动。送维修厂检查，维修人员发现油路正常，但发现分电器的高压分火头转不动。维修人员诊断可能是正时带断了，或者插销脱落使正时带轮空转。拆开箱盖一检查，果然是正时带断了。试问，是什么原因造成正时带破损或断裂、发动机熄火呢？要回答这个问题，需要要学习带传动的工作原理。

一、带传动基础知识（微课 2.7）

带传动都是通过中间挠性件（带）传递运动和动力的，适用于两轴中心距较大的场合。如图 2-44 所示，一般带传动是由主动带轮 1、从动带轮 2 和紧套在带轮上的传动带 3 组成。因为传动带是紧套在带轮上，在带与带轮之间存在一定的正压力。当主动带轮转动时，依靠带与带轮接触面上所产生的摩擦力或啮合带带动从动轮运动，从而传递一定的运动和动力。

微课 2.7

带传动

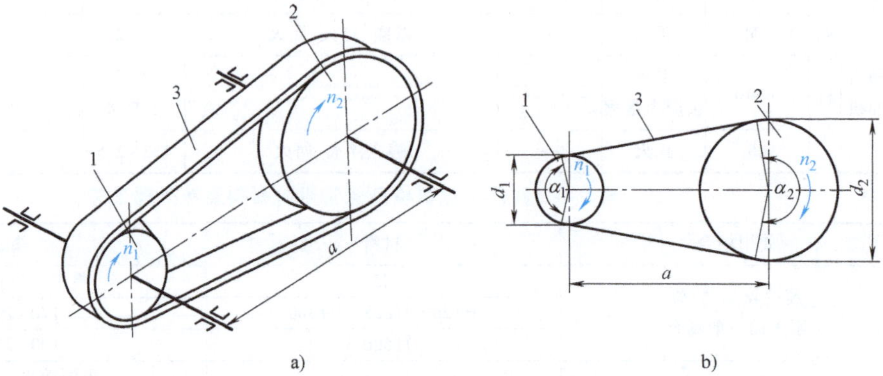

图 2-44 带传动

1—主动带轮 2—从动带轮 3—传动带

1. 带传动的优缺点

带传动在汽车等机械传动中应用较广泛，与其他传动机构相比（如齿轮传动），具有明显优缺点。

（1）带传动的主要优点

1）传动带富有弹性，能够缓冲、吸振，传动平稳，噪声低，无油污染。

2）过载时可产生打滑，可防止其他零部件的损伤，起到安全保护作用。

3）结构简单，便于加工、装配和维修，成本低廉。

4）适用于两轴中心距较大的传动，并可通过增减带长适应不同的中心距要求。

（2）带传动的缺点

1）带传动外廓尺寸较大，传动效率低，带的寿命短，传动中对轴的作用较大。

2）当带传动依靠摩擦传动时，带与带轮之间存在弹性滑动，不能保证恒定的传动比。

3）带传动不适用于易燃易爆场合。

2. 带传动的分类及应用

带传动主要用于要求传动平稳，传动比要求不严格的中、小功率的较远距离传动。带的工作速度一般为 5~30m/s，传动比 $i \leq 7$；机械效率 η 为 0.94~0.96。

带传动按传动原理可分为摩擦式带传动和啮合式带传动。

（1）摩擦式带传动　摩擦式带传动按传动带的截面形状，可分为平带、V 带、多楔带和圆带传动等，如图 2-45 所示。

1）平带传动。平带的截面形状为矩形，以带轮轮面相接触的内表面为工作面，主要用于两轴平行、转向相同的较远距离的传动，汽车发动机制冷设备的风扇常和发动机一起由曲轴带轮通过平带驱动，如图 2-46 所示。常用的平带有：橡胶布带、缝合棉布带、棉织带和毛织带等。

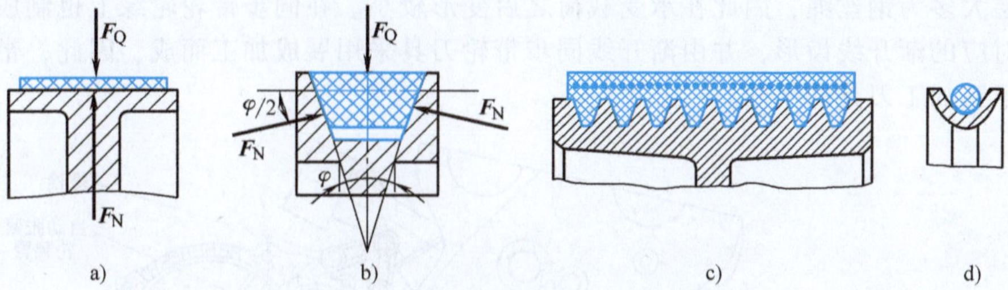

图 2-45 带的传动类型和截面形状

a）平带 b）V 带 c）多楔带 d）圆带

2）V 带传动。V 带传动的截面形状为梯形，以轮槽相接触的两侧面为工作面。V 带轮的轮槽也是梯形。根据楔面的受力分析可知，在相同张紧力和相同摩擦因数的条件下，V 带产生的摩擦力要比平带的摩擦力大。所以，V 带传动能力强，结构更紧凑，在机械传动中应用最广泛。如汽车发动机附件（发电机、空调压缩机和水泵）常采用两根 V 带驱动，如图 2-47 所示 2 气门发动机 V 带传动，曲轴通过 V 带驱动水泵和空调压缩机，再通过空调压缩机驱动发电机。

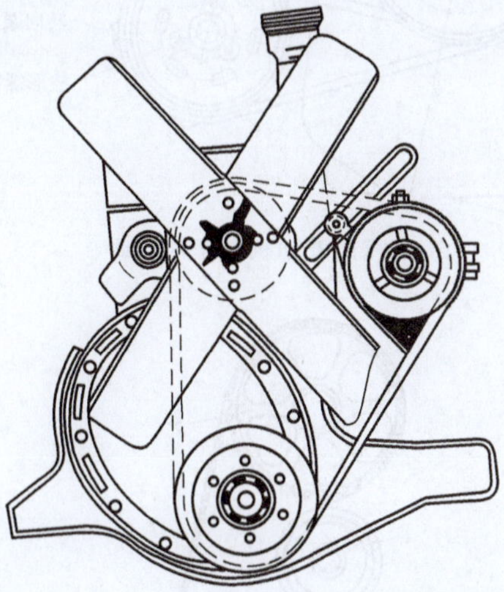

图 2-46 汽车发动机风扇驱动及张紧装置

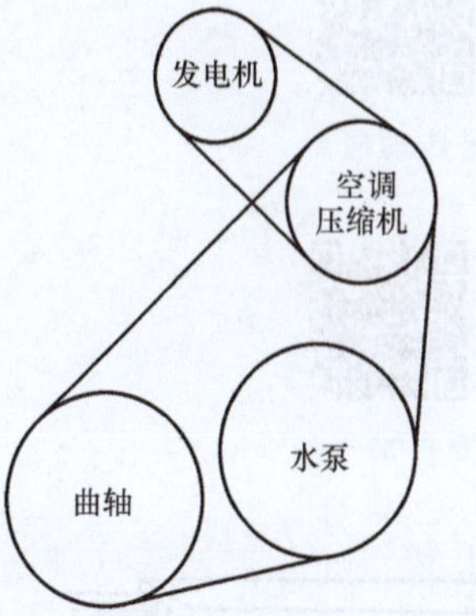

图 2-47 2 气门发动机 V 带传动

3）多楔带传动。多楔带相当于平带与多根 V 带的组合，兼有两者的优点，多用于结构要求紧凑的大功率传动中，在汽车中也很常用。如图 2-48 为捷达 1.6L 5 气门发动机附件，采用双面多楔带驱动。

4）圆形带传动。圆形带的截面形状为圆形，其传递能力较小，仅用于如缝纫机，仪器等低速、小功率的传动。圆形带一般用皮革制成。

（2）啮合式带传动 啮合式带传动是靠传动带与带轮上的齿相互啮合来传递运动和动力的，比较典型的是图 2-49 所示的同步带传动。同步带除保持了摩擦式带传动的优点外，还具有传递功率大，传动比准确等优点，多用于要求传动平稳，传动精度较高的场合，如汽车、录音机、电子计算机、数控机床、纺织机械等。例如，在捷达、上海桑塔纳、一汽奥迪、北京切诺基等汽车发动机曲轴与凸轮轴间的传动（正时传动）均采用同步带传动，图 2-50 为 2 气门发动机同步带传动图。

同步带的截面为矩形，带的内环表面成齿形。与摩擦式带传动中带的结构不同的是，同步带的强力层大多为钢丝绳，因此在承受载荷之后变形较小。在同步带轮轮缘上也制成与带的内环表面相对应的渐开线齿形，并由渐开线同步带轮刀具采用展成加工而成，因此，带轮齿形的尺寸取决于其加工刀具的尺寸。

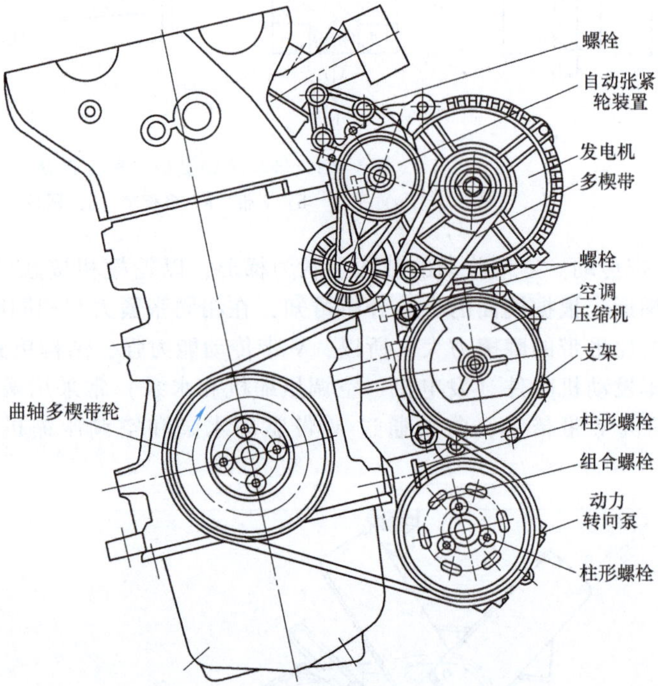

带传动应用

图 2-48 捷达 1.6L 5 气门发动机多楔带传动

同步带传动

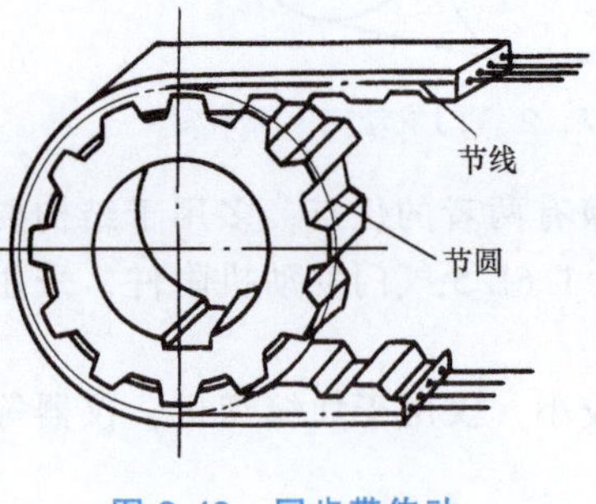

图 2-49 同步带传动

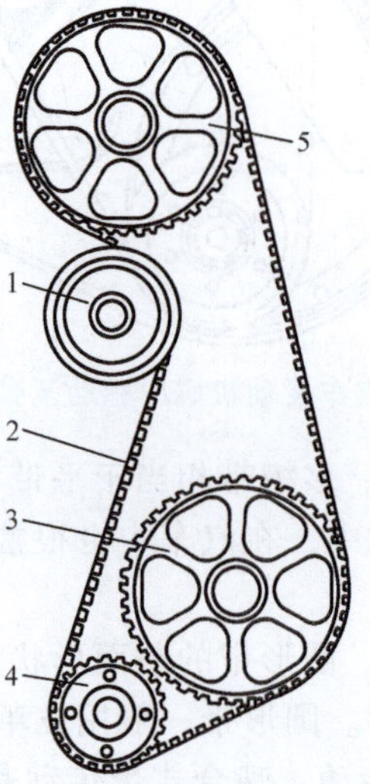

图 2-50 2 气门发动机同步带传动

1—张紧轮 2—同步带 3—中间轴同步带轮

4—曲轴同步带轮 5—凸轮轴同步带轮

（3）带传动的传动形式 根据带传动的传动形式，带传动又可分为开式传动、交叉传动和半交叉传动三种。其中，开式传动是两个带轮轴线平行且回转方向相同的传动，如图 2-44 所示；交叉传动是两个带轮轴线平行但回转方向相反的传动，如图 2-51a 所示；半交叉传动是两个带轮轴线在空间交错的传动，如图 2-51b 所示。本项目主要讨论 V 带的开式传动。

3. 传动带类型、型号及选用（微课 2.8）

V 带按其宽度和高度相对尺寸的不同，又分为普通 V 带、窄 V 带、宽 V 带、汽车 V 带、齿形 V 带、大楔角 V 带等多种类型。目前，普通 V 带应用最广泛。

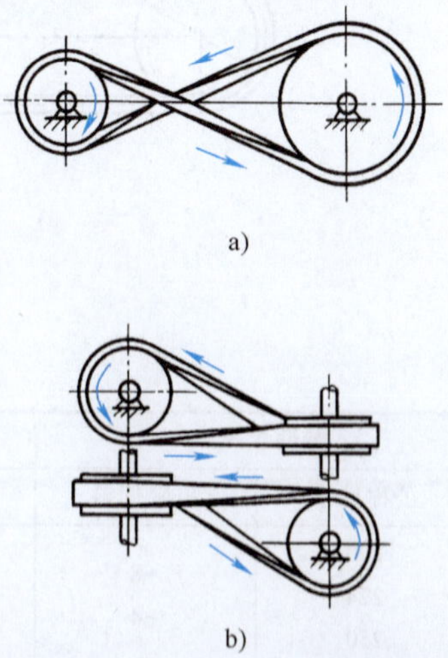

图 2-51 带传动的传动形式
a）交叉传动 b）半交叉传动

（1）普通 V 带 普通 V 带的结构如 2-52 所示，由包布、顶胶（拉伸层）、抗拉体（强力层）、底胶（压缩层）等部分构成。按抗拉体的结构不同，分为帘布芯结构和绳芯结构两种类型。其中，帘布芯结构的 V 带制造方便，抗拉强度好；而绳芯结构的 V 带柔韧性好，抗弯强度高，适用于带轮直径小、转速较高的场合。窄 V 带是一种新型的带，其两侧面内凹，与带轮槽侧面能很好地接触。在同样工作条件下，窄 V 带传动的承载能力比普通 V 带高 1.5 倍，且工作寿命长，正逐步获得广泛的应用。

普通 V 带是标准件，根据国家标准（GB/T 11544—2012）的规定，按截面尺寸不同，由小到大分为 Y、Z、A、B、C、D、E 七种型号，其截面尺寸见表 2-7。V 带的截面面积越大，其传递的功率也越大。生产中常用的是 Z、A、B 三种型号。

微课 2.8

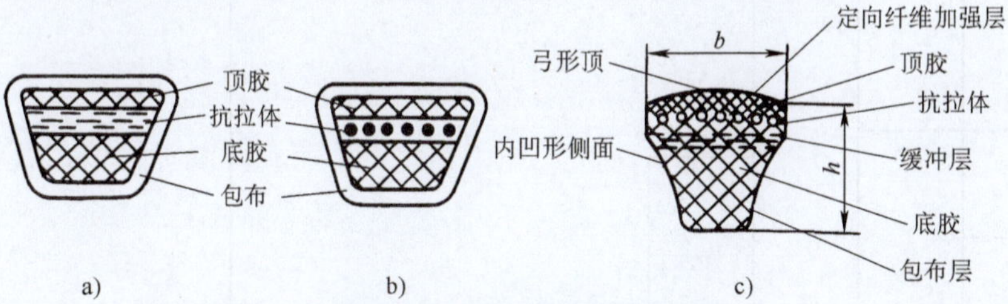

图 2-52 普通 V 带的结构
a）帘布芯结构 b）绳芯结构 c）窄 V 带结构

表 2-7 V 带截面尺寸 （单位：mm）

型号	节宽 b_p	顶宽 b	高度 h	楔角 α
Y	5.3	6.0	4.0	
Z	8.5	10.0	6.0	
A	11	13.0	8.0	
B	14	17.0	11.0	40°
C	19	22.0	14.0	
D	27	32.0	19.0	
E	32	38.0	23.0	

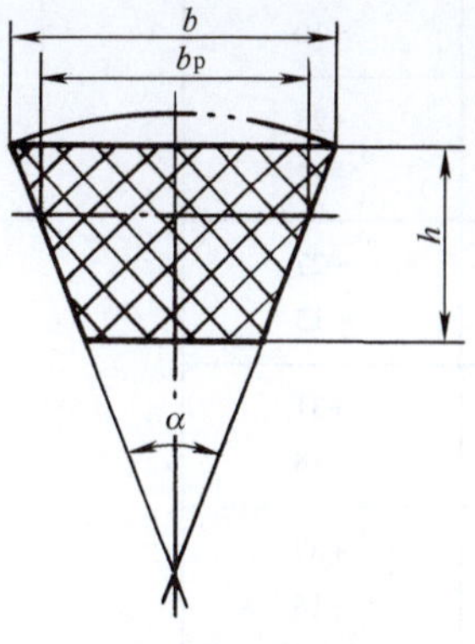

V 带是有一定厚度的环形带，没有接头。如图 2-53 所示，当带弯曲时，其结构中有一长度不发生变化的中性层，称为节面。其节面的长度称为基准长度，用 L_d 表示。L_d 处的宽度称为节宽，用 b_p 表示。在带轮上与之相对应的直径称为带轮的基准直径，用 d_d 表示，它是带轮的公称直径。V 带基准长度见表 2-8。

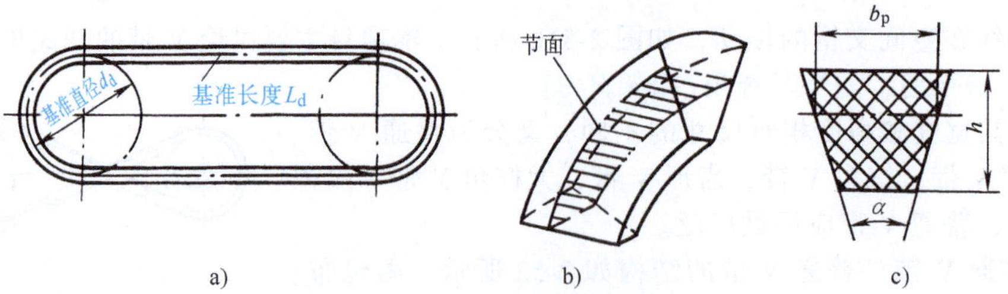

图 2-53 V 带的节面与尺寸

a）纵面尺寸 b）V 带的节面 c）截面尺寸

表 2-8 V 带的基准长度

（单位：mm）

<table>
<tr><th colspan="2">基准长度 L_d</th><th colspan="7">带 型</th><th rowspan="2">配组公差</th></tr>
<tr><th>公称尺寸</th><th>极限偏差</th><th>Y</th><th>Z</th><th>A</th><th>B</th><th>C</th><th>D</th><th>E</th></tr>
<tr><td>200</td><td rowspan="3">+8
-4</td><td rowspan="9">Y</td><td rowspan="5"></td><td rowspan="9"></td><td rowspan="15"></td><td rowspan="19"></td><td rowspan="23"></td><td rowspan="26"></td><td rowspan="17">2</td></tr>
<tr><td>224</td></tr>
<tr><td>250</td></tr>
<tr><td>280</td><td rowspan="2">+9
-4</td></tr>
<tr><td>315</td></tr>
<tr><td>355</td><td rowspan="2">+10
-5</td><td rowspan="14">Z</td></tr>
<tr><td>400</td></tr>
<tr><td>450</td><td rowspan="2">+11
-6</td></tr>
<tr><td>500</td></tr>
<tr><td>560</td><td rowspan="2">+13
-6</td><td rowspan="20"></td><td rowspan="14">A</td></tr>
<tr><td>630</td></tr>
<tr><td>710</td><td rowspan="2">+15
-7</td></tr>
<tr><td>800</td></tr>
<tr><td>900</td><td rowspan="2">+17
-8</td></tr>
<tr><td>1000</td></tr>
<tr><td>1120</td><td rowspan="2">+19
-10</td><td rowspan="14">B</td></tr>
<tr><td>1250</td></tr>
<tr><td>1400</td><td rowspan="2">+23
-11</td><td rowspan="4">4</td></tr>
<tr><td>1600</td></tr>
<tr><td>1800</td><td rowspan="2">+27
-13</td><td rowspan="10"></td><td rowspan="10">C</td></tr>
<tr><td>2000</td></tr>
<tr><td>2240</td><td rowspan="2">+31
-18</td><td rowspan="4">8</td></tr>
<tr><td>2500</td></tr>
<tr><td>2800</td><td rowspan="2">+37
-18</td><td rowspan="6"></td><td rowspan="6">D</td></tr>
<tr><td>3150</td></tr>
<tr><td>3550</td><td rowspan="2">+44
-22</td><td rowspan="4">12</td></tr>
<tr><td>4000</td><td rowspan="3">E</td></tr>
<tr><td>4500</td><td rowspan="2">+52
-26</td></tr>
<tr><td>5000</td></tr>
</table>

V 带的型号标记由型号、基准长度、标准号三部分组成。例如表示基准长度为 1420mm 的 Z 型 V 带，其标记为：Z1420 GB/T 1171。

（2）汽车 V 带　汽车 V 带结构（图 2-54）分为包边式 V 带（简称包布带）和切边式 V 带（简称切边带）两种，切边带又分普通式、底胶夹布式和有齿式三种形式。

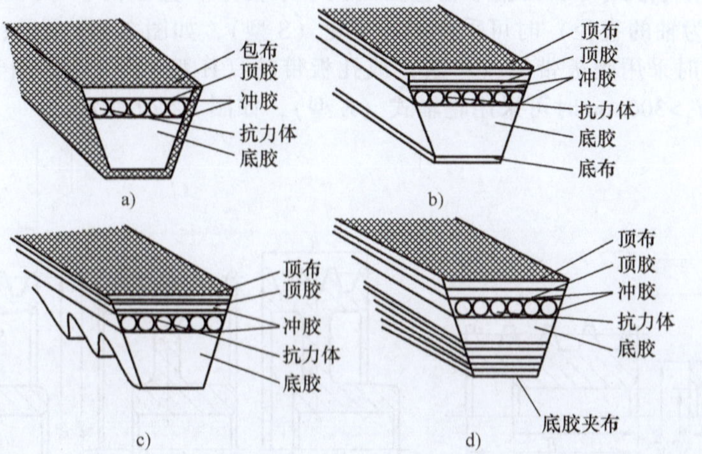

图 2-54　汽车 V 带结构

a）包布带　b）切边带（普通式）　c）切边带（有齿式）　d）切边带（底胶夹布式）

汽车 V 带是标准件（GB 12732—2008），根据公称顶宽分为 AV10、AV13、AV15、AV17、AV22 五种型号，AV 后面的数字表示顶宽的大小，单位为 mm。

汽车 V 带的标记内容由型号、有效长度公称值、标准号三部分组成。例如 AV13 汽车 V 带，有效长度公称值为 1000mm，其标记为：AV13×1000 GB 12732—2008。

（3）汽车多楔带　汽车多楔带（GB 13552—2008）结构如图 2-55 所示。只采用 PK 一种型号，双面多楔带为 DPK。其规格标记内容由楔数、型号、有效长度三部分组成，如楔数为 6、有效长度为 1150mm 的汽车多楔带，标记为 6PK1150 GB/T 13552—2008。

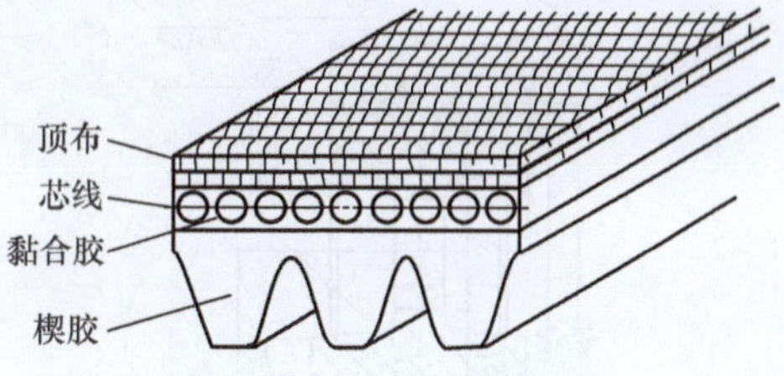

图 2-55　汽车多楔带结构

（4）汽车同步带　汽车同步带结构如图 2-56 所示，其型号有 ZA 型和 ZB 型等，ZA 型用于较轻负荷，ZB 型用于较重负荷。两种型号的节距 C 均为 9.525mm，区别在于带齿尺寸。其规格标记内容由齿数、节距齿形、宽度表示，如表示齿数为 80、宽度为 19mm 的 ZA 型同步带，标记为 80ZA19 GB/T 12734—2017。

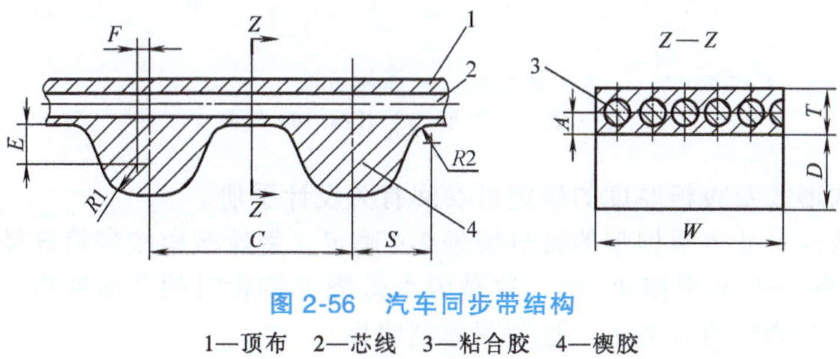

图 2-56　汽车同步带结构

1—顶布　2—芯线　3—粘合胶　4—楔胶

4. 带轮结构、材料及工艺（微课 2.9）

微课 2.9

带轮一般是由轮缘、轮辐和轮毂三部分构成。轮缘是安装带的部位；轮毂是与轴配合的部分；轮辐是连接轮缘与轮毂的部分。带轮最常用的材料是铸铁，如 HT150、HT200，有时也采用铸钢或非金属材料等。

带轮的具体结构形式可以根据带轮直径的大小来决定。直径较小时，即 $d_d \leqslant (2.5 \sim 3) d_0$（$d_0$ 为轴的直径）时可采用实心带轮（S 型），如图 2-57a 所示；中等直径的带轮，一般 $d_d \leqslant 300$mm 时采用腹板带轮（P 型）或孔板带轮（H 型），分别如图 2-57b、c 所示；直径较大的带轮，$d_d > 300$mm 时可采用轮辐式（E 型），如图 2-57d 所示。

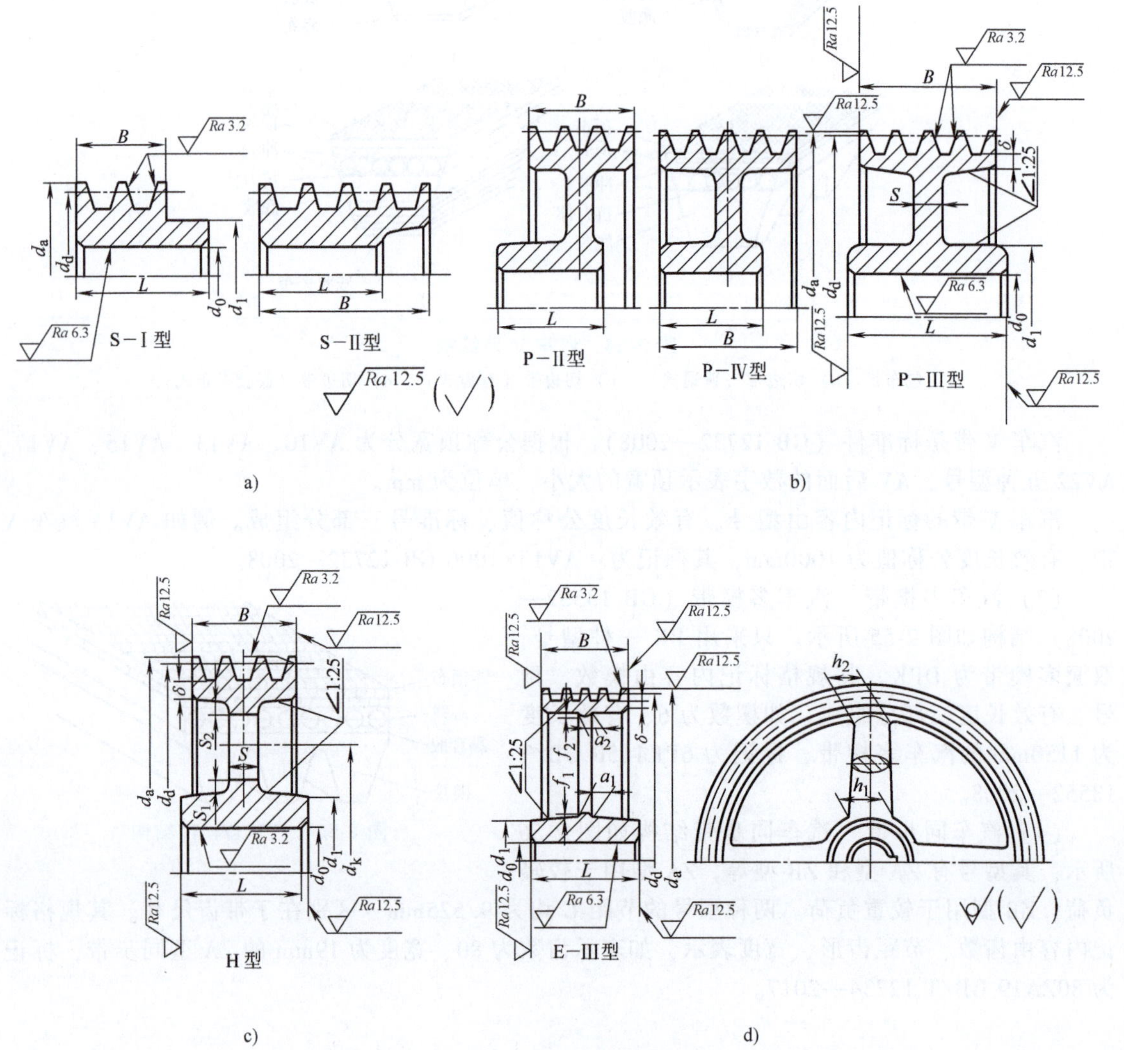

图 2-57 V 带轮结构

a) S 型 b) P 型 c) H 型 d) E 型

V 带轮的结构形式及腹板厚度的确定可参阅有关设计手册。

V 带轮轮缘截面尺寸可根据带的型号按表 2-9 确定。带轮槽角按带轮直径不同分别为 32°、34°、36°和 38°，都小于 V 带楔角 40°。这是因为带绕上带轮时的弯曲变形，其会发生改变而使带的楔角变小，且带轮直径越小，这种现象越明显。

表 2-9 V 带轮槽型尺寸（GB/T 10412—2002）

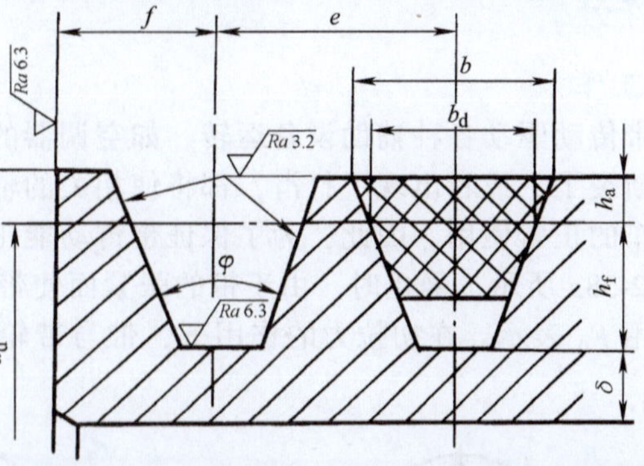

项目	符号	槽型 Y	Z SPZ	A SPA	B SPB	C SPC	D	E
基准宽度	b_d	5.3	8.5	11.0	14.0	19.0	27.0	32.0
基准线上槽深	h_{amin}	1.6	2.0	2.75	3.5	4.8	8.1	9.6
基准线下槽深	h_{fmin}	4.7	7.0 9.0	8.7 11.0	10.8 14.0	14.3 19.0	19.9	23.4
槽间距	e	8±0.3	12±0.3	15±0.3	19±0.4	25.5±0.5	37±0.6	44.5±0.7
槽边距	f_{min}	6	7	9	11.5	16	23	28
最小轮缘厚	δ_{min}	5	5.5	6	7.5	10	12	15
外径	d_a	$d_a = d_d + 2h_a$						
带轮槽角 φ 32°	相应的基准直径 d_d	≤60	—	—	—	—	—	—
带轮槽角 φ 34°	相应的基准直径 d_d	—	≤80	≤118	≤190	≤315	—	—
带轮槽角 φ 36°	相应的基准直径 d_d	>60	—	—	—	—	≤475	≤600
带轮槽角 φ 38°	相应的基准直径 d_d	—	>80	>118	>190	>315	>475	>600
带轮槽角 φ 极限偏差		±30						

注：槽间距 e 的极限偏差适用于任何两轮槽对称中心面的距离，无论相邻还是不相邻。

V 带轮表面粗糙度和几何公差见表 2-10。轮毂孔公差为 H7 或 H8，毂长上极限偏差为 IT14，下极限偏差为零。

表 2-10 V 带轮表面粗糙度和几何公差

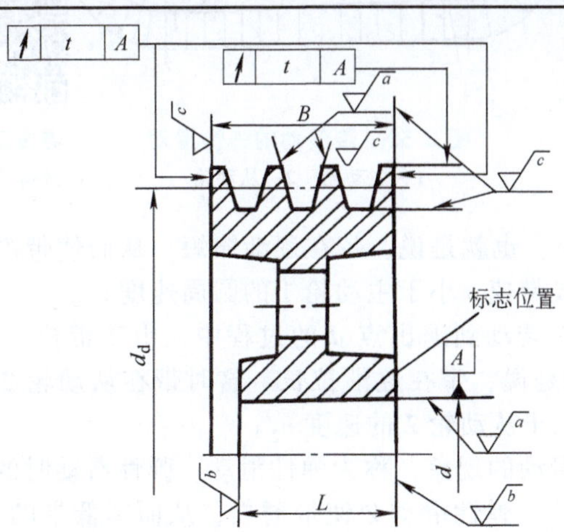

基准直径 d_d/mm	径向圆跳动 t/mm	Ra/μm a	Ra/μm b	Ra/μm c
>20～100	0.2	3.2	6.3	12.5
>106～160	0.3			
>170～250	0.4			
>265～400	0.5			
>425～630	0.6			
>670～1000	0.8			
>1060～1600	1.0			
>1700～2500	1.2			

二、带传动的工作分析

1. 带传动靠摩擦力工作

在发动机上，通过带传动驱动各种辅助设备运转，如空调器的压缩机、动力转向泵、交流发电机等。如果传动带断裂了，或者出现了打滑，都将使相关的辅助设备丧失功能，或使其性能下降，从而影响到汽车的正常使用。因此，为了保证带传动能正常工作，带在安装时必须紧套在两个带轮上。如图 2-58a 所示，静止时，由于带的张紧而使带轮上下两边的带所承受的拉力相等，称为初拉力，用 F_0 表示。在初拉力的作用下，带与带轮相互压紧，并在接触面之间产生一定的正压力。

V 带传动受力分析

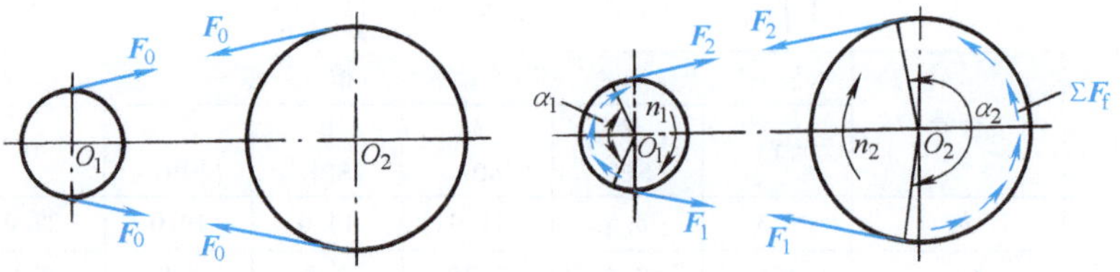

a)　　b)

图 2-58　V 带传动的受力分析

a）静止时的受力　b）工作时的受力

带传动的打滑

在工作时，主动轮以转速 n_1 转动，通过带与带轮接触面间产生的摩擦力，驱动从动轮以转速 n_2 转动，此时带两边的拉力不再相等。两个带轮作用在带上的摩擦力的方向如图 2-58b 所示，作用在主动轮处带上的摩擦力的方向与主动轮的转向相同；作用在从动轮处带上的摩擦力的方向与从动轮的转向相反。因此，带两边的拉力也发生变化，带进入主动轮的一边被进一步拉紧，拉力由 F_0 增大到 F_1，称为紧边；带绕出主动轮的一边则被放松，拉力由 F_0 降到 F_2，称为松边。紧边与松边的拉力差即为带传动所传递的圆周力 F_t，称为有效拉力。此时有效拉力等于摩擦力，带传动正常工作。

2. 带传动的弹性滑动（微课 2.10）

微课 2.10

传动带是弹性体，在拉力的作用下会发生弹性伸长，其弹性伸长量与拉力的大小成正比。正常工作时，紧边拉力 F_1 大于松边拉力 F_2。因此，紧边产生的弹性伸长量大于松边的弹性伸长量，如图 2-59 所示。

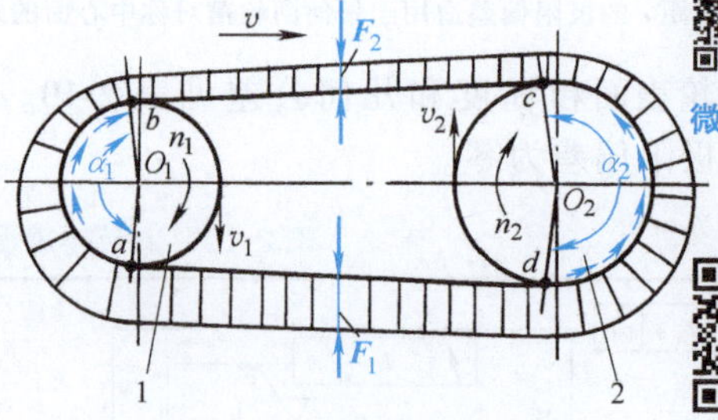

图 2-59　带传动的弹性滑动

1—主动轮　2—从动轮

带传动的弹性滑动

当带的紧边在 a 点进入主动轮 1 时，带速 v 与轮 1 的圆周速度 v_1 相等，但在轮 1 由 a 点转动到 b 点退出的过程中，带所受的拉力 F_1 逐渐减小到 F_2，其弹性伸长量也逐渐减小，也就是说，带在逐渐缩短，从而使带沿着主动轮 1 表面产生局部微小向后的相对滑动，造成带速 v 小于主动轮 1 的圆周速度 v_1。

同理，带进入点 c 依靠摩擦力驱动从动轮 2 转动到退出点 d 的过程中，由于带拉力由 F_2 逐渐增大到 F_1，带的弹性伸长量也增加，也就是说，带在逐渐拉长。这时带在从动轮 2 表面上产生局部微小的向前相对滑动，致使带速 v 大于从动轮 2 的速度 v_2。

上述由于带的弹性变形而引起带在轮面上滑动的现象，称为弹性滑动。弹性滑动时的摩擦是带传动特有的现象，在带工作时是不可避免的。弹性滑动会使带磨损，从而降低带的寿命，并使从动轮的速度降低，影响传动比。但由于带传动正常工作时，其滑动率 $\varepsilon \approx 1\% \sim 2\%$，比较小，在一般情况下可不予考虑。因此，带传动可近似看作平稳传动。

三、带传动的失效形式与使用维护

1. 带传动的失效形式

带传动工作时的主要失效形式是：带在带轮上打滑、传动带的磨损和疲劳断裂，如图 2-60 所示。

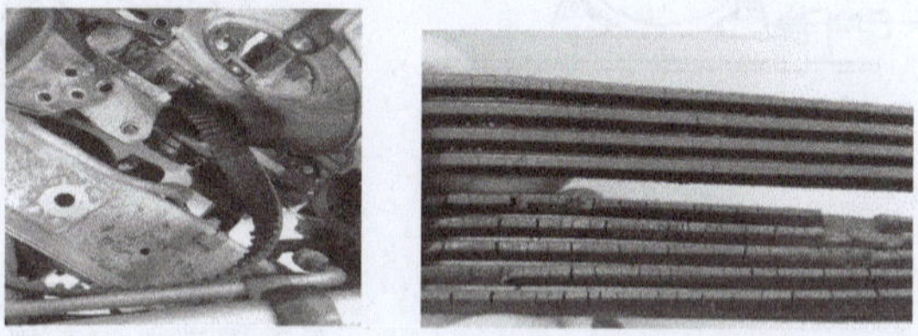

图 2-60 带的失效

（1）打滑　带传动是靠摩擦工作的，在初拉力 F_0 一定时，当传递的有效拉力 F 超过带与轮面间的极限摩擦力时，带就会在带轮轮面上发生明显的滑动，这种现象称为打滑。当传动出现打滑现象时，虽然主动轮仍在继续转动，但从动轮及传动带有较大的速度损失，甚至完全不动。打滑是一种有害现象，它将使传动失效并加剧带的磨损。因此，在正常工作时，应当避免出现打滑现象。

打滑和弹性滑动是两个截然不同的概念，它们的区别见表 2-11。

表 2-11　弹性滑动和打滑的区别

项　目	弹性滑动	打　滑
现象	局部带在局部轮面上发生的滑动	整个带在整个轮面上发生的滑动
产生的原因	带两边的拉力差	超载
结论	不可避免	可以避免

如图 2-58b 所示，传动带与带轮接触弧所对的中心角称为包角，用 α 表示。包角越小，接触弧就会越短，接触面间产生的总摩擦力也就越小，因而能传递的圆周力也越小。如果包角过小，就容易产生打滑现象，因此带轮的包角不能太小。由于小带轮的包角 α_1 总比大带轮的包角 α_2 小，所以只需要求小带轮的包角 $\alpha_1 \geqslant 120°$ 即可。

（2）带的磨损　带传动是通过带与带轮间的摩擦力来实现的。当摩擦力或摩擦因数越大时传递的有效拉力也越大，同时带的磨损也加剧。当带磨损到一定程度时，会出现打滑现象，甚至断裂。

（3）带的疲劳断裂　带在工作时的应力随着带的运转而变化，是交变应力。转速越高，带越短，单位时间内带绕过带轮的次数越多，带的应力变化就越频繁。长时期工作，传动带在交变应力的反复作用下会产生脱层、撕裂，最后导致疲劳断裂，从而使传动失效。

2. 带传动的张紧与调整（微课 2.11）

为了使带与带轮间产生正压力，带传动在使用前必须使带以一定的初拉力张紧在滑动轮上。另外，带在初拉力的长期作用下，会逐渐松弛，使带的初拉力减小，传动能力降低。为了保持一定的初拉力，带传动需要进行定期张紧。常用的张紧装置有下述两类。

微课 2.11

（1）定期张紧装置　图 2-61a、b 所示为滑道式和摆架式定期张紧装置，其原理是通过螺栓调整中心距使带得到适当的张紧。对于中心距固定的带传动，可采用张紧轮来定期张紧，如图 2-61c 所示。张紧轮应置于松边内侧靠近大带轮处，以免减小小带轮的包角 α_1。

（2）自动张紧装置　图 2-62a、b 所示为滑道式和摆架式的自动张紧装置。其中，滑道式是利用外界重物使带获得一定的初拉力；摆架式是利用电动机本身的自重使带获得一定的初拉力。图 2-62c 所示为利用外界重物通过张紧轮来达到自动张紧的目的，多用于中心距固定或小带轮包角 α_1 较小的场合。

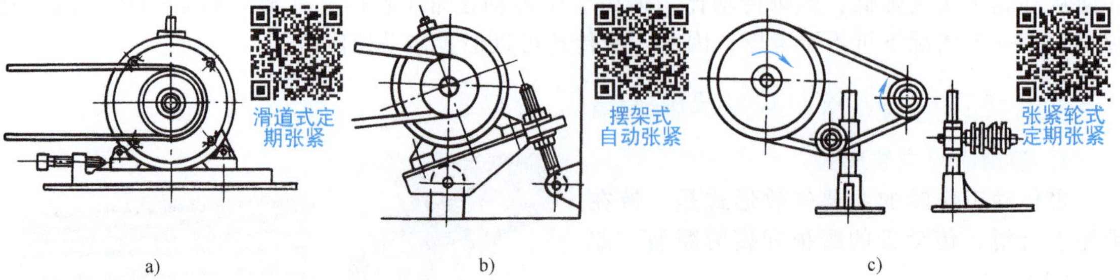

图 2-61 定期张紧装置

a）滑道式 b）摆架式 c）张紧轮式

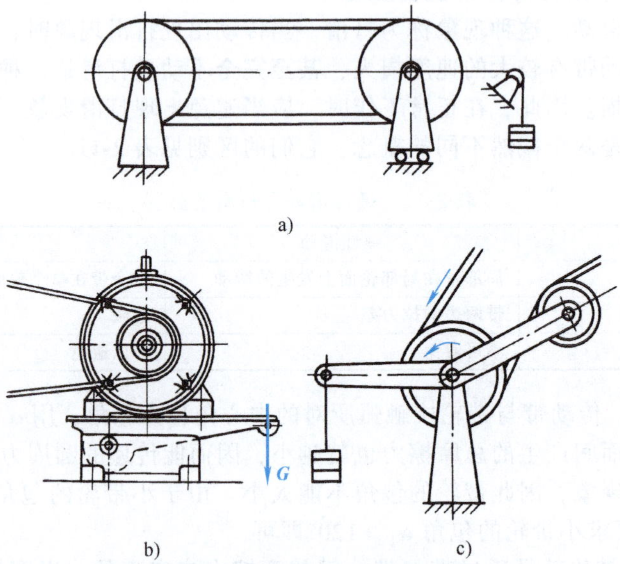

图 2-62 自动张紧装置

a）滑道式 b）摆架式 c）自动张紧用张紧轮

3. 带传动的安装与维护

正确的安装和维护是保证带传动正常工作、延长其使用寿命的有效措施，一般应注意以下几点：

1）如图 2-63a 所示，安装平行轴带传动时，各带轮的轴线必须保持规定的平行度，主、从动轮的轮槽必须调整在同一平面内，误差不得超过 20′，以免带被扭曲而使其侧面过早磨损。

2）安装时应按规定的初拉力张紧带，见表 2-12。对于中等中心距的带传动，传动带的张紧程度以用拇指按下 15mm 为宜，如图 2-64 所示。

3）装拆时不要硬撬，应先缩小其中心距，然后再装拆传动带。

4）多根带传动时，为避免其因长度相差太大造成受力不均，带的配组公差应在规定的范围内（请参阅有关手册）。

5）如图 2-63b 所示，安装时，V 带在带轮轮槽中的位置要正确，过高或过低都不利于带的正常工作。

6）使用时，带应避免与酸、碱、油等介质接触，防止对橡胶材料的腐蚀。带传动应设防护罩，工作温度不应超过 60℃。这样既可保护人身安全，又可防止腐蚀和阳光的暴晒等。

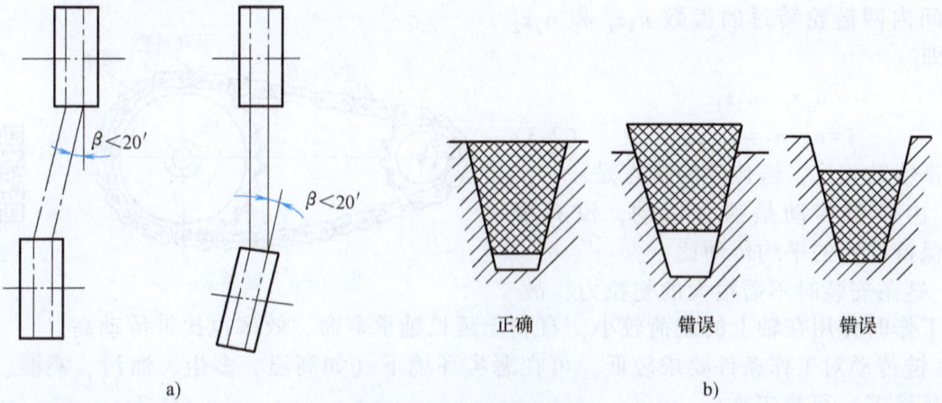

图 2-63 带轮的安装

a) 带轮的安装位置 b) V 带在轮槽中的位置

表 2-12 单根普通 V 带的初拉力 F_0

型号	Z		A		B		C		D		E	
小带轮的基准直径 d_{d1}/mm	63~83	≥90	90~112	≥125	125~160	≥180	200~224	≥250	315	≥355	500	≥560
F_0	55	70	100	120	165	210	275	350	580	700	800	1050

7）对带传动应定期检查、及时调整，新旧带、普通 V 带和窄 V 带、不同规格的 V 带均不能混合使用，发现个别带有疲劳断裂现象，应及时、全部更换同一组带。

安装完毕后，首先应检查带的初拉力，这时可以用拇指强力地按压两个带轮中间的带。按压力约为 100N，若初拉带的压下量在 15mm 左右，则认为初拉力恰好合适。若压下量过大，则认为初拉力不足。若带几乎不出现压下量，则认为初拉力过大。初拉力不足时，带很容易出现打滑；初拉力过大时，很容易损伤各种辅机的轴承。为此，应该把相关的调整螺母或螺栓拧松，把带的初拉力调整到最佳的状态。

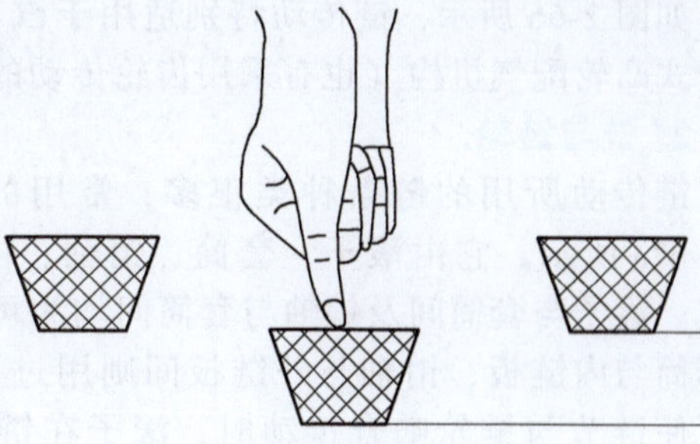

图 2-64 传动带张紧度的手工判断

4. 带传动的选用

由带传动的失效形式可知，带传动的设计与选用原则是在保证带传动不打滑的条件下，使带具有足够的疲劳强度和寿命。

一般带传动的工作条件、需传递的功率、转速或传动比、外廓尺寸等要求已知。设计选用带传动时，需要确定带的型号、基准长度和带的根数、传动中心距、带轮的结构尺寸和材料、张紧方式等。具体的设计选用方法和步骤可参考 GB/T 13575.1—2008 或机械设计手册。

四、链传动的认知与装调

1. 链传动的组成及其特点

链传动由链轮和跨绕两链轮的闭合链条组成，如图 2-65 所示。链轮上制有特殊齿形的齿，通过轮齿与链节相啮合而进行传动。因此，链传动是一种以链条作为中间挠性件的啮合传动。

设链传动中主动链轮的齿数为 z_1，转速为 n_1，从动链轮的齿数为 z_2，转速为 n_2。显然，在

单位时间内两链轮转过的齿数 n_1z_1 和 n_2z_2 相等，即

$$n_1z_1=n_2z_2$$

传动比 $$i=n_1/n_2=z_2/z_1 \tag{2-3}$$

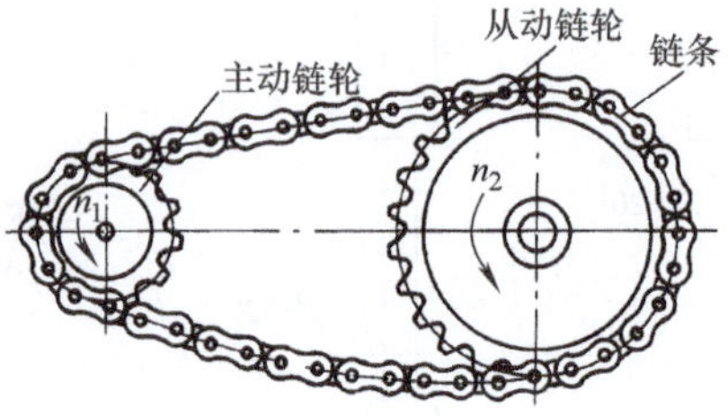

图 2-65 链传动

链传动

与带传动相比，链传动的优点是：

1）由于链传动是啮合传动，没有滑动，能保持准确的平均传动比。

2）链条安装时不需很大的初拉力，故链传动工作时作用在轴上的载荷较小，有利于延长轴承寿命，效率也比带传动高。

3）链传动对工作条件要求较低，可在恶劣环境下（如高温、多尘、油污、潮湿、易燃及腐蚀性环境等）可靠工作。

4）链传动传递功率较大，结构比较紧凑，维护方便。

其主要缺点是：运行平稳性差，从动链轮瞬时转速不均匀，高速运转时不如带传动平稳，且噪声和振动大，对制造和安装的精度要求较带传动高；不能实现过载保护。

链传动主要用于要求平均传动比准确，而且两轴间相距较远，工作条件恶劣，不宜采用带传动和齿轮传动的场合。通常链传动的传动比 $i\leqslant6$，传递功率 $P\leqslant100\text{kW}$，中心距 $a<5\text{m}$，链速 $v<15\text{m/s}$，效率为 0.92~0.98。

如图 2-66 所示，链传动特别适用于汽车发动机凸轮轴上置式凸轮配气机构（也有采用齿轮传动的）。

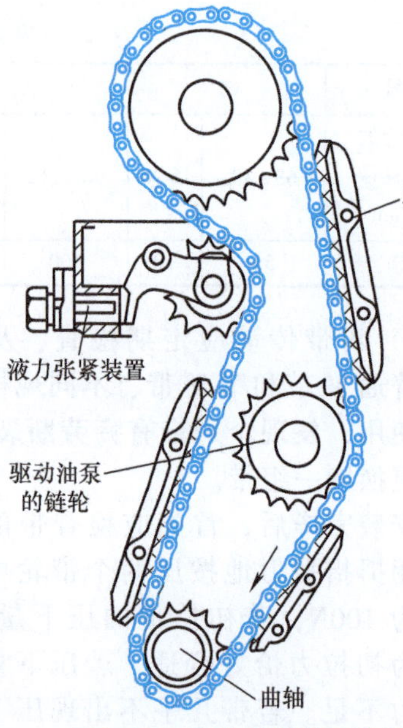

图 2-66 凸轮轴链传动装置

2. 链与链轮

链传动所用的链条种类很多，常用的套筒滚子链如图 2-67a 所示。它由滚子、套筒、销轴、内链板和外链板组成。滚子与套筒间及销轴与套筒间均为可动的间隙配合，而套筒与内链板，销轴与外链板间则用过盈配合固联，这样可使链节与链轮啮合传动时，滚子在链轮的齿间滚动，以减少链与轮齿的磨损。滚子链的接头形式如图 2-67b、c 所示，当链节数为偶数时，内外链板正好相接，可直接采用联接链节，接头处用开口销（用于大节距）或弹簧卡（用于小节距）固定，如图 2-67b 所示。当链节数为奇数时，需用过渡链节，如图 2-67c 所示，

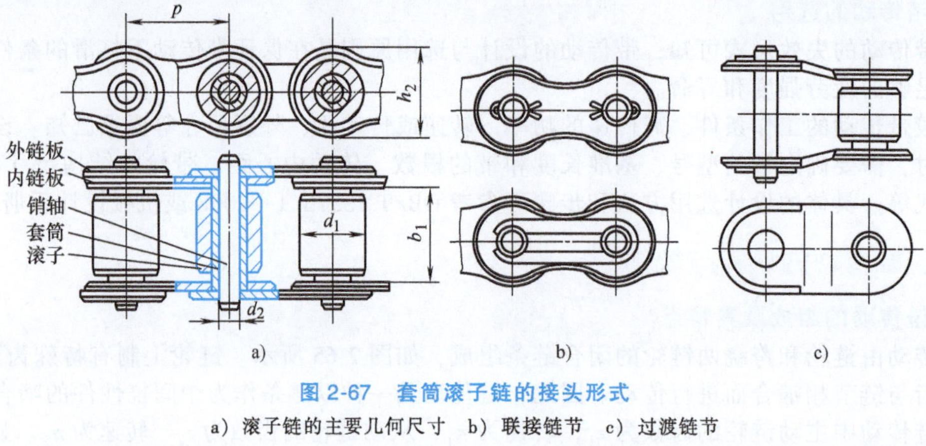

图 2-67 套筒滚子链的接头形式

a）滚子链的主要几何尺寸 b）联接链节 c）过渡链节

过渡链板呈弯曲形状，工作时将受附加弯矩，使链条的承载能力降低 20%，因此应尽量避免使用奇数链节。

滚子链的主要参数有节距 p、滚子外径 d_1 和内链节内宽 b_1。节距 p 是链条上相邻两销轴中心的距离，是链条基本特性参数。节距越大，链的各元件尺寸也越大，能传递的功率也越大。但当链轮齿数确定后，大节距会使链轮直径增大。因此在需要传递大功率的场合，一般采用双排链或多排链，图 2-68 所示为双排滚子链结构。多排链的传递功率与排数成正比，但各排链所受的载荷不易均匀，所以排数一般不超过四排。

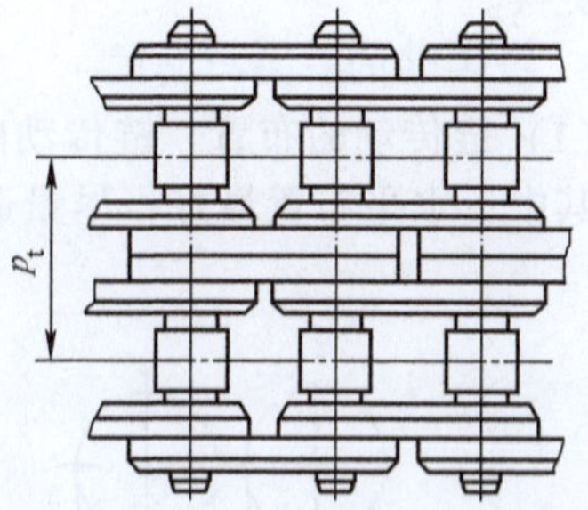

图 2-68 双排滚子链结构

滚子链是标准件，共分 A、B 两个系列，我国主要采用 A 系列。滚子链的规格和主要尺寸见表 2-13。

表 2-13 滚子链的规格和主要尺寸（摘自 GB/T 1243—2006）

链号	节距 p/mm	排距 p_t/mm	滚子直径 d_1/mm	内节内宽 b_1/mm	销轴直径 d_2/mm	内链板高度 h_2/mm	单排拉伸载荷/N	每米质量 q/(kg/m)（单排）
05B	8.00	5.64	5.00	3.00	2.31	7.11	4400	0.18
06B	9.525	10.24	6.35	5.72	3.28	8.26	8900	0.40
08B	12.70	13.92	8.51	7.75	4.45	11.81	17800	0.70
08A	12.70	14.38	7.95	7.85	3.96	12.07	13800	0.60
10A	15.875	18.11	10.16	9.40	5.09	15.09	21800	1.00
12A	19.05	22.78	11.91	12.57	5.94	18.08	31100	1.50
16A	25.40	29.29	15.88	15.75	7.92	24.13	55600	2.60
20A	31.75	35.76	19.05	18.90	9.53	30.18	86700	3.80
24A	38.10	45.44	22.23	25.22	11.10	36.20	124600	5.60
28A	44.45	48.87	25.40	25.22	12.70	42.24	169000	7.50
32A	50.80	58.55	28.58	31.55	14.27	48.26	222400	10.10

滚子链的标记内容为：链号-排数×整链链节数标准号

如 A 系列 10 号链，双排，88 节滚子链，表示为 10A-2 × 88 GB/T1243—2006。

链条的各零件由碳素钢或合金结构钢制成，并经热处理，以提高其强度和耐磨性。

链轮的标准齿形已有国标规定，并用标准刀具加工。链轮通常采用碳素钢或合金结构钢制成，并经热处理，以提高其强度和耐磨性。链轮的结构如

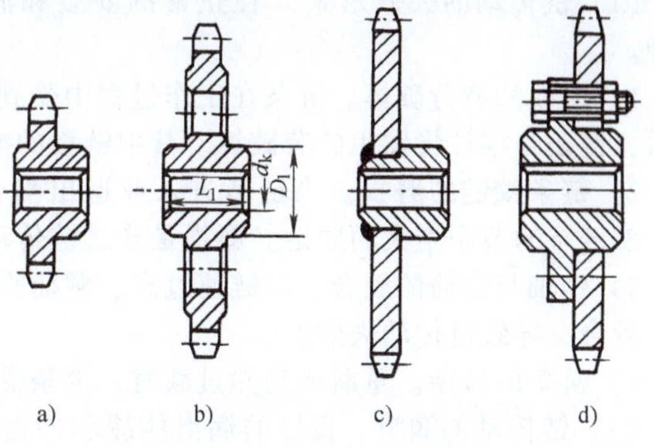

图 2-69 链轮的结构

a）实心式 b）孔板式 c）焊接式 d）螺栓联接式

图 2-69 所示。当链轮尺寸较小时，可制成如图 2-69a 所示的实心式，中等直径的链轮可制成如图 2-69b 所示的孔板式，直径较大的链轮可采用装配式，如图 2-69c、d 所示，齿圈磨损后可以更换。

3. 链传动的安装与调试

（1）链传动的布置　链传动的布置方式如图 2-70 所示，有垂直布置、倾斜布置和水平布置。其中，水平布置最好，尽量避免垂直布置。

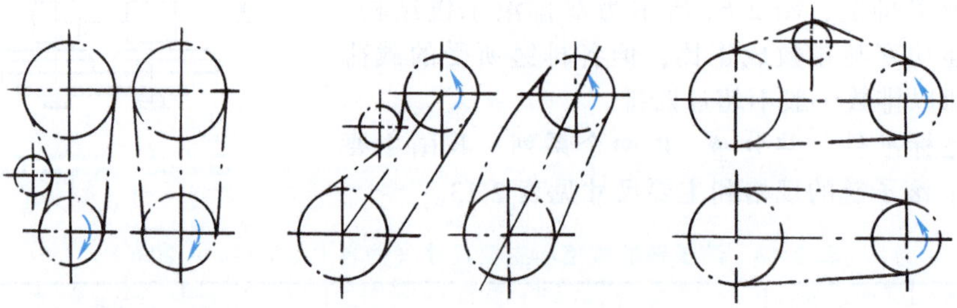

图 2-70　链传动的布置方式

a）垂直布置　b）倾斜布置　c）水平布置

链传动布置时要考虑的原则有：

1）两链轮轴线应平行，两链轮端面应位于同一铅垂面内。

2）应使链条紧边在上，松边在下，以免松边垂度过大时干扰链与轮齿的正常啮合。

3）为了安全与防尘，链传动应装防护罩。

（2）链传动的张紧　链传动是靠链条和链轮的啮合传递运动和转矩，不需要很大的张紧力。链传动张紧的目的是避免链条磨损后，链节距伸长而使松边产生振动、跳齿和脱链。

链传动的张紧方法有：

1）通过调整链轮中心距来张紧链条。

2）采用张紧轮张紧，张紧轮常设在链条松边的内侧或外侧，如图 2-70 所示。

3）拆除 1~2 个链节，缩短链长，使链张紧。

4. 链传动的失效与维护

（1）链传动的失效形式　在正常的安装和润滑情况下，链传动的主要失效形式有以下几种。

1）链板的疲劳破坏。链条在工作过程中受到应力的作用，当应力变化达到一定的循环次数后，链条各零件将发生疲劳破坏。其中链板的疲劳破坏是链传动的主要失效形式。

2）链条铰链的磨损。当链节进入或退出啮合时，铰链的销轴与套筒间相对转动产生磨损，使链条的节距增大而脱链。磨损是开式链传动失效的主要形式。

3）销轴与套筒的胶合。当链速过高、载荷很大或润滑不良时，销轴与套筒的工作面上将发生胶合，导致链传动失效。

4）链条的拉断。重载或突然过载时，链条受到的拉力超过链条静强度，将被拉断。

（2）链传动的润滑　良好的润滑能缓和冲击、减少磨损、延长使用寿命。常用的链传动润滑剂常用 L—AN32、L—AN46、L—AN68 全损耗系统用油。环境温度高时选取黏度大的全损耗系统用油。

单元训练与测评

一、填空题

1. 平面连杆机构是由一些刚性构件用________副运动副相互联接而组成的机构，铰链四杆机构由机架、________和________组成。

2. 铰链四杆机构有三种基本形式，即________机构，________机构和________机构。

3. 机构从动件所受力方向与该力作用点速度方向所夹的锐角，称为________角，用它来衡量机构的________性能。

4. 通常利用机构中构件运动时________的惯性，或依靠增设在曲柄上________的惯性来渡过“死点”位置。

5. 凸轮机构主要是由________、________和固定机架三个基本构件所组成。

6. 按凸轮的外形，凸轮机构主要分为________凸轮和________凸轮两种基本类型。

7. 等速运动凸轮在速度换接处从动杆将产生________冲击，引起机构强烈的振动。

8. 带传动是以________作为中间挠性件靠摩擦力传递运动和动力的一种摩擦传动；链传动是以________作为中间挠性件的啮合传动。

9. 带传动的主要失效形式为________和________。

10. 与带传动相比较，链传动的承载能力________，传动效率________，作用在轴上的径向压力________。

二、选择题

1. 杆长不等的铰链四杆机构，若以最短杆为机架，则是（　　）机构。

A. 曲柄摇杆机构　B. 双曲柄机构　C. 双摇杆机构　D. 双曲柄机构或双摇杆机构

2. 发动机中的连杆机构属于（　　）。

A. 曲柄摇杆机构　B. 双曲柄机构　C. 曲柄滑块机构　D. 双摇杆机构

3. 车轮联动机构是属于（　　）。

A. 以曲柄为原动件的曲柄摇杆机构　B. 以连杆为原动件的双曲柄机构

C. 双摇杆机构　D. 以曲柄为原动件双曲柄机构

4. 凸轮与从动件接触处的运动副属于（　　）。

A. 高副　B. 转动副　C. 移动副　D. 低副

5. 内燃机中控制气门启闭常采用（　　）机构。

A. 连杆　B. 凸轮　C. 棘轮　D. 槽轮

6. 下列带传动的优点中，不正确的是（　　）。

A. 传动的中心距较大　B. 能缓冲吸振

C. 轴上的载荷小　D. 价格便宜

7. 带传动不应该用于（　　）的传动装置中。

A. 精密仪器　B. 鼓风机　C. 水泵　D. 空气压缩机

8. 关于带传动，下列说法正确的是（　　）。

A. 打滑和弹性滑动都是可以避免的

B. 打滑和弹性滑动都是无法避免的

C. 打滑是可以避免的，而弹性滑动是无法避免的

D. 打滑是不可避免的，而弹性滑动是可以避免的

9. 能在比较恶劣的工作环境下工作的传动机构是（　　）。

A. 链传动　B. 带传动　C. 齿轮传动　D. 蜗杆传动

三、判断题

1. 平面四杆机构中，当曲柄和连杆共线时，机构即处于“死点”。（　　）

2. 铰链四杆机构，若极位夹角 $\theta=0°$ 时，则机构没有急回特性。（　　）

3. 凸轮机构从动件的运动规律，应该取决于凸轮轮廓曲线。 （ ）
4. 为改善凸轮的磨损和受力，可以将尖顶从动件改换成滚子从动件。 （ ）
5. 凸轮机构的等加速等减速运动，是从动杆先做等加速上升，然后再做等减速下降完成的。 （ ）
6. 为保证带传动的传动比准确，应避免发生弹性滑动现象。 （ ）
7. 为使 V 带两侧面与轮槽工作面紧密贴合，轮槽夹角应比 V 带夹角小些。 （ ）
8. 带传动安装张紧装置可以有效预防打滑现象。 （ ）
9. 链传动因为啮合传动而能具有准确的传动比。 （ ）
10. 链传动因多边形效应，常将其安排在机械传动的低速级上。 （ ）

四、分析讨论及简答题

1. 平面连杆机构有哪几种类型？简述平面连杆机构的特点。
2. 什么是机构的死点？试述死点对机构的利与弊。
3. 什么叫急回特性？试述急回特性对机构的影响。
4. 凸轮机构传动有哪些特点？
5. 凸轮有哪几种形式？试举例说明各种凸轮传动机构的应用。
6. 凸轮机构从动件常用的运动规律有哪几种？它们分别适用于哪些场合？
7. 带传动按用途可分为哪几种？按带的截面形状可分为哪几种？各适用于哪些场合？
8. 带传动中弹性滑动是怎样产生的？造成什么后果？
9. 带传动中打滑是怎样产生的？打滑的有害和有利方面各是什么？

单元3

汽车传动装置常用机构

教学导航

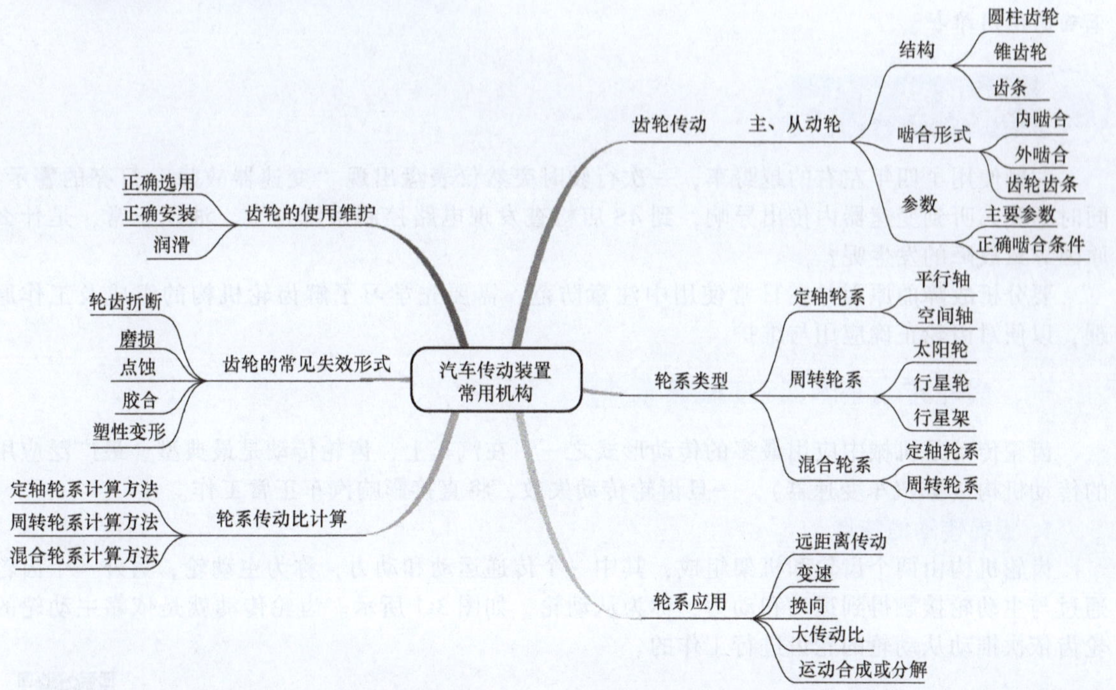

汽车传动装置是汽车的重要组成部分，在工作中起到汽车动力传递的作用。轮系传动及相关零部件是汽车机械传动装置的重要组成部分，其设计、使用是否合理将直接影响到整台汽车的工作性能。轮系传动有哪些类型和特点？如何实现正确传动要求？齿轮零部件是如何实现运动和动力的传递的？在本单元中，要了解齿轮、齿轮系等常用传动机构及零部件的基本知识，分析传动装置的工作原理与组成结构，掌握齿轮传动使用与维护技能。

学习目标

（1）学习理解轮系传动机构的结构组成、工作原理，了解齿轮零部件材料、性能及失效，掌握轮系传动机构的选用；

（2）分析计算轮系机构传动比，了解轮系传动的应用；

（3）具备运用标准、规范、手册、图册等有关技术资料的职业能力素质。

任务 7 齿轮传动分析与应用

任务要点

(1) 认识齿轮传动机构在汽车上的应用，了解齿轮传动的特点与应用；

(2) 理解渐开线齿轮的基本结构、主要参数，掌握渐开线齿轮的正确啮合条件、连续传动条件及标准安装要求；

(3) 了解齿轮轮齿常见的失效情况，能判断齿轮失效类型，提出防范失效的措施并能够正确的使用维护。

知识学习

一辆使用了四年左右的越野车，一次行驶时突然仪表盘出现“变速器故障”灯亮的警示，同时驾驶人听到变速器内传出异响，到 4S 店检查发现电路控制系统正常、油压正常，是什么原因导致故障的发生呢？

要分析故障的原因并在日常使用中注意防范，需要先学习了解齿轮机构的组成及工作原理，以便对齿轮正确应用与维护。

一、齿轮传动基本知识（微课 3.1）

齿轮传动是机械中应用最多的传动形式之一。在汽车上，齿轮传动是最典型、最广泛应用的传动机构（如汽车变速器），一旦齿轮传动失效，将直接影响汽车正常工作。

1. 齿轮传动的特点

齿轮机构由两个齿轮和机架组成，其中一个传递运动和动力，称为主动轮，另外一个齿轮通过与主动轮接触得到运动和动力，称为从动轮，如图 3-1 所示。齿轮传动就是依靠主动轮的轮齿依次推动从动轮的轮齿进行工作的。

微课 3.1

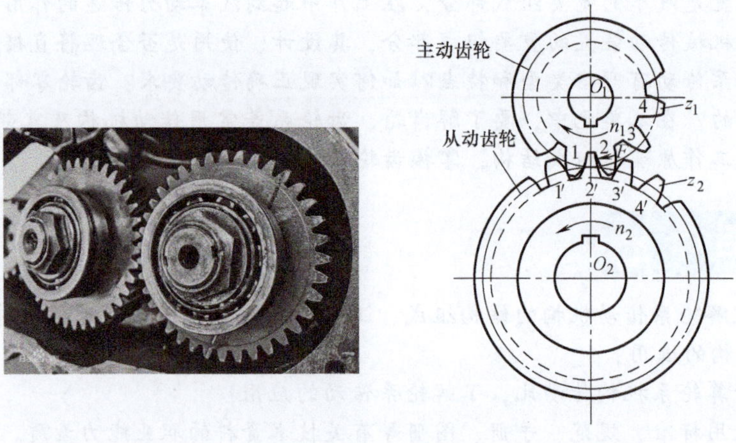

a) b)

图 3-1 齿轮机构传动

齿轮传动与其他机械传动相比具有以下优缺点：

（1）优点

1）能保证瞬时传动比的恒定，传动平衡性好，传递运动准确可靠。

2）传动效率高，一般为 0.97~0.99。

3）传递速度和功率范围大。传递功率可由很小到 10 万 kW，圆周速度可由很低到 300m/s。

4）结构紧凑，工作可靠，寿命长。

（2）缺点

1）传动中会产生冲击、振动和噪声。

2）对制造精度和安装精度要求高，加工成本高。

3）不适合远距离的两轴之间的传动。

2. 齿轮传动的分类

根据两个齿轮的啮合方式，分为外啮合齿轮传动（图 3-2a、d、e）、内啮合齿轮传动（图 3-2b）和齿轮齿条传动（图 3-2c）三种。

根据一对齿轮轴线的相互位置，可以分为平面齿轮传动和空间齿轮传动两类。

（1）平面齿轮传动　平面齿轮传动（图 3-2）也称为平行轴齿轮传动，其特点是两个齿轮的轴线相互平行。所以两轮的相对运动是平面运动。

平面齿轮传动包括直齿圆柱齿轮传动（图 3-2a、b、c）、平行轴斜齿圆柱齿轮传动（图 3-2d）和人字齿齿轮传动（图 3-2e）三种。其中，人字齿齿轮可以看成是由两个螺旋角大小相等，方向相反的斜齿圆柱齿轮组成的。

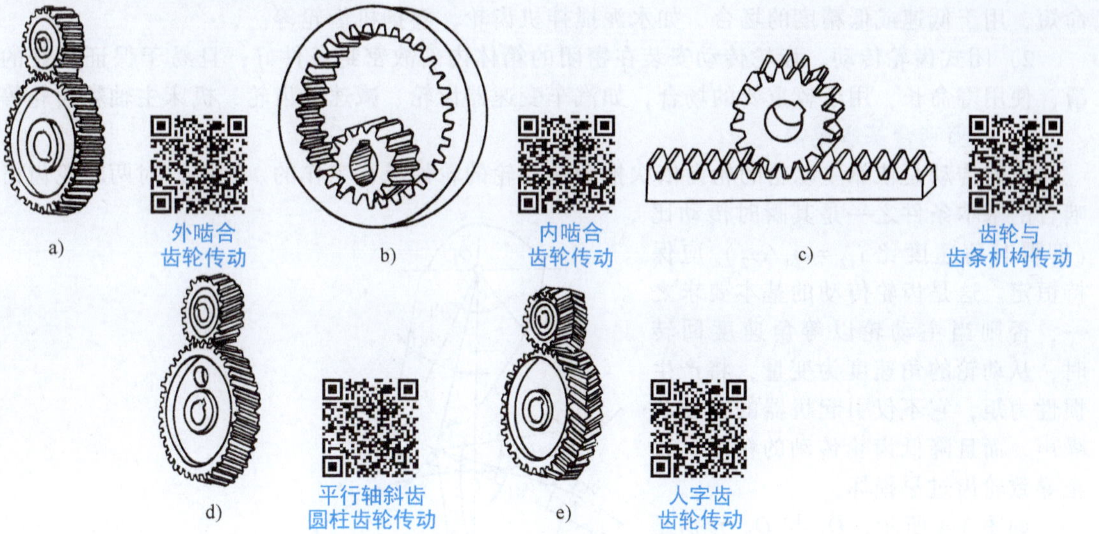

图 3-2　平面齿轮传动

a）外啮合齿轮传动　b）内啮合齿轮传动　c）齿轮与齿条传动　d）平行轴斜齿圆柱齿轮传动　e）人字齿齿轮传动

（2）空间齿轮传动　空间齿轮传动的特点是两个齿轮的轴线不平行，所以两轮的相对运动是空间运动。它包括相交轴齿轮传动和交错轴齿轮传动两种，如图 3-3 所示。

锥齿轮传动属于相交轴齿轮传动，它的轮齿分布在圆锥体的表面。按照轮齿的方向不同，分为直齿锥齿轮传动（图 3-3a）和曲线齿锥齿轮传动（图 3-3b）两种。

交错轴齿轮传动有交错轴斜齿轮传动（图 3-3c）、蜗杆传动（图 3-3d）和准双曲面齿轮传动（图 3-3e）三种。其中，交错轴斜齿轮传动的轴线可以在空间交错成任意角度；蜗杆传动和准双曲面齿轮传动的轴线一般互相交错垂直。

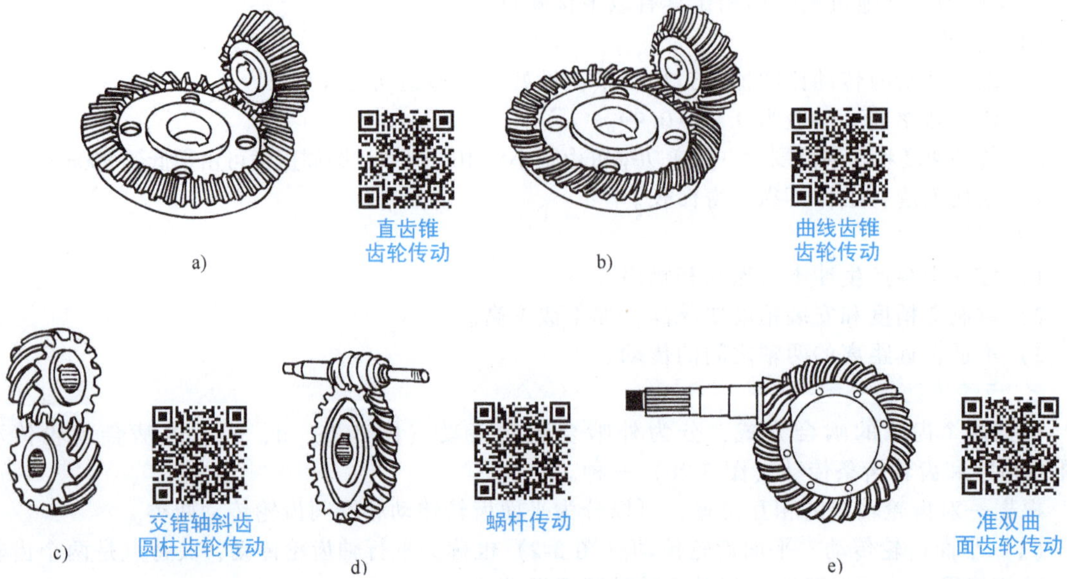

图 3-3 空间齿轮传动

a）直齿锥齿轮传动 b）曲线齿锥齿轮传动 c）交错轴斜齿轮传动 d）蜗杆传动 e）准双曲面齿轮传动

根据齿轮的工作条件不同，可以分为开式传动和闭式传动两种。

1）开式齿轮传动。齿轮传动裸露在外，故不能防尘且润滑不良。因而，轮齿易磨损，寿命短，用于低速或低精度的场合，如水泥搅拌机齿轮、卷扬机齿轮等。

2）闭式齿轮传动。齿轮传动安装在密闭的箱体内。故密封条件好，且易于保证良好的润滑，使用寿命长，用于较重要的场合，如汽车变速器齿轮、减速器齿轮、机床主轴箱齿轮等。

3. 齿廓啮合基本定律

齿轮传动是依靠主动轮的轮齿依次推动从动轮的轮齿进行工作的。所以，对两轮轮齿齿廓啮合的基本条件之一是其瞬时传动比（即瞬时角速度比 $i_{12}=\omega_1/\omega_2$）应保持恒定。这是齿轮传动的基本要求之一，否则当主动轮以等角速度回转时，从动轮的角速度为变量，将产生惯性力矩，它不仅引起机器的振动和噪声，而且降低齿轮传动的精度，甚至导致轮齿过早损坏。

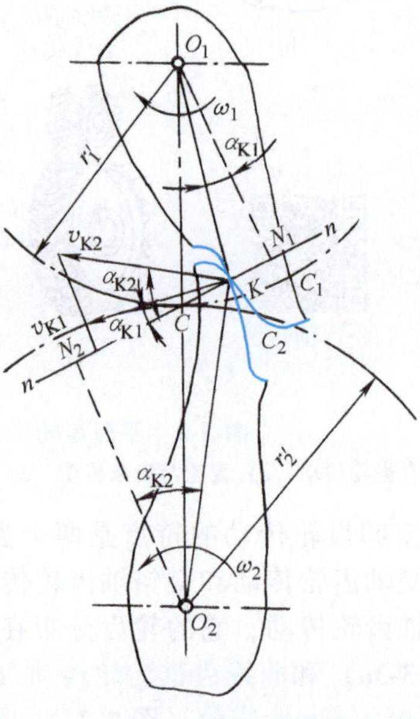

图 3-4 齿廓啮合基本定律

齿廓啮合过程

如图 3-4 所示，O_1 与 O_2 分别是主动轮 1 与从动轮 2 的转动中心。主动齿廓 C_1 与从动齿廓 C_2 在 K 点接触。过 K 点作齿廓 C_1 和 C_2 的公法线 n—n，与两轮连心线 O_1O_2 交于点 C。按运动规律，为使两齿廓连续传动，彼此不发生分离及互相嵌入、干涉，则必须使两齿廓在公法线 n—n 方向上无相对运动。若两轮角速度分别为 ω_1 和 ω_2，由速度几何分析得两轮的

传动比为

$$i_{12}=\omega_1/\omega_2=O_2N_2/O_1N_1=O_2C/O_1C \tag{3-1}$$

由式（3-1）可知，互相啮合传动的一对齿廓，在任一位置时的传动比等于连心线 O_1O_2 被齿廓接触点的公法线所分成两线段的反比。即欲使瞬时传动比 i_{12} 保持不变，就必须使两轮齿廓在啮合过程中，过啮合点的齿廓公法线 $n—n$ 与两轮连心线 O_1O_2 的交点 C 的位置保持不变。这个结论称为齿廓啮合基本定律。

O_1O_2 上的定点 C 称为节点。分别以 O_1 与 O_2 为圆心、O_1C 和 O_2C 为半径所作的两个相切的圆称为节圆，它们的半径分别用 r_1'和 r_2'来表示。两轮连心线 O_1O_2 的长度称为齿轮副的中心距，用 a 表示。因此

$$a=r_1'+r_2' \tag{3-2}$$

传动比为 $$i_{12}=\omega_1/\omega_2=O_2C/O_1C=r_2'/r_1'$$

凡是能实现给定传动比规律要求的一对齿廓曲线，称为共轭齿廓或共轭曲线。理论上可以作为共轭齿廓的曲线有无穷多种。但实际上，一对齿廓曲线除了需要满足传动比不变的要求外，还要考虑制造、安装和强度等其他要求。工业上通常采用渐开线、摆线和圆弧等几种曲线作为齿廓曲线。其中渐开线齿廓在通用机械设备的齿轮传动中应用最广泛。

4. 渐开线齿廓的形成及其啮合特性（微课 3.2）

微课 3.2

（1）渐开线齿廓的形成　如图 3-5 所示，当一条直线 BK 沿着一圆周做纯滚动时，其上任意一点 K 的运动轨迹 AK 称为该圆的渐开线，该圆称为基圆，半径用 r_b 表示。直线 BK 称为渐开线的发生线，渐开线 AK 所对的基圆圆心角 θ_K 称为渐开线的展角。

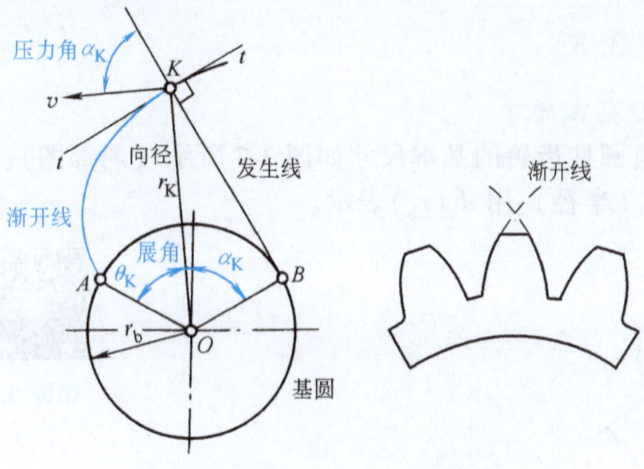

图 3-5　渐开线齿廓的形成及特性

渐开线的形成　渐开线性质 1

渐开线性质 2　渐开线性质 3　渐开线性质 4

从上述渐开线的形成过程可知，它具有下列一些性质：

1）发生线长度等于它所对应的基圆弧长，即 $\overset{\frown}{BA}=BK$。

2）发生线 BK 是渐开线上 K 点的法线，它必定与基圆相切。切点 B 就是渐开线上 K 点的曲率中心，即 BK 为渐开线上 K 点的曲率半径。可见，渐开线上离基圆越远的点，其曲率半径越大，渐开线越平直。

3）渐开线的形状取决于基圆的大小，基圆越大，渐开线越平直。当基圆半径趋于无穷大时，渐开线变成一条斜直线，这就是齿条的齿廓曲线，如图 3-6 所示。

4）渐开线上某点的法线（正压力作用线）与该点速度 v_K 方向所夹的锐角 α_K，称为该点的压力角

$$\cos\alpha_K=r_b/r_K \tag{3-3}$$

式中，r_K 为任意点 K 的向径；r_b 为基圆半径。显然，压力角 α_K 随向径 r_K 的不同而变化，r_K 越大，压力角 α_K 越大。基圆上的压力角等于零。

5）因渐开线是从基圆开始向外展开的，所以基圆内无渐开线。

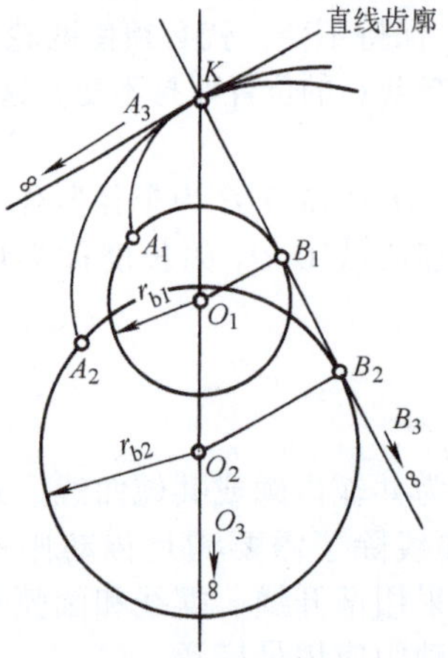

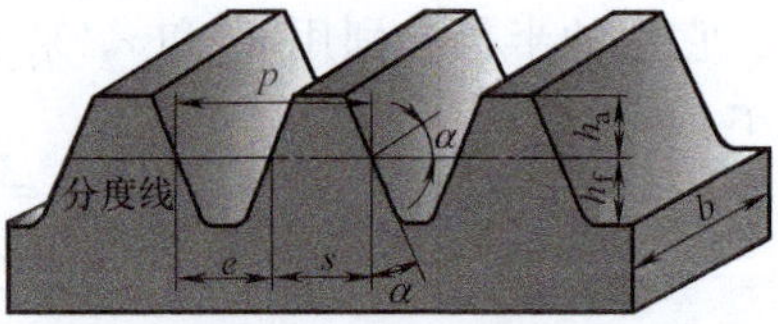

图 3-6　不同基圆的渐开线

（2）渐开线齿廓的啮合特性

1）渐开线齿廓满足齿廓啮合基本定律，能保证传动比恒定。

2）中心距的可分性，改变中心距不会影响瞬时传动比。

3）渐开线齿轮的啮合线和压力角恒定不变，压力作用线方向不变，传动平稳。

二、渐开线直齿圆柱齿轮传动（微课 3.3）

1. 标准渐开线直齿圆柱齿轮各部分名称及基本尺寸

（1）齿轮的各部分名称和尺寸　标准直齿圆柱齿轮的基本尺寸如图 3-7 所示（局部图）。

1）基圆。发生渐开线齿廓的圆，其直径（半径）用 $d_b(r_b)$ 表示。

微课 3.3

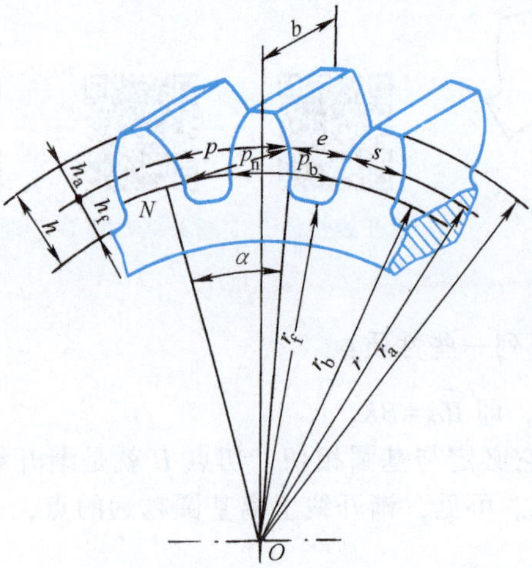

图 3-7　标准渐开线直齿圆柱齿轮的基本尺寸　　直齿圆柱齿轮结构名称和符号

2）齿顶圆。过齿轮齿顶所作的圆，其直径（半径）用 $d_a(r_a)$ 表示。

3）齿根圆。过齿轮齿根所作的圆，其直径（半径）用 $d_f(r_f)$ 表示。

4）分度圆。在齿顶圆和齿根圆之间所假设的一个作为齿轮尺寸计算量基准的圆，其直径

（半径）用 $d(r)$ 表示。

5）齿厚。直径为 d_K 的圆上，一个齿的两侧面齿廓间的弧长称为该圆上的齿厚，用 s_K 表示。

6）齿槽宽。直径为 d_K 的圆上，一个齿槽两侧面齿廓间的弧长称为该圆上的齿槽宽，用 e_K 表示。

7）齿距。直径为 d_K 的圆上，相邻两齿同向齿廓间的弧长称为该圆上的齿距，用 p_K 表示。故 $p_K=s_K+e_K$。基圆齿距用 p_b 表示。标准齿轮在分度圆上的齿厚 s 等于齿槽宽 e，即 $s=e=p/2$，其中 p 是分度圆齿距。

8）齿顶高。齿顶圆和分度圆之间的径向距离，用 h_a 表示。$h_a=(d_a-d)/2$。

9）齿根高。分度圆和齿根圆之间的径向距离，用 h_f 表示。$h_f=(d-d_f)/2$。

10）齿高。齿顶圆和齿根圆之间的径向距离，用 h 表示。$h=h_a+h_f$。

（2）直齿圆柱齿轮的基本参数　直齿圆柱齿轮的基本参数包括齿数、模数、压力角、齿顶高系数 h_a^* 和顶隙系数 c^*。

1）齿数 z。齿轮整个圆周上轮齿的总数，用 z 表示。

齿轮分度圆的圆周长等于 πd 或 zp，即有分度圆直径

$$d=\frac{p}{\pi}z$$

2）模数 m。由于上式中有无理数 π，给齿轮的计量和制造带来麻烦，因而标准规定比值 p/π 为标准值，称为模数，用 m 表示，单位为 mm，见表 3-1。因此，上式可以表示为

$$d=\frac{p}{\pi}z=mz \tag{3-4}$$

模数是齿轮的一个重要的基本参数。模数大小反映了齿距的大小，也反映了轮齿的大小。由式（3-4）可知，当齿数相同时，模数越大，齿轮的直径越大，因而承载能力越高。

表 3-1　标准模数系列（GB 1357—2008）　（单位：mm）

第一系列	1　1.25　1.5　2　2.5　3　4　5　6　8　10　12　16　20　25　32　40　50
第二系列	1.125　1.375　1.75　2.25　2.75　3.5　4.5　5.5　(6.5)　7　9　11　14　18　22　28　35　45

注：优先选用第一系列，括号内的数值尽量不用。

3）压力角 α。对于渐开线齿轮，渐开线上某点的法线（正压力作用线）与该点速度 v 方向所夹的锐角 α_K，称为该点的压力角，如图 3-8 所示。渐开线齿廓各点的压力角是不同的。国家标准规定，以齿轮分度圆上的压力角为标准值，且 $\alpha=20°$。

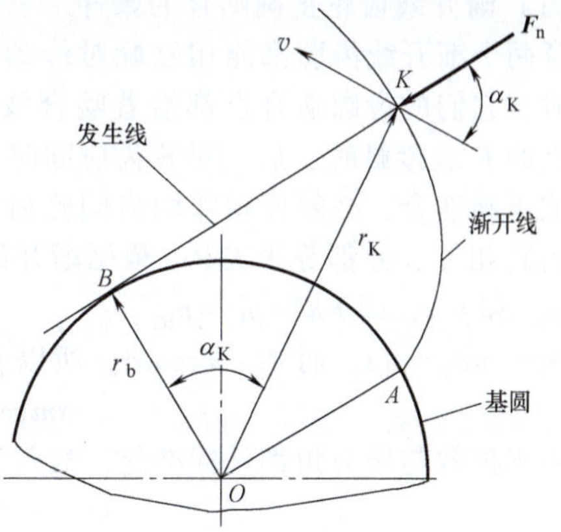

图 3-8　压力角 α

4）齿顶高系数和顶隙系数。当确定了齿轮模数 m 和齿数 z 后，齿轮的齿顶高、齿根高和齿高可以表示为

$$h_a=h_a^*m$$

$$h_f=(h_a^*+c^*)m=h_a+c$$

$$h=(2h_a^*+c^*)m=2h_a+c$$

式中，h_a^* 为齿顶高系数；c^* 为顶隙系数。

GB/T 1356—2001《通用机械和重型机械用圆柱齿轮 标准基本齿条齿廓》规定：对于正常齿，$h_a^*=1$，$c^*=0.25$；对于短齿，$h_a^*=0.8$，$c^*=0.3$。齿顶高系数 h_a^* 和顶隙系数 c^* 是决定齿高的两个齿制参数。$c=c^*m$ 称为顶隙。

当齿轮的基本参数 m、α、h_a^*、c^* 为标准值，且分度圆上的齿厚 s 等于槽宽 e 的齿轮称为标准齿轮。

（3）标准齿轮的基本尺寸计算　外啮合标准直齿圆柱齿轮的基本尺寸计算公式见表 3-2。对于内齿轮和齿条的计算公式，请读者自行分析得出或查找有关机械手册。

表 3-2　外啮合标准直齿圆柱齿轮的基本尺寸计算公式

名　称	符　号	计算公式
分度圆直径	d	$d=mz$
基圆直径	d_b	$d_b=mz\cos\alpha$
齿顶圆直径	d_a	$d_a=m(z+2h_a^*)$
齿根圆直径	d_f	$d_f=m(z-2h_a^*-2c^*)$
齿顶高	h_a	$h_a=h_a^*m$
齿根高	h_f	$h_f=(h_a^*+c^*)m$
齿高	h	$h=(2h_a^*+c^*)m$
齿距	p	$p=\pi m$
齿厚	s	$s=\dfrac{\pi m}{2}$
槽宽	e	$e=\dfrac{\pi m}{2}$
基圆齿距	p_b	$p_b=\pi m\cos\alpha$
中心距	a	$a=\dfrac{m(z_1+z_2)}{2}$

2. 渐开线直齿圆柱齿轮啮合传动（微课 3.4）

一对齿轮啮合传动时，必须保证两齿轮间相邻的各对轮齿逐一啮合，不得出现传动中断、轮齿撞击、齿廓重叠等现象。

微课 3.4

正确啮合

（1）渐开线齿轮正确啮合的条件　一对渐开线齿廓能保证定传动比，并不表明任意两个渐开线齿廓都能相互配对传动。如图 3-9 所示，一对渐开线齿轮啮合传动时，它们的齿廓啮合点都沿着啮合线 N_1N_2 移动。因此，当前一对轮齿在啮合线上的 K 点接触时，后一对轮齿应同时在啮合线的另一点 K' 啮合。要保证两对轮齿能正确啮合，必须使相邻两齿同侧齿廓在啮合线 N_1N_2 上走过的齿距（即法向距离）相等，并都等于 KK'。根据渐开线的性质可知，KK' 分别等于两轮的基圆齿距 p_{b1} 和 p_{b2}，即 $KK'=p_{b1}=p_{b2}$。

由于 $\pi d_b=p_bz$，而 $d_b=mz\cos\alpha$，所以 $p_b=\pi m\cos\alpha$，即得

$$\pi m_1\cos\alpha_1=\pi m_2\cos\alpha_2$$

由于模数与压力角都已标准化，故得渐开线直齿圆柱齿轮的正确啮合条件为

$$m_1=m_2=m \qquad \alpha_1=\alpha_2=\alpha \tag{3-5}$$

即两轮的模数和压力角应分别相等。

一对模数和压力角均相等的标准齿轮安装时，若使两轮的分度圆相切，即节圆与分度圆重合，则称为标准安装，如图 3-10 所示；标准安装齿轮能实现无侧隙啮合传动，两轮心之间的距离称为标准中心距。

对于一对标准安装的标准直齿圆柱齿轮，其分度圆上的齿厚等于槽宽，即

$$s_1=e_1=s_2=e_2=\frac{\pi m}{2}$$

这时，一轮齿顶到另一轮齿根之间留有顶隙 $c=c^*m$（以利于储存润滑油做齿轮传动润滑，以及用于补偿传动中心距安装误差、轮齿的热变形及弹性变形等），但在相啮合的齿廓之间理论上是没有侧隙的（实际留有的微小齿侧间隙是由齿厚公差来保证的，其作用与顶隙相同）。可见，由于标准齿轮副无侧隙啮合时两齿轮的分度圆相切，所以标准中心距为

$$a=r_1+r_2=\frac{1}{2}m(z_1+z_2) \tag{3-6}$$

式中，r_1 和 r_2 是两轮的分度圆半径。

（2）齿轮连续传动的条件　为了保证一对渐开线齿轮能够连续传动，必须做到前一对啮合轮齿在脱离啮合之前，后一对轮齿必须进入啮合，否则传动就会中断。

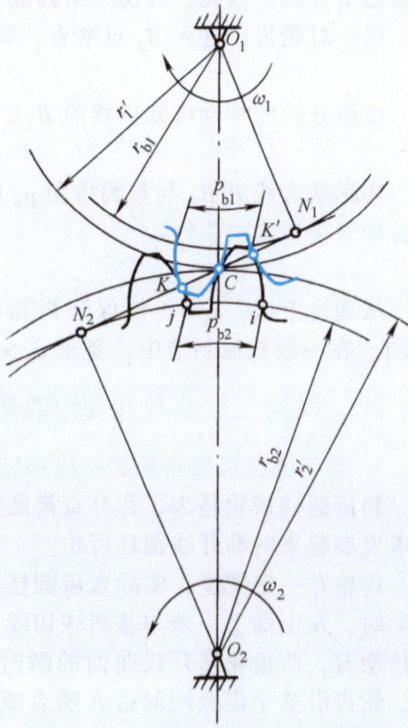

图 3-9　一对渐开线齿轮的传动过程

图 3-11 所示为两个齿轮轮齿啮合的过程。当主动轮以齿根拨动从动轮齿顶，其接触点在啮合线 N_1N_2 上的 B_2 点，即开始啮合点；当主动轮转动到以齿顶拨动从动轮的齿根时，其接触点在啮合线 N_1N_2 上移至 B_1 点，一对齿轮啮合即告终止，B_1 点为啮合终止点（如图中所示一对双点画线齿廓）。可见，实际上两齿轮只在线段 B_1B_2 上啮合。B_1B_2 称为实际啮合线，N_1N_2

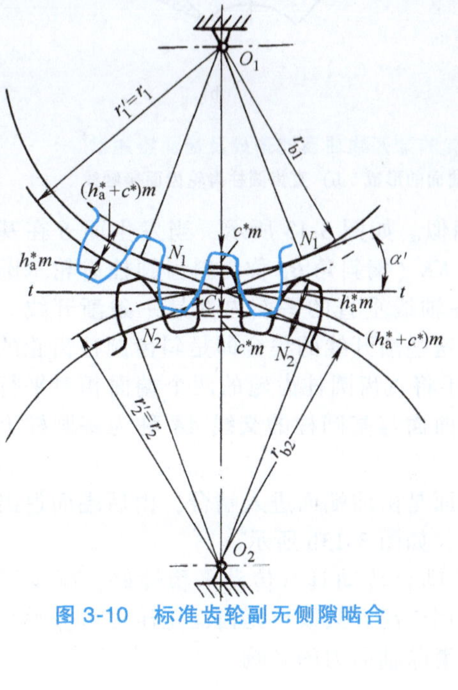

图 3-10　标准齿轮副无侧隙啮合

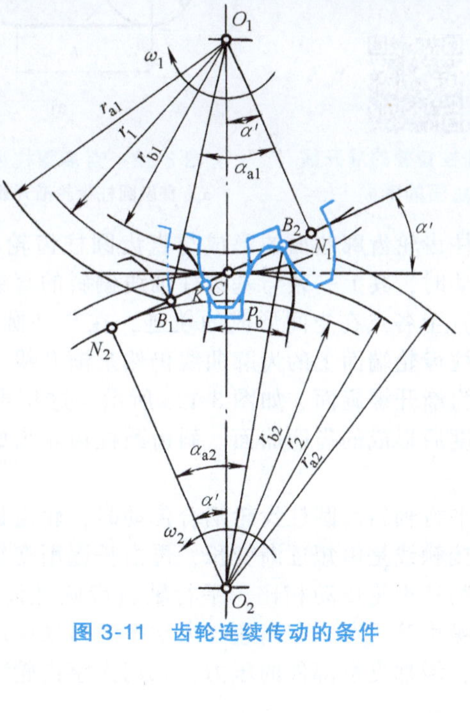

图 3-11　齿轮连续传动的条件

重合度概念

为理论啮合线。因此，要使一对齿轮能连续传动，只有当前一对轮齿的啮合到达啮合终点 B_1 时，后一对轮齿已进入 B_2 点啮合，即保证一对齿轮平稳连续传动的条件是

$$B_1B_2 \geqslant B_2K$$

由渐开线的特性可知，线段 B_2K 等于基圆的齿距 p_b，即 $B_2K=p_b$，故上式改写为

$$B_1B_2 \geqslant p_b$$

实际啮合线 B_1B_2 与基圆齿距 p_b 的比值称为齿轮传动的端面重合度，用 ε_α 表示，则渐开线齿轮连续传动的条件为

$$\varepsilon_\alpha = B_1B_2/p_b \geqslant 1 \tag{3-7}$$

从理论上讲，$\varepsilon_\alpha=1$ 能保证齿轮连续传动。但因齿轮制造和安装的误差，实际上必须使 $\varepsilon_\alpha>1$。在一般机械制造中，要求 $\varepsilon_\alpha>1.1\sim1.4$。

三、斜齿圆柱齿轮传动（微课 3.5）

微课 3.5

1. 斜齿圆柱齿轮齿面的形成和特点

斜齿圆柱齿轮是为了弥补直齿圆柱齿轮传动的不足，适应高速、重载传动的要求发展起来的渐开线圆柱齿轮。

齿轮有一定宽度，实际直齿圆柱齿轮齿廓的形成如图 3-12a 所示，当发生面沿基圆柱做纯滚动时，发生面上一条与基圆柱切线 NN' 相平行的直线 KK' 形成渐开线曲面。一对直齿圆柱齿轮传动时，两齿轮渐开线曲面的瞬时接触线是与轴线平行的一条直线，如图 3-12b 所示。因此，轮齿沿整个齿宽同时进入啮合或退出啮合，传动平稳性较差，容易产生冲击、振动和噪声，不适用于高速与重载传动。

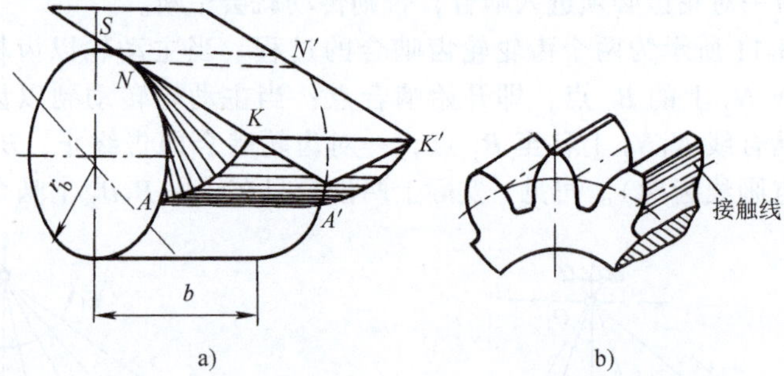

直齿圆柱齿轮的渐开线曲面的形成

图 3-12 直齿圆柱齿轮的渐开线曲面的形成及齿面接触线

a）直齿圆柱齿轮渐开线曲面的形成 b）直齿圆柱齿轮齿面接触线

斜齿圆柱齿轮齿廓曲面的形成与直齿圆柱齿轮相似。如图 3-13 所示，当发生面 S 在基圆柱上做纯滚动时，其上一条与基圆柱轴线偏斜的直线 KK'（偏斜角 β_b 称为斜齿圆柱齿轮基圆柱上的螺旋角）上各点在空间形成的轨迹，在与基圆柱轴线垂直的平面内都是一条渐开线。因此，斜齿圆柱齿轮端面上的齿廓曲线仍然是渐开线。这些渐开线的集合即是斜齿圆柱齿轮的齿廓曲面，称为渐开螺旋面，如图 3-13a 所示。这相当于将直齿圆柱齿轮的两个端面相对平行地扭转一个角度后形成的齿廓曲面。斜齿圆柱齿轮齿廓曲面与基圆柱的交线 AA' 称为基圆柱上的螺旋线。

当一对平行轴斜齿圆柱齿轮啮合传动时，轮齿齿面是由前端面进入啮合，由后端面退出啮合，它们的接触线是由短逐渐变长，再由长逐渐变短，如图 3-13b 所示。

与直齿圆柱齿轮传动相比，平行轴斜齿圆柱齿轮啮合传动具有传动平稳性好，减少了冲击、振动和噪声等优点，在高速与大功率的传动中应用广泛。其缺点是齿面正压力可分解为有害的轴向力，增加支承部件的压力，采用人字齿轮可消除轴向力的影响。

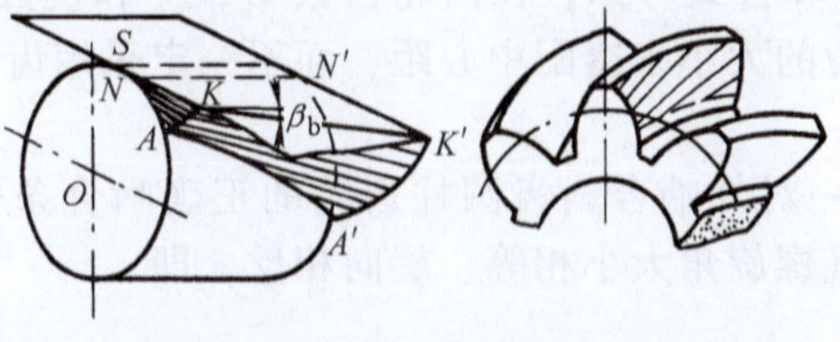

a)　　　b)

图 3-13　斜齿圆柱齿轮齿廓曲面的形成与接触线

a）斜齿圆柱齿轮齿廓曲面的形成

b）斜齿圆柱齿轮的接触线

斜齿圆柱齿轮齿廓曲面的形成

斜齿圆柱齿轮的接触线

2. 斜齿圆柱齿轮的基本参数和尺寸计算

（1）斜齿圆柱齿轮的基本参数　标准斜齿圆柱齿轮的基本参数包括：法向模数 m_n、齿数 z、法向压力角 α_n、法向齿顶高系数 h_{an}^*、法向顶隙系数 c_n^* 和螺旋角 β。

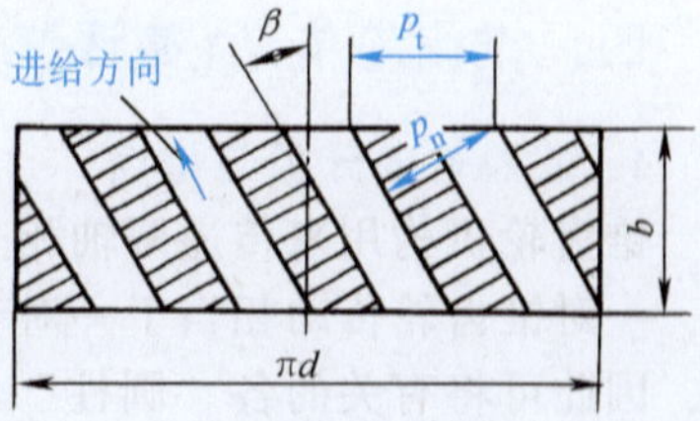

图 3-14　斜齿圆柱齿轮分度圆柱面的展开图

斜齿圆柱齿轮分度圆柱面展开图如图 3-14 所示，由于斜齿圆柱齿轮的齿廓曲面是渐开线螺旋面，在加工斜齿圆柱齿轮的时候，刀具通常沿着螺旋线方向进行切削，斜齿轮齿廓曲面的法向参数（用下角标 n 标识）与刀具的标准参数相同。因此，标准规定斜齿圆柱齿轮的法向参数为标准值。斜齿圆柱齿轮端面上的齿廓曲线是渐开线，计算斜齿圆柱齿轮的几何尺寸一般是按照端面参数（用下标 t 识别）进行的。

（2）斜齿圆柱齿轮的几何尺寸计算　由于斜齿圆柱齿轮的端面齿形也是渐开线，所以将斜齿圆柱齿轮端面参数代入直齿圆柱齿轮的几何尺寸计算公式，就可以得到斜齿圆柱齿轮相应的几何尺寸计算公式，见表 3-3。

表 3-3　外啮合标准斜齿圆柱齿轮的几何尺寸

序号	名称	符号	计算公式与说明
1	法向模数	m_n	由斜齿轮承载能力确定，并按表 3-1 取为标准值
2	端面模数	m_t	$m_t=\dfrac{m_n}{\cos\beta}$
3	法向压力角	α_n	$\alpha_n=20°$
4	端面压力角	α_t	$\alpha_t=\arctan\dfrac{\tan\alpha_n}{\cos\beta}$
5	螺旋角	β	β 一般取 8°～20°
6	齿顶高	h_a	$h_a=h_{an}^*m_n$，齿顶高系数 $h_{an}^*=1$
7	齿根高	h_f	$h_f=(h_{an}^*+c_n^*)m_n$，顶隙系数 $c_n^*=0.25$
8	全齿高	h	$h=h_a+h_f=(2h_{an}^*+c_n^*)m_n$
9	分度圆直径	d	$d_1=m_tz_1=\dfrac{m_nz_1}{\cos\beta}$；$d_2=m_tz_2=\dfrac{m_nz_2}{\cos\beta}$
10	齿顶圆直径	d_a	$d_{a1}=d_1+2h_a$；$d_{a2}=d_2+2h_a$
11	齿根圆直径	d_f	$d_{f1}=d_1-2h_f$；$d_{f2}=d_2-2h_f$
12	基圆直径	d_b	$d_{b1}=d_1\cos\alpha_t$；$d_{b2}=d_2\cos\alpha_t$
13	中心距	a	$a=\dfrac{1}{2}(d_1+d_2)=\dfrac{m_n(z_1+z_2)}{2\cos\beta}$

从表 3-3 中斜齿圆柱齿轮副中心距的计算公式可知，在两轮齿数 z_1、z_2 和模数 m_n 已定的情况下，可以通过在一定范围内调整螺旋角的大小来凑配中心距，而不一定采用齿轮副变位的方法凑配中心距。

（3）斜齿圆柱齿轮的正确啮合条件　一对外啮合斜齿圆柱齿轮的正确啮合条件是：齿轮副的法向模数和法向压力角分别相等，而且螺旋角大小相等、旋向相反，即

$$\left.\begin{aligned} m_{n1} &= m_{n2} = m \\ \alpha_{n1} &= \alpha_{n2} = \alpha \\ \beta_1 &= -\beta_2（\text{内啮合时 } \beta_1 = \beta_2） \end{aligned}\right\} \tag{3-8}$$

四、锥齿轮传动（微课 3.6）

微课 3.6

1. 锥齿轮的分类与特点

锥齿轮机构用来传递两轴相交的运动和动力。其轮齿分布在一个圆锥的锥面上，一对锥齿轮传动相当于一对节圆锥做纯滚动。锥齿轮传动和圆柱齿轮传动相似，因此可将有关的各“圆柱”都变成“圆锥”考虑，如锥齿轮有分度圆锥、齿顶圆锥、齿根圆锥和基圆锥等。一对锥齿轮的锥顶通常重合于一点，这个点就是两轮轴线的交点。两轴间的交角为轴交角 Σ，多数情况下 $\Sigma=90°$。

按锥齿轮轮齿的形状，锥齿轮传动可分为三种：直齿锥齿轮传动（图 3-3a）、弧齿锥齿轮传动和曲线齿锥齿轮传动（图 3-3b）。其中直齿锥齿轮的设计、制造和安装都比较简单，所以应用较广，在汽车机械中广泛应用于减速机构。

随着设计加工技术的不断提高，弧齿锥齿轮传动和曲面锥齿轮传动也不断得到推广应用，如弧齿锥齿轮传动机构应用于红旗 CA7220 型轿车驱动桥的主减速器和差速器中。与弧齿锥齿轮传动相比，准双曲面锥齿轮传动（图 3-3e）不仅具有更好的工作平稳性，更高的轮齿弯曲强度和接触强度的优点，而且具有主动齿轮轴线相对从动齿轮轴线偏移的特点。这一特点在保证汽车离地间隙一定的情况下，可以使汽车重心降低，有利于提高汽车的行驶稳定性。这种齿轮传动的缺点是齿面间的相对滑动速度较大，不能用普通齿轮润滑油润滑，而是需要加入特殊的防刮伤添加剂润滑，以防齿面磨损，影响寿命。一汽奥迪 100、捷达、高尔夫和上海桑塔纳等轿车均采用准双曲面锥齿轮传动的主减速器。本节只介绍直齿锥齿轮。

2. 锥齿轮的齿廓形成

锥齿轮齿廓的形成与圆柱齿轮相似，其不同点在于用基圆锥代替了基圆柱。如图 3-15 所示，发生面 S 与基圆锥的母线相切。当平面 S 沿基圆锥做纯滚动时，平面上一条与基圆锥母线 ON 相交的直线 OK 将在空间描绘出一渐开线曲面。该曲面即为直齿锥齿轮的齿廓曲面。直线 OK 上各点的轨迹都是渐开线。由于 K 点描绘出的渐开线 NK 上各点均与锥顶 O 等距，故该渐开线必定在一以锥顶 O 为中心，以 OK 为半径的球面上，称为球面渐开线。

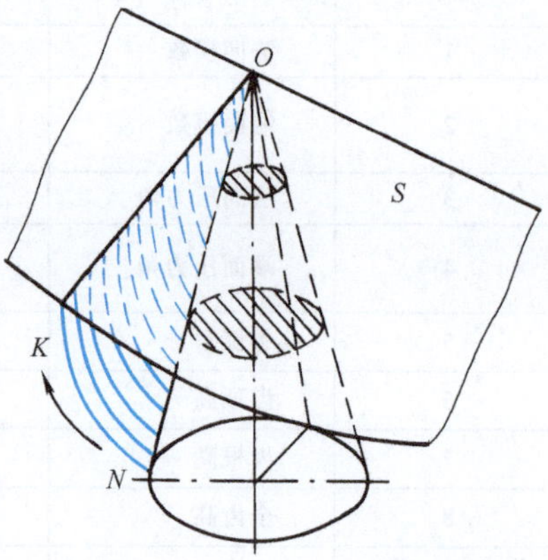

图 3-15　锥齿轮的齿廓形成

锥齿齿廓形成

3. 锥齿轮的传动比

如图 3-16 所示，两轮的分度圆锥面与节圆锥面重合，δ_1、δ_2 分别为两轮的分

度圆锥角。由图可知，两轮的分度圆直径 $d_1=2OC\sin\delta_1$，$d_2=2OC\sin\delta_2$，故传动比为

$$i_{12}=\omega_1/\omega_2=d_2/d_1=z_2/z_1=\sin\delta_2/\sin\delta_1$$

因多数情况下，轴交角 $\Sigma=\delta_1+\delta_2=90°$，故

$$i_{12}=\omega_1/\omega_2=d_2/d_1=z_2/z_1=\tan\delta_2 \tag{3-9}$$

锥齿轮机构

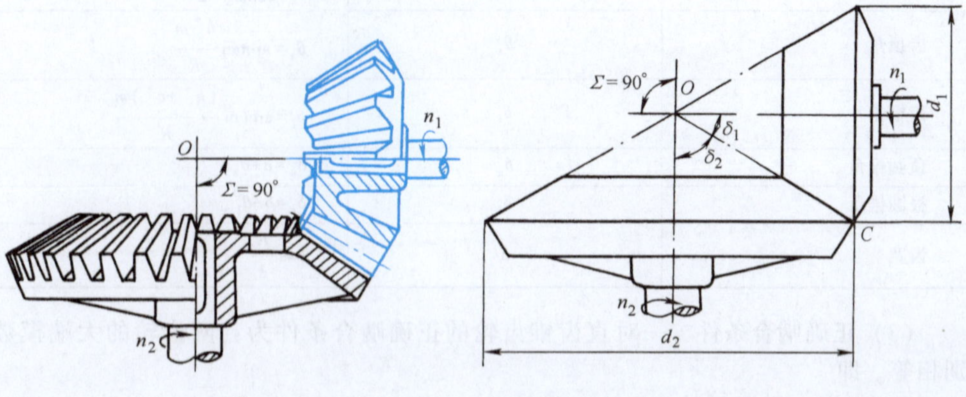

图 3-16 锥齿轮机构

4. 锥齿轮的基本参数和尺寸

（1）基本参数　对于直齿锥齿轮，为便于尺寸计算和测量，标准规定以大端参数为标准值，即锥齿轮基本参数：模数 m、压力角 $\alpha=20°$、齿顶高系数 $h_{a1}^*=1$、顶隙系数 $c^*=0.2$ 等，均就大端而言。锥齿轮模数见表 3-4。锥齿轮的几何尺寸如分度圆直径、齿顶圆直径、齿根圆直径和齿高等，也均为大端的端面尺寸。

表 3-4 锥齿轮模数（GB 12368—1990）

（单位：mm）

…	1	1.125	1.25	1.375	1.5	1.75	2	2.25	2.5
2.75	3		3.25	3.5	3.75	4	4.5	5	5.5
6	6.5	7	8	9	10	…			

（2）标准锥齿轮的几何尺寸计算　锥齿轮的齿高是由大端到小端逐渐收缩的，称为收缩齿锥齿轮。按顶隙不同，这类齿轮可分为正常收缩齿、等顶隙收缩齿及双重收缩齿三种。本节仅介绍正常收缩齿的锥齿轮。图 3-17 所示为一对正常收缩齿的标准锥齿轮传动，其两轮分度圆锥、齿顶圆锥和齿根圆锥具有同一个锥顶 O。标准锥齿轮的基本尺寸计算见表 3-5。

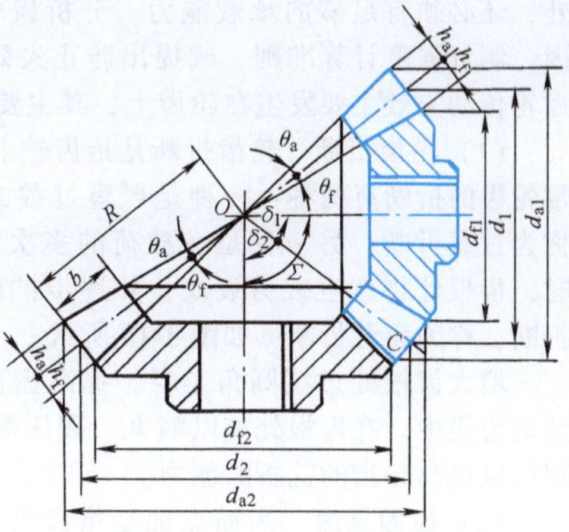

图 3-17 正常收缩齿的标准锥齿轮传动

表 3-5 标准锥齿轮的基本尺寸计算（$\Sigma=90°$）

名称	符号	计算公式
分度圆锥角	δ	$\delta_1=\operatorname{arccot}\dfrac{z_2}{z_1}$；$\delta_2=\arctan\dfrac{z_2}{z_1}$
分度圆直径	d	$d=mz$
齿顶圆直径	d_a	$d_a=d+2h_a^*m\cos\delta$

（续）

名称	符号	计算公式
齿根圆直径	d_f	$d_f=d-2(h_a^*+c^*)m\cos\delta$
锥距	R	$R=\dfrac{mz}{2\sin\delta}=\dfrac{m}{2}\sqrt{z_1^2+z_2^2}$
齿顶角	θ_a	$\theta_a=\arctan\dfrac{h_a^* m}{R}$
齿根角	θ_f	$\theta_f=\arctan\dfrac{(h_a^*+c^*)m}{R}$
顶圆锥角	δ_a	$\delta_a=\delta+\theta_a$
根圆锥角	δ_f	$\delta_f=\delta-\theta_f$
齿宽	b	$b\leqslant\dfrac{R}{3}$

（3）正确啮合条件　一对直齿锥齿轮的正确啮合条件为：两齿轮的大端模数和压力角分别相等。即

$$\left.\begin{aligned} m_1=m_2=m \\ \alpha_1=\alpha_2=\alpha \\ \delta_1+\delta_2=90^\circ \end{aligned}\right\} \tag{3-10}$$

式中，$\delta_1+\delta_2=90^\circ$是保证锥齿轮副做纯滚动时两个节圆锥顶重合，且齿面成线接触的条件。

五、齿轮传动的失效形式、应用材料及结构分析（微课 3.7）

微课 3.7

1. 齿轮传动的失效形式

齿轮传动是由轮齿啮合来传递运动和动力的。因此，齿轮传动除了运动平稳外，还必须有足够的承载能力。分析齿轮失效的目的是找出齿轮传动失效的原因，制订强度计算准则，或提出防止失效的措施，提高其承载能力和使用寿命。齿轮传动失效主要发生在轮齿上，其主要失效形式有以下五种。

轮齿折断

（1）轮齿折断　轮齿折断是指齿轮上一个或多个齿的整体或局部的断裂。通常轮齿的折断有两种：一种是严重过载或受到强烈冲击载荷时发生的突然折断，称为过载折断；另一种是在载荷的多次重复作用下，弯曲正应力超过疲劳极限时，齿根处将产生疲劳裂纹，并逐步扩展，最终导致轮齿的折断，称为疲劳折断，如图 3-18 所示。

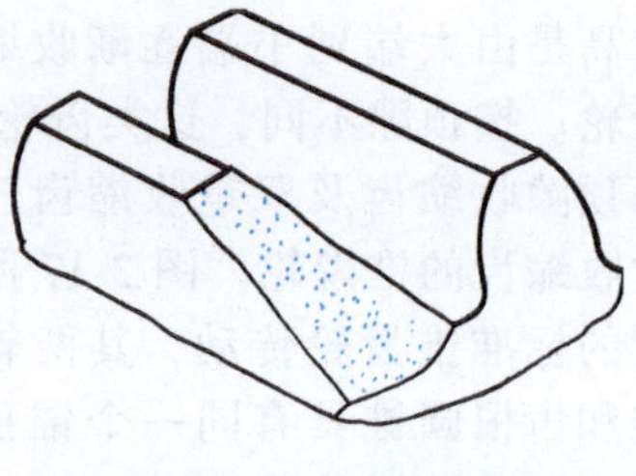

图 3-18　轮齿折断

增大齿根处过渡圆角半径，提高齿面加工精度，可以降低应力集中。在齿根处施以喷丸、碾压等冷作强化处理方法，都可以提高轮齿的抗折断能力。

（2）齿面点蚀　齿面点蚀是指齿轮工作时，对齿廓工作面某一点来说，轮齿齿面在法向力的作用下将产生接触应力，并按脉动循环变化。当齿面在过高的交变接触应力的反复作用下，齿面金属将呈小块脱落，形成麻点状的凹坑，使齿轮不能正常工作而失效，这种失效称为齿面疲劳点蚀，疲劳点蚀一般出现在齿根表面靠近节线处，如图 3-19 所示。开式齿轮传动（齿轮外露、润滑不良的齿轮传动）由于磨损严重，一般不会出现点蚀。

齿面抗点蚀能力主要与齿面硬度有关。齿面硬度越高，抗点蚀能力越强。提高齿面硬度和减少齿面表面粗糙度，采用黏度大的润滑油都有助于提高齿面接触疲劳强度，防止点蚀的发生。

（3）齿面磨损　齿面磨损是指在开式齿轮传动中，灰尘、沙粒及铁屑等进入齿面间，在

轮齿的相互滚碾作用下，使齿面产生磨损从而导致渐开线齿形被破坏，轮齿变薄，齿侧间隙增大，引起噪声和系统振动，甚至轮齿折断的现象，如图 3-20 所示。

采用闭式传动，保持润滑油的清洁，提高齿面硬度，减小齿面表面粗糙度，均可有效地减少齿面磨损。

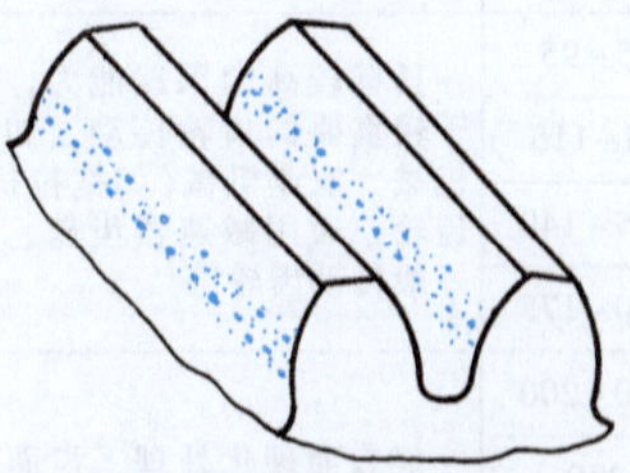

图 3-19 齿面点蚀

齿面点蚀

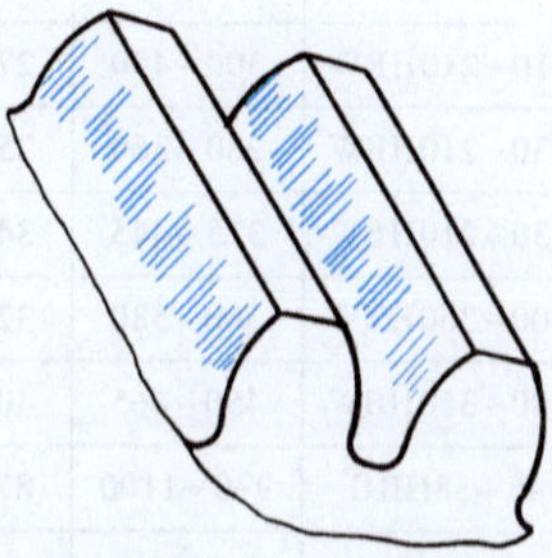

图 3-20 齿面磨损

齿面磨损

(4) 齿面胶合 高速重载齿轮传动中，由于齿面间的压力大，产生的摩擦热过大，润滑效果差使两齿面间某些接触点熔焊在一起，随后被撕开，从而使齿面上滑动速度较大的齿顶和齿根处产生沿相对滑动方向的撕裂痕迹的现象，称为齿面胶合，如图 3-21 所示。低速重载的齿轮，油膜遭破坏也会发生胶合现象。

为防止产生胶合现象，低速传动选用黏度大的润滑油，高速传动选用含抗胶合剂的润滑油。此外，适当提高表面硬度及降低表面粗糙度也都是有效的方法。

(5) 齿面塑性变形 齿面塑性变形是指在重载作用下，当齿面硬度不够时，齿面上可能产生局部的塑性变形，使齿廓失去正确的齿形的现象，如图 3-22 所示，塑性变形影响齿轮的正确啮合。适当提高齿面硬度，可防止或减轻齿面的塑性变形。

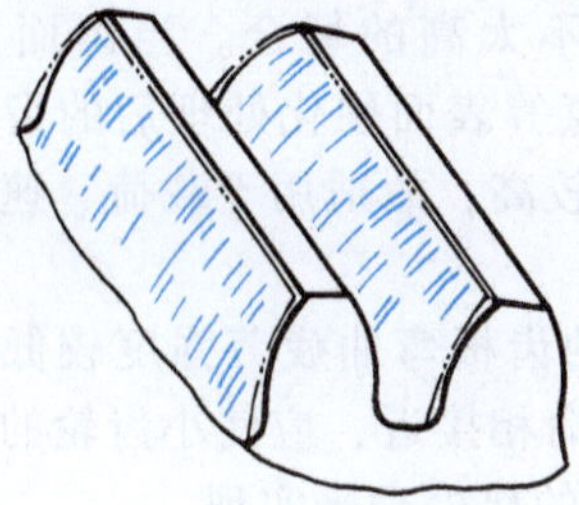

图 3-21 齿面胶合

齿面胶合

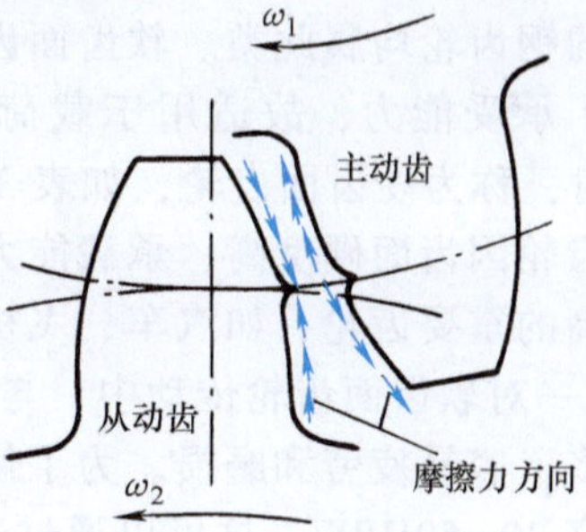

图 3-22 齿面塑性变形

2. 齿轮的材料应用

(1) 常用齿轮材料 在选择齿轮材料和热处理时，应使齿面具有足够的硬度和耐磨性，以防止齿面点蚀、磨损和胶合失效；同时轮齿的心部应具有足够的强度和韧性，以防止轮齿折断。齿轮硬度常用洛氏硬度法或布氏硬度法来测量。

为满足上述要求，齿轮多使用钢、铸铁等金属材料，并经热处理，见表 3-6；也可以使用工程塑料等非金属材料。

表 3-6 齿轮常用金属材料、热处理、极限应力、许用应力和主要应用

材料	热处理	硬度	R_{Hlim}/MPa	$[R_H]$/MPa	R_{bblim}/MPa	$[R_{bb}]$/MPa	主要应用
灰铸铁	—	140~280HBW	265~390	240~350	35~70	25~50	适用于低速、轻载、无冲击的开式齿轮传动

（续）

材料	热处理	硬度	R_{Hlim}/MPa	$[R_H]$/MPa	R_{bblim}/MPa	$[R_{bb}]$/MPa	主要应用
球墨铸铁	—	140~300HBW	330~560	300~500	130~180	90~125	可用于中速、中载并有轻微冲击的闭式传动中
铁铸钢	正火	110~210HBW	245~330	220~300	90~130	60~90	可作为一般用途的传动齿轮，如减速器中配对齿轮中的大齿轮和其他大齿轮
碳素钢	正火	110~210HBW	300~400	270~360	120~160	85~110	
铁铸钢	调质	130~210HBW	280~360	250~320	110~135	75~95	具有较高的承载能力，可用于较重要的齿轮传动，如纺织机械、农业机械（如拖拉机）用齿轮，通用减速器齿轮、机床一般传动齿轮等
碳素钢	调质	130~210HBW	375~445	340~400	135~165	95~115	
合金铸钢	调质	200~360HBW	360~580	320~520	150~200	105~140	
合金钢	调质	200~360HBW	450~665	400~600	190~250	130~175	
调质钢	表面淬火	48~58HRC	970~1100	870~990	230~280	160~200	经表面硬化处理，齿面硬度高，心部又有良好的韧性，可用于高速、重载和高精度要求的各种重要齿轮，如汽车、坦克、直升飞机的变速齿轮等
渗碳钢	渗碳淬火	56~63HRC	1300	1170	310	220	
调质钢	渗氮（短时）	31~57HRC	650	580	230	160	
调质钢	渗氮（长时）	45~57HRC	780	700	260	180	
渗氮钢	渗氮	54~65HRC	1120	1010	270	190	

注：1. 表中的 R_{Hlim} 和 R_{bblim} 为齿轮材料和热处理按一般检验（ML）时的极限应力值（即取下限值），如按常规检验（MQ）或严格检验（ME）时表中值应相应增大（可查 GB/T 10063—1988）。

2. 表中的许用应力，取 $[R_H]=0.9R_{Hlim}$（即取安全系数 $S_H=1.1$）；$[R_{bb}]=0.7R_{bblim}$（即取安全系数 $S_{bb}=1.4$）。在危险性较大、可靠性要求较高时，应取较大的安全系数和较小的许用应力。

3. 表中的应力值与硬度值之间呈线性关系。

4. 对于长期双向工作的齿轮，表中的许用弯曲应力 $[R_{bb}]$ 应乘以 0.7。

（2）齿轮选材时注意事项

1）当齿轮的齿面硬度≤350HBW 时称为软齿面齿轮。如表 3-6 中的铸铁齿轮和经正火或调质处理的钢齿轮均属此类。软齿面齿轮工艺简单、生产率高，故比较经济。但因齿面硬度不高，限制了承受能力，故适用于载荷、速度、精度要求均不太高的场合。当齿面硬度大于 350HBW 时，称为硬齿面齿轮，如表 3-6 中经表面淬火或渗氮等表面硬化处理后的齿轮均属此类。这类齿轮因齿面硬度高，承载能力也高，但成本相应也较高，故适用于载荷、速度和精度要求均很高的重要齿轮，如汽车、飞机等变速齿轮传动。

2）在一对软齿面齿轮传动中，与大齿轮相比，小齿轮的齿根弯曲疲劳强度较低，且轮齿工作次数多，容易疲劳和磨损。为了使大、小齿轮的使用寿命相接近，应使小齿轮的齿面硬度较大齿轮高 30~50HBW，这可以通过选用不同的材料或不同的热处理来实现。

3）由于锻钢的力学性能优于同类铸钢，所以齿轮材料应优先选用锻钢。对于结构形状复杂的大型齿轮（d_a>500mm），因受到锻造工艺或锻造设备条件的限制而难于进行锻造时，应采用铸钢制造，如低速、重载的轧钢机、矿山机械的大型齿轮。

4）在小功率和精度要求不高的高速齿轮传动中，为了减少噪声，其小齿轮常用尼龙、夹布胶木、酚醛层压塑料等非金属材料制造。但配对的大齿轮仍应采用钢或铸铁制造，以利于散热。

3. 圆柱齿轮的结构分析

圆柱齿轮结构一般分为轮缘、轮毂和轮辐三部分，其中，轮缘的齿面及轮毂的内孔是主要的功能面。现以中、小尺寸直齿圆柱齿轮为例进行结构分析。

（1）齿轮轴　对于直径较小的钢质齿轮，如果齿根圆直径与轴直径相差很小，可以将齿轮与轴制成一体，称为齿轮轴，如图 3-23 所示。齿轮轴易于装配，有助于增加轴系的刚性；

但是锻造毛坯和齿轮加工困难，如果齿轮失效，轴也同时报废。

（2）实心式齿轮　对于齿顶圆直径 $d_a \leqslant 200$mm 的齿轮，可以将齿轮轮辐制成与齿宽相等的实心式结构，如图 3-24 所示。它的结构简单，制造方便。为了便于装配和减少边缘应力集中，齿轮孔边缘和齿顶边缘应该切制出倒角。

（3）辐板式齿轮　对于齿顶圆直径 200mm $\leqslant d_a \leqslant 500$mm 的齿轮，可以将齿轮制成辐板式结构，如图 3-25 所示。若毛坯的批量小，则采用自由锻结构。为了减轻重量和满足加工及搬运的需要，齿轮的辐板上常对称开有 4~6 个孔。对于模锻齿轮，在结构设计中要有必要的模锻斜度和较大的过渡圆角。

对于齿顶圆直径 $d_a > 500$mm 齿轮，由于齿轮毛坯制造受到锻造设备的限制，一般将齿轮制成铸造的轮辐式结构，轮辐的截面是十字形，如图 3-26 所示。

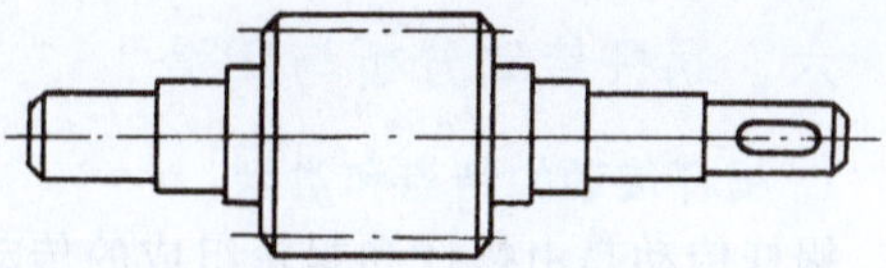

图 3-23　齿轮轴

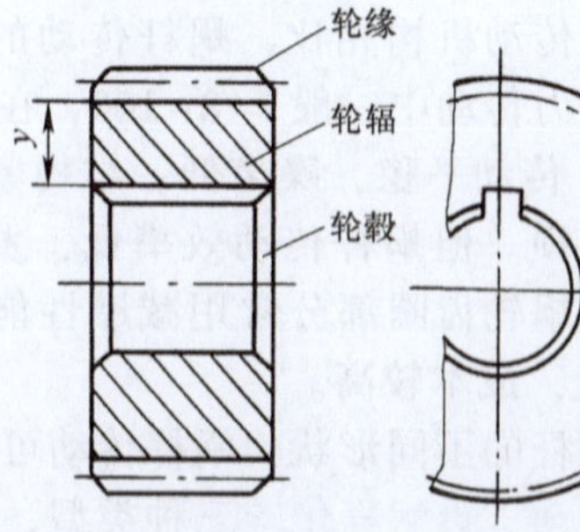

图 3-24　实心式齿轮

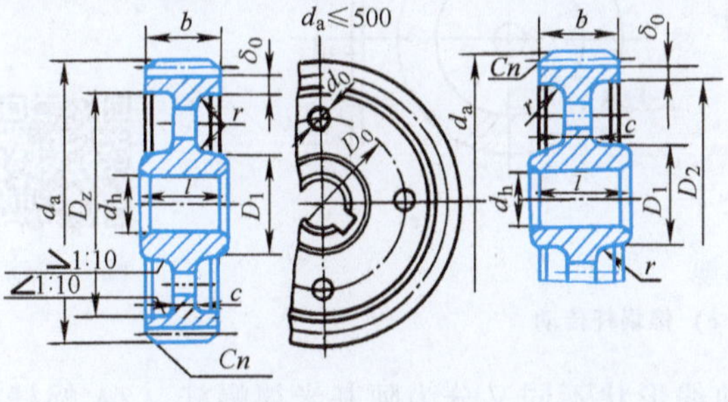

a)　b)

图 3-25　辐板式齿轮

a）模锻圆柱齿轮　b）自由锻圆柱齿轮

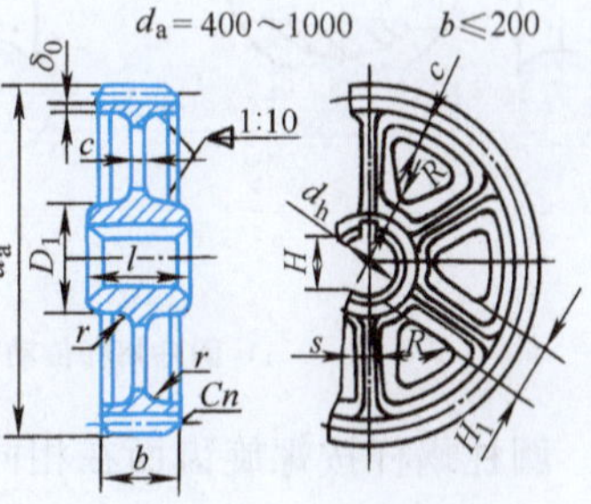

图 3-26　铸造的轮辐式齿轮

（4）镶套齿轮　对于尺寸较大而需要用贵金属（相对而言，如 45 钢和 40Cr）齿轮，要采用组装齿轮结构，以节约材料，如图 3-27 所示。

（5）焊接齿轮　对于单件或小批量生产的大齿轮，可以采用焊接结构，如图 3-28 所示。

图 3-27　镶套齿轮

图 3-28　焊接齿轮

六、蜗杆传动分析与润滑

1. 蜗杆传动的特点和类型

蜗杆传动是由蜗杆和蜗轮组成的传动装置。蜗杆类似于螺杆，蜗轮类似于一个具有凹形轮缘的斜齿轮，如图 3-29 所示。一般蜗杆为主动件，蜗轮为从动件，通常两轴在空间交错呈 90°。蜗杆传动今已广泛用于汽车等各种机器和仪器中的减速装置。

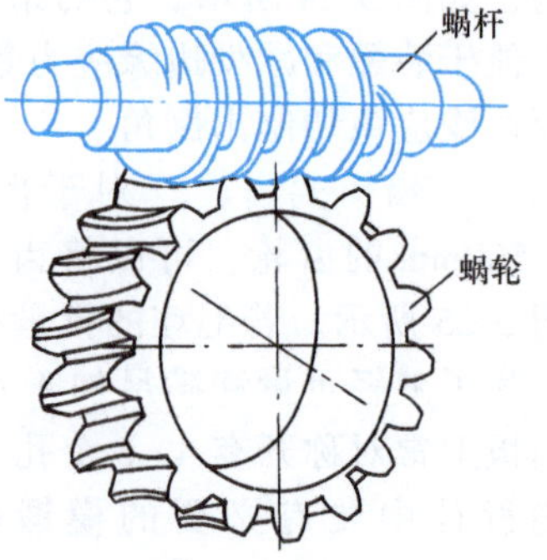

图 3-29 蜗杆传动

与其他传动机构相比，蜗杆传动的主要优点是：传动比大，在动力传动中一般 $i=8\sim100$，在分度机构中传动比 i 可达 1000；传动平稳，噪声低；结构紧凑，在一定条件下可以实现自锁。但蜗杆传动效率低，发热量大，磨损较严重。因此，蜗轮齿圈部分常用减摩性能好的有色金属（如青铜）制造，成本较高。

根据蜗杆的不同形状，蜗杆传动可分为圆柱蜗杆传动、环面蜗杆传动、锥蜗杆传动三种类型，如图 3-30 所示。

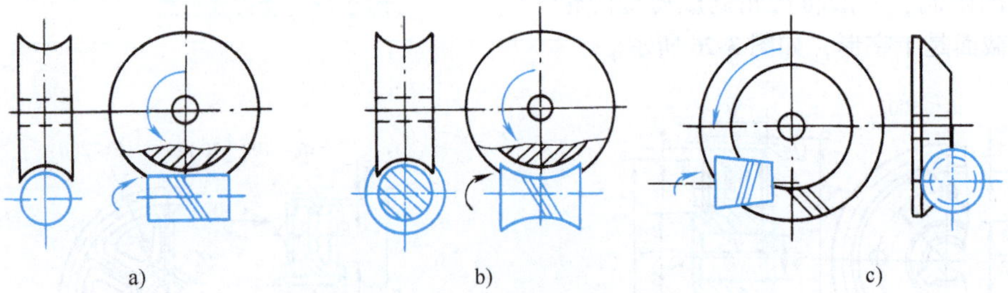

图 3-30 蜗杆传动的类型

a）圆柱蜗杆传动 b）环面蜗杆传动 c）锥蜗杆传动

蜗杆传动

圆柱蜗杆按螺旋齿面在相同截面内其齿廓曲线形状不同又分为阿基米德蜗杆（ZA 蜗杆）、法向直廓蜗杆（ZN 蜗杆）和渐开线蜗杆（ZI 蜗杆）。其中，以阿基米德蜗杆加工最简便，在机械传动中应用广泛。

2. 蜗杆传动的主要参数

图 3-31 所示为阿基米德蜗杆传动，通过蜗杆轴线并垂直于蜗轮轴线的中间平面为主平面，在该平面上蜗杆的齿轮为直线，蜗轮的齿形为渐开线。因此，在主平面内，两者的啮合关系相当于齿条与齿轮的传动。

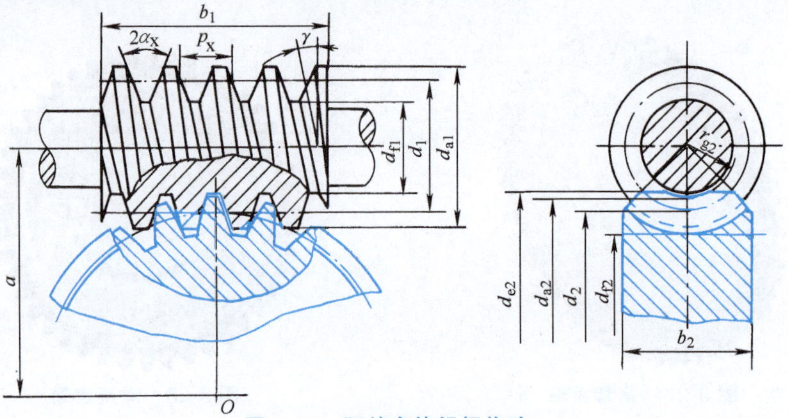

图 3-31 阿基米德蜗杆传动

(1) 模数m、压力角α与正确啮合条件　如图 3-31 所示，垂直于蜗轮轴线且通过蜗杆轴线的平面，称为中间平面。它对蜗杆是轴面，对蜗轮为端面。在中间平面内，蜗杆与蜗轮的啮合就相当于渐开线齿条与齿轮的啮合。GB/T 10085—2018 规定：中间平面上的基本参数为标准值，即蜗杆的轴向参数（下角标为 a1）m_{a1}、α_{a1}，蜗轮的端面参数（下角标为 t2）m_{t2}、α_{t2}等为标准值。

蜗杆传动的正确啮合条件是：在中间平面内，蜗杆与蜗轮的模数m和压力角α分别相等，即

$$\left.\begin{aligned} m_{a1}=m_{t2}=m \\ \alpha_{a1}=\alpha_{t2}=\alpha \end{aligned}\right\} \tag{3-11}$$

压力角的标准值$\alpha=20°$，一般在动力传动中，推荐用$\alpha=20°$；在分度传动中，推荐用α为15°或12°。

(2) 传动比i、蜗杆头数z_1和蜗轮齿数z_2　设蜗杆头数（齿数）为z_1，即蜗杆旋线的数目，蜗轮齿数为z_2，其传动比为

$$i=n_1/n_2=z_2/z_1 \tag{3-12}$$

式中，n_1和n_2分别为蜗杆和蜗轮的转速（r/min）。

蜗杆头数z_1的选择与传动比、传动效率及制造的难易程度有关。蜗杆头数一般取$z_1=1$、2、4。对于传动比大或要求自锁的蜗杆传动，常取$z_1=1$，但传动效率较低。在传递功率较大时，为提高传动效率可采用多头蜗杆，取$z_1=2$或4，但此时的加工难度增加。

不同传动比i时，蜗杆头数z_1与蜗轮齿数z_2的推荐值可参见表 3-7。

表 3-7　不同传动比时推荐的z_1、z_2值

传动比i	7~13	14~27	28~40	>40
蜗杆头数z_1	4	2	2、1	1
蜗轮齿数z_2	28~52	28~81	28~80	>40

3. 蜗轮的转向判断

当已知蜗杆的螺旋方向和转动方向时，可根据螺旋副的运动规律，用“左右手法则”来确定蜗轮的转动方向。

图 3-32 所示为蜗杆受力分析与蜗轮转向判定。当右旋蜗杆按图示方向转动时，可用右手来判定蜗轮的转动方向：四指沿着蜗杆转动方向弯曲，则拇指伸直的指向就是蜗杆在啮合点 C

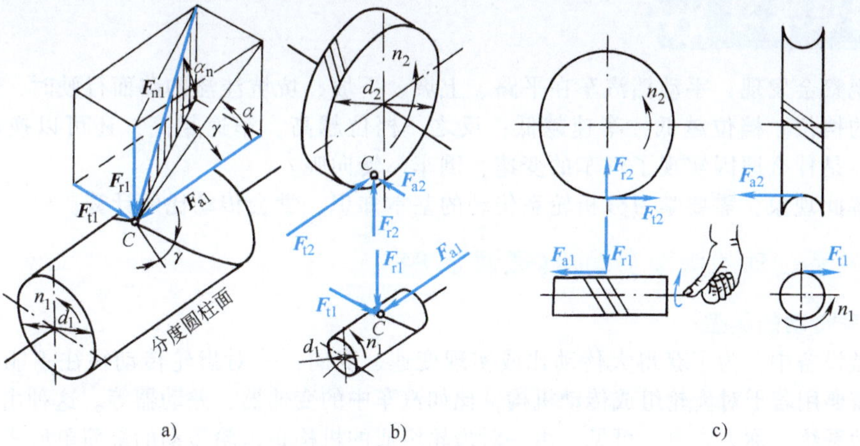

图 3-32　蜗杆受力分析与蜗轮转向判定

a）蜗杆受力分析　b）蜗轮受力分析　c）蜗轮转向判定

所受轴向力 F_{a1} 的方向。蜗轮在啮合点 C 所受圆周力 F_{t2} 与 F_{a1} 是一对作用力与反作用力，也即 F_{t2} 与 F_{a1} 的方向相反，从而判断出蜗轮在圆周力 F_{t2} 作用下的转动方向为逆时针，如图 3-32c 所示。

同理，当蜗杆为左旋时，则用左手按同样的方法来判定蜗轮的转动方向。

4. 蜗杆传动的润滑

润滑对于蜗杆传动来说，具有特别重要的意义。由于摩擦产生的热量大，所以要求工作时有良好的润滑条件，以提高蜗杆传动效率，防止胶合及减少磨损。

闭式蜗杆传动所用的润滑油的黏度和润滑方法，主要根据相对滑动速度和载荷类型进行选择，可参考表 3-8。

表 3-8 蜗杆传动的润滑油黏度和润滑方法

相对滑动速度 v_s/(m/s)	0~1	0~2.5	0~5	>5~10	>10~15	>15~25	>25
工作条件	重载	重载	中载	—	—	—	—
黏度 ν_{40}/(m²/s)	900	500	350	220	150	100	80
给油方法	油池润滑			油池润滑或喷油润滑	压力喷油润滑及其压力/MPa		
					0.7	2	3

应当指出，对于青铜蜗轮，不允许采用抗胶合能力强的活性润滑油，以免腐蚀青铜齿面。对于开式传动，则采用黏度较高的齿轮油或润滑脂进行润滑。

任务 8 轮系传动分析与应用

任务要点

(1) 观察汽车变速器有多少对齿轮传动，分析在不同的档位下齿轮的啮合情况；
(2) 认识轮系传动的类型及在汽车机械传动中的应用；
(3) 掌握轮系传动比的计算方法。

知识学习

大家观察会发现，手动档汽车在平路、上坡、下坡、坑坑洼洼的路面行驶时，驾驶人会调整变速器的档位。档位越低，车速越低；反之，档位越高，车速越高；还可以换档，实现倒车。试想，是什么原因实现了汽车的变速、倒车、转向呢？

要理解此现象，需要学习分析轮系传动的基本知识、学会传动比的计算。

一、轮系传动的类型及功用（微课 3.8）

微课 3.8

1. 轮系传动的类型

在机械设备中，为了获得大传动比或实现变速、变向，一对齿轮传动往往不能满足工作要求，而是需要用若干对齿轮组成传动机构，比如汽车中的变速器，差动器等。这种由一系列齿轮组成的传动系统，称为轮系。可见，由一对齿轮组成的机构是齿轮传动的最简单形式。

根据轮系运转时各齿轮的几何轴线位置相对于机架是否固定，轮系可分为定轴轮系、周转轮系和混合轮系。各类轮系均可以由各种类型的齿轮（圆柱齿轮、锥齿轮、蜗轮蜗杆等）组成。下面就几种常见的轮系说明其特点。

(1) 定轴轮系　如图 3-33 所示，当轮系运动时，如果各齿轮几何轴线的位置是固定不变的，则称为定轴轮系。定轴轮系按各齿轮的轴线关系又可分为平面定轴轮系和空间定轴轮系两种。其中，平面定轴轮系是由轴线互相平行的圆柱齿轮组成的，如图 3-33；空间定轴轮系是包含有相交轴齿轮传动或交错轴齿轮传动等在内的定轴轮系，如图 3-34 所示。

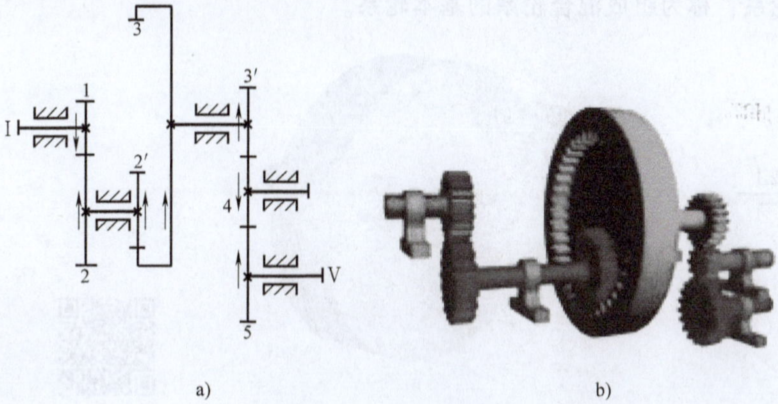

图 3-33　平面定轴轮系

平面定轴轮系

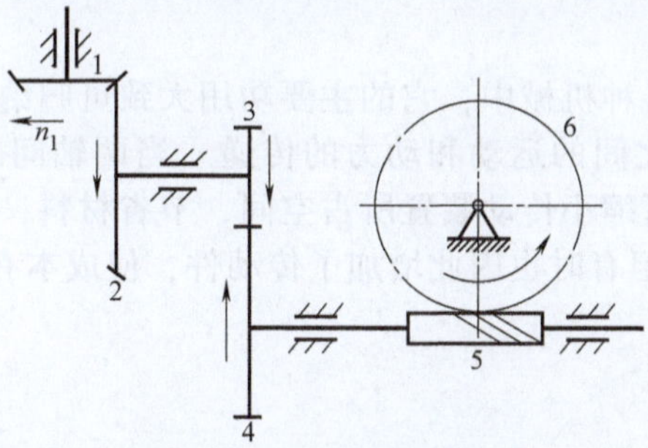

图 3-34　空间定轴轮系

空间定轴轮系

(2) 周转轮系　如图 3-35 所示的轮系中，齿轮 2 除能绕自身的几何轴线 O_2 转动（自转）外，还能绕固定轴线 O_H 转动（公转）。这种至少有一个齿轮的几何轴线是绕另一个齿轮的几何轴线转动的轮系称为周转轮系。

图 3-35 中齿轮 2 既有自转又有公转，如同太阳系的行星一样，故称为行星轮。图 3-35 中的齿轮 1 的几何轴线位置固定，又和行星齿轮啮合，称为太阳轮。支持行星轮的回转构件 H，称为行星架。行星架与太阳轮的几何轴线必须重合。行星轮、行星架、太阳轮是组成周转轮系的基本构件。

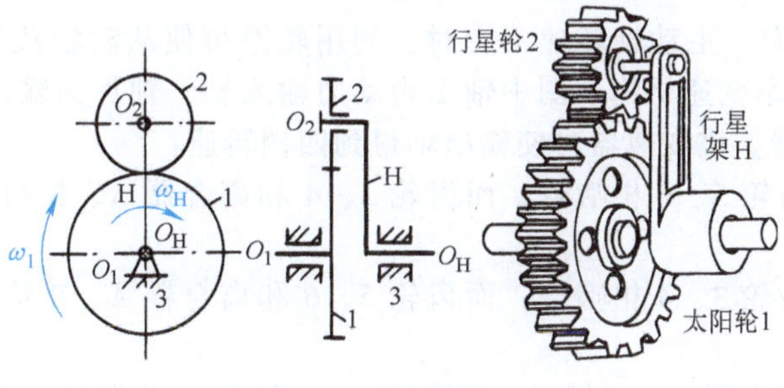

图 3-35　周转轮系

周转轮系

周转轮系又可分为行星轮系和差动轮系。其中，行星轮系是有一个太阳轮固定不动的周转轮系，其自由度等于1。而差动轮系是两个太阳轮都能转动的周转轮系，其自由度等于2。

（3）混合轮系 实际机械中采用的轮系，往往不是由单一的定轴轮系或单一的周转轮系组成，而是既含有定轴轮系，又含有周转轮系或含几个单一的周转轮系。这种由两种轮系或含几个单一的周转轮系组合而成的轮系，称为混合轮系，如图3-36所示。组成混合轮系中的定轴轮系与各个单一的周转轮系，称为组成混合轮系的基本轮系。

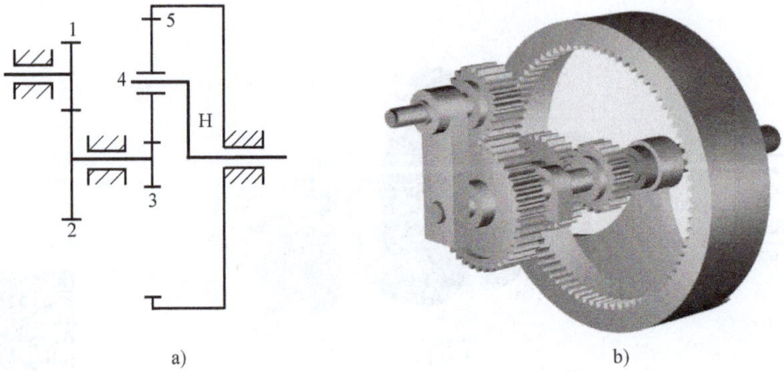

图3-36 混合轮系

混合轮系

2. 轮系的功用

轮系广泛应用于汽车及其他各种机械中，它的主要功用大致可归纳为以下几个方面。

（1）可实现相距较远的两轴之间的运动和动力的传递 当两轴间的中心距离较大时，采用轮系传动比采用一对齿轮传动可缩小传动装置所占空间，节省材料，减轻质量，制造安装方便，结构紧凑，如图3-37所示。但有时也因此增加了传动件，使成本有所增加。

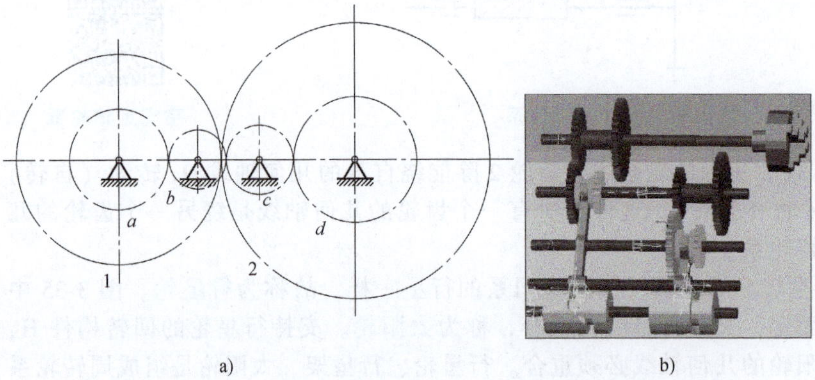

图3-37 利用轮系传递相距较远的两轴之间的运动和动力

较远距离的轮系传动

（2）可实现变速和换向 主动轴转速不变时，利用轮系可使从动轴获得多种工作转速或转向，如图3-38所示的汽车变速机构。图中轴Ⅰ为动力输入轴，轴Ⅳ为输出轴，4、6为滑移齿轮，A-B为牙嵌式离合器。该变速器可使输出轴得到四档转速：

第一档（低速档）：齿轮5、6相啮合，而齿轮3、4和离合器A、B均脱离，即1(Ⅰ)-2(Ⅱ)-5-6(Ⅳ)；

第二档（中速档）：齿轮3、4相啮合，而齿轮5、6和离合器A、B均脱离，即1(Ⅰ)-2(Ⅱ)-3-4(Ⅳ)；

第三档（高速档）：离合器A、B相嵌，而齿轮5、6和3、4均脱离，即(Ⅰ)-(Ⅳ)；

倒档：齿轮6、8相啮合，而齿轮3、4和5、6以及离合器A、B均脱离，即1(Ⅰ)-2

(Ⅱ)-7-8(Ⅲ)-6(Ⅳ)。此时，由于轮 8 的作用，使输出轴Ⅳ反转。

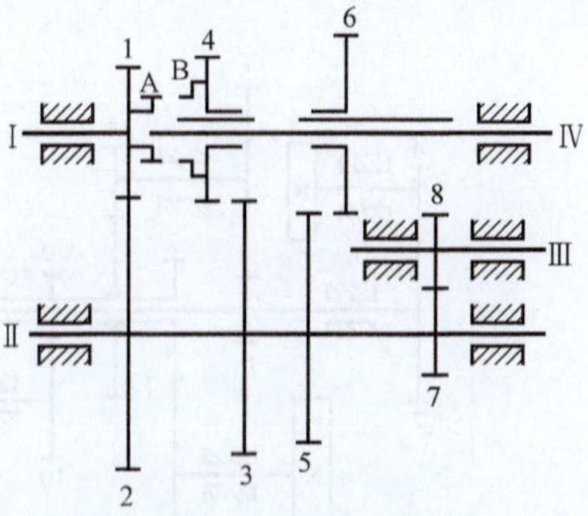

图 3-38　汽车变速机构

汽车变速器

在轮系中引入惰轮（它同时与主、从动轮啮合，既做主动轮又做从动轮），可方便地实现变向要求，如图 3-39 所示的三星轮换向机构。齿轮 2 和齿轮 3 浮套在三角形构件 a 的两个轴上，构件 a 可通过手柄使之绕轮 4 的轴转动。如果通过手柄转动齿轮 2 和齿轮 3，分别位于图 3-39a 和图 3-39b 所示位置，不改变主动轮 1 的转向，就可使从动轮的转向发生改变，图中齿轮 2、3 就是惰轮。在轮系中增加一对外啮合齿轮或减少一对外啮合齿轮都可改变从动轮的转动方向，汽车倒车就是用这种方法来实现的。

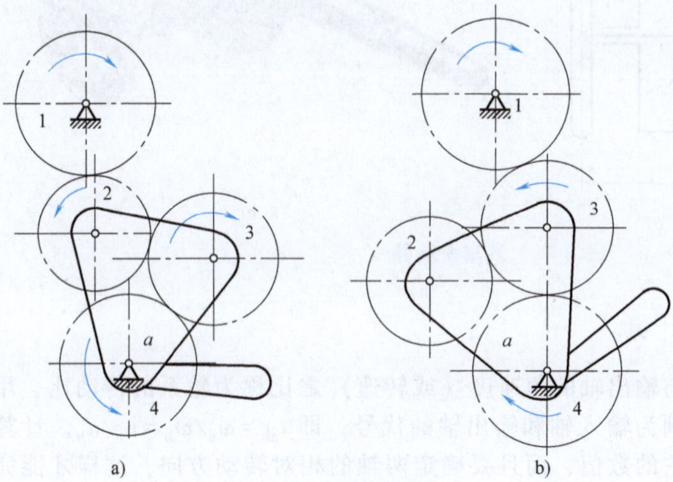

图 3-39　三星轮换向机构

三星轮换向机构

（3）可获取大的传动比　如图 3-40 所示大传动比减速器，传动比高达 1000。

（4）可实现分路传动　在同一个主动轴带动下，利用轮系可以实现几个从动轴分路输出运动，如图 3-41 所示的机械式钟表机构。其传动关系如下：

（发条）N—1—2——M（分针）
　　　　　　|——9—10—11—12—H（时针）
　　　　　　|——3—4—5—6—S（秒针）

（5）可实现运动的分解和合成　将一根主动轴的转动分解成两根从动轴的转动，或将两根主动轴的转动合成一根从动轴的转动。如图 3-42 所示为汽车差速器，当汽车转弯时，输入转速 n_1 分解成两车轮的转速 n_3 和 n_5，n_3 和 n_5 转速不同，使两车轮转弯时在地面上以不同的转速滚动，避免车轮与地面的滑动摩擦。

同样，利用该差动轮系也可实现运动的合成，如当给定太阳轮 1 和 3 的转动，就可以合成输出行星架 H 的转动。

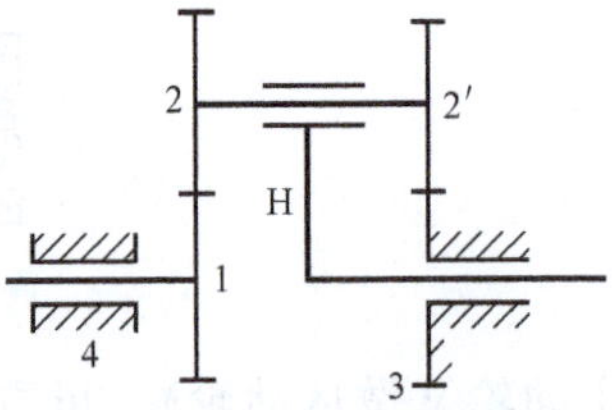

图 3-40 大传动比减速器

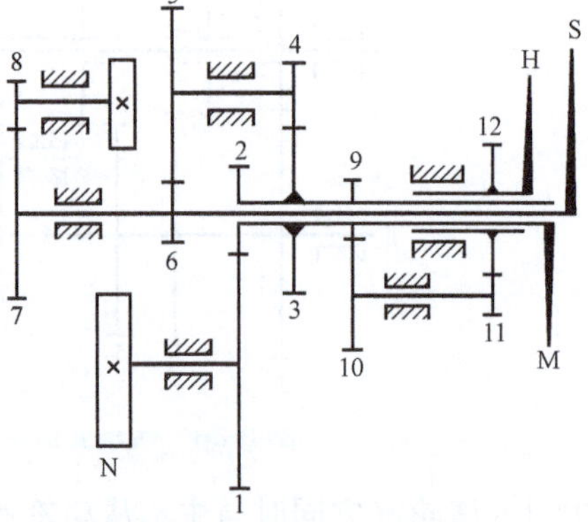

图 3-41 机械式钟表机构

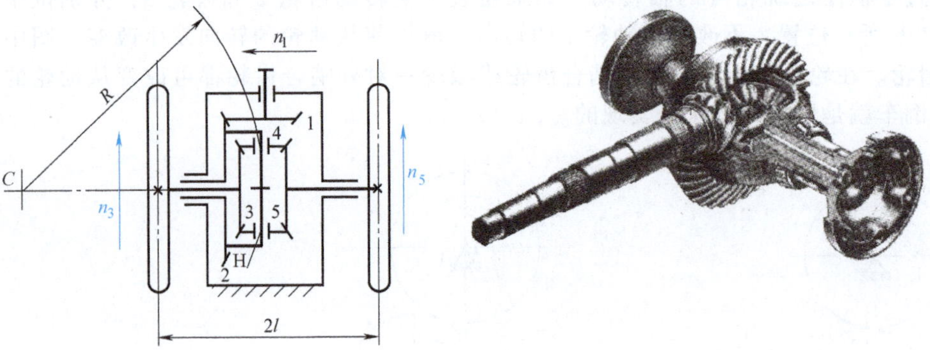

a) b)

图 3-42 汽车差速器

汽车差速器

二、轮系传动比计算

在轮系中，输入轴与输出轴的角速度（或转速）之比称为轮系的传动比，用 i_{ab} 表示，下标 a、b 分别为输入轴和输出轴的代号，即 $i_{ab}=\omega_a/\omega_b=n_a/n_b$。计算轮系传动比不仅要确定它的数值，而且要确定两轴的相对转动方向，这样才能完整表达输入轴与输出轴之间的关系。

微课 3.9

1. 定轴轮系的传动比计算（微课 3.9）

（1）定轴轮系中齿轮传动方向的确定 定轴轮系各轮的相对转向可以通过逐对齿轮标注箭头的方法来确定。一对齿轮传动的转动方向，如图 3-43 所示。一对平行轴外啮合齿轮（图 3-43a），其两齿轮转向相反，故用方向相反的箭头表示。一对平行轴内啮合齿轮（图 3-43b），其两齿轮转向相同，故用方向相同的箭头表示。一对锥齿轮传动时，在节点具有相同速度，故表示转向的箭头或同时指向节点（图 3-43c），或同时背离节点。蜗轮的转向不仅与蜗杆的转向有关，而且与其螺旋线方向有关。具体判断时，可根据“左右手法则”来判断，也可把蜗杆看作螺杆，蜗轮看作螺母来考察其相对运动。例如，图 3-43d 中的右旋蜗杆按图示方向转动时，可借助右手判断如下：拇指伸直，其余四指握拳，令四指弯曲方向与蜗杆转动方向一致，则拇指的指向（向左）即是蜗杆相对蜗轮前进的方向。按照相对运动原理，螺母相对螺杆的运动方向应与此相反，故蜗轮上的啮合点应向右运动，从而使蜗轮逆时针转动。

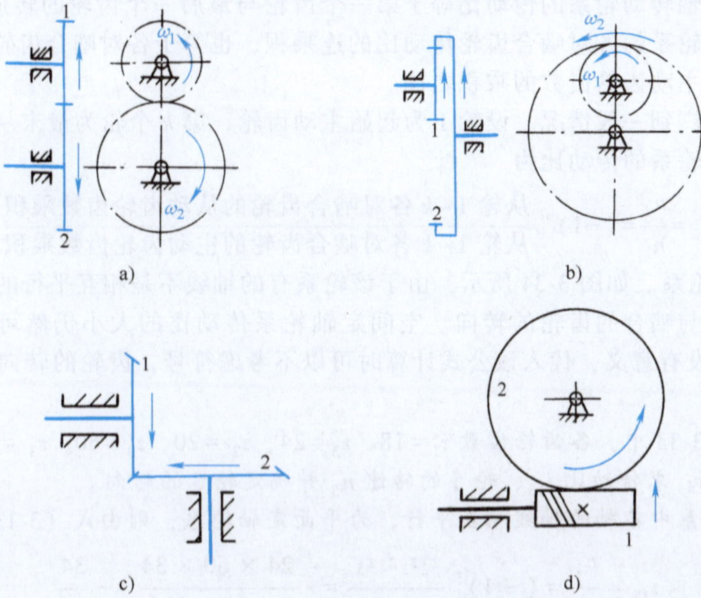

图 3-43 一对齿轮传动的转动方向

a）一对平行轴外啮合齿轮 b）一对平行轴内啮合齿轮 c）一对锥齿轮 d）一对蜗杆蜗轮

同理，对于左旋蜗杆，则应借助左手按上述方法分析判断。按照上述规则，可以判断各定轴轮系所有齿轮的转动方向。

（2）定轴轮系传动比的计算

1）平面定轴轮系。如图 3-33 所示，该轮系均由圆柱齿轮组成，它们的轴线均固定而且相互平行，故为平面定轴轮系。当输入轴与输出轴的转动方向相同时，轮系的传动比为正，否则为负。前面提到，一对齿轮啮合传动时，它们的角速度之比（传动比）与两齿轮的齿数成反比；外啮合时两齿轮转向相反，内啮合时两齿轮转向相同。下面，据此推出定轴轮系的传动比计算公式。

设 Ⅰ 为输入轴，Ⅴ 为输出轴，各齿轮齿数分别为 z_1、z_2、$z_{2'}$、z_3、$z_{3'}$、z_4 及 z_5，各齿轮转速分别为 n_1、n_2、$n_{2'}$、n_3、$n_{3'}$、n_4 及 n_5，则该定轴轮系中各对齿轮的传动比为

$$i_{12}=\frac{n_1}{n_2}=-\frac{z_2}{z_1}$$

$$i_{2'3}=\frac{n_{2'}}{n_3}=\frac{z_3}{z_{2'}}$$

$$i_{3'4}=\frac{n_{3'}}{n_4}=-\frac{z_4}{z_{3'}}$$

$$i_{45}=\frac{n_4}{n_5}=-\frac{z_5}{z_4}$$

将以上各式相乘，因为齿轮 2、2′及齿轮 3、3′分别在同一轴上，所以 $n_2=n_{2'}$、$n_3=n_{3'}$，经过整理得到

$$i_{15}=\frac{n_1}{n_5}=-\frac{z_2z_3z_4z_5}{z_1z_{2'}z_{3'}z_4}$$

上面右式的分子为各对啮合齿轮的从动齿轮的齿数乘积，分母为主动齿轮的齿数乘积，“-”号是由于经过三次外啮合，转向改变了三次，$(-1)^3=-1$，内啮合不改变转向，不予考

虑。上式表明，定轴转动轮系的传动比等于第一个齿轮与最后一个齿轮的转速（角速度）比，其数值等于组成该轮系的各对啮合齿轮传动比的连乘积，也等于各对啮合齿轮中所有从动齿轮齿数的乘积与所有主动齿轮齿数的乘积之比。

以上结论可推广到一般情况。设轮 1 为起始主动齿轮，第 k 个轮为最末从动齿轮，经过了 m 次外啮合后，则轮系的传动比为

$$i_{1k}=\frac{n_1}{n_k}=(-1)^m\frac{\text{从轮 }1\sim k\text{ 各对啮合齿轮的从动齿轮齿数乘积}}{\text{从轮 }1\sim k\text{ 各对啮合齿轮的主动齿轮齿数乘积}} \tag{3-13}$$

2）空间定轴轮系。如图 3-34 所示，由于该轮系有的轴线不是相互平行的，不能用转向相同或相反来描述参与啮合的齿轮的转向。空间定轴轮系传动比的大小仍然可用式（3-13）计算，但是 $(-1)^m$ 没有意义，代入该公式计算时可以不考虑符号，齿轮的转向应通过画箭头的方法确定。

例 3-1 在图 3-33 中，各齿轮齿数 $z_1=18$、$z_2=24$、$z_{2'}=20$、$z_3=60$、$z_{3'}=20$、$z_4=20$、$z_5=34$，$n_1=1428\text{r/min}$。求传动比 i_{15}、轮 5 的转速 n_5 并确定轮 5 的转向。

解： 因为该轮系中各轴的轴线相互平行，为平面定轴轮系，则由式（3-13）可得

$$i_{15}=\frac{n_1}{n_5}=(-1)^3\frac{z_2z_3z_4z_5}{z_1z_{2'}z_{3'}z_4}=-\frac{24\times 60\times 34}{18\times 20\times 20}=-\frac{34}{5}$$

$$n_5=n_1/i_{15}=-(1428\times 5/34)\text{r/min}=-210\text{r/min}$$

n_5 的结果为负值，说明轮 5 转向与轮 1 相反。

在图 3-33 所示轮系中，齿轮 4 和两个齿轮啮合，它既是前一级的从动轮，又是后一级的主动轮。虽然齿数 z_4 在式（3-13）的分子和分母上各出现一次，但不影响传动比的大小，这种不影响传动比数值大小而只起到改变转向作用的齿轮，称为惰轮或过桥齿轮。

例 3-2 计算图 3-38 汽车变速机构的 4 档传动比。已知 $z_1=22$、$z_2=43$、$z_3=40$、$z_4=25$、$z_5=26$、$z_6=38$、$z_7=20$、$z_8=19$。

解： 在图 3-38 所示的汽车变速机构中，存在滑移齿轮 4、6，使输出轴有四档转速，即主动轴与输出轴的传动比有四档，而且所有齿轮的轴线相互平行，为定轴轮系。

1）当 5、6 齿轮啮合时，$i_{14}=\dfrac{n_1}{n_4}=(-1)^2\dfrac{z_2z_6}{z_1z_5}=\dfrac{43\times38}{22\times26}=2.857$

2）当 3、4 齿轮啮合时，$i_{14}=\dfrac{n_1}{n_4}=(-1)^2\dfrac{z_2z_4}{z_1z_3}=\dfrac{43\times25}{22\times40}=1.222$

3）离合器 A、B 相嵌，即（Ⅰ）—（Ⅳ），$i_{14}=\dfrac{n_1}{n_4}=1$

4）齿轮 6、8 相啮合时，$i_{14}=\dfrac{n_1}{n_4}=(-1)^3\dfrac{z_2z_8z_6}{z_1z_7z_8}=-\dfrac{43\times19\times38}{22\times20\times19}=-3.714$，由于轮 8 的作用，使输出轴Ⅳ反转，即倒退档。

从上面分析可知，档位越低，传动比越大，车速越低。反之，档位越高，传动比越小，车速越高。

2. 周转轮系的传动比计算（微课 3.10）

周转轮系中行星轮运动不是绕固定轴线的简单转动，所以其传动比不能直接用求解定轴轮系传动比的方法来计算。但是，若能使行星架变为固定不动，并保持周转轮系中各个构件之间的相对运动不变，则周转轮系就转化成为一个假想的定轴轮系，便可由式（3-13）列出该假想定轴轮系传动比的计算式，从而求出周转轮系的传动比。

在图 3-44a 所示的周转轮系中，设 n_H 为行星架 H 的转速。根据相对运动原理，当给整个周转轮系加上一个绕轴线 O_H 的大小为 n_H、方向与 n_H 相反的公共转速 $-n_H$ 后，行星架 H 便静止不动了，而各构件间的相对运动并不改变。这样，所有齿轮几何轴线的位置全都固定，原来的周转轮系便成了定轴轮系，如图 3-44b 所示。该定轴轮系，称为原来周转轮系的转化轮系，见表 3-9。

表 3-9 周转轮系及其转化轮系各构件的转速

构件	原来的转速	转化轮系中的转速	构件	原来的转速	转化轮系中的转速
1	n_1	$n_1^H=n_1-n_H$	3	n_3	$n_3^H=n_3-n_H$
2	n_2	$n_2^H=n_2-n_H$	H	n_H	$n_H^H=n_H-n_H=0$

转化轮系中各构件的转速 n_1^H、n_2^H、n_3^H 及 n_H^H 的右上方都有上角标 H，表示这些转速是各构件对行星架 H 的相对转速。

微课 3.10

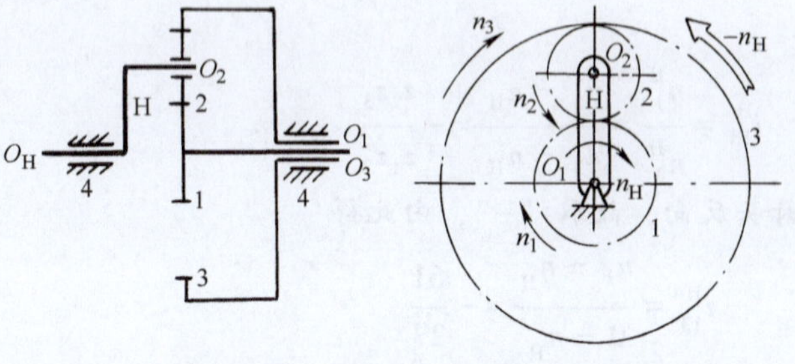

转化前周转轮系

图 3-44 周转轮系及转化轮系

a）周转轮系 b）转化轮系

转化后周转轮系

既然周转轮系的转化轮系是一个定轴轮系，就可应用求解定轴轮系传动比的方法，求出其中任意两个齿轮的传动比来。

根据传动比定义，转化轮系中齿轮 1 与齿轮 3 的传动比 i_{13}^H 为

$$i_{13}^H=\frac{n_1^H}{n_3^H}=\frac{n_1-n_H}{n_3-n_H} \tag{3-14}$$

应注意区分 i_{13} 和 i_{13}^H，前者是两轮真实的传动比；而后者是假想的转化轮系中两轮的传动比。

转化轮系是定轴轮系，且其起始主动轮 1 与最末从动轮 3 轴线平行，故由定轴轮系传动比计算公式可得

$$i_{13}^H=\pm\frac{z_2z_3}{z_1z_2} \tag{3-15}$$

合并式（3-14）和式（3-15）可得

$$i_{13}^H=\frac{n_1^H}{n_3^H}=\frac{n_1-n_H}{n_3-n_H}=\pm\frac{z_2z_3}{z_1z_2}$$

现将以上分析推广到一般情形。设 n_G 和 n_K 为周转轮系中任意两个齿轮 G 和 K 的转速，n_H 为行星架 H 的转速，则有

$$i_{GK}^H=\frac{n_G^H}{n_K^H}=\frac{n_G-n_H}{n_K-n_H}=(\pm1)\frac{\text{齿轮 G 和 K 之间所有从动轮齿数的乘积}}{\text{齿轮 G 和 K 之间所有主动轮齿数的乘积}} \tag{3-16}$$

应用式（3-16）时，齿轮 G 为起始主动轮，K 为最末从动轮，中间各轮的主从地位应按这一假定去判别。转化轮系中齿轮 G 和齿轮 K 的相对转向，用画箭头的方法判定。转向相同时，i_{GK}^{H} 为“+”；转向相反时，i_{GK}^{H} 为“-”。在利用式（3-16）求解未知转速或齿数时，必须先确定 i_{GK}^{H} 的“+”“-”。

应当强调，只有两轴平行时，两轴转速才能代数相加。因此，式（3-16）只用于齿轮 G、K 和行星架 H 的轴线平行的场合。

上述这种运用相对运动的原理，将周转轮系转化成假想的定轴轮系，然后计算其传动比的方法，称为相对速度法或反转法。

例 3-3 在图 3-45 所示的行星轮系中，各轮的齿数为：$z_1=27$、$z_2=17$、$z_3=61$。已知 $n_1=6000\text{r/min}$，求传动比 i_{1H} 和行星架 H 的转速 n_H。

解： 将行星架视为固定，画出转化轮系中各轮的转向，如图 3-45 中虚线箭头所示（虚线箭头不是齿轮的真实转向，只表示假想的转化轮系中的齿轮转向，两者不可混淆）。由式（3-16）得

$$i_{13}^{H}=\frac{n_1^H}{n_3^H}=\frac{n_1-n_H}{n_3-n_H}=-\frac{z_2z_3}{z_1z_2}$$

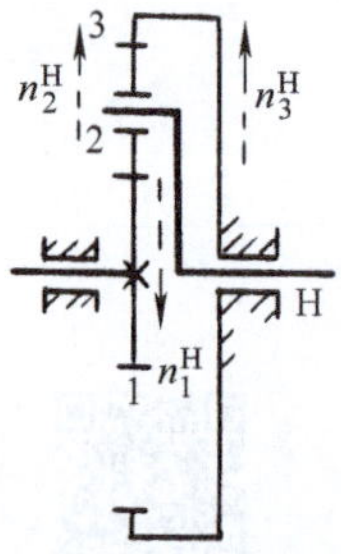

图 3-45 行星轮系

图中轮 1、3 虚线箭头反向，故取“-”，由此得

$$i_{13}^{H}=\frac{n_1-n_H}{0-n_H}=-\frac{61}{27}$$

解得

$$i_{1H}=n_1/n_H=1+61/27\approx3.26$$

设 n_1 的转向为正，则

$$n_H=n_1/i_{1H}=(6000/3.26)\text{r/min}\approx1840\text{r/min}$$

n_H 的转向和 n_1 相同。

利用式（3-16）还可以计算出行星轮 2 的转速 n_2，即

$$i_{12}^{H}=\frac{n_1^H}{n_2^H}=\frac{n_1-n_H}{n_2-n_H}=-\frac{z_2}{z_1}$$

代入已知数值解得

$$n_2\approx-4767\text{r/min}$$

式中，负号表示 n_2 的转向与 n_1 相反。

例 3-4 在图 3-46 所示锥齿轮组成的差动轮系中，已知 $z_1=60$、$z_2=40$、$z_{2'}=z_3=20$，若 n_1 和 n_3 均为 120r/min，但转向相反（如图中实线箭头所示），求 n_H 的大小和方向。

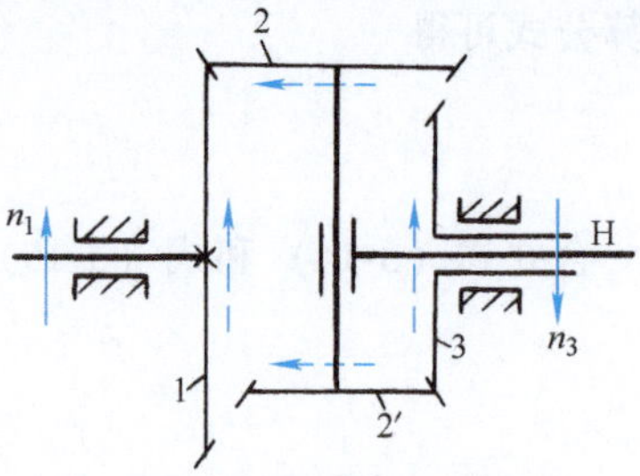

图 3-46 差动轮系

解： 将 H 固定，画出转化轮系各轮的转向，如虚线箭头所示，由式（3-16）得

$$i_{13}^{H}=\frac{n_1^H}{n_3^H}=\frac{n_1-n_H}{n_3-n_H}=+\frac{z_2z_3}{z_1z_{2'}}$$

上式中的“+”号是由轮 1 和轮 3 虚线箭头同向确定的，与实线箭头无关。设实线箭头朝上为正，则将 $n_1=120\text{r/min}$、$n_3=-120\text{r/min}$ 代入上式得

$$(120-n_H)/(-120-n_H)=(+)40/60$$

解得

$$n_H=6000\text{r/min}$$

n_H 的转向与 n_1 相同，箭头朝上。

注意：本例中行星轮 2—2′的轴线和齿轮 1（或齿轮 3）及行星架 H 的轴线不平行，所以不能利用式（3-16）来计算 n_2。

3. 混合轮系的传动比计算

混合轮系结构复杂，不能直接引用定轴轮系或周转轮系的公式对混合轮系进行传动比计算，而必须首先搞清楚轮系的组成，找出构成混合轮系的各个单一的周转轮系和定轴轮系，分别列出其传动比的计算式，最后结合构件的连接关系，对上述各计算式联立求解，即可求出混合轮系的传动比。分析时，应注意按照轮系的传动路线进行。

在混合轮系中区分定轴轮系部分和周转轮系部分的关键，在于确定是否存在行星轮。在若干个啮合传动的齿轮中，如果各轮轴线都是固定不动的，这部分就是一个定轴轮系。如果某轮的轴线绕另外的轴线转动，该轮为行星轮，支承行星轮的构件为行星架，与行星轮啮合的即为太阳轮，这部分就是一个周转轮系。有两个活动太阳轮的就是差动轮系，有一个活动行星轮和一个固定太阳轮的就是行星轮系。如图 3-42 所示的汽车后桥变速器为混合轮系，齿轮 1、2 啮合传动是定轴轮系运动，行星架 H 与轮 2 固接，随轮 2 一起转动，齿轮 3、5 均能绕轴线转动，为两个活动的太阳轮，故 4—3—5—H 构成差动轮系。

例 3-5 如图 3-47 所示轮系中，已知齿轮齿数 $z_1=20$、$z_2=40$、$z_{2'}=20$、$z_3=30$、$z_4=80$，求传动比 i_{1H}。

解： 1）因为齿轮 3 的轴线可动，齿轮 3 为行星轮，与齿轮 3 相啮合的齿轮 2′、4 的轴线与行星架 H 的轴线重合，是太阳轮，即 3—2′—4—H 构成周转轮系。因为齿轮 1 和 2 的轴线固定，所以 1—2 构成定轴轮系。

2）在周轮轮系 3—2′—4—H 中，可得

$$i_{2'4}^H=\frac{n_{2'}^H}{n_4^H}=\frac{n_{2'}-n_H}{n_4-n_H}=-\frac{z_4}{z_{2'}}$$

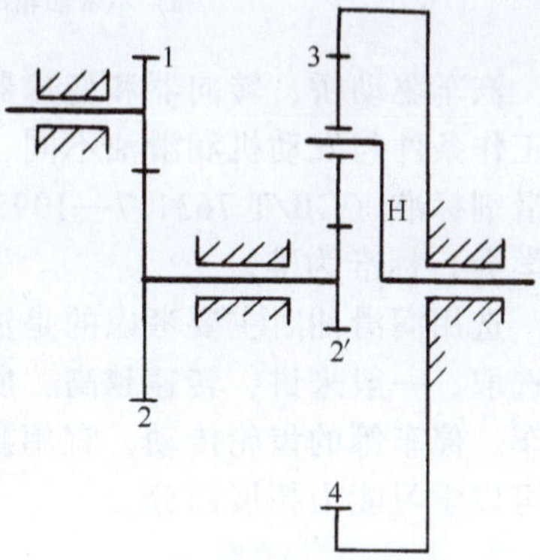

图 3-47 混合轮系

3）在定轴轮系 1—2 中，可得

$$i_{12}=n_1/n_2=-z_2/z_1$$

将各已知量代入上面两个式子中，并注意 $n_2=n_{2'}$、$n_4=0$，可得

$$(n_{2'}-n_H)/-n_H=-80/20$$

$$n_1/n_2=-40/20$$

求解得

$$i_{1H}=n_1/n_H=-10$$

传动比 i_{1H} 为负值，说明齿轮 1 与行星架 H 转向相反。

三、齿轮传动的润滑方式和效率

齿轮传动的润滑，可以减轻磨损、减少摩擦损耗、降低噪声、散热和防锈。

1. 润滑方式

齿轮传动的润滑方式，主要根据齿轮圆周速度的大小来选择。

（1）浸油润滑　当齿轮的圆周速度 $v>12\mathrm{m/s}$ 时，通常将大齿轮浸入油池中进行润滑。如图 3-48a 所示，浸油深度为 1～2 个齿高。浸油深度过大会增大齿轮的搅油阻力，并使油温升高。在多级齿轮传动中，可采用带油轮将油带到未浸入油池内的轮齿齿面上，如图 3-48b 所示，同时可将油甩到齿轮箱壁面上散热，使油温下降。

（2）喷油润滑　当齿轮圆周速度 $v>12\mathrm{m/s}$ 时，由于圆周速度大，齿轮搅油剧烈，且因离心力较大，会使黏附在齿廓上的油被甩掉，因此不宜采用浸油润滑，可采用喷油润滑。即用油泵将具有一定压力的油经喷油器喷到啮合的齿面上，如图 3-48c 所示。

不带油轮的油池润滑　　带油轮的油池润滑　　喷油润滑

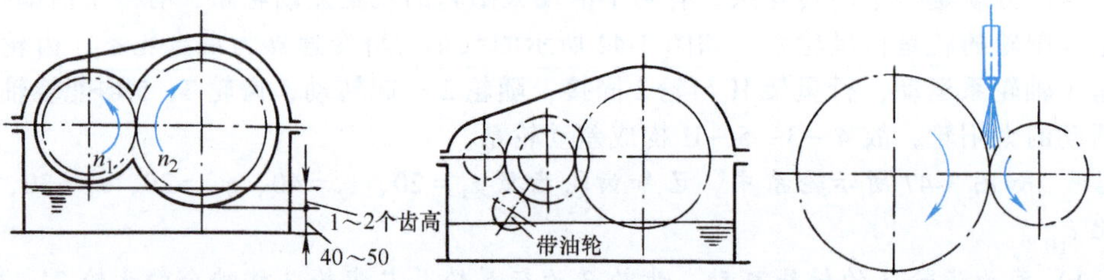

a)　　b)　　c)

图 3-48　油池润滑和喷油润滑

a）不带油轮的油池润滑　b）带油轮的油池润滑　c）喷油润滑

汽车驱动桥、转向器和变速器等齿轮传动一般使用润滑油润滑，通常称为驱动桥齿轮油。其工作条件与发动机润滑油不同，在使用中一般温度不高。汽车润滑油的国际标准与中国国家润滑剂标准（GB/T 7631.7—1995）一样，均以 SAE（美国汽车工程师学会）和 API（美国石油学会）标准为准。

选用润滑油时主要考虑的是油的黏度，而润滑油的黏度通常根据齿轮的承载情况和圆周速度选取。一般来讲，转速越高，所用油的黏度越低，反之越高。对于变速变载、重载或者频繁开车、停车等的齿轮传动，宜用黏度高的润滑油。常见润滑方式和润滑油的选择，有兴趣的同学可以学习能力拓展部分。

2. 齿轮传动效率

齿轮传动的功率损耗主要包括啮合中的摩擦损耗、搅动润滑油的油阻损耗以及轴承中的摩擦损耗。计入上述损耗时，齿轮传动（采用滚动轴承）的平均效率见表 3-10。

表 3-10　齿轮传动的平均效率

传动装置	6 级或 7 级精度的闭式传动	8 级精度的闭式传动	开式传动
圆柱齿轮	0.98	0.97	0.95
锥齿轮	0.97	0.96	0.93

单元训练与测评

一、填空题

1. 按齿轮的齿形不同，齿轮可分为__________、__________和__________三种。

2. 渐开线直齿圆柱齿轮有 5 个基本参数，即：__________、__________、__________、__________、__________。

3. 一对渐开线直齿圆柱齿轮的正确啮合条件为：两轮的__________和__________必须分别相等并为标准值。

4. 齿轮常见的失效形式有__________、__________磨粒磨损、__________以及塑性变形等几种形式。

5. 在轮系中，__________的轮系，称为定轴轮系；______________________________的轮系，称为周转轮系。

二、选择题

1. 低速重载软齿面齿轮传动的主要失效形式是__________。

A. 轮齿疲劳折断　　B. 齿面点蚀　　C. 齿面磨损

D. 齿面胶合　　E. 齿面塑性变形

2. 一般开式齿轮传动的主要失效形式是________。

A. 齿面胶合　　B. 齿面疲劳点蚀

C. 齿面磨损或轮齿疲劳折断　　D. 轮齿塑性变形

3. 齿轮传动中，齿面胶合常发生在哪种工作场合？________

A. 闭式软齿面传动　　B. 闭式硬齿面传动　　C. 高速、重载的传动

4. 齿轮标准压力角和标准模数均在________上。

A. 分度圆　　B. 基圆　　C. 齿根圆

5. 一对渐开线齿轮正确啮合，已知：$m_1=3$，$z_1=30$，$a=120\text{mm}$，则配对的齿轮参数为（　　）。

A. $m_2=2$，$z_2=30$　　B. $m_2=3$，$z_2=50$　　C. $m_2=4$，$z_2=60$

6. 一对渐开线齿轮传动，当中心距略有改变时，其（　　）不变。

A. 啮合角　　B. 传动比　　C. 节圆　　D. 啮合线

三、判断题

1. 齿轮参数中最基本的参数是齿数、模数和压力角。（　　）

2. 轮系的传动比，是指轮系中首末两齿轮的齿数比。（　　）

3. 轮系中的某一个中间齿轮，可以既是前级的从动轮，又是后级的主动轮。（　　）

4. 定轴轮系中的所有齿轮的轴线位置都是固定的。（　　）

5. 标准斜齿圆柱齿轮的正确啮合条件是：两齿轮的端面模数和压力角相等，螺旋角相等，螺旋方向相反。（　　）

6. 锥齿轮的正确啮合条件是：两齿轮的小端模数和压力角分别相等。（　　）

四、简答题

1. 渐开线标准直齿圆柱齿轮的几何尺寸由哪几个基本参数决定？如何测量齿轮各部分的尺寸？

2. 什么叫标准齿轮？什么叫标准安装？什么叫标准中心距？

3. 轮系传动主要有哪些功用？

4. 观察工程及生活中齿轮传动应用，列举出不少于十种轮系传动应用的场合。

五、计算题

1. 已知一对渐开线标准直齿圆柱齿轮传动，小齿轮的齿数 $z_1=26$，传动比 $i_{12}=2.5$，模数 $m=3$，试求大齿轮的齿数、主要几何尺寸及中心距。

2. 如图 3-49 所示轮系，已知：$\omega_1=20\text{rad/s}$，$z_1=z_3=20$，$z_2=z_4=40$，$z_5=z_6=25$。求：ω_6。并判断齿轮 6 的转向（图上标出）。

3. 如图 3-50 所示轮系，已知各轮的齿数，$z_1=50$，$z_2=30$，$z_{2'}=20$，$z_3=100$，试求轮系的传动比 i_{1H}。

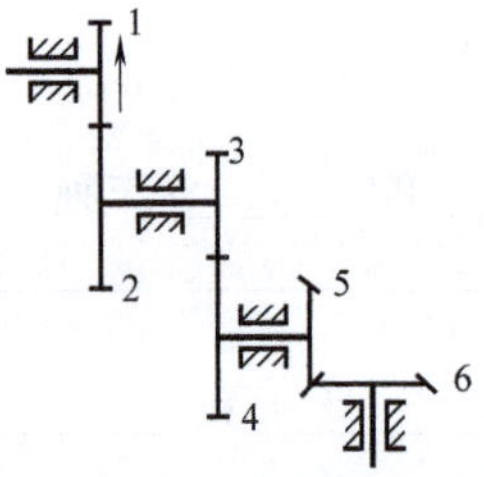

图 3-49　轮系传动

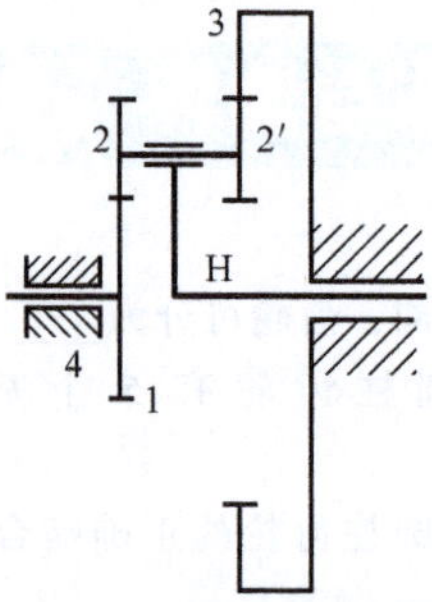

图 3-50　求周转轮系传动比

单元4

汽车常用零部件

教学导航

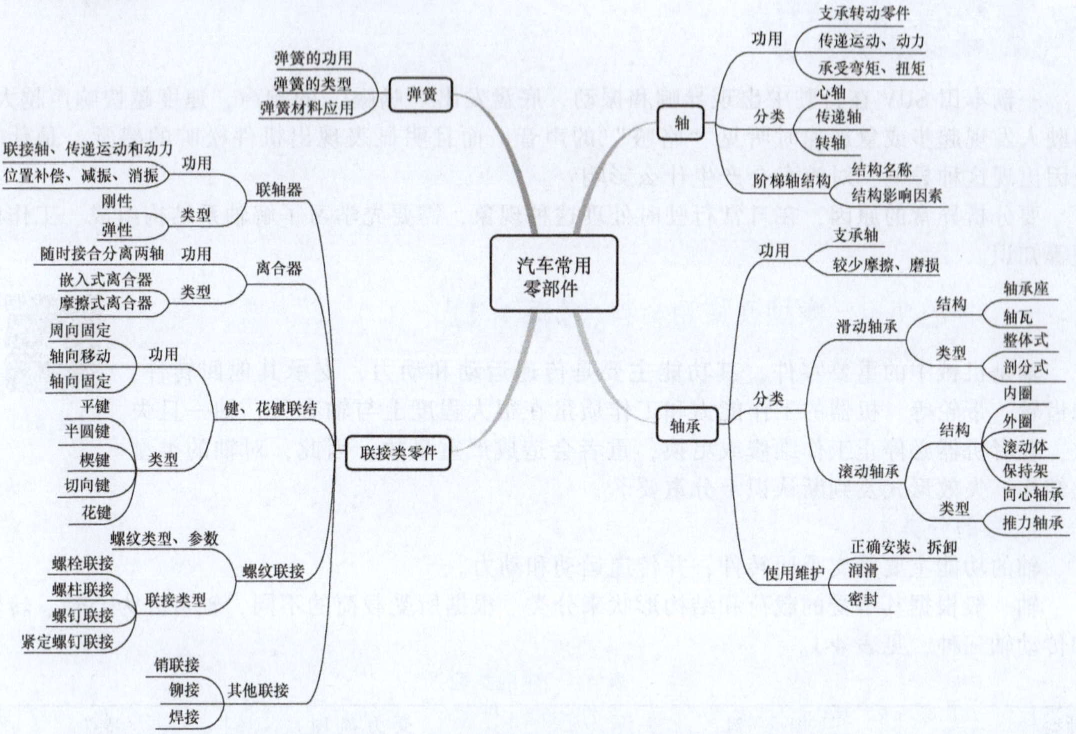

汽车常用零部件是汽车机械动力、传动装置的重要组成部分，其设计、使用是否合理将直接影响到整台汽车的工作性能。汽车轴系零部件是如何实现运动和动力的传递的？有哪些类型和特点？轴上零件是如何实现轴向和周向固定的？在本单元中，结合汽车的动力和传动装置来认识轴、轴承、联轴器和离合器、键、螺纹及弹簧等常用零部件的基本知识，掌握机械通用零部件的正确使用维护技能。

学习目标

（1）掌握轴系零部件类型、应用、结构特点及工作要求等基础知识，轴系结构分析与应用；

（2）掌握汽车传动系统中轴系零部件的正确安装和维护技能，解决轴系零部件类型及型号选用、轴上零件定位和固定、选用方法、轴与轴承的装配关系和装配要求等方面的问题；

（3）具有运用标准、规范、手册、图册等有关技术资料的职业能力素质。

任务 9 轴系结构分析与应用

任务要点

(1) 理解常用轴的功用、材料及类型的选择；
(2) 认识常用轴（阶梯轴）的结构特点及应用；
(3) 理解轴上零件的定位和固定方法，能够分析轴的失效。

知识学习

一辆本田 SUV 在行驶中出现异响和振动，底盘发出“嗡嗡”的响声，速度越快响声越大。驾驶人发现起步或急加速时听见“咯噔”的声音，而且明显表现出机件松旷的感觉。是什么原因出现这种异响？对汽车会产生什么影响？

要分析异常的原因，在日常行驶时处理这种现象，需要先学习了解轴系结构组成、工作原理等知识。

一、轴的功用、类型及应用材料（微课 4.1）

微课 4.1

轴是机械中的重要零件，其功能主要是传递运动和动力，支承其他回转件，如齿轮、带轮等。机器的工作能力和工作质量在很大程度上与轴有关，轴一旦失效，轻者机器必停止工作维修或更换，重者会造成严重事故。因此，对轴的类型及结构、失效形式及判断认识十分重要。

1. 轴的分类

轴的功能主要是支承回转件，并传递运动和动力。

轴一般根据其承受的载荷和结构形状来分类。根据所受载荷的不同，轴可分为心轴、转轴和传动轴三种，见表 4-1。

表 4-1 轴的类型

种类	图 例	受 力 简 图	特点
心轴	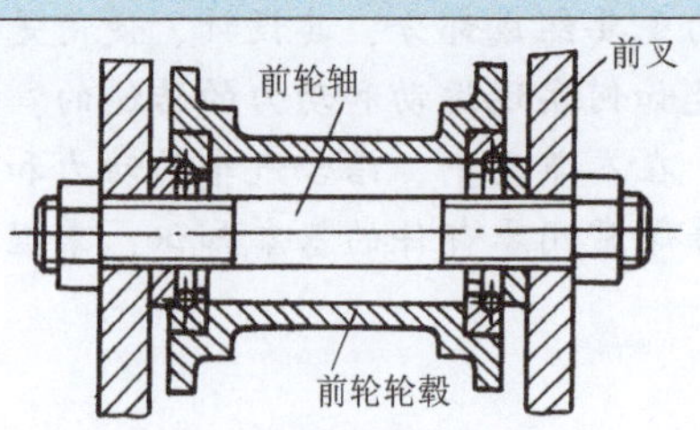 固定心轴	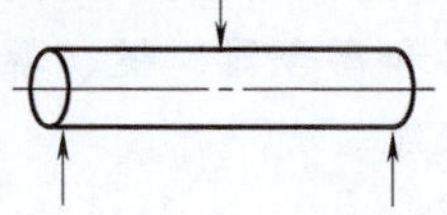	工作时只承受弯矩作用
	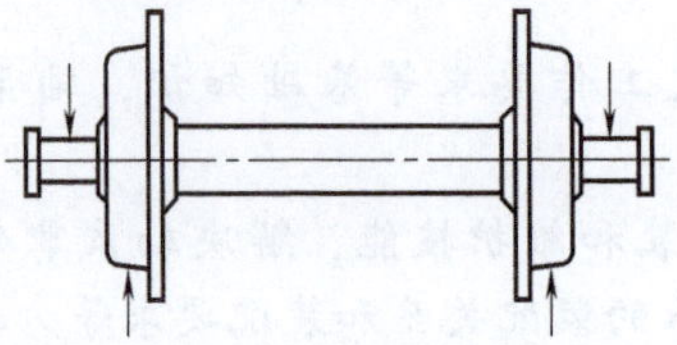 转动心轴	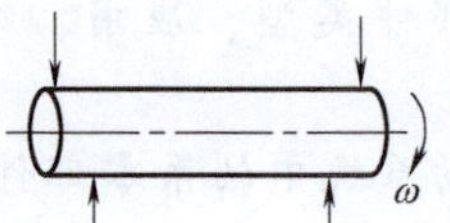	

（续）

种类	图 例	受 力 简 图	特点
转轴	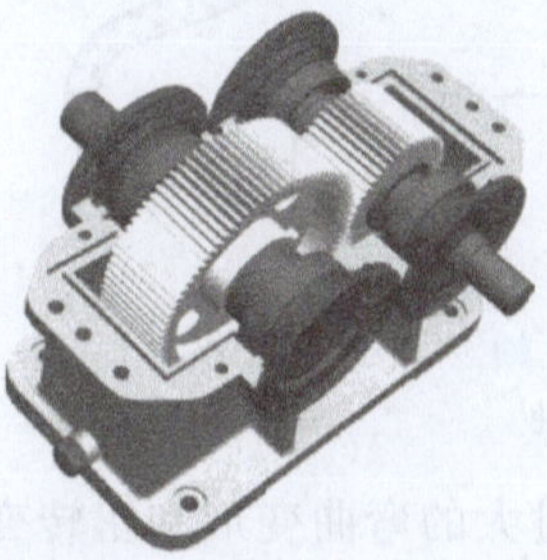	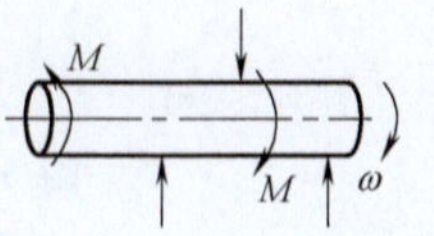	工作时既传递转矩又承受弯矩
传动轴	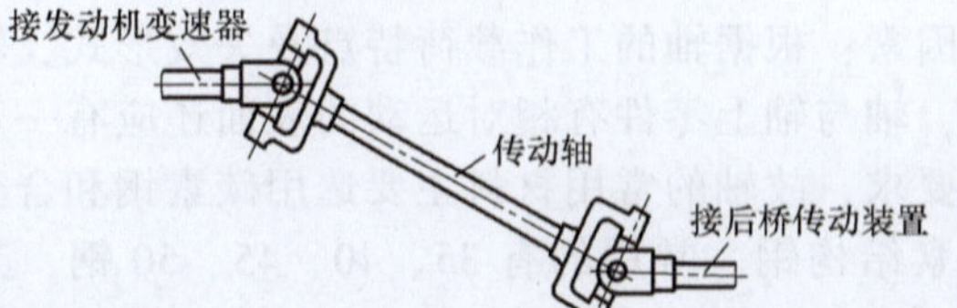	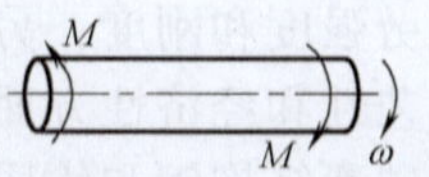	工作时主要传递转矩

按照轴的结构形状不同，轴可划分为直轴（图 4-1）和曲轴（图 4-2a）；光轴（图 4-1a）和阶梯轴（图 4-1b）；空心轴（图 4-1c、d）和实心轴（图 4-1a、b）；刚性轴和挠性轴(图 4-2b)。曲轴多用于往复式机械中，如汽车发动机等；在发动机配气机构中摇臂轴采用了空心轴；阶梯轴广泛应用于汽车变速器等各种机械设备中；挠性轴的轴线能按使用要求随意变化，可将机械运动灵活传递到所需要的任何位置。

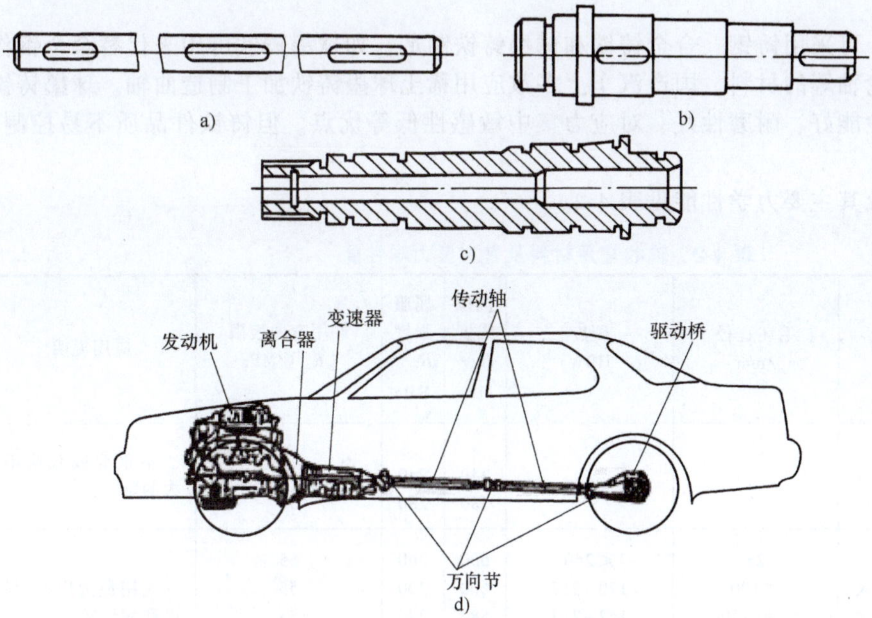

图 4-1　直轴

a）光轴　b）阶梯轴　c）空心轴　d）汽车传动轴

汽车传动轴

2. 轴的材料

轴作为一个回转件，在工作时受弯曲或扭转变形作用，大多产生交变应力。因此，其主要

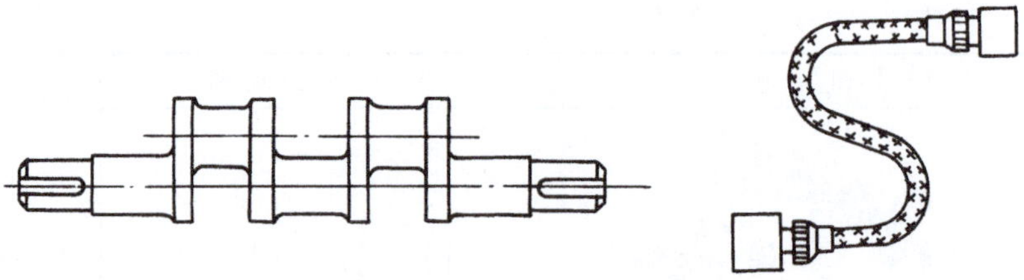

a) b)

图 4-2 曲轴和挠性轴

a）曲轴 b）挠性轴

的失效形式为疲劳断裂，还可能因为刚度不足而产生过大的弯曲变形和扭转变形，影响轴上零件的正常工作。

轴的材料种类很多，选择时应考虑以下因素：根据轴的工作载荷特点及失效形式，轴的材料首先应具有一定的疲劳强度和刚度；另外，轴与轴上零件有相对运动的表面还应有一定的耐磨性；同时还应满足工艺性和经济性方面的要求，故轴的常用材料主要选用碳素钢和合金钢。

碳素钢可分为普通碳素结构钢和优质碳素结构钢。常用的有 35、40、45、50 钢，其中以 45 钢应用最普遍。与合金钢相比，碳素钢价廉、对应力集中的敏感性小，并且经过正火或调质等热处理后，其综合力学性能都会有很大的改善和提高。例如上海桑塔纳发动机曲轴就是采用 50 钢锻制而成，先正火后半精加工，最后经中频感应淬火后再精加工。对于不重要或受力较小的轴，一般无须热处理，可直接采用 Q235 等普通碳素结构钢。

合金钢比优质碳素结构钢有更高的力学性能和淬火性能。常用的有 20Cr、40Cr、35CrMo、40MnB、40CrNi 等，通常用于重载、高速或有特殊要求的轴，如耐高温、耐蚀、耐磨等场合。由于常温下合金钢和碳素钢的弹性模量相差很小，因此用合金钢代替碳素钢并不能提高轴的刚度，反而增加成本。

形状复杂的轴，可采用铸钢、合金铸铁和球墨铸铁制造，如球墨铸铁可用来代替合金钢作为内燃机曲轴、凸轮轴等的材料。国产汽车上多数应用稀土球墨铸铁加工制造曲轴。球墨铸铁具有成本低、吸振性能好、耐磨性好、对应力集中敏感性低等优点。但铸铁件品质不易控制，可靠性较差。

轴的常用材料及其主要力学性能见表 4-2。

表 4-2 轴的常用材料及其主要力学性能

材料牌号	热处理	毛坯直径 /mm	硬度 HBW	抗拉强度 R_m/MPa	屈服强度 R_{eL}/MPa	许用弯曲极限 [R_m]/MPa	应用说明
碳素结构钢 Q235 Q275				440 580	240 280	43 53	不重要或载荷不大的轴
优质碳素结构钢 45	正火、 正火、回火 正火、回火 调质	25 ≤100 >100~300 ≤200	≤240 170~217 162~217 225~271	600 600 580 650	360 300 290 360	55 55 53 61	应用最为广泛，强度和韧性较好
合金钢 40Cr	调质	25 ≤100 >100~300	 241~266 241~266	1000 750 700	800 550 550	90 72 70	用于载荷较大而无大冲击的重要轴

（续）

材料牌号	热处理	毛坯直径/mm	硬度HBW	抗拉强度R_m/MPa	屈服强度R_{eL}/MPa	许用弯曲极限$[R_m]$/MPa	应用说明
合金钢 20Cr	渗碳淬火 回火	15 30 ≤60	表面 56~62HRC	850 650 650	550 400 400	76	用于强度、韧性和耐磨性均较高的轴
合金钢 20CrMnTi	渗碳淬火 回火	15 15	表面 65~62HRC	1100	850	100	性能略优于20Cr
球墨铸铁 QT400-15 QT600-3			156~197 197~269	400 600	300 420	30 42	曲轴、凸轮轴、水泵轴

二、轴的结构分析及工艺分析

轴一般由轴头、轴身、轴颈三部分组成。图 4-3 所示为减速器输入轴的结构，轴上与传动零件或联轴器、离合器相配的部分称为轴头；与轴承相配的部分称为轴颈，连接轴头和轴颈的部分称为轴身。

轴的结构形状和尺寸受到很多因素的影响，如轴上载荷的大小、分布及性质，轴上零件的数目、类型、布置及固定方式，轴的加工和装配方法等。因此，在设计时要根据具体的工况，综合考虑各种影响因素，经济合理地确定轴的结构。

1. 轴上零件的定位和固定（微课 4.2）

轴上零件的定位和固定是两个不同的概念。定位是针对装配而言的，是为了保证轴上零件的准确安装位置；固定是针对工作而言的，是为了使轴上零件在运转中保持原位不动。但两者又相互联系，通常作为轴的结构措施，既起固定作用又起定位作用。

微课 4.2

（1）轴上零件的周向定位和固定　周向定位和固定是指将轴上的零件在圆周方向进行定位和固定。为了保证轴上零件能够传递运动和转矩，零件在轴上必须有可靠的周向定位和固定。常用的周向定位和固定方式有键联结、花键联结、销联接、过盈配合等结构，见表 4-3。

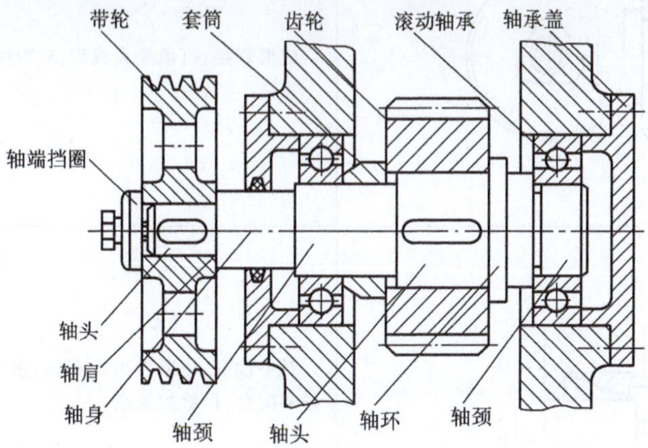

图 4-3　减速器输入轴的结构

单级减速器

表 4-3 轴上零件常用的周向定位和固定方式

定位与固定方法	简　图	特点与应用
键联结	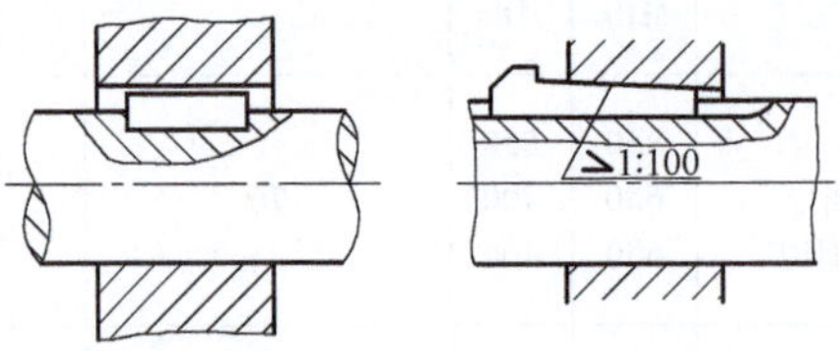	平键：对中性好，可用于较高精度、高转速及受冲击或变载荷作用的场合 楔键：不适于要求严格对中、有冲击载荷及高速回转的场合，但能承受单向的轴向力
花键联结	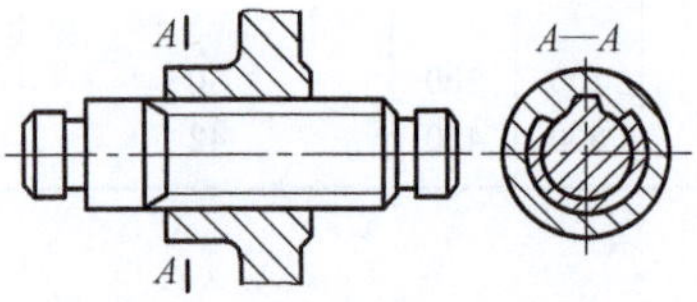	承载能力高，定心性和导向性好，但制造困难，成本高
销联接	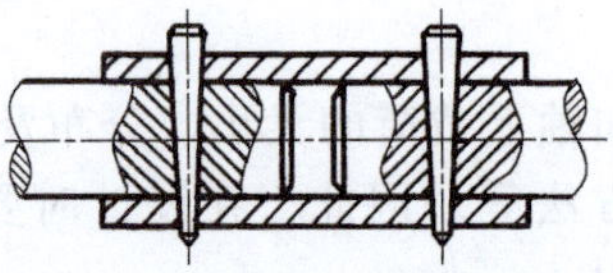	结构简单，用于受力不大，同时需要周向定位和固定的场合
过盈配合	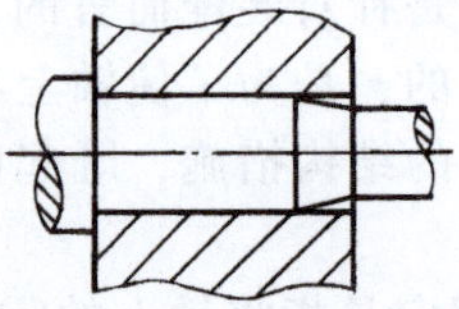	结构简单，对中性好，承载能力高，同时起轴向固定作用，不适于经常拆卸的场合。常与平键联合使用，以承受大的循环、振动和冲击载荷
成形联接	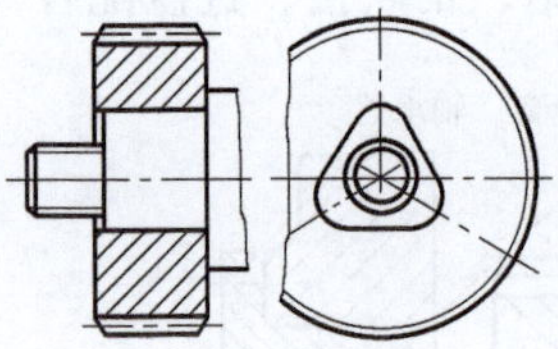	成形联接，可承受大载荷，对中性好，但制造困难
胀接	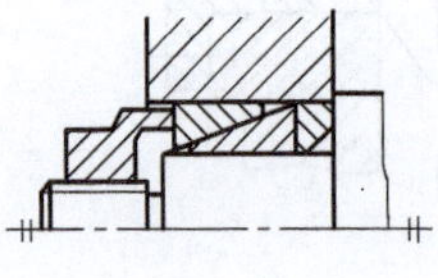	对中性好，压紧力可以调整，多次拆卸仍能保持良好的配合，但结构复杂

（2）轴上零件的轴向定位和固定　轴向定位和固定是指将轴上的零件沿轴线方向进行定位和固定。轴上零件的轴向定位通常采用轴肩或轴环，见表 4-4。轴肩或轴环处应有过渡圆角，且圆角半径 r 不宜太小，以免产生应力集中。为了使零件端面能与轴肩或轴环平面接触，零件孔口处的圆角半径 R 或倒角 C 应大于轴上圆角半径 r，轴环的高度可取为 $1.4h$（h 为轴肩高度）。

轴上零件除了要求正确定位外，还要求可靠的轴向固定，以防止轴上零件工作时产生轴向移动。常用的固定方式有套筒、圆螺母、轴端挡圈、弹性挡圈、紧定螺钉和圆锥面等结构，见表 4-5。此外，还有盖板式（如汽车中十字万向节中滚针轴承的轴向定位方式）、瓦盖式和挡圈固定式定位和固定方式。

表 4-4　轴上零件常用的轴向定位方式及尺寸　　（单位：mm）

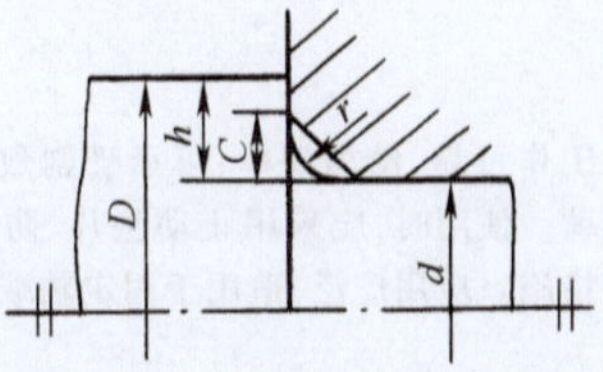

轴肩

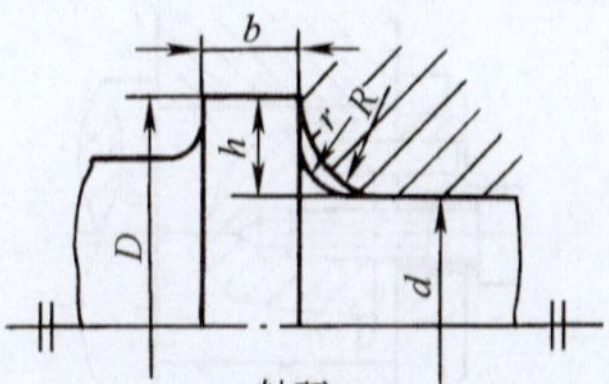

轴环

轴径	>10~18	>18~30	>30~50	>50~80	>80~120	>120~180	>180~260	>260~360	>360~500
轴上圆角 r	1	1.5	2	2.5	3	4	5	6	8
零件倒角 C 或圆角 R	1.5	2	2.5	3	4	5	6	8	10
轴肩高度 h	定位轴肩：$h=(1.5\sim2)C$ 或 $h=(1.5\sim2)R$；非定位轴肩：$h=1\sim3$ 或更小								

注：1. 受有轴向力的定位轴肩取大值，没有轴向力的定位轴肩取小值。

2. 为了拆卸滚动轴承的方便，安装滚动轴承处的轴肩高度另有规定，可直接由滚动轴承标准中查取。

表 4-5　轴上零件常用的轴向固定方式、结构特点及应用

类型	固定方式及简图	结构特点及应用
圆螺母	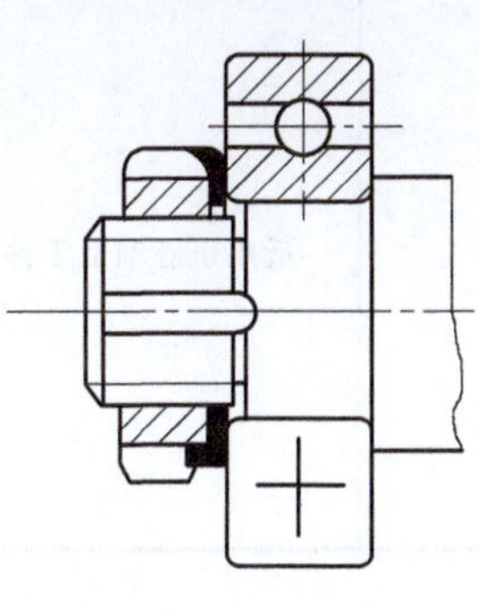	固定可靠，装拆方便，可承受较大轴向力，能调整轴上零件之间的间隙。为防止松脱，必须加止动垫圈或使用双螺母。由于在轴上切制了螺纹，使轴的强度降低。常用于轴上零件距离较大处及轴端零件的固定
轴肩与轴环	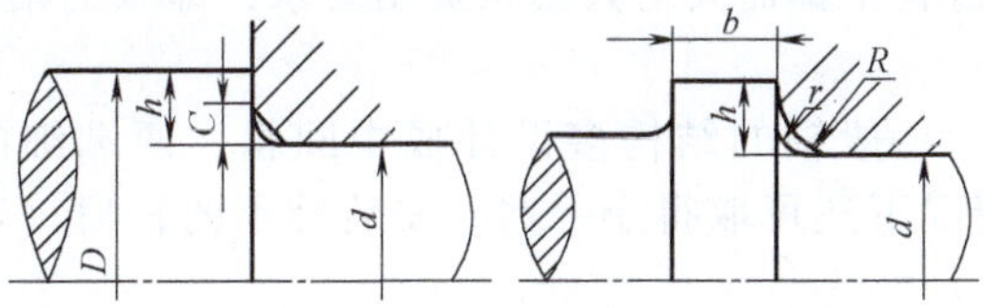	应使轴肩、轴环的过渡圆角半径 r 小于轴上零件孔端的圆角半径 R 或倒角 C（即 $r<R$ 或 $r<C$），这样才能使轴上的零件的端面紧靠定位面。结构简单，定位可靠，能承受较大的轴向力，广泛应用于各种轴上零件的定位

（续）

类型	固定方式及简图	结构特点及应用
套筒	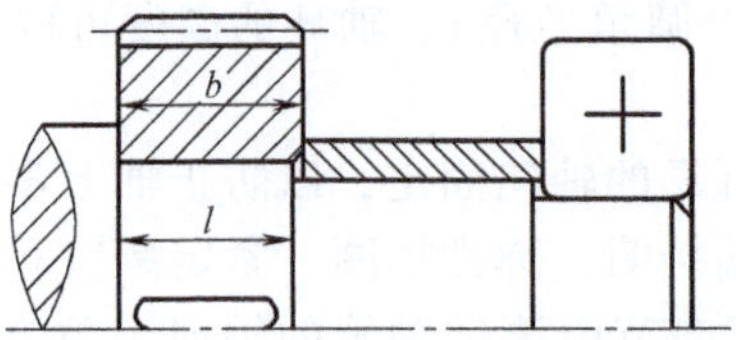	结构简单，定位可靠。常用于轴上零件间距离较小的场合，当轴的转速很高时不宜采用
轴端挡圈	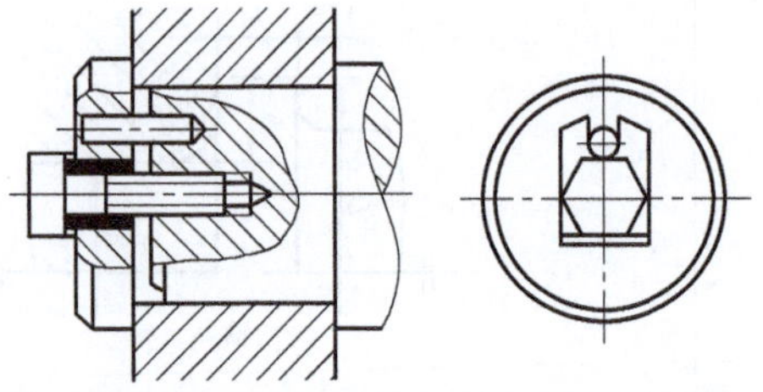	工作可靠，结构简单，可承受剧烈振动和冲击载荷。使用时，应采用止动垫片、防转螺钉等防松措施。应用广泛，适用于固定轴端零件
弹性挡圈	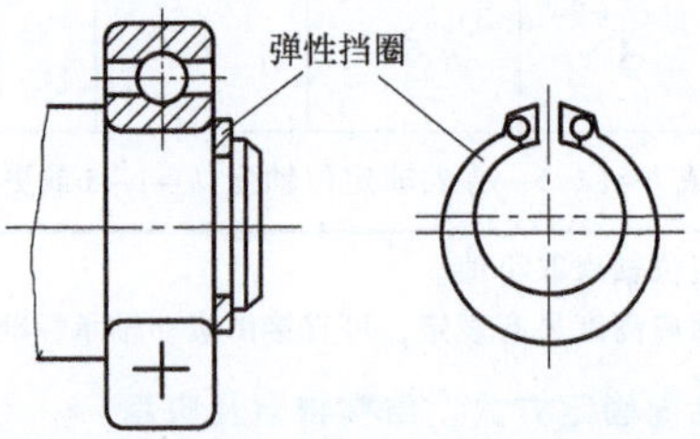	结构简单紧凑，装拆方便，只能承受很小的轴向力，但需要在轴上切槽，这将引起应力集中。常用于滚动轴承的固定
轴端挡板	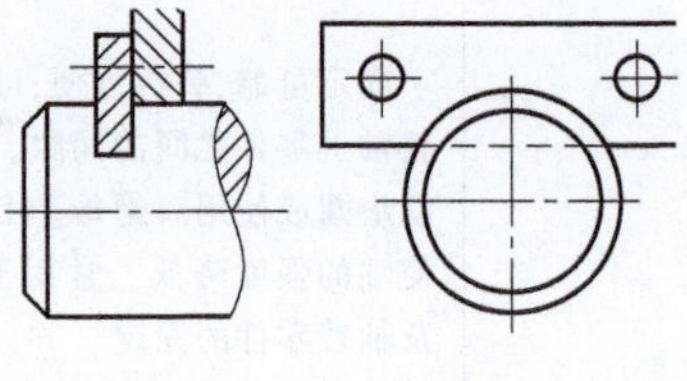	适用于心轴上零件的固定和轴端固定

2. 轴的结构工艺性

轴在其制造加工、装配、使用维修过程中都需要对其结构提出要求，即轴的结构工艺性要求。主要有下面几点内容：

1）为了便于轴上零件安装和拆卸，一般轴的结构多设计成中间粗、两端细的阶梯轴形状。轴肩高度一般可取1~3mm，特殊情况下还可取得小一些。安装轴承的轴肩（或套筒）高度应小于轴承内圈厚度。

2）为了避免损伤相配合的零件，轴上各段的轴端要有倒角或过渡圆角，并且同一轴上的圆角、倒角尺寸应尽量相同，便于加工。

3）磨削段要留砂轮越程槽（图 4-4a），螺纹段要留退刀槽（图 4-4b），螺纹前导段的直径应小于螺纹小径。

4）同一轴上有几个键槽时应开在同一素线上，避免多次装夹。

轴的结构工艺要求尺寸均有标准，设计时可查阅相关的设计手册。

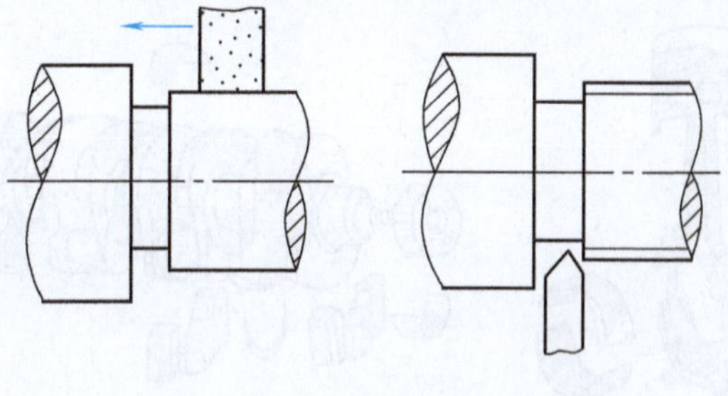

a)　　b)

图 4-4　砂轮越程槽和退刀槽

a）砂轮越程槽　b）退刀槽

任务 10　轴承结构分析与应用

任务要点

（1）认识轴承的分类、应用及轴承组合结构的设计与安装；

（2）掌握滑动轴承的类型、结构特点及使用维护；

（3）掌握滚动轴承的类型、代号表示方法、选用原则及使用维护。

知识学习

轴承是汽车传动机构中重要的支承零件，广泛应用于其他各种机器、仪器和器械中，其主要作用是支承转动（或摆动）的轴类运动零件，保证轴和轴上传动件的回转精度，减少摩擦和磨损，并承受载荷。轴承一旦失效，将会影响轴的正常运转和轴上零件的正常工作。根据轴承工作时摩擦性质的不同，轴承分为滑动轴承和滚动轴承两大类，工作时轴承与轴表面形成滑动摩擦的为滑动轴承，利用滚动体形成滚动摩擦的轴承为滚动轴承。本任务将分别介绍这两类轴承的结构、类型、材料、润滑、尺寸确定及选用。

一、滑动轴承结构分析与应用（微课 4.3）

图 4-5 所示为曲轴与连杆结构示意图。曲轴的连杆轴颈与连杆大头、曲轴的主轴颈与机体的连接，都是通过滑动轴承来减少转动副之间的摩擦并支承它们，从而把活塞的直线往复运动转变为曲轴的旋转运动，向外输出功率。

微课 4.3

1. 滑动轴承的结构

滑动轴承按所受载荷的方向分为径向滑动轴承（图 4-6a）和推力滑动轴承（图 4-6b）。

（1）径向滑动轴承　径向滑动轴承主要承受径向载荷。常用的径向滑动轴承，我国已制定有关标准，通常可根据工作条件选用。径向滑动轴承主要结构形式有整体式和对开式两大类。

1）整体式滑动轴承。图 4-7 所示为整体式滑动轴承（JB/T 2560—2007），由轴承座和轴套（瓦）等组成。轴承座和轴套采用较紧的配合，一般为 H8/s7。轴承座用螺栓与机座联接，顶部设有安装注油杯的螺纹孔，轴套上开有油槽。这种轴承构造简单，成本低，但磨损后无法修整，且装拆不方便，轴颈只能从端部装入。因此，粗重的轴和具有中间轴颈（如内燃机曲轴）

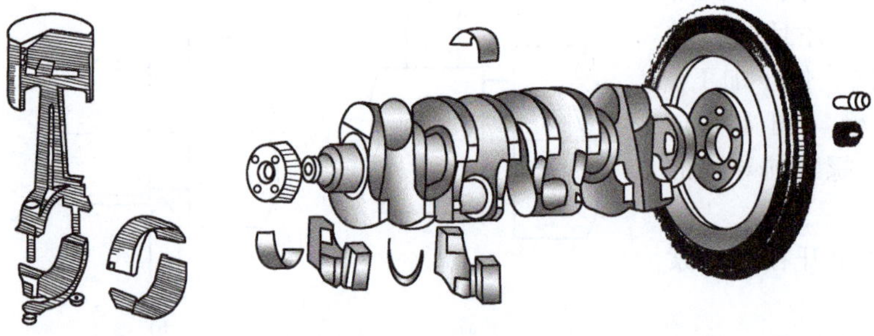

图 4-5 曲轴与连杆结构示意图

连杆结构 整体式滑动轴承

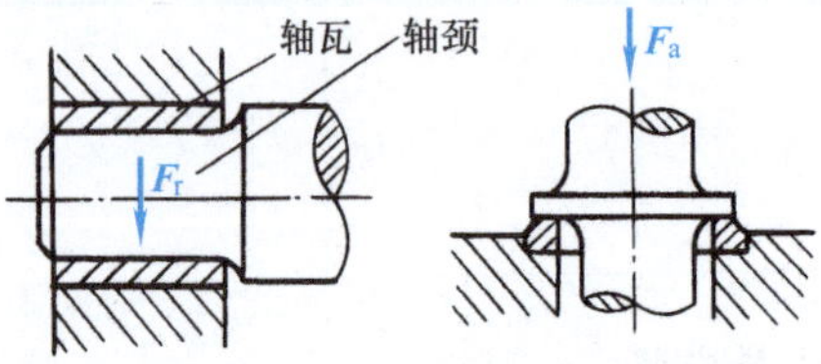

a) b)

图 4-6 滑动轴承受载情况

a）径向滑动轴承 b）推力滑动轴承

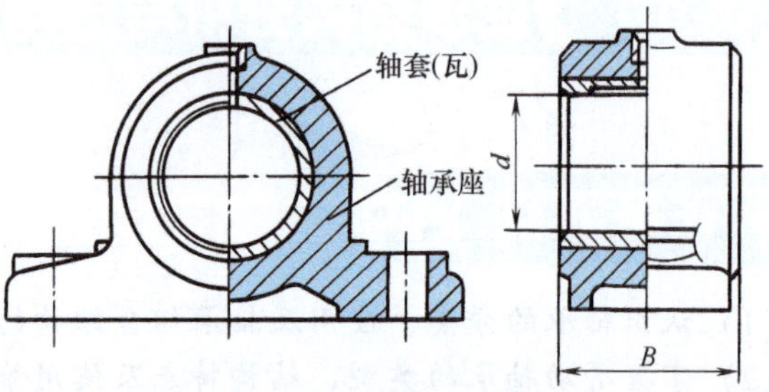

图 4-7 整体式滑动轴承

的轴就不便或无法安装。所以，整体式轴承常用于低速、轻载的间歇工作机械中，如手动机械、农业机械等。

这类轴承座的标记为：HZ×××轴承座 JB/T 2560—2007。其中，H 表示滑动轴承座，Z 表示整体轴承座，×××表示轴承座内径（mm）。标准规格为 HZ020～HZ140。

2）对开式滑动轴承。图 4-8 所示为对开式正滑动轴承，由轴承座、轴承盖、剖分的上、下轴瓦和双头螺柱等组成。轴承盖和轴承座的剖分面常制成阶梯状，以便于轴承盖和轴承座对中和防止横向错动。对开式滑动轴承结构较复杂，但装拆时不必从轴端装入或取出。另外，通过适当增减轴瓦剖分面间的调整垫片，修刮轴瓦表面等措施可调节轴颈与轴承之间的间隙。故对开式滑动轴承装拆和维修方便，应用广泛。例如汽车发动机中曲轴就采用了对开式滑动轴承支承。

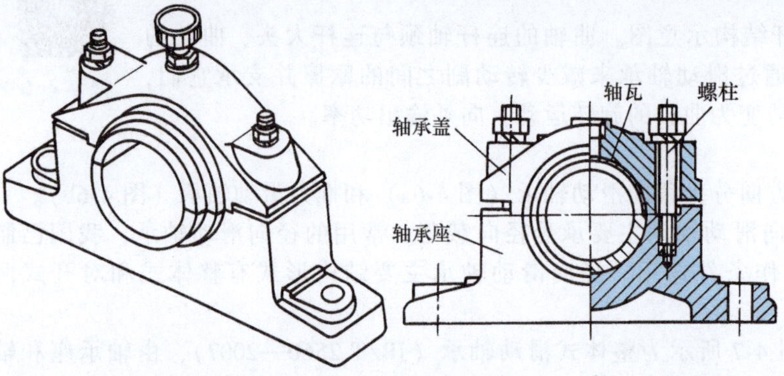

a) b)

图 4-8 对开式正滑动轴承

对开式(剖分式)滑动轴承

对开式二（或四）螺柱正滑动轴承（JB/T 2561—2007 或 JB/T 2562—2007）轴瓦与座孔的配合为 H8/m7，轴承座标记为：H2×××轴承座 JB/T 2561—2007（或 H4×××）。其中 H 表示滑动轴承座，2（或 4）表示螺柱数，×××表示轴承内径（mm）。标准规格为 H2030～H2160（H4050～H4220）。

当轴承上的总载荷方向与垂直剖分面的轴承中心线的夹角超过 35°时，采用此种轴承，如图 4-9 所示的汽车柴油机斜切口连杆大头就采用了图 4-10 所示的对开式四螺柱斜滑动轴承（JB/T 2563—2007）。这类轴承的剖分面与水平面成 45°角，其特点与对开式正滑动轴承相同。标记为：HX×××轴承座 JB/T 2563—2007，其中 H 表示滑动轴承座，X 表示斜座，×××表示轴承内径（mm）。标准规格为 HX050～HX220。

还有一些特殊结构的轴承，如自位滑动轴承、锥形表面可调间隙轴承等，选用时可参阅有关书籍。

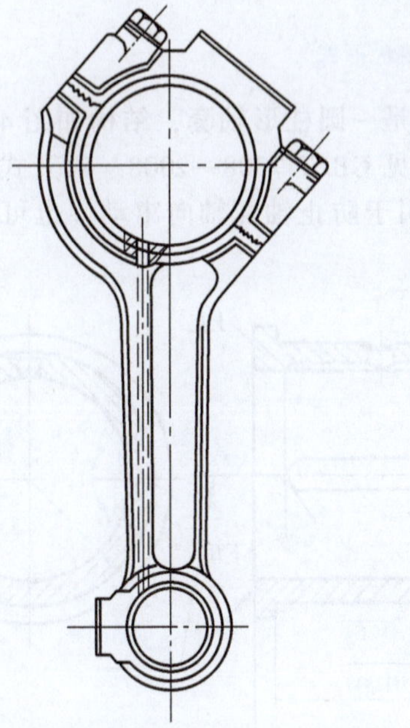

图 4-9 汽车柴油机斜切口连杆大头

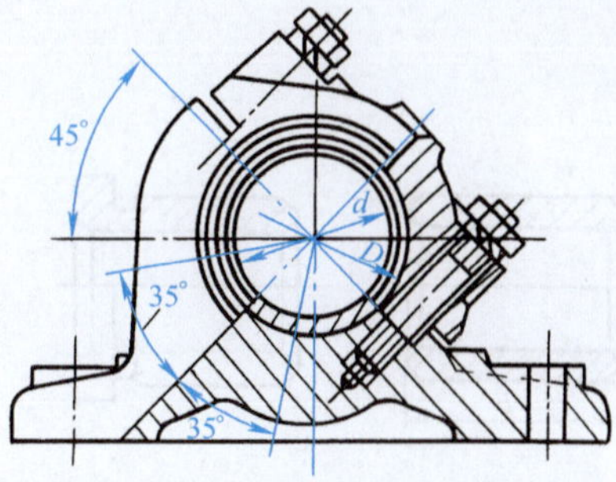

图 4-10 对开式四螺柱斜滑动轴承

（2）推力滑动轴承（GB/T 2889.1—2008） 推力滑动轴承用以承受轴向载荷，其常见的结构形式如图 4-11a 所示。轴颈端面与止推轴瓦组成摩擦副。由于工作面上相对滑动速度不等，越靠近中心处相对滑动速度越小，磨损越轻；越靠近边缘处相对滑动速度越大，磨损越严重，会造成工作面上压强分布不均。为避免工作面上压强严重不均，相对滑动端面通常采用环状端面。当载荷较大时，可采用多环轴颈，如图 4-11b 所示，这种结构的轴承能承受双向轴向载荷。

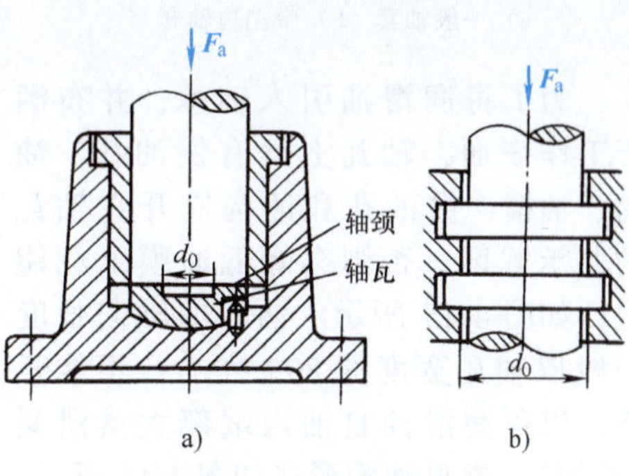

图 4-11 推力滑动轴承

a）空心式 b）多环式

上述结构形式的推力轴承由于轴颈端面与止推轴瓦之间为平行平面的相对滑动，不易形成流体动力润滑，故轴承通常处在边界润滑状态下工作，多用于低速轻载机械。推力滑动轴承的基本尺寸可根据轴颈的直径利用经验公式计算确定。

2. 轴瓦结构

轴瓦是轴承中与轴颈直接接触的重要元件，其结构对轴承性能有很大的影响。为使轴瓦既有一定的强度，又具有良好的减摩性，同时节省贵重材料，降低成本，常在轴瓦表面浇注或轧制一层减摩性好的材料（如轴承合金）称为轴承衬。为使轴承衬可靠地贴合在轴瓦表面上，可采用如图 4-12 所示的结合形式（图中涂黑层表示轴承衬）。

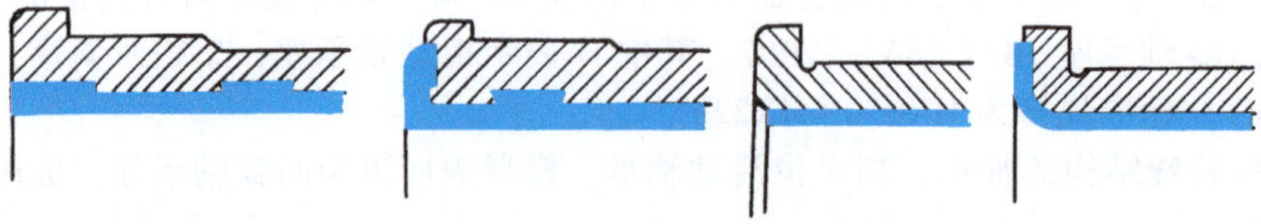

a)　b)　c)　d)

图 4-12　轴瓦与轴承衬的结合形式

轴瓦结构也分为整体式和对开式两种。整体式轴瓦是一圆柱形轴套，结构如图 4-13 所示，又分不带挡边和带挡边两种结构。其基本尺寸、公差参见 GB/T 7308—2008。对开式轴承的轴瓦由上、下两部分组成，如图 4-14 所示。两端的凸肩用于防止轴瓦轴向窜动，也可用螺钉或销钉定位。

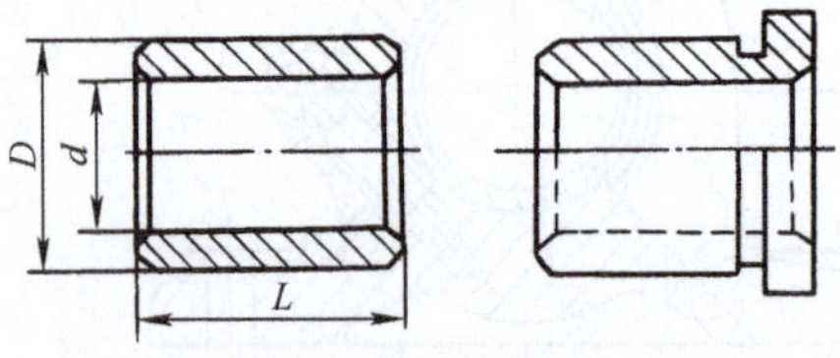

a)　b)

图 4-13　轴套的结构形式

a）一般轴套　b）带挡边轴套

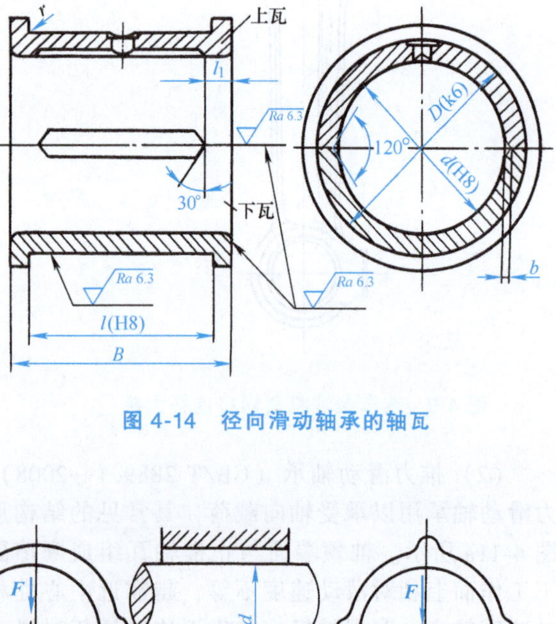

图 4-14　径向滑动轴承的轴瓦

为了将润滑油引入轴承，并布满于工作表面，轴瓦上开有供油孔、油沟、油槽；供油孔和油沟应开在轴瓦的非承载区，否则会降低油膜承载能力，如图 4-15 所示。油沟的轴向长度一般取轴瓦宽度的 80% 左右，不能开通，以免润滑油自油沟端部大量泄漏（端泄）。常见油沟形式如图 4-16 所示。

对一些重型机器轴承的轴瓦，其上常开设油室，如图 4-17 所示。它可使润滑空间增大，并起储油和保证润滑油稳定供应的作用。

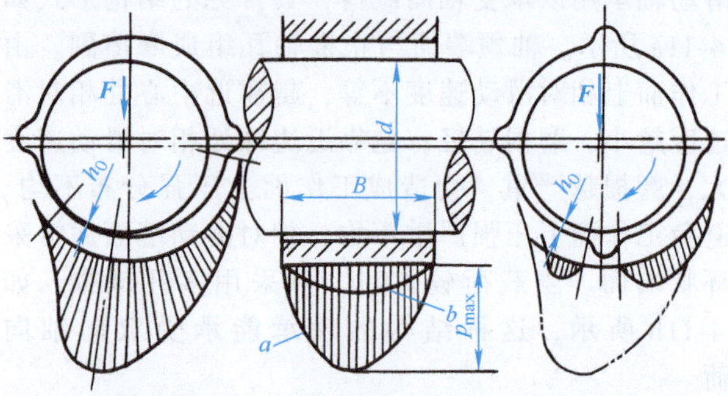

a)　b)

图 4-15　油沟布置对油膜承载能力的影响

a）正确　b）错误

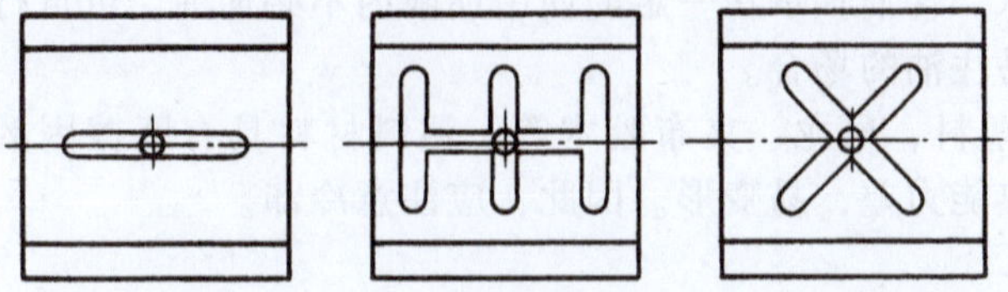

a)　　b)　　c)

图 4-16　常见油沟形式

a）轴向　b）周向　c）斜向

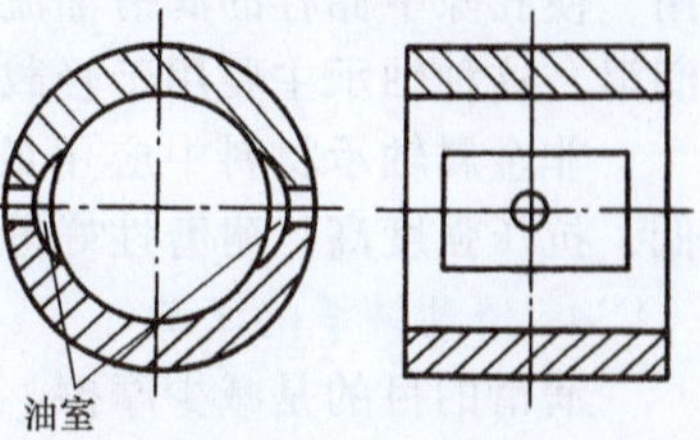

图 4-17　油室

3. 滑动轴承的失效形式及材料

（1）主要失效形式　滑动轴承的失效通常由多种原因引起，失效形式也有多种，有时几种失效形式并存，相互影响。所以，很难把各种失效形式截然分开。最常见的失效形式是轴瓦磨损、胶合（烧瓦）、疲劳破坏和由于制造工艺原因而引起的轴承衬脱落。其中，最主要的是轴瓦磨损和胶合。

（2）轴承材料的性能要求　在滑动轴承中，轴承座和轴承盖通常选用铸铁制造。所以，轴承材料主要是指轴瓦和轴承衬材料。根据轴承的主要失效形式，对轴承材料的主要要求是：

1）良好的减摩性、耐磨性和抗胶合性。

2）良好的磨合性、顺应性、嵌入性和塑性。

3）足够的抗压强度和疲劳强度。

4）良好的导热性、加工工艺性、热胀系数低，耐蚀等。

应该指出的是，对轴承材料性能的上述要求是全面的，有些性能彼此有联系，有些性能则相互矛盾；任何一种材料很难全面满足这些要求。因此，选用轴承材料时，应根据轴承的具体工作条件，有侧重地选用较合适的材料。

（3）常用轴承材料　常用轴承材料有：轴承合金、青铜、铸铁、粉末冶金材料及非金属材料。

1）轴承合金（可称巴氏合金）。轴承合金有锡锑轴承合金和铅锑轴承合金两类。它们各以较软的锡或铅做基体，悬浮锑锡及铜锡硬晶粒，软基体具有良好的磨合性、顺应性和嵌入性，硬晶粒则起耐磨作用。轴承合金由于其特有的金属组织，具备了作为轴承材料的优良性质，并且易浇注，但由于其机械强度较低、价格高，故通常作为轴承衬材料，浇注在青铜、钢或铸铁轴瓦上，如图 4-12 所示。

锡基轴承合金的热胀系数低、摩擦因数小、耐蚀、易磨合、抗胶合能力强，常用于高速、重载机械。铅基轴承合金较脆，不宜承受较大载荷，常用于中速、中载机械。

2）青铜。在一般机械中，有 50%的滑动轴承采用青铜材料。青铜主要有锡青铜、铅青铜和铝青铜等。

锡青铜和铅青铜既有较好的减摩性和耐磨性，又有足够的强度，且熔点高，但磨合性较差，适用于重载、中速机械。

铝青铜的强度和硬度都较高，但抗胶合能力差，适用于重载、低速机械。

3）铸铁。常用的铸铁材料有灰铸铁和耐磨铸铁。由于铸铁材料塑性差、磨合性差，故只在低速、轻载或不重要的场合采用。

4）其他材料。除了上述常用的三种金属材料外，轴承材料还可采用粉末冶金材料和非金属材料。

用粉末冶金材料制成的轴承，称为含油轴承。由于这种材料具有多孔组织，轴承在工作前经润滑油浸泡，其材料孔隙中吸存了润滑油。工作时，由于轴颈转动的抽吸作用及热膨胀作用，使孔隙中储存的润滑油流出而润滑轴承。含油轴承在一定的使用期限内不必加油，可自行润滑。这种轴承主要用于轻载、低速和不易注油的场合。

非金属轴承材料中应用最多的是各种塑料、尼龙、夹布胶木等。塑料材料具有摩擦因数低、抗压强度高、耐磨性好等优点，但导热能力差，易变形。因此，应注意冷却。

4. 滑动轴承的润滑

润滑的目的是减少摩擦，降低磨损，同时还有散热冷却、缓冲吸振、密封和防锈等作用。

（1）润滑剂及其选用　润滑剂主要有固体润滑剂、润滑脂、液体润滑剂和气体润滑剂四种，其中最常用的是液体润滑剂（润滑油）和润滑脂。

1）润滑油及其选用。润滑油是滑动轴承中应用最广的一种润滑剂。最常用的润滑油是矿物油，对于特殊工况还可以采用合成油。润滑油最主要的物理性能指标是黏度。它反映了润滑油流动时内摩擦阻力的大小。黏度越大，内摩擦阻力越大，流动性越差，承载后润滑油不易流失，有利于形成压力油膜。黏度的表示方法很多，主要有动力黏度、运动黏度、相对黏度。

工业上常用运动黏度标定润滑油的黏度。根据国家标准，润滑油产品油牌号一般按 40℃时的运动黏度平均值（单位 mm^2/s，$1mm^2/s=10^{-6}m^2/s$）划分。例如 L-FC46 润滑油表示在 40℃时，其运动黏度平均值为 $46mm^2/s$。

润滑油的选用主要指润滑油黏度的选择。选择黏度时，主要考虑轴承压强、滑动速度、工作温度、摩擦表面状况及润滑方式等条件。一般原则是：

① 在压强大或有冲击、变载荷等工作条件下，应选用黏度较大的油。

② 滑动速度高时，应选用黏度低的油。

③ 轴承散热条件差，工作温度高，应选用黏度较大的油。

④ 摩擦表面粗糙或未经磨合，应选用黏度较大的油。

滑动轴承常用润滑油牌号的选择见表 4-6。

表 4-6　滑动轴承常用润滑油牌号的选择

轴颈圆周速度 $v/(m/s)$	轻载（p_m<3MPa）工作温度（10~60℃）		中载（p_m=3~7.5MPa）工作温度（10~60℃）		重载（p_m>7.5~30MPa）工作温度（20~80℃）	
	运动黏度 $\nu_{40}/(mm^2/s)$	适用油牌号	运动黏度 $\nu_{40}/(mm^2/s)$	适用油牌号	运动黏度 $\nu_{40}/(mm^2/s)$	适用油牌号
0.3~1.0	60~80	L-AN①46 L-AN68	85~115	L-AN100	10~20	L-AN100 L-AN150
1.0~5.0	40~80	L-AN46 L-AN68	65~90	L-AN100 L-AN150		
5.0~9.0	15~50	L-AN15 L-AN22 L-AN32				
>9.0	5~22	L-AN7 L-AN10 L-AN15				

①表示全损耗系统用油。

2）润滑脂及其选用。润滑脂是由润滑油（主要是矿物油）和各种增稠剂（如钙、钠、锂等金属皂）混合制成，属于半固体润滑剂。最常用的润滑脂有钙基润滑脂（钙脂）、钠基润滑脂（钠脂）和锂基润滑脂（锂脂）。润滑脂的主要性能指标是锥入度、滴点和耐水性。

锥入度是表征润滑脂黏稠程度的指标，锥入度越小，润滑脂越稠；反之，流动性越好。润滑脂稠度大，不易流失，但摩擦功耗大，不宜在温度变化大或高速运转条件下使用，一般在轴承相对滑动速度 v 低于 1~2m/s 时或不便注油的场合使用。

润滑脂的选择主要根据轴承的工作温度、压强和速度进行。滑动轴承润滑脂的选择见表 4-7。滑动轴承的加脂周期见表 4-8。

表 4-7 滑动轴承润滑脂的选择

轴承压强 p/MPa	轴颈圆周速度 v/(m/s)	最高工作温度/℃	润滑脂牌号
<1.0	≤1.0	75	钙、锂基脂 L—XAAMHA3，ZL-3
1.0~6.5	0.5~5.0	55	钙、锂基脂 L—XAAMHA2，ZL—2
>6.5	≤0.5	75	钙、锂基脂 L—XAAMHA3，ZL—3
≤6.5	0.5~5.0	120	钠、锂基脂 L—XACMGA2，ZL—2
1.0~6.5	≤0.5	110	钙钠基脂 ZGN—2
1.0~6.5	≤1.0	50~100	锂基脂 ZL—3

表 4-8 滑动轴承的加脂周期

工作条件	偶尔工作、不重要的轴承		间断工作		连续工作			
					工作温度			
					<40℃		40~100℃	
	转速/(r/min)							
	<200	>200	<200	>200	<200	>200	<200	>200
加脂周期	5 天一次	3 天一次	2 天一次	1 天一次	1 天一次	每班一次	每班一次	每班一次

（2）润滑方法和润滑装置　为保证轴承良好的润滑状态，除合理选择润滑剂外，合理选择润滑方法和润滑装置也是十分重要的。下面介绍常用的润滑方法和润滑装置。

1）油润滑。油润滑的润滑方法有间歇供油润滑和连续供油润滑两种。间歇供油润滑有手工油壶注油和油杯注油。这种润滑方法只适用于低速、不重要的轴承或间歇工作的轴承。对于重要轴承，必须采用连续供油润滑。连续供油方法及装置主要有以下几种：

① 油杯滴油润滑。图 4-18 和图 4-19 所示分别为针阀油杯和芯捻油杯。针阀油杯可调节滴

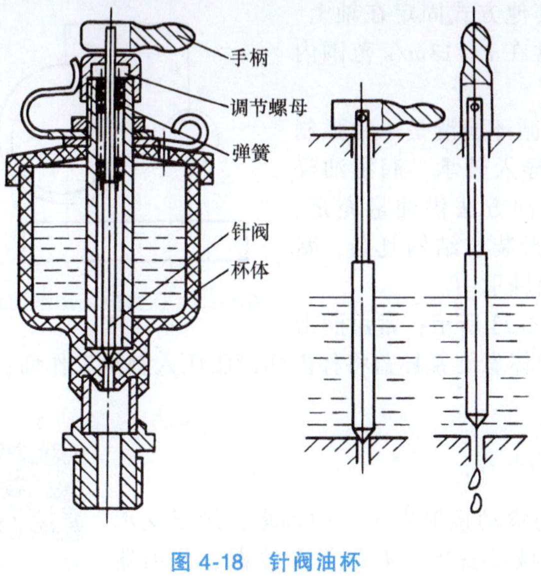

图 4-18　针阀油杯

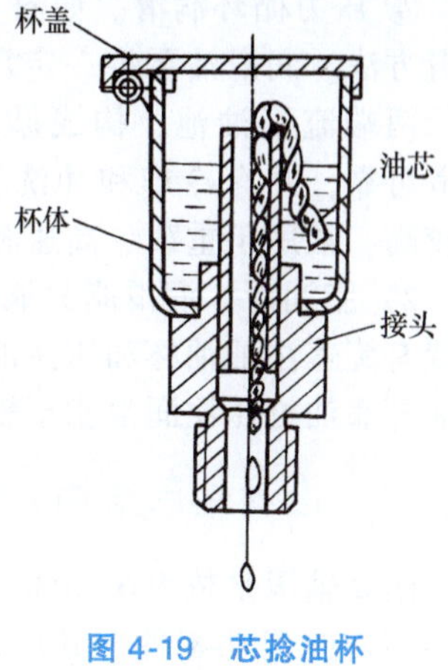

图 4-19　芯捻油杯

油速度以改变供油量，在轴承停止工作时，可通过油杯上部的手柄关闭油杯停止供油。芯捻油杯利用毛细管作用将油引到轴承工作表面上，这种方法不易调节供油量。

② 浸油润滑。将部分轴承直接浸入油池中润滑，如图 4-20 所示。

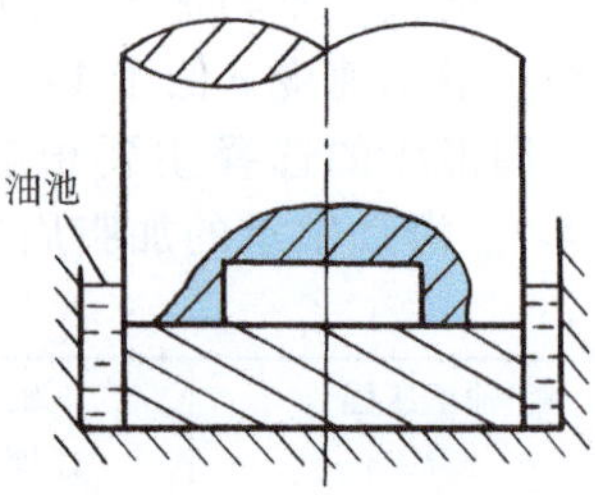

图 4-20 浸油润滑

③ 飞溅润滑。飞溅润滑主要用于减速器、内燃机等机械中轴承的润滑。通常直接利用传动齿轮或甩油环（图 4-21）将油池中的润滑油溅到轴承上或壁箱上，再经油沟导入轴承工作面以润滑轴承。

甩油环根据安装特点分为松环和固定环两种。松环指油环松套在轴上，如图 4-21a 所示，靠摩擦力随轴转动，将附着在油环上的油飞溅到壁箱上，经油沟导入轴承或直接甩到轴承工作面上以润滑轴承。如果在油环内表面开上窄的沟槽，如图 4-21c 所示，供油量会明显增大，轴的温度也会显著降低。松环适用于 $v \leqslant 20\mathrm{m/s}$、运转比较平稳的轴承。

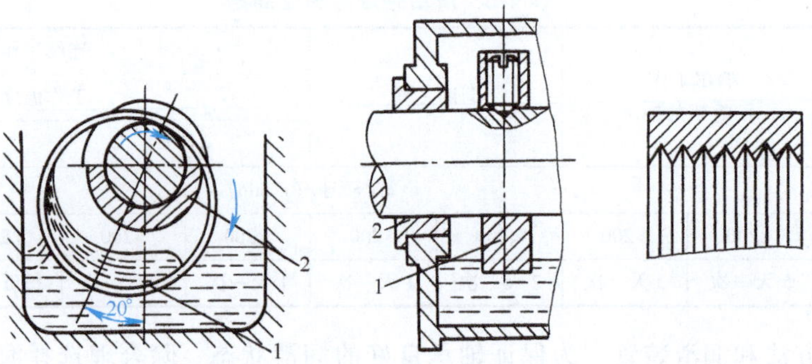

a) b) c)

图 4-21 飞溅润滑装置

a）松环润滑 b）固定环润滑 c）沟槽环

1—甩油环 2—轴承

如图 4-21b 所示，油环通过紧固螺钉或其他方式固定在轴上，称为固定环。这种结构主要适用于低速，通常在 $v \leqslant 13\mathrm{m/s}$ 范围内应用。

④ 压力循环润滑。如图 4-22 所示，压力循环润滑是一种强制润滑方法。润滑油泵将一定压力的油经油路导入轴承，润滑油经轴承两端流回油池，构成循环润滑。这种供油方法供油量充足，润滑可靠，并有冷却和冲洗轴承作用。但润滑装置结构复杂，费用较高。常用于重载、高速和载荷变化较大的轴承中。

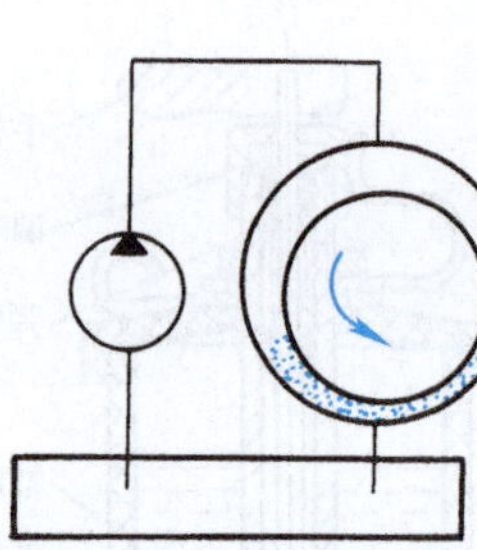

图 4-22 压力循环润滑装置

2）脂润滑。润滑脂只能间歇供给。如图 4-23 所示，常用润滑装置有旋盖注油油杯和压注油杯。旋盖注油油杯靠旋紧杯盖将杯内润滑脂压入轴承工作面；压注油杯靠油枪压注润滑脂至轴承工作面。

二、滚动轴承结构分析与应用（微课 4.4）

滚动轴承是依靠滚动体与轴承座圈之间的滚动接触来工作的轴承，用于支承旋转零件或摆动零件。其广泛应用于各种机械设备中，如汽车变速器、分动器

微课 4.4

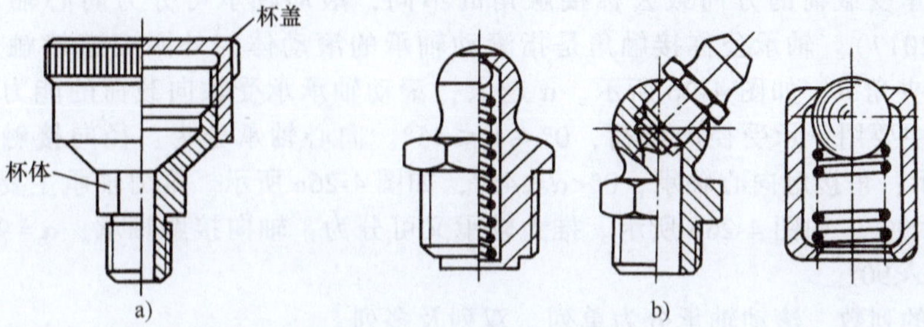

图 4-23 脂润滑装置

a）旋盖注油油杯 b）压注油杯

等，全部采用滚动轴承。滚动轴承的尺寸已标准化，并由专门的轴承厂批量生产。在滚动轴承的应用及设计中，只是根据具体的载荷、转速、旋转精度和工作条件等方面的要求，正确地选择轴承的类型和型号（尺寸）及进行轴承的组合设计。

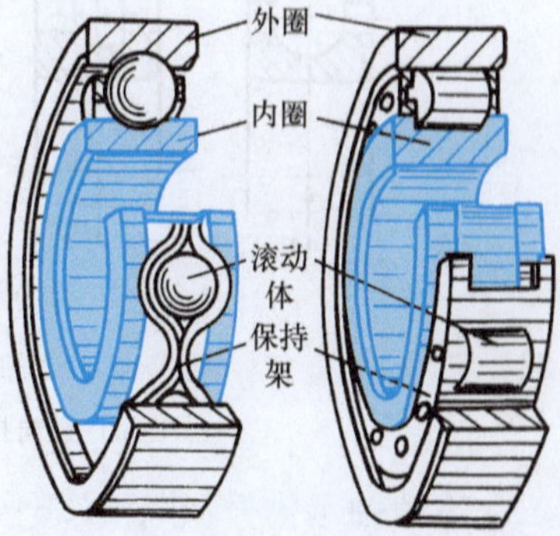

图 4-24 滚动轴承结构分析

1. 滚动轴承的结构分析

滚动轴承一般由外圈、内圈、滚动体和保持架组成，如图 4-24 所示。通常内圈紧套在轴颈上，随轴一起转动；外圈固定在机座或零件的轴承孔内，起支承作用。内、外圈上加工有滚道。工作时，滚动体在内、外圈滚道上滚动，形成滚动摩擦。保持架使滚动体均匀地相互隔开，以避免滚动体之间的摩擦和磨损。滚动体是滚动轴承的核心元件，其形状如图 4-25 所示，有球形滚动体、短圆柱形滚子、圆锥形滚子、鼓形滚子及滚针等。

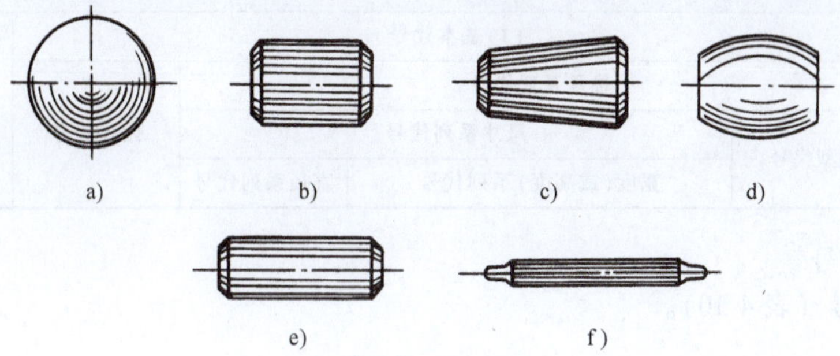

图 4-25 滚动体形状

a）球形滚动体 b）短圆柱形滚子 c）圆锥形滚子 d）鼓形滚子 e）长圆柱滚子 f）滚针

滚动体和内、外圈间是点或线接触，表面接触应力大，故滚动体和内、外圈的材料应选用强度高、耐磨性和冲击韧度好的轴承钢制造，如 GCr15、GCr15SiMn 等，热处理后的硬度应不低于 61~65HRC，工作表面要求磨削抛光。保持架多用低碳钢板冲压制成，也可用有色金属合金或塑料制成。

2. 滚动轴承主要类型

滚动轴承类型较多，可以适应各种机械装置的多种要求。按滚动体的形状可分为球轴承和滚子轴承。球形滚动体与内、外圈是点接触，滚子滚动体与内、外圈是线接触。在相同条件下，球轴承制造方便、价格低、运转时摩擦损耗少，但承载能力和抗冲击能力不如滚子轴承。

按轴承所承受载荷的方向或公称接触角的不同，滚动轴承可分为向心轴承和推力轴承（GB/T 271—2017）。轴承公称接触角是指滚动轴承的滚动体与外圈滚道接触点的法线和轴承径向平面的夹角 α，如图 4-26 所示。α 越大，滚动轴承承受轴向载荷的能力也越大。

向心轴承主要用于承受径向载荷，$0° \leqslant \alpha \leqslant 45°$。向心轴承分为：径向接触轴承，$\alpha = 0°$，如图 4-26a 所示；角接触向心轴承，$0° < \alpha \leqslant 45°$，如图 4-26c 所示。推力轴承主要用于承受轴向载荷，$45° < \alpha \leqslant 90°$，如图 4-26b 所示。推力轴承又可分为：轴向接触轴承，$\alpha = 90°$；角接触推力轴承，$45° < \alpha < 90°$。

按滚动体的列数，滚动轴承分为单列、双列及多列。

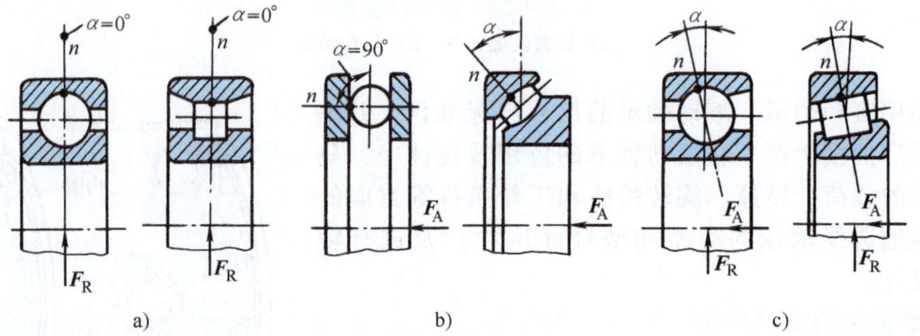

图 4-26 滚动轴承接触角

a）径向接触轴承 b）推力轴承 c）角接触向心轴承

3. 滚动轴承代号（微课 4.5）

根据国家标准 GB/T 271—2017《滚动轴承 代号方法》规定，滚动轴承代号构成见表 4-9。

微课 4.5

表 4-9 滚动轴承代号的构成

<table>
<tr><th colspan="6">轴承代号</th></tr>
<tr><td rowspan="4">（3）前置代号</td><td colspan="4">（1）基本代号</td><td rowspan="4">（2）后置代号</td></tr>
<tr><td colspan="3">轴承系列代号</td><td rowspan="3">内径代号</td></tr>
<tr><td rowspan="2">类型代号</td><td colspan="2">尺寸系列代号</td></tr>
<tr><td>宽度（或高度）系列代号</td><td>直径系列代号</td></tr>
</table>

（1）基本代号

1）类型代号（表 4-10）。

表 4-10 类型代号

代号	轴承类型	代号	轴承类型
0	双列角接触球轴承	7	角接触球轴承
1	调心球轴承	8	推力圆柱滚子轴承
2	调心滚子轴承和推力调心滚子轴承	N	圆柱滚子轴承
3	圆锥滚子轴承		双列或多列用字母 NN 表示
4	双列深沟球轴承	U	外球面球轴承
5	推力球轴承	QJ	四点接触球轴承
6	深沟球轴承	C	长弧面滚子轴承（圆环轴承）

注：在代号后或前加字母或数字表示该类轴承中的不同结构。

2）尺寸系列代号。

尺寸系列代号用数字表示。尺寸系列代号由轴承的宽（高）度系列代号和直径系列代号组合而成。向心轴承、推力轴承尺寸系列代号按表 4-11 的规定。

表 4-11 尺寸系列代号

直径系列代号	向心轴承								推力轴承			
	宽度系列代号								高度系列代号			
	8	0	1	2	3	4	5	6	7	9	1	2
	尺寸系列代号											
7	—	—	17	—	37	—	—	—	—	—	—	—
8	—	08	18	28	38	48	58	68	—	—	—	—
9	—	09	19	29	39	49	59	69	—	—	—	—
0	—	00	10	20	30	40	50	60	70	90	10	—
1	—	01	11	21	31	41	51	61	71	91	11	—
2	82	02	12	22	32	42	52	62	72	92	12	22
3	83	03	13	23	33	—	—	—	73	93	13	23
4	—	04	—	24	—	—	—	—	74	94	14	24
5	—	—	—	—	—	—	—	—	—	95	—	—

3）轴承系列代号。

轴承系列代号由轴承类型代号和尺寸系列代号构成。常用的轴承类型、尺寸系列代号及组成的轴承系列代号见表 4-12。

表 4-12 轴承系列代号

轴承类型	简图	类型代号	尺寸系列代号	轴承系列代号	标准号
双列角接触球轴承	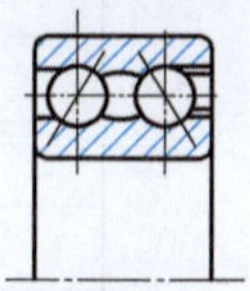	(0)	32	32	GB/T 296
			33	33	
调心球轴承	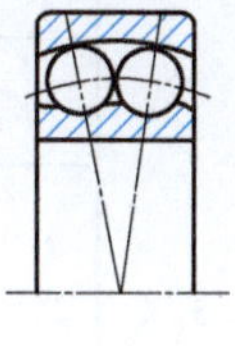	1	39	139	GB/T 281
		1	(1)0	10	
		1	30	130	
		1	(0)2	12	
		(1)	22	22	
		1	(0)3	13	
		(1)	23	23	
调心滚子轴承	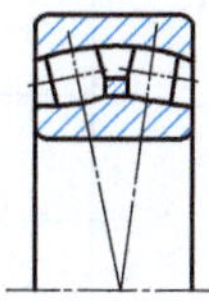	2	38	238	GB/T 288
			48	248	
			39	239	
			49	249	
			30	230	
			40	240	
			31	231	
			41	241	
			22	222	
			32	232	
			03[①]	213	
			23	223	

（续）

<table>
<tr><th colspan="2">轴承类型</th><th>简图</th><th>类型代号</th><th>尺寸系列代号</th><th>轴承系列代号</th><th>标准号</th></tr>
<tr><td colspan="2" rowspan="3">推力调心滚子轴承</td><td rowspan="3">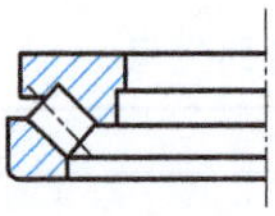</td><td rowspan="3">2</td><td>92</td><td>292</td><td rowspan="3">GB/T 5859</td></tr>
<tr><td>93</td><td>293</td></tr>
<tr><td>94</td><td>294</td></tr>
<tr><td colspan="2" rowspan="10">圆锥滚子轴承</td><td rowspan="10">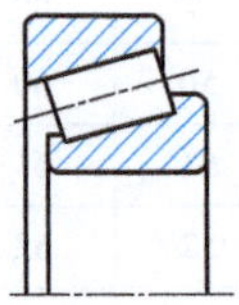</td><td rowspan="10">3</td><td>29</td><td>329</td><td rowspan="10">GB/T 297</td></tr>
<tr><td>20</td><td>320</td></tr>
<tr><td>30</td><td>330</td></tr>
<tr><td>31</td><td>331</td></tr>
<tr><td>02</td><td>302</td></tr>
<tr><td>22</td><td>322</td></tr>
<tr><td>32</td><td>332</td></tr>
<tr><td>03</td><td>303</td></tr>
<tr><td>13</td><td>313</td></tr>
<tr><td>23</td><td>323</td></tr>
<tr><td colspan="2" rowspan="2">双列深沟球轴承</td><td rowspan="2">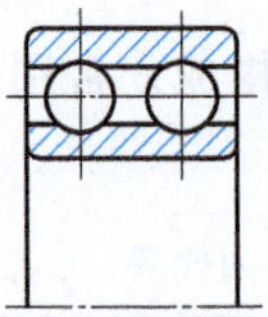</td><td rowspan="2">4</td><td>(2)2</td><td>42</td><td rowspan="2"></td></tr>
<tr><td>(2)3</td><td>43</td></tr>
<tr><td rowspan="13">推力球轴承</td><td rowspan="4">推力球轴承</td><td rowspan="4">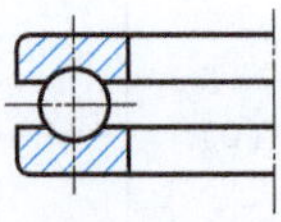</td><td rowspan="13">5</td><td>11</td><td>511</td><td rowspan="7">GB/T 301</td></tr>
<tr><td>12</td><td>512</td></tr>
<tr><td>13</td><td>513</td></tr>
<tr><td>14</td><td>514</td></tr>
<tr><td rowspan="3">双向推力球轴承</td><td rowspan="3">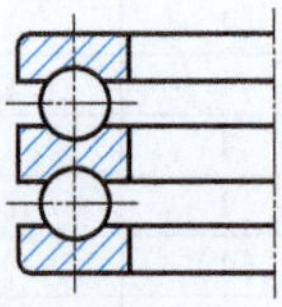</td><td>22</td><td>522</td></tr>
<tr><td>23</td><td>523</td></tr>
<tr><td>24</td><td>524</td></tr>
<tr><td rowspan="3">带球面座圈的推力球轴承</td><td rowspan="3">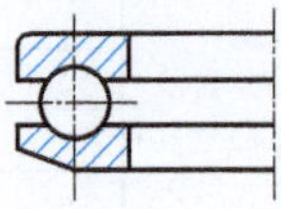</td><td>12[②]</td><td>532</td><td rowspan="6">GB/T 28697</td></tr>
<tr><td>13[②]</td><td>533</td></tr>
<tr><td>14[②]</td><td>534</td></tr>
<tr><td rowspan="3">带球面座圈的双向推力球轴承</td><td rowspan="3">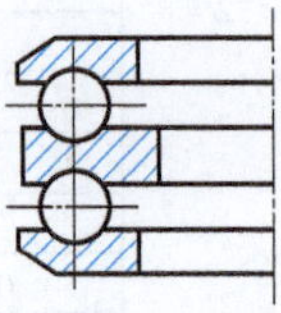</td><td>22[③]</td><td>542</td></tr>
<tr><td>23[③]</td><td>543</td></tr>
<tr><td>24[③]</td><td>544</td></tr>
</table>

（续）

轴承类型	简图	类型代号	尺寸系列代号	轴承系列代号	标准号
深沟球轴承	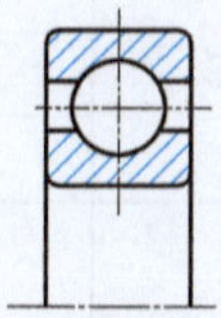	6	17	617	GB/T 276
			37	637	
			18	618	
			19	619	
		16	(0)0	160	
		6	(1)0	60	
			(0)2	62	
			(0)3	63	
			(0)4	64	
角接触球轴承	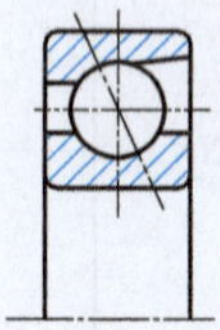	7	18	718	GB/T 292
			19	719	
			(1)0	70	
			(0)2	72	
			(0)3	73	
			(0)4	74	
推力圆柱滚子轴承	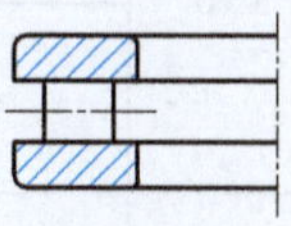	8	11	811	GB/T 4663
			12	812	
圆柱滚子轴承 外圈无挡边圆柱滚子轴承	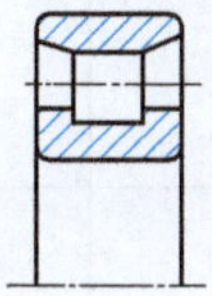	N	10	N 10	GB/T 283
			(0)2	N 2	
			22	N 22	
			(0)3	N 3	
			23	N 23	
			(0)4	N 4	
圆柱滚子轴承 内圈无挡边圆柱滚子轴承	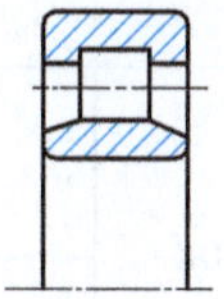	NU	10	NU 10	
			(0)2	NU 2	
			22	NU 22	
			(0)3	NU 3	
			23	NU 23	
			(0)4	NU 4	
圆柱滚子轴承 内圈单挡边圆柱滚子轴承	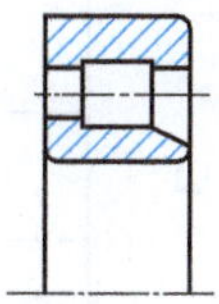	NJ	(0)2	NJ 2	
			22	NJ 22	
			(0)3	NJ 3	
			23	NJ 23	
			(0)4	NJ 4	

（续）

轴承类型		简图	类型代号	尺寸系列代号	轴承系列代号	标准号
圆柱滚子轴承	内圈单挡边并带平挡圈圆柱滚子轴承	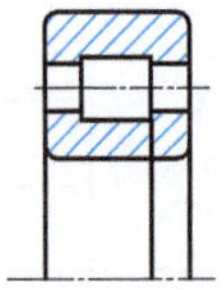	NUP	(0)2	NUP 2	GB/T 283
				22	NUP 22	
				(0)3	NUP 3	
				23	NUP 23	
				(0)4	NUP 4	
	外圈单挡边圆柱滚子轴承	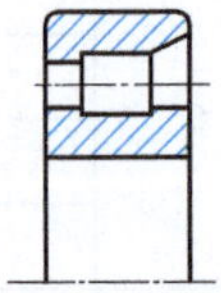	NF	(0)2	NF 2	
				(0)3	NF 3	
				23	NF 23	
	双列圆柱滚子轴承	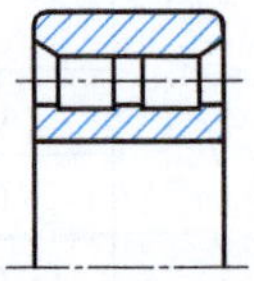	NN	49	NN 49	GB/T 285
				30	NN 30	
	内圈无挡边双列圆柱滚子轴承	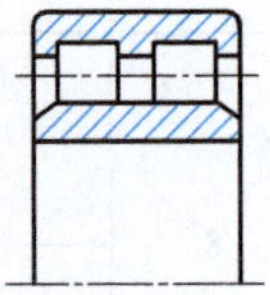	NNU	49	NNU 49	GB/T 285
				41	NNU 41	
外球面球轴承	带顶丝外球面球轴承	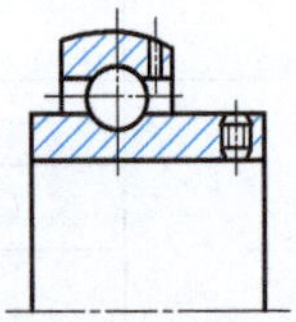	UC	2	UC 2	GB/T 3882
				3	UC 3	
	带偏心套外球面球轴承	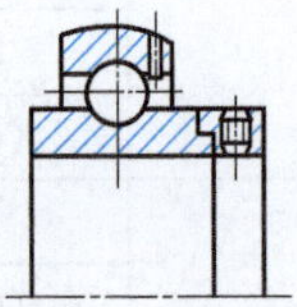	UEL	2	UEL 2	
				3	UEL 3	
	圆锥孔外球面球轴承	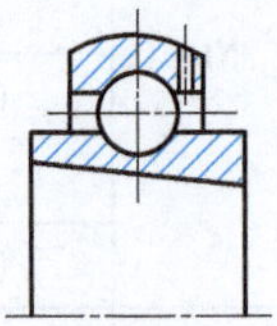	UK	2	UK 2	
				3	UK 3	
四点接触球轴承		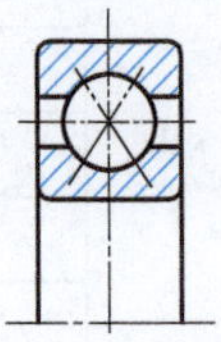	QJ	(0)2	QJ 2	GB/T 294
				(0)3	QJ 3	
				10	QJ 10	

（续）

轴承类型	简图	类型代号	尺寸系列代号	轴承系列代号	标准号
长弧面滚子轴承	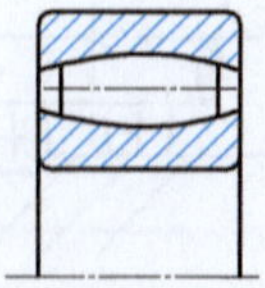	C	29	C 29	—
			39	C 39	
			49	C 49	
			59	C 59	
			69	C 69	
			30	C 30	
			40	C 40	
			50	C 50	
			60	C 60	
			31	C 31	
			41	C 41	
			22	C 22	
			32	C 32	

注：表中用“（　）”括住的数字表示在组合代号中省略。

① 尺寸系列实为 03，用 13 表示。

② 尺寸系列实为 12，13，14，分别用 32，33，34 表示。

③ 尺寸系列实为 22，23，24，分别用 42，43，44 表示。

4）内径代号。

轴承的内径代号用数字表示按表 4-13 的规定。

表 4-13　内径代号

轴承公称内径/mm		内径代号	示例
0.6~10(非整数)		用公称内径毫米数直接表示,在其与尺寸系列代号之间用“/”分开	深沟球轴承　617/0.6　$d=0.6$mm 深沟球轴承　618/2.5　$d=2.5$mm
1~9(整数)		用公称内径毫米数直接表示,对深沟及角接触球轴承直径系列 7、8、9,内径与尺寸系列代号之间用“/”分开	深沟球轴承　625　$d=5$mm 深沟球轴承　618/5　$d=5$mm 角接触球轴承　707　$d=7$mm 角接触球轴承　719/7　$d=7$mm
10~17	10	00	深沟球轴承　6200　$d=10$mm
	12	01	调心球轴承　1201　$d=12$mm
	15	02	圆柱滚子轴承　NU 202　$d=15$mm
	17	03	推力球轴承　51103　$d=17$mm
20~480(22,28,32 除外)		公称内径除以 5 的商数,商数为个位数,需在商数左边加“0”,如 08	调心滚子轴承　22308　$d=40$mm 圆柱滚子轴承　NU 1096　$d=480$mm
≥500 以及 22,28,32		用公称内径毫米数直接表示,但在与尺寸系列之间用“/”分开	调心滚子轴承　230/500　$d=500$mm 深沟球轴承　62/22　$d=22$mm

（2）后置代号　轴承的后置代号是用字母和数字等表示轴承的内部结构、公差等级、游隙、材料等特殊要求，置于基本代号右边，并与基本代号空半个汉字距离或用符号“-”、“/”

分隔。下面仅介绍表4-9中所列的几个常用代号。

1）内部结构代号。同一类型轴承有不同的内部结构时，用规定的字母表示其差别。例如，角接触球轴承分别用C、AC、B代表三种不同的公称接触角 $\alpha=15°$、25°、40°；用E表示加强型。

2）公差等级代号。共8个级别，由高到低，代号为/UP、/SP、/P2、/P4、/P5、/P6x、/P6、/P0。0级是普通级，在轴承代号中省略不标出；6x级仅用于圆锥滚子轴承。

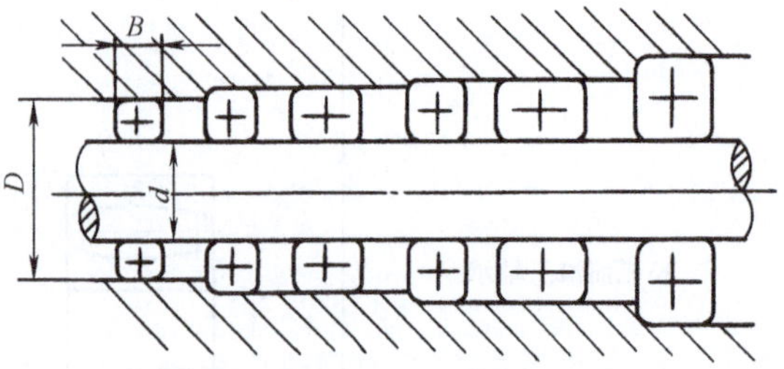

图4-27 不同尺寸系列的轴承比较

3）游隙代号。游隙是指轴承在无载荷作用时，一个套圈相对另一个套圈在某一个方向的可移动距离。轴承游隙系列有7个组别，从小到大分别是N组、2组、3组、4组、5组、9组、M组，N组游隙在轴承代号中省略不标出，其余游隙代号分别为：/CN、/C2、/C3、/C4、/C5、/C9、/CM。目前工程实际中通常使用的游隙是3组。

后置代号的其他项目用得较少，用时可查GB/T 272—2017。

（3）前置代号 轴承的前置代号用于表示轴承的分部件，用字母表示。当轴承的某些分部件具有某些特点时，就在基本代号前加上相应的字母。如用L表示可分离轴承的可分离套圈，K表示轴承的滚动体与保持架组件等。

代号示例

示例1：调心滚子轴承23224 2——类型代号，32——尺寸系列代号，24——内径代号，$d=120$mm

示例2：深沟球轴承6203 6——类型代号，2——尺寸系列（02）代号，03——内径代号，$d=17$mm

示例3：深沟球轴承617/0.6 6——类型代号，17——尺寸系列代号，0.6——内径代号，$d=0.6$mm

示例4：圆柱滚子轴承N 2210 N——类型代号，22——尺寸系列代号，10——内径代号，$d=50$mm

示例5：角接触球轴承719/7 7——类型代号，19——尺寸系列代号，7——内径代号，$d=7$mm

示例6：角接触球轴承707 7——类型代号，0——尺寸系列（10）代号，7——内径代号，$d=7$mm

示例7：双列圆柱滚子轴承NN 30/560 NN——类型代号，30——尺寸系列代号，560——内径代号，$d=560$mm

4. 滚动轴承的失效形式

滚动轴承的失效形式主要有三种：疲劳点蚀、塑性变形和磨损。

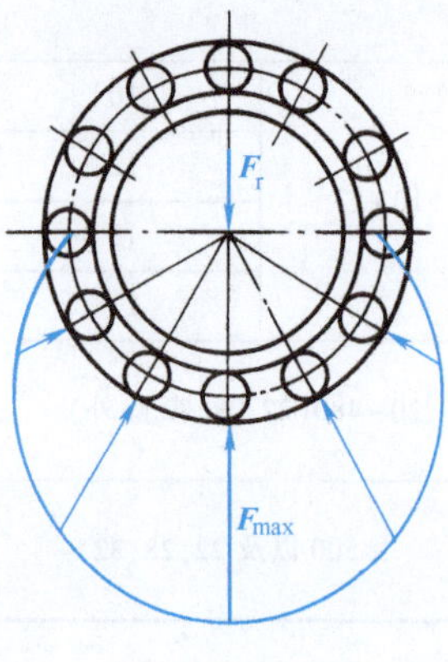

图4-28 滚动轴承的受力情况

（1）疲劳点蚀 滚动轴承工作时，在滚动体、内圈、外圈的接触表面将产生接触应力。由于它们之间的相对运动及受力的周期性变化，如图4-28所示，使得其表面受脉动循环接触应力作用。当接触应力超过材料的极限应力时，滚动体、内圈或外圈的表面将发生疲劳点蚀。这使轴承运转时产生振动、噪声，温度升高，最后导致不能正常工作。

（2）塑性变形　在重载或冲击载荷的作用下，可能使滚动体和套圈滚道表面接触处的局部应力超过材料的屈服强度，产生永久性凹坑，出现振动、噪声，破坏轴承的正常工作。

（3）磨损　在润滑不良、密封不当的情况下，粉尘、杂质进入轴承中，造成磨粒磨损而使轴承失效。

此外，由于安装、维护、使用不当，特别是在高速、重载条件下工作的轴承，由于摩擦产生高温而使轴承产生胶合、卡死现象，或由于离心力过大而使保持架破坏，使轴承不能正常工作，寿命缩短。

综上所述，对于制造良好、安装维护使用正常的轴承，最常见的失效形式是疲劳点蚀和塑性变形，应针对疲劳点蚀进行接触疲劳承载能力计算和针对塑性变形进行静强度计算。

微课 4.6

5. 滚动轴承的润滑与密封（微课 4.6、微课 4.7）

润滑和密封直接影响到滚动轴承的寿命，设计时和使用中应予以注意。

（1）滚动轴承的润滑　润滑的主要目的是减少摩擦与磨损，同时也有吸收振动、散热降温、减缓腐蚀的作用。常用的滚动轴承润滑剂有润滑油和润滑脂两种，选用时根据轴承的 dn 值来确定，见表 4-14。这里 d 为轴承内径（mm），n 是轴承的转速（r/min），dn 值间接表示了轴颈的圆周速度。一般在 $dn<(15\sim20)\times10^4$（mm·r/min）时采用脂润滑，超过这一范围时宜采用油润滑。

微课 4.7

表 4-14　滚动轴承的 dn 值　　（单位：10^4mm·r/min）

轴承类型	润滑脂	润滑油			
		油浴	滴油	喷油	油雾
深沟球轴承	16	25	40	60	>60
调心球轴承	16	25	40		
角接触球轴承	16	25	40	60	>60
圆柱滚子轴承	12	25	40	60	>60
圆锥滚子轴承	10	16	23	30	
调心滚子轴承	8	12		25	
推力球轴承	4	6	12	15	

润滑油的主要优点是摩擦阻力小，散热效果好；缺点是易于流失。因此，在工作时要保证有充足的供油。它主要用于速度较高或工作温度较高的轴承。润滑油的种类较多，最常用的润滑油是全损耗系统用油（矿物油之一种）。具体选用时，可根据轴承的工作温度、dn 值及当量动载荷来确定。常用的润滑方式是浸油润滑、滴油润滑和喷油润滑等，其工作原理与滑动轴承的润滑方式一致。

润滑脂的优点是不易流失，便于密封和维护，充填一次可运转较长时间（可达数个月）；缺点是摩擦阻力较大，不利于散热。润滑脂常常采用人工方式定期更换，润滑脂的加入量一般应是轴承空隙体积的 1/3~1/2。

（2）滚动轴承的密封　密封的作用是防止灰尘、杂质等进入轴承，并阻止轴承内的润滑剂流失。密封方法分两大类，即接触式密封和非接触式密封。接触式密封是在轴承盖内放置毡圈或皮碗等弹性软材与转轴直接接触而起到密封作用，有毡圈密封和皮碗密封两种形式，如图 4-29 所示；非接触式密封是利用狭小间隙来起到密封作用，有间隙式密封和迷宫式密封两种形式，如图 4-30 所示。

密封方法的选择与润滑剂的种类、工作环境、温度、密封表面的圆周速度有关。毡圈密封是将工业毛毡制成的环片，嵌入轴承盖上的梯形槽内，与转轴间摩擦接触，以起到使箱体内外隔断的作用；其结构简单，价格低廉，但毡圈易磨损，常用于工作温度不高的脂润滑场合。皮碗密封的密封件为专业厂家提供的标准件，有多种不同的结构和尺寸。它广泛用于较低转速的油润滑或脂润滑场合，密封效果较好，但在高速时易发热。

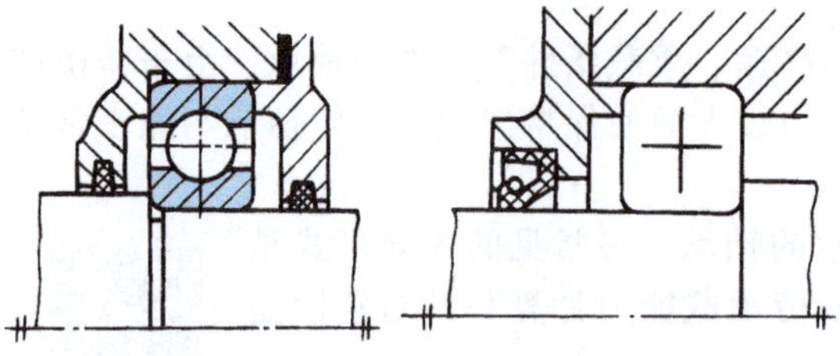

a) b)

图 4-29 接触式密封

a）毡圈密封 b）皮碗密封

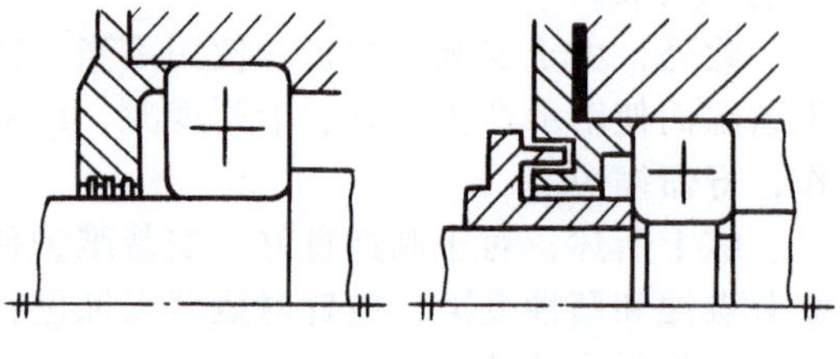

a) b)

图 4-30 非接触式密封

a）间隙式密封 b）迷宫式密封

非接触密封避免了接触式密封中密封件与转轴直接接触、易磨损的缺点，适用于高速场合。间隙式密封是通过轴承盖与轴颈间较长的环状间隙（0.1~0.3mm），并填充润滑剂来达到密封的目的。迷宫式密封是通过旋转件与固定件之间构成迂回曲折的小间隙来实现密封。工程中，往往将几种密封装置组合起来使用，发挥各自的优点，提高密封效果。

三、滑动轴承与滚动轴承的选用

1. 选用时应考虑的问题

选择轴承时，一般应从机械对轴承性能的要求，轴承对工作环境、工作条件的适应性，轴承的价格和供货，安装维护方便等几个方面考虑。在考虑轴承的承载性、适应性和经济性的原则下，滚动轴承和滑动轴承在选用时应考虑的具体问题如下。

（1）机械对轴承性能的要求　主要包括承载能力的大小，允许的速度范围，起动时摩擦力矩的大小及摩擦功耗，对外界和自身振动的抵抗能力，起动、停车的频繁程度，运转时的噪声水平，径向精度，安装结构要求及其润滑简易程度等因素。

（2）轴承对工作环境和条件的适应性　主要包括是否高温、低温或温度变化范围很大，有无腐蚀性气体或污染，周围有无含尘空气，是否潮湿或干湿交替，有无废屑或磨粒污染，有无辐射，是否在真空下工作，有无近处机械传来的振动等因素。

（3）经济性　主要指轴承的寿命，轴承本身及其附属装置的费用，保证轴承正常工作的维护费用等因素。

2. 优先选用原则

滚动轴承和滑动轴承的性能在前面已经进行了详细的介绍，两者的优先选用原则如下。

（1）滑动轴承的优先选用原则

1）轴承工作时有大的冲击和振动或载荷极大。

2）对寿命、可靠性要求很高。

3）定心精度要求很高，工作转速极高。

4）某些特殊的工作环境（高温、低温、腐蚀、辐射等）。

5）轴向尺寸小或轴孔直径很大，需要剖分轴承的场合。

（2）滚动轴承的优先选用原则

1）用户强调经济性的要求。

2）在工作转速不高的工作范围内。

3）pv 值（摩擦功耗的表征值）超过滑动轴承的允许范围。

4）要求轴向尺寸紧凑，同时承受轴向载荷和径向载荷。

5）需要经常起动、停车的场合。

3. 滑动轴承类型的选择

选择滑动轴承时，应从轴承载荷、轴颈的直径和转速等参数考虑。一般原则如下：

1）承受径向载荷的选择径向轴承，承受轴向载荷的选择推力轴承，同时承受径向、轴向载荷的选择径向和推力轴承的组合形式。

2）低速、轻载、手动机械，选用整体式滑动轴承。

3）中速、高速，载荷大，选用对开式滑动轴承。

4. 滚动轴承类型的选择

在选择轴承类型时，应从具体工作条件出发，考虑各类轴承的特点及应用场合，从中选出比较合适的轴承类型。具体选择时可参考以下几点。

（1）考虑所承受载荷的大小、方向、性质和转速的高低

1）当载荷较大或有冲击载荷时，宜用滚子轴承；当载荷较小时，宜用球轴承。

2）当只受径向载荷时，或虽同时受径向和轴向载荷，但以径向载荷为主时，选用向心轴承。当只受轴向载荷时，一般选用推力轴承；而当转速很高时，可用角接触球轴承或深沟球轴承。当径向和轴向载荷都较大时，采用角接触轴承。

3）当转速较高时，宜用球轴承；当转速较低时，可用滚子轴承，也可用球轴承。

（2）考虑刚度、调整性能、结构尺寸大小、轴承的装卸和经济性等要求

1）当要求支承具有较大刚度时，应用滚子轴承。

2）当轴的弯曲变形大或轴承孔座同轴度较差时，或跨度大而对支承有调心要求时，应选用调心轴承。

3）为便于轴承的拆装，可选用内、外圈可分离的轴承。

4）从经济角度看，球轴承比滚子轴承便宜，精度低的轴承比精度高的轴承便宜，普通结构轴承比特殊结构轴承便宜。

滚动轴承的型号及尺寸选用计算，主要是防止轴承在预期寿命内发生疲劳点蚀，可按轴承承载能力的要求进行寿命计算，具体可参考机械设计手册。

任务 11　常用联接类零件分析与应用

任务要点

（1）认识联轴器、离合器的类型及应用；

（2）认识键联结的类型、结构特点及应用场合；

（3）认识螺纹联接的类型、结构特点及应用维护。

知识学习

一般情况下，机器由许多零部件组成，如汽车由3万多个零部件组成，各个零部件需要通过不同联接方法进行联接才能组合为一体，完成工作要求。那么有什么联接方式呢？怎么样的联接方式才有效呢？常用的联接件有什么呢？

一、联接类型

联接一般由联接件和被联接件组成。按照联接件和被联接件是否可以相互运动，机械联接分为两大类：一类是机器工作时，联接件与被联接件之间可以有相对运动，称为机械动联接，如各种运动副、联轴器、离合器等；一类则是机器工作时，联接件与被联接件间不允许产生相对运动，称为机械静联接，通常所说的联接主要指机械静联接。

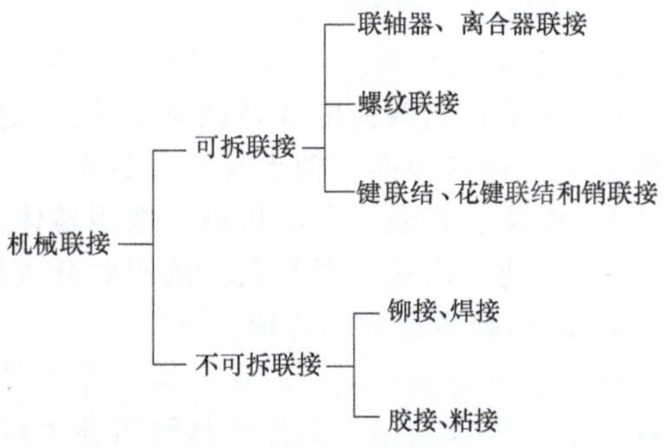

图 4-31　机械联接分类

机械静联接按拆卸性质又可分为两类：一类是可拆联接，另一类是不可拆联接，如图 4-31 所示。可拆联接是不损坏联接中的任一零件，即可将被联接件拆开的联接，如联轴器与离合器、螺纹联接、键联结及销联接等。这种联接经多次装拆无损于其使用性能。不可拆联接是必须破坏或损伤联接件或被联接件才能拆开的联接，如焊接、铆接及粘接等。

二、联轴器和离合器类型与应用

汽车用联轴器与离合器，如图 4-32 所示。万向联轴器主要用于轴与轴之间的连接，以实现两轴的运动和动力传递。离合器位于发动机与变速器之间，其主动部件与发动机的飞轮连接，从动部件与变速器连接，可实现发动机和变速器的暂时分离和逐渐接合，以切断或传递发动机向变速器输出的动力。

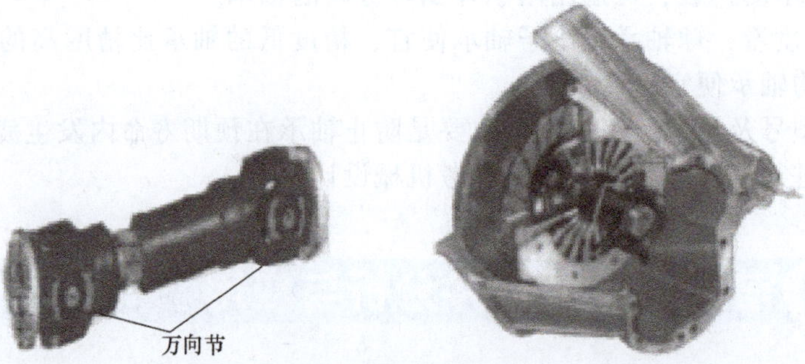

a)　　b)

图 4-32　汽车用联轴器（万向节）和离合器

a）万向节　b）离合器

联轴器和离合器的主要功用是用来联接两轴并传递运动和转矩，有时也可作为一种安全装置用来防止被联接件承受过大的载荷、起到过载保护、防振的作用，或者改变所联接两轴的相对位置。

联轴器联接两轴只有在机器停止运转，经拆卸后才能使两轴分离。而离合器联接的两轴可在机器运转时方便地实现分离与接合。

联轴器和离合器是常用构件，大多已经标准化，一般只需要根据工作要求正确选择它们的类型和尺寸，必要时对其中易损的薄弱环节进行承载能力的校核计算。

1. 联轴器类型与应用（微课 4.8）

微课 4.8

联轴器一般由两个半联轴器及联接件组成。半联轴器与主动轴、从动轴常采用键和花键等来联接。联轴器联接的两轴一般属于两个不同的机器或部件，由于存在制造与安装误差、运转时零件的受载和温度变化等影响，可使被联接的两轴位置发生相对位移、偏差等变化，如图 4-33 所示。因此，设计联轴器时要从结构上采取各种不同的措施，使联轴器具有补偿各种偏移的性能。联轴器主要有固定式刚性联轴器、可移动式刚性联轴器和弹性联轴器 3 种。

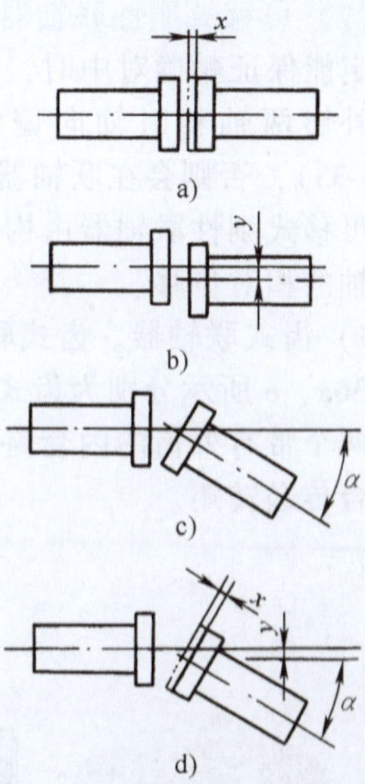

图 4-33　两轴之间的相对位移

a）轴向偏移　b）径向偏移

c）角偏移　d）综合偏移

（1）固定式刚性联轴器　固定式刚性联轴器由刚性传力件组成，联接件之间不能相对运动，因此不能补偿两轴线相对位移，对两轴安装的精度要求较高，若两轴线发生相对位移，会在轴、联轴器和轴承上引起附加载荷；适用于无冲击、轴的对中性好的场合。

1）套筒联轴器。套筒联轴器如图 4-34 所示，套筒的材料通常用 45 钢，适用于轴径小于 70mm 的对中性较好的场合。其径向尺寸小、结构简单，可根据不同轴径自行设计制造，在仪器中应用较广。

2）凸缘联轴器。凸缘联轴器由两个带凸缘的半联轴器组成，半联轴器分别由键与所在轴联接，然后两个半联轴器用螺栓联接。对中和传力的方式有两种：如图 4-35a 所示，利用凸肩和凹槽的两个半联轴器的相互嵌合来对中，靠预紧普通螺栓在凸缘边接触表面产生的摩擦力传递转矩；如图 4-35b 所示，通过六角头加长杆螺栓与孔的紧配合对中，靠螺杆承受挤压与剪切传递转矩。

凸缘联轴器结构简单、传递转矩大，传力可靠、对中性好、装拆方便、应用广泛，但不具有位移补偿功能，应按标准选用。

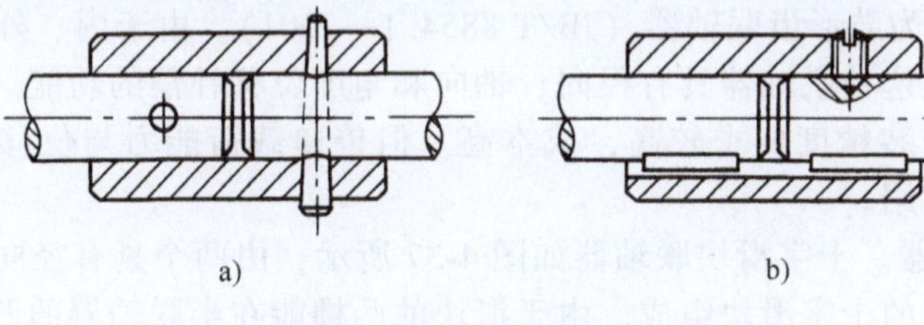

图 4-34　套筒联轴器

a）销联接的套筒联轴器　b）单键联接的套筒联轴器

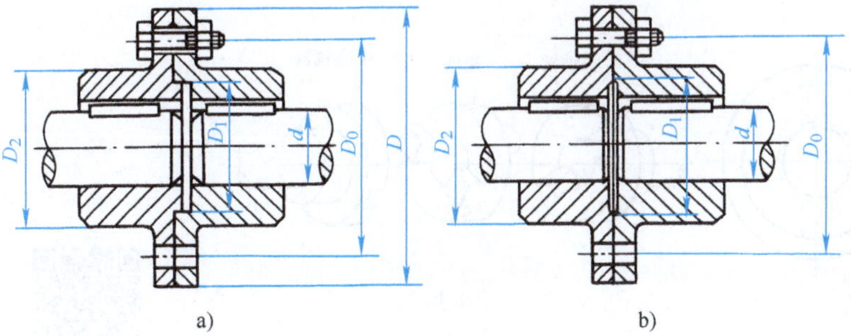

图 4-35　凸缘联轴器

a）用凸肩和凹槽对中　b）用配合螺栓联接对中

凸缘联轴器

凸缘联轴器应用-电动搅拌机

（2）可移式刚性联轴器　由于制造、安装误差和工作时零件变形等原因，被联接的两轴不一定能保证精确对中时，宜采用具有补偿两轴相对偏移能力的可移式刚性联轴器。这类联轴器能补偿两轴相对轴向偏移 Δx、径向偏移 Δy、角偏移 $\Delta\alpha$ 和这些偏移组合的综合偏移（图 4-33），否则会在联轴器、轴和轴承中产生附加载荷，甚至引起强烈振动。

可移式刚性联轴器由构成动联接的零件组成，具有一个或几个方向的活动度，因此可以补偿两轴的相对位移。

1）齿式联轴器。齿式联轴器是允许综合位移刚性联轴器中具有代表性的一种联轴器。图 4-36a、c 所示分别为齿式联轴器的结构和位移补偿示意图。由两个带有内齿及凸缘的外套筒和两个带有外齿的内套筒组成。两个外套筒用螺栓联接，两个内套筒用键与两轴联接，内外齿啮合传递转矩。

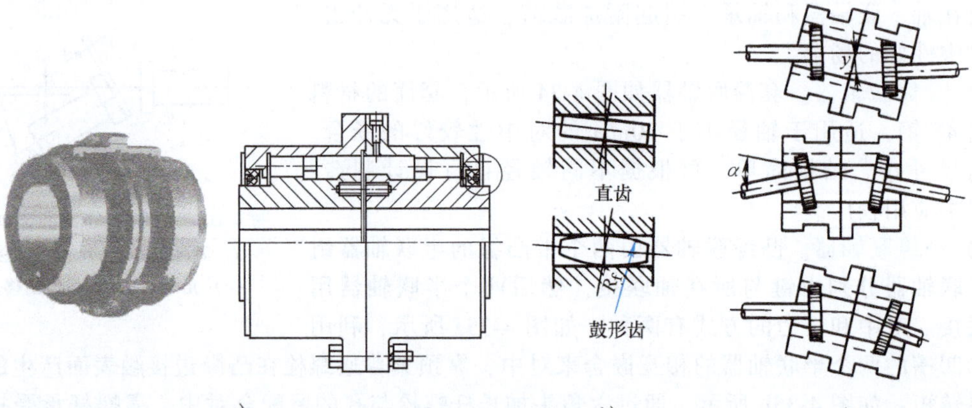

a）　b）　c）

图 4-36　齿式联轴器

a）齿式联轴器的结构图　b）齿形示意图　c）位移补偿示意图

齿式联轴器齿环上常用压力角为 20° 的渐开线齿廓，齿的形状有直齿和鼓形齿两种，如图 4-36b 所示，后者称为鼓形齿联轴器（JB/T 8854. 1—2001）。由于内、外齿啮合时具有较大的顶隙和侧隙。因此，这种联轴器具有径向、轴向和角度位移补偿的功能。由于内、外齿廓均为渐开线，故制造和安装精度要求较高，成本高。但传递载荷能力与位移补偿能力强，在汽车、重型机械中广泛应用。

2）十字滑块联轴器。十字滑块联轴器如图 4-37 所示，由两个具有径向通槽的半联轴器和一个具有相互垂直凸榫的十字滑块组成。由于滑块的凸榫能在半联轴器的凹槽中移动，故而补偿了两轴间的位移。为了减少滑动引起的摩擦，要予以一定的润滑并对工作表面进行热处理以提高硬度。

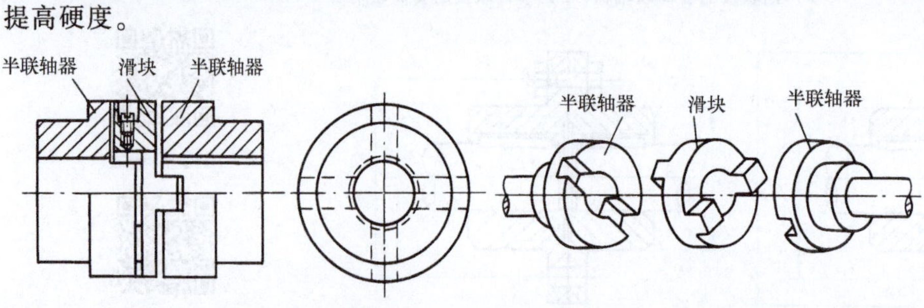

a）　b）

图 4-37　十字滑块联轴器

a）结构示意图　b）零件示意图

十字滑块联轴器

在刚性可移式联轴器中还有万向联轴器，简称为万向节，它是汽车传动系中重要的常用传动装置。

(3) 弹性联轴器　弹性联轴器依靠弹性元件的弹性变形来补偿两轴的相对位移，改善轴和支承的工作条件，降低联轴器所受的瞬间过载；并有改变轴系刚度，消减振动，避免共振的作用。

1）簧片式联轴器。簧片式联轴器如图4-38所示，其弹性元件由若干组弹簧片组成，弹簧片沿径向成辐射状分布，每组弹簧片的一端为固定端，与支承块构成固定联接，另一端为自由端，与相连零件构成可动联接，当联轴器传递转矩时，簧片与花键轴接触的可动端相对于固定端发生弯曲变形，使两半联轴器相对扭转某一角度。为增大联轴器的缓冲和吸振效果，每组簧片间的空腔中充满润滑油，在交变载荷作用下，簧片左右弯曲变形，形成油腔的压力变化，迫使润滑油经簧片两侧的缝隙从一侧流至另一侧，产生较大的黏性摩擦阻尼。

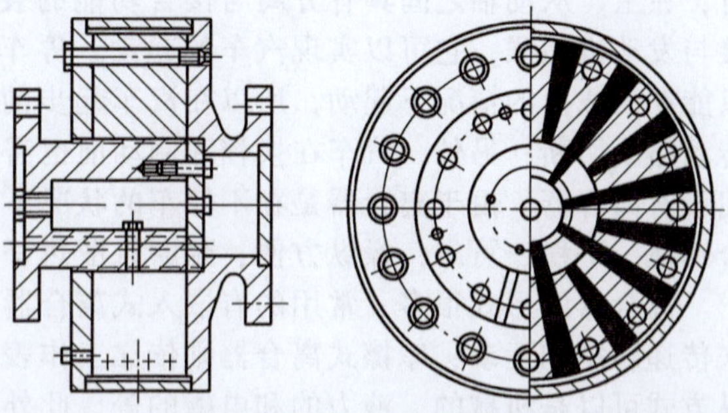

图 4-38　簧片式联轴器

簧片式联轴器的弹性元件根据结构与功能的需要，一般制成各种片状、卷板状和圆柱状等结构形式。由于其结构紧凑、变形量大、安全可靠，因此簧片式联轴器具有较好的弹性和阻尼特性，适用于载荷变化较大有扭转振动的轴系，如重型车辆、船舶、内燃机和柴油发电机组等设备。

2）弹性套柱销联轴器。弹性套柱销联轴器的构造与凸缘联轴器类似，不同之处是用有弹性的柱销代替了刚性的螺栓。图4-39中的弹性套常用耐油橡胶制造，作为缓冲吸振元件。柱销材料为45钢，半联轴器用铸铁或铸钢制造，其与轴的配合可以采用圆柱或圆锥配合孔。

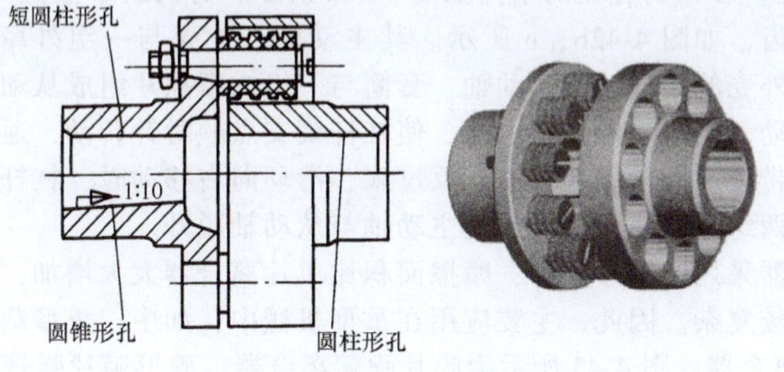

图 4-39　弹性套柱销联轴器

弹性套柱销联轴器易制造、易拆卸、成本低，但弹性套易磨损、寿命较短，适于载荷平稳、正反转或起动频繁、转速高的中小功率的两轴联接。

3）弹性柱销联轴器。弹性柱销联轴器的构造也与凸缘联轴器的构造相仿。图4-40所示为弹性的柱销将两个半联轴器联接起来。为防止柱销脱落，采用了挡板。柱销多用尼龙或酚醛布棒等弹性材料制造。

图 4-40　弹性柱销联轴器

弹性柱销联轴器虽然与上述的弹性套柱销联轴器十分相似，但其制造容易、不用润滑、拆装方便、载荷传递能力更大、结构更为简单，使用寿命及缓冲吸振能力更强。因此，适用于安装底座刚性好，轴向窜动较大，正反转或起动频繁，转速较高的场合；但由于尼龙柱销材料的缘故，对温度较敏感，工作温度限制在-20～70℃的范围内。

2. 离合器的类型与应用（微课 4.9）

微课 4.9

（1）离合器的功用与分类　离合器主要用于机器运转过程中传递动力和运动时，在主、从动轴之间具有分离与接合功能的装置。在汽车传动系中，离合器直接与发动机相联，它可以实现汽车的起动、停车、变速的平顺换档。由于内燃机只能在无载荷的情况下起动，所以在汽车起步前必须先将发动机与驱动轮之间的传动路线切断；另外，汽车在换档和制动前也需要切断动力传递。为此，在发动机与变速器之间设有离合器。由于离合器是在不停车的状况下进行两轴的接合与分离，因而离合器应保证离合迅速、平稳、可靠，操纵方便，耐磨且散热好。

离合器的形式很多，常用的有嵌入式离合器和摩擦式离合器。嵌入式离合器依靠齿的嵌合来传递转矩和运动；摩擦式离合器则依靠工作表面间的摩擦力来传递转矩和运动。离合器的操纵方式可以是机械的、液力的和电磁的等，此外还可以制成自动离合器。自动离合器不需要外力操纵即可根据一定的条件自动分离或接合，如自动档汽车中的应用。以下主要介绍目前汽车中广泛使用的摩擦式离合器。

（2）摩擦式离合器

1）单片摩擦式离合器。如图 4-41 所示，单片摩擦式离合器主要是利用两圆盘面的压紧或松开，使摩擦力产生或消失，以实现两轴的接合或分离。

操纵拨叉，使从动盘左移，以压力 F 将其压在主动盘上，从而使两圆盘接合；反向操纵拨叉，使从动盘右移，则使两圆盘分离。

单片摩擦式离合器结构简单，但径向尺寸大，而且只能传递不大的转矩。它常用于轻型机械上，如多用于中型或轻型载货汽车上。

2）多片离合器。多片离合器的结构如图 4-42a 所示，有两组摩擦盘（片），内、外摩擦片分别带有凹槽和凸齿，如图 4-42b、c 所示。其主动轴、外壳与一组外摩擦片组成主动部分，其中外摩擦片可沿外壳的槽移动。从动轴、套筒与一组内摩擦片组成从动部分，其中内摩擦片可在套筒的槽上滑动。当滑环向左移动时，使杠杆绕支点顺时针转动，通过压板将两组摩擦片压紧，于是主动轴带动从动轴一起转动；反过来，滑环向右移动时，杠杆下面的弹簧使杠杆绕支点逆时针转动，两组摩擦片松开，于是主动轴与从动轴脱开。

由于多片离合器采用两组摩擦片，摩擦面积比单片离合器大大增加，可传递转矩的能力显著增大，但结构比较复杂。因此，主要应用在重型机械中，如中、重型载货汽车上。

3）膜片弹簧离合器。图 4-43 所示为膜片弹簧离合器，碟形膜片弹簧用优质钢板制成，其形状如图 4-43b 所示，其上开有若干个径向切槽，切槽的内端开通，外端为圆孔，每两切槽之间的钢板形成一个弹性杠杆，它既是压紧弹簧又是分离杠杆。

如图 4-44 所示，膜片弹簧离合器的压紧装置由压盘、离合器盖、膜片弹簧、支承圈、分离钩等组成。膜片弹簧中间的两侧有支承圈，用铆钉装在离合器盖上。支承圈为膜片弹簧工作时的支点。如图 4-44a 所示，在离合器盖未装到飞轮上时，膜片弹簧不受力，处于自由状态。此时，离合器盖与飞轮之间有一距离 L。如图 4-44b 所示，当把离合器盖靠向飞轮时，支承圈压迫膜片弹簧，使其发生弹性变形（锥角变小）。这样，膜片弹簧的反弹力使其外缘对压盘及从动盘产生压紧力，从而使离合器处于压紧状态。如图 4-44c 所示，当离合器分离时，分离轴承左移，膜片弹簧被压在支承圈上，膜片弹簧内缘前移，其径向截面以支承圈为支点转动（膜片弹簧呈反锥形），其外缘通过分离钩拉动压盘而使离合器分离。

膜片弹簧离合器具有结构简单、轴向尺寸小、弹性好、弹力不受离心力影响等优点，因此在汽车（尤其轿车）上得到了广泛的应用。

单片摩擦式离合器

多片摩擦式离合器

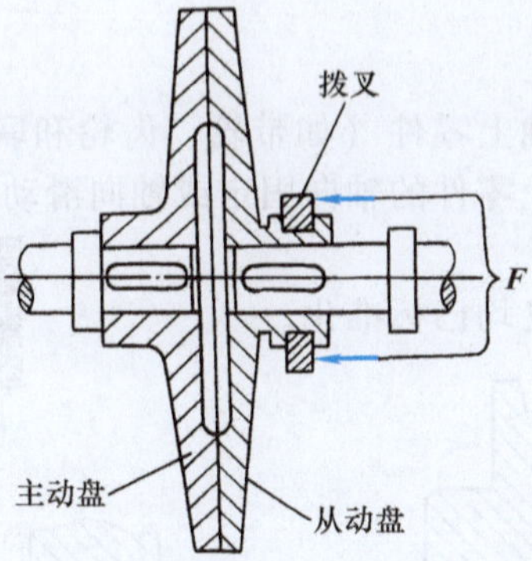

图 4-41 单片摩擦式离合器

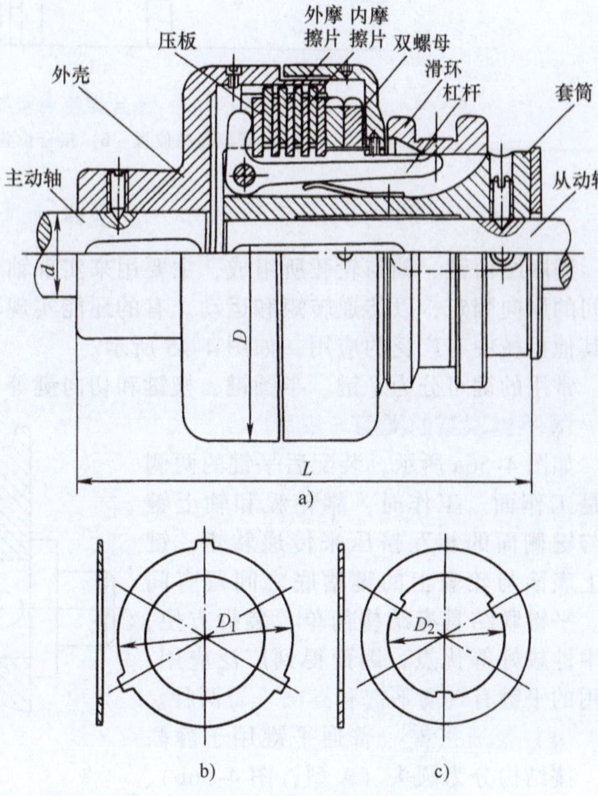

图 4-42 多片摩擦式离合器

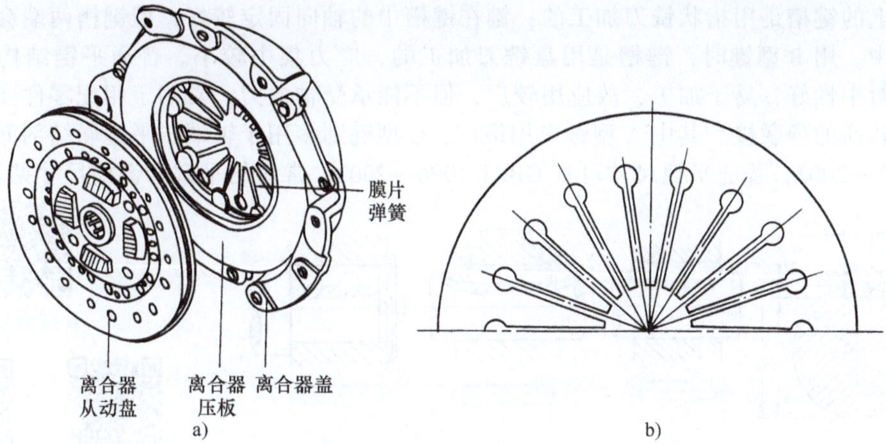

图 4-43 膜片弹簧离合器

a）结构示意图 b）膜片弹簧的形状

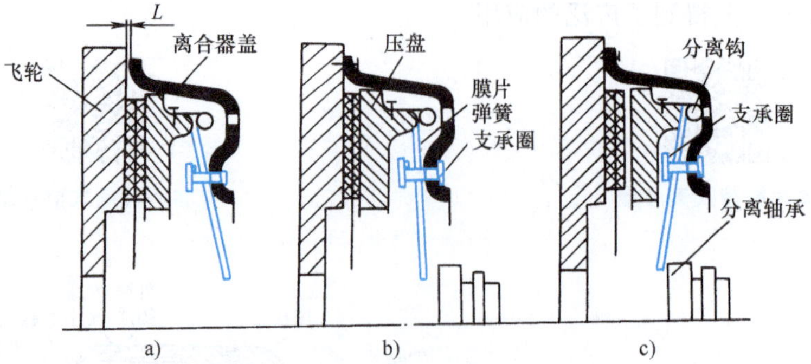

图 4-44　膜片弹簧离合器工作原理

a）安装前的位置　b）接合位置　c）分离位置

三、键和花键联结的类型与应用（微课 4.10）

键联结由键、轴与轮毂所组成，主要用来实现轴和轴上零件（如带轮、齿轮和联轴器等）之间的周向固定，以传递转矩和运动。有的还能实现轴上零件的轴向固定或轴向滑动。在汽车及其他机械中有广泛的应用，如图 4-45 所示。

常用的键可分为平键、半圆键、楔键和切向键等，且均已标准化。

微课 4.10

1. 平键联结的类型与应用

如图 4-56a 所示，装配后平键的两侧面是工作面。工作时，靠轮毂和轴上键槽与键侧面的相互挤压来传递转矩，键的上表面与轮毂上的键槽底之间留有间隙。平键联结具有结构简单、装拆方便、对中性较好等优点，因而得到广泛应用。常用的平键有普通平键和导向平键两种。

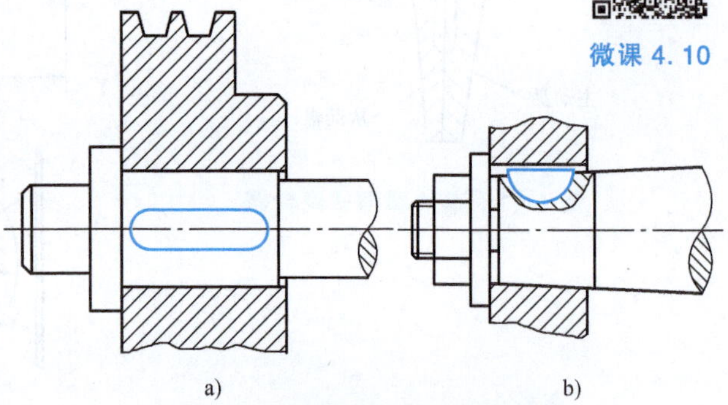

图 4-45　键联结在汽车中的应用

a）减速器带轮与轴的平键联结

b）内燃机中锥轴与轮毂的半圆键联结

(1) 普通平键　普通平键用于静联接，按结构分为圆头（A 型，图 4-56b）、方头（B 型，图 4-56c）及单圆头平键（C 型，图 4-56d）三种。用 A 型和 C 型键时，轴上的键槽是用指状铣刀加工的；键在键槽中的轴向固定较好，但键槽两端会引起较大的应力集中。用 B 型键时，键槽是用盘铣刀加工的，应力集中较小。普通平键结构简单，拆装方便，对中性好，易于加工，故应用较广，但不能承受轴向力，常用于相配零件要求定心性好和转速较高的静联接。其中 A 型键应用最广，C 型键则多用于轴端。平键联结剖面尺寸可查 GB/T 1095—2003，普通平键尺寸可查 GB/T 1096—2003。常用的平键和键槽尺寸见表 4-15。

A 型键联结

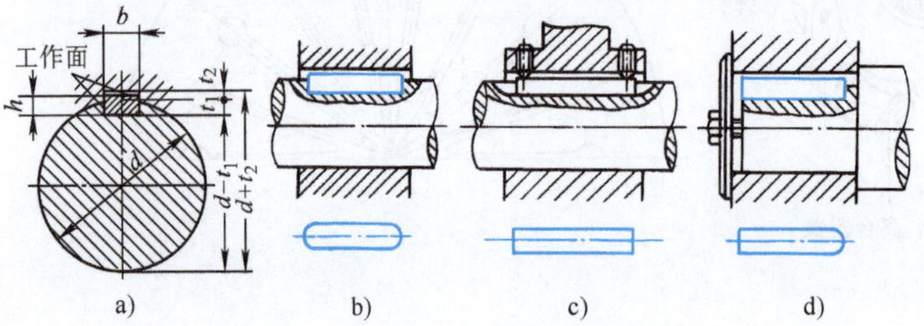

图 4-46　普通平键联结的结构和类型

a）结构图　b）A 型　c）B 型　d）C 型

B 型键联结　C 型键联结

表 4-15 平键和键槽尺寸（摘录） （单位：mm）

轴 公称直径 d	键 尺寸 $b\times h$	键槽 宽度 基本尺寸 b	宽度 极限偏差 松联接 轴 H9	松联接 毂 D10	正常联接 轴 N9	正常联接 毂 JS9	紧密联接 轴和毂 P9	深度 轴 t_1 基本尺寸	轴 t_1 极限偏差	毂 t_2 基本尺寸	毂 t_2 极限偏差	半径 r 最小	半径 r 最大
10~12	4×4	4	+0.030 0	+0.078 +0.030	0 -0.030	±0.015	-0.012 -0.042	2.5	+0.1 0	1.8	+0.1 0	0.08	0.16
12~17	5×5	5						3.0		2.3		0.16	0.25
17~22	6×6	6						3.5		2.8			
22~30	8×7	8	+0.036 0	+0.098 +0.040	0 -0.036	±0.018	-0.015 -0.051	4.0	+0.2 0	3.3	+0.2 0		
30~38	10×8	10						5.0		3.3		0.25	0.40
38~44	12×8	12	+0.043 0	+0.120 +0.050	0 -0.043	±0.0215	-0.018 -0.061	5.0		3.3			
44~50	14×9	14						5.5		3.8			
50~58	16×10	16						6.0		4.3			
58~65	18×11	18						7.0		4.4			
65~75	20×12	20	+0.052 0	+0.149 +0.065	0 -0.052	+0.026	-0.022 -0.074	7.5		4.9		0.40	0.60
75~85	22×14	22						9.0		5.4			
85~95	25×14	25						9.0		5.4			
95~110	28×16	28						10		6.4			
键的长度	6、8、10、12、18、20、22、25、28、32、36、40、50、56、63、70、80、90、100、110、125、140、160、180、200、220、250、280、320、360												

注：1. 在零件图中，轴槽深用 t_1 或（$d-t_1$）标注，轮毂槽深用 t_2 或（$d+t_2$）标注。

2.（$d-t_1$）和（$d+t_2$）两组组合尺寸的极限偏差按相应的 t_1 和 t_2 极限偏差选取，但（$d-t_1$）极限偏差应取负号。

普通平键标记包括类型键宽×键长，通常圆头普通平键类型不标出。

例如，圆头普通平键（A）型 键宽 16mm，键高 10mm，键长 100mm。

标记为：GB/T 1096—2003 键 16×10×100。

例如，平头普通平键（B）型 键宽 16mm，键高 10mm，键长 100mm。

标记为：GB/T 1096—2003 键 B16×10×100。

（2）导向平键 导向平键常用于动联接（图 4-47a），如汽车变速器中的滑动齿轮与轴之间的联接。导向平键除实现周向固定外，由于轮毂与轴之间均为间隙配合，故还允许轴上零件（滑动齿轮）做轴向移动，构成动联接。为防止松动，用两个圆柱头螺钉将键固定在轴槽中；为拆卸方便，在键中部制有起键螺孔。

导向平键一般较长。当被联接零件滑移的距离较大时，宜采用滑键联结，如图 4-47b 所示。滑键固定在轮毂上，与轮毂同时在轴上的键槽中做轴向滑移。

滑键联结 1

导向平键联结

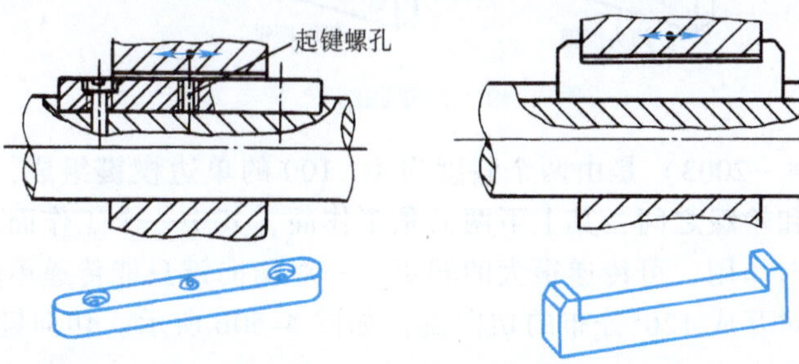

a) b)

滑键联结 2

图 4-47 导向平键和滑键联结

a）导向平键联结 b）滑键联结

2. 半圆键联结的类型与应用

如图 4-48a 所示，半圆键（GB/T 1099.1—2003）与平键一样也是以两侧面为工作面来传递转矩的。由于其侧面为半圆形，因而半圆键能在轴槽中摆动以适应毂槽底面的倾斜，装配方便，定心性好；但因键槽较深，对轴的强度削弱较大，故仅适用于轻载或位于轴端、特别是锥形轴端的联接，如图 4-48b 所示。

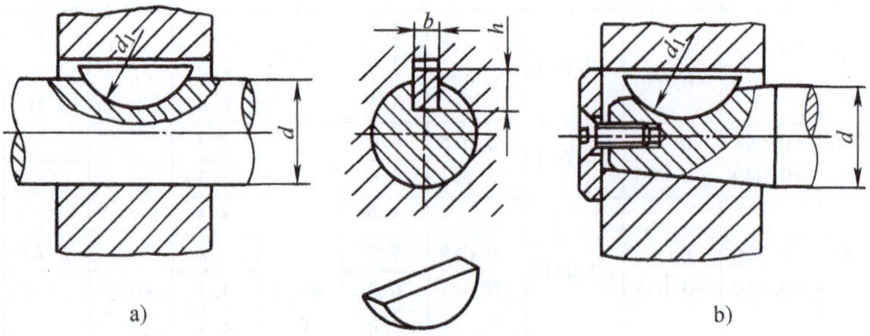

图 4-48 半圆键联结

a）结构图 b）应用场合

半圆键联结

3. 楔键联结和切向键联结的应用

楔键的上下两面是工作面，如图 4-49 所示。键的上表面和毂槽的底面各有 1∶100 的斜度，装配时需沿键的轴向楔紧，楔紧后上下工作面上产生很大的预紧力 $\boldsymbol{F}_N$，工作时主要靠预紧力 $\boldsymbol{F}_N$ 产生的摩擦力 $f\boldsymbol{F}_N$ 传递转矩 T，并能单方向承受轴向力和轴向固定零件。由于楔紧后会使轴与轮毂产生偏心，因而楔键仅适用于对定心精度要求不高、载荷平稳的低速场合。楔键分为普通楔键和钩头楔键两种，钩头楔键的钩头是方便拆键用。

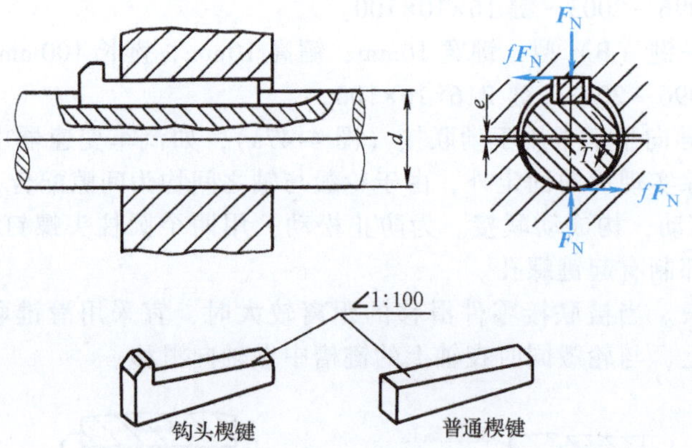

平头楔键联结

图 4-49 楔键联结

钩头楔键联结

切向键（GB/T 1974—2003）是由两个斜度为 1∶100 的单边楔键组成，如图 4-50a 所示，装配后将两者楔紧在轴和轮毂之间，其上下两面是工作面，其中一个工作面通过轴线使工作面上的压力沿轴的切线方向作用，可传递很大的转矩。一对切向键只能传递单向转矩，当需要传递双向转矩时应采用两对互成 120°分布的切向键，如图 4-50b 所示。切向键用于低速、重载、定心精度要求不高的场合。

4. 花键联结类型与应用（微课 4.11）

花键联结是由周向均布的多个键齿的花键轴与带有相应的键齿槽的轮毂相配合而组成的可拆联接，如图 4-51a 所示，齿的侧面是工作面。由于是多齿传递载荷，且键和轴做成一体，所以花键联结与平键联结相比，承载能力强，对轴的强度削弱小，定心性和导向性好。但齿根仍有应力集中，加工需专用设备和量刃具，制造成本高。因此，花键联结适用于载荷较大和定心要求较高的静联接和动联接，在飞机、汽车、拖拉机、机床制造和农业机械中应用广泛。

微课 4.11

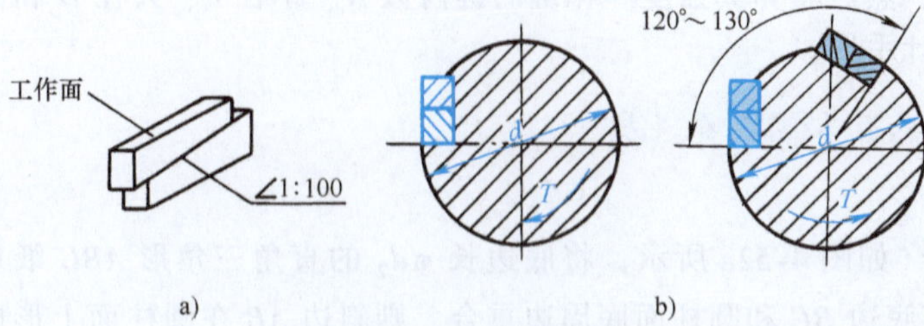

图 4-50 切向键联结

a）结构图 b）两对切向键的组合应用

切向键联结

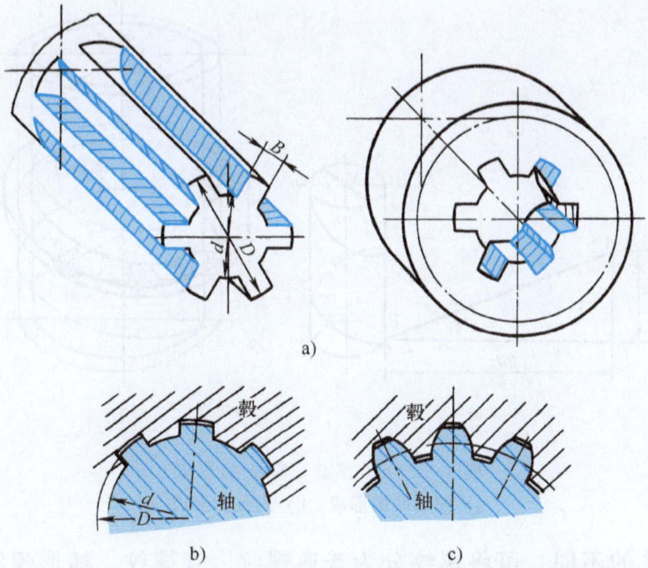

图 4-51 花键联结

a）零件示意图 b）矩形花键 c）渐开线花键

（1）花键类型 花键按其齿形不同，分为矩形花键和渐开线花键。

1）矩形花键。如图 4-51b 所示，齿侧边为直线，廓形简单，加工方便，应用广泛。GB/T 10952—2005 规定，其尺寸规格用 $N \times d \times D \times B$ 表示键数、小径、大径和键宽；按传递载荷的大小、齿数和齿高的不同，其尺寸分为四个尺寸系列，即轻系列、中系列、重系列及补充系列。轻系列的承载能力小，多用于静联接。中系列适用于中等载荷的静联接或仅在空载下移动的动联接。重系列的承载能力较大，多用于动联接。

标准还规定矩形花键采用小径定心，这种定心方式的定心精度高、稳定性好，内、外花键小径均可在热处理后磨削加工，以消除热处理变形。

2）渐开线花键。如图 4-51c 所示，渐开线花键的两侧边齿形为渐开线。GB/T 5104—2008 规定，渐开线花键齿形的标准压力角为 30°。渐开线花键联结的定心方式有按齿宽定心和按大径定心两种。齿宽定心方式具有自动定心作用，各齿受力均匀，应用较广；大径定心方式常用于径向载荷较大的动联接，需用专用滚刀和插刀切齿。渐开线花键可用加工齿轮的方法制造，工艺性好，易获得较高的精度和互换性，齿根强度高，应力集中小，寿命长。因此，常用于载荷较大、定心精度要求较高以及尺寸较大的联接。

（2）花键的选用　设计花键联结时，根据使用要求和工作条件以及被联接件的结构特点选择花键联结的类型和尺寸，然后验算其强度。花键的键齿数 N、小径 d、大径 D 和键宽 B 等尺寸系列已标准化，详见设计手册。

四、螺纹联接类型与应用（微课 4.12）

1. 螺纹形成及主要参数

（1）螺纹的形成和分类　如图 4-52a 所示，将底边长 πd_2 的直角三角形 ABC 纸片绕在直径为 d_2 的圆柱面上，并使其底边 BC 和圆柱面底周边重合，则斜边 AB 在圆柱面上形成的一条曲线即为螺旋线。再取一个通过圆柱面轴线的牙型平面 N（如矩形、三角形、梯形），使其沿螺旋线移动，则此牙型平面的空间轨迹即构成螺纹，如图 4-52b 所示。

微课 4.12

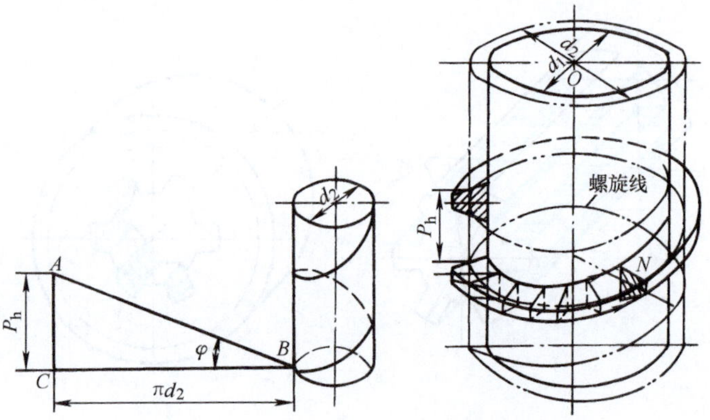

a)　　　b)

图 4-52　螺旋线与螺纹的形成

a）螺旋线的形成　b）螺纹的形成

按照牙型平面 N 的不同，可将螺纹分为普通螺纹、管螺纹、梯形螺纹、锯齿形螺纹等，其特点和应用见表 4-16。除矩形螺纹外，均已标准化，相关参数可参考 GB/T 14791—2013。

表 4-16　常用螺纹的特点和应用

螺纹类型	牙　型　图	特点和应用
普通螺纹	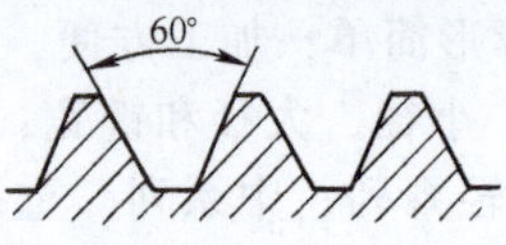	牙型角 $\alpha=60°$，当量摩擦因数大，自锁性能好。同一公称直径，按螺距 P 的大小分为粗牙和细牙。粗牙螺纹用于一般联接，细牙螺纹常用于细小零件和薄壁件的联接，也可用于微调机构
55°非密封管螺纹	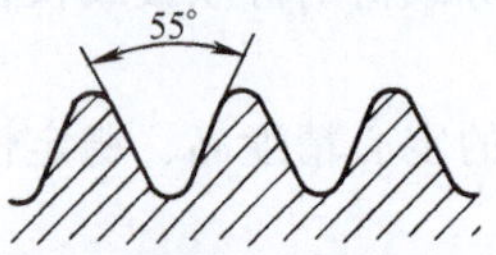	牙型角 $\alpha=55°$，牙顶有较大的圆角，内、外螺纹旋合后无径向间隙。该螺纹为英制细牙螺纹，公称直径近似为管子内径，紧密性好，用于压力在 1.5MPa 以下的管路联接
梯形螺纹	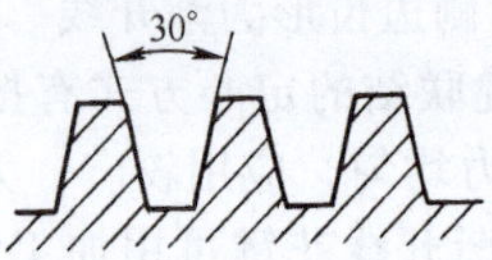	牙型角 $\alpha=30°$，牙根强度高，对中性好，传动效率较高，是应用较广的传动螺纹

（续）

螺纹类型	牙　型　图	特点和应用
锯齿形螺纹	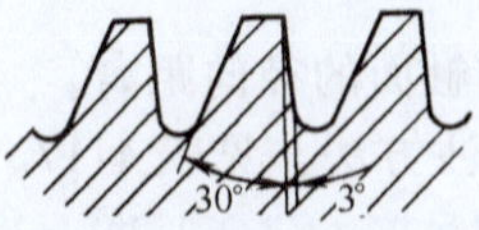	工作面的牙侧角为3°，非工作面的牙侧角为30°，传动效率较梯形螺纹高，牙根强度也高，用于单向受力的传动螺旋机构，如用于轧钢机的压下螺旋和螺旋压力机等机械上
矩形螺纹	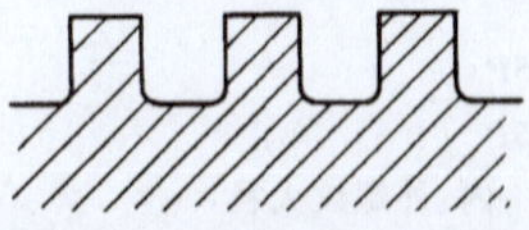	牙侧角为0°，传动效率高，但牙根强度差，磨损后无法补偿间隙，定心性能差，一般很少采用

注：除管螺纹采用英制（以每英寸牙数表示螺距）外，其他螺纹均采用米制。

按照圆柱表面上螺旋线的数目，又可将螺纹分为单线螺纹（图 4-53a）和多线螺纹（图 4-53b）。为制造方便，螺纹线数一般不超过 4。单线螺纹自锁性好，常用于联接；多线螺纹传动效率较高，常用于传动。

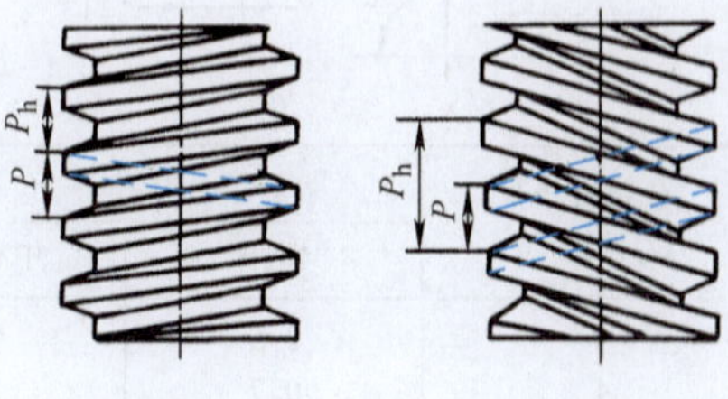

a)　　b)

图 4-53　螺纹的线数和旋向

a）单线右旋螺纹　b）多线左旋螺纹

按照螺旋线绕行方向，还可将螺纹分为右旋螺纹（图 4-53a，标注时可省略）和左旋螺纹（图 4-53b，标注代号为 LH）。右旋螺纹应用最广。

此外，根据螺纹是分布在内圆柱面上还是外圆柱面上，可以将其分为圆柱内螺纹和圆柱外螺纹，两者共同组成螺旋副，如图 4-54 所示。一般内螺纹的尺寸参数用大写字母表示，外螺纹的尺寸参数用小写字母表示。

（2）螺纹的基本参数和尺寸　下面以普通螺纹为例说明螺纹的基本参数和几何尺寸，如图 4-54 所示。

1）大径 $d(D)$：螺纹的最大直径，与外螺纹牙顶（内螺纹牙底）相重合的假想圆柱直径，它是螺纹的公称直径。

2）小径 $d_1(D_1)$：螺纹的最小直径，与外螺纹牙底（内螺纹牙顶）相重合的假想圆柱直径。

3）中径 $d_2(D_2)$：螺纹的牙厚与牙间相等的假想圆柱直径。

4）螺距 P：相邻两牙在中径上对应两点间的轴向距离。根据螺距的大小，普通螺纹可分为粗牙（螺距可不标注）和细牙。

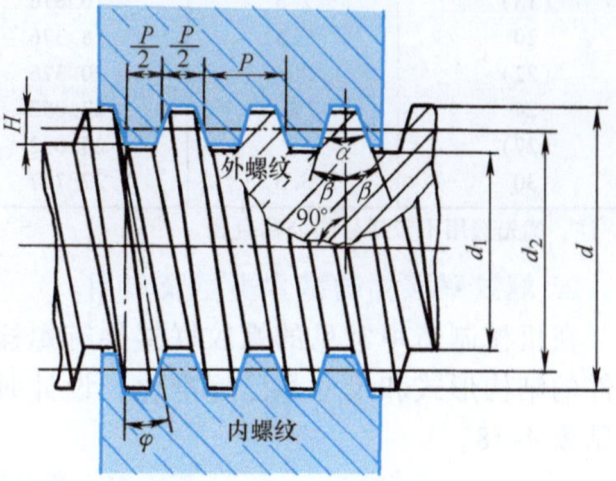

图 4-54　螺纹的基本参数

5）导程 P_h：同一条螺旋线上的相邻两牙在中径上对应两点间的轴向距离。设螺旋线数为 n，则 $P_h = nP$（图 4-53b）。

6）螺纹升角 φ：在中径圆柱上，螺旋线的切线与垂直于螺纹轴线的平面间的夹角，其展开形状如图 4-54 所示。计算公式为

$$\varphi = \arctan \frac{np}{\pi d_2} \tag{4-1}$$

7）牙型角 α：轴向剖面内，螺纹牙型两侧边的夹角。

8）牙侧角 β：轴向剖面内，螺纹牙型两侧边与螺纹轴线的垂线间的夹角。对于三角形、梯形等对称牙型，$\beta=\dfrac{\alpha}{2}$。

9）螺纹接触高度 H：内外螺纹相互旋合后，螺纹接触面的径向距离。

GB/T 14791—2013 规定了普通螺纹的基本尺寸和标注方法，见表 4-17。

表 4-17　螺纹直径与螺距、粗牙普通螺纹的基本尺寸（GB/T 14791—2013）

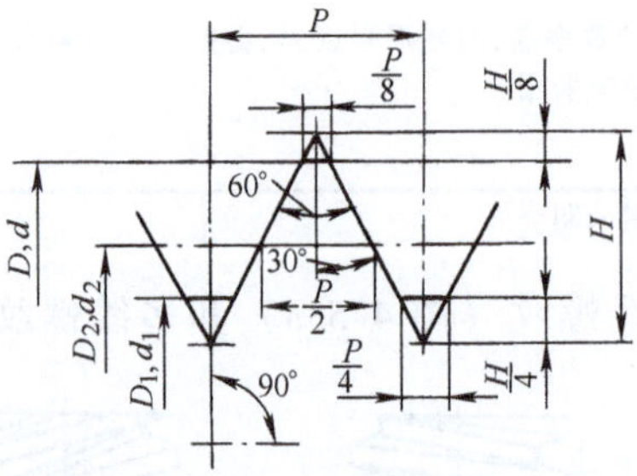

$H=0.866P$

$d_2=d-0.6495P$

$d_1=d-1.0825P$

式中，D,d——内、外螺纹大径

D_2,d_2——内、外螺纹中径

D_1,d_1——内、外螺纹小径

P——螺距

螺纹标记示例

M24　表示公称直径 24mm，螺距 3mm 的右旋粗牙普通螺纹

M24×1.5 LH　表示公称直径 24mm，螺距 1.5mm 的左旋细牙普通螺纹

公称直径（大径）D,d	粗牙			细牙
	螺距	中径 D_2,d_2	小径 D_1,d_1	螺距 P
3 4	0.5 0.7	2.675 3.545	2.459 3.242	0.35
5 6 8	0.8 1 1.25	4.480 5.350 7.188	4.134 4.918 6.647	0.5
10	1.5	9.026	8.376	1.25,1,0.75
12	1.75	10.863	10.106	1.5,1.25,1,0.5
（14） 16	2 2	12.701 14.701	11.835 13.835	1.5,1
（18） 20 （22） 24 （27） 30	2.5 2.5 2.5 3 3 3.5	16.376 18.376 20.376 22.052 25.052 27.727	15.294 17.294 19.294 20.752 23.752 26.211	2,1.5,1

注：优先选用不带括号的公称直径。

2. 螺纹联接件的基本类型及应用

在机械制造中常见的螺纹联接件有螺栓、双头螺柱、螺钉、螺母和垫圈等。常见的螺纹联接件的结构形式和尺寸都已标准化，设计时应根据有关标准选用。螺纹联接件的结构特点及应用见表 4-18。

表 4-18　螺纹联接件的结构特点及应用

类型	图　例	结构特点及应用
六角头螺栓	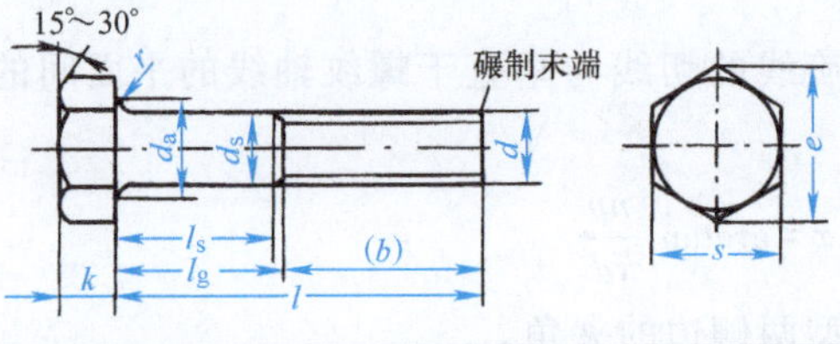	种类很多，应用最广，分为 A、B、C 三级，通用机械制造中多用 C 级。螺杆可制出一段螺纹或全螺纹，螺纹可用粗牙或细牙（A、B）级

（续）

类型	图　　例	结构特点及应用
双头螺柱	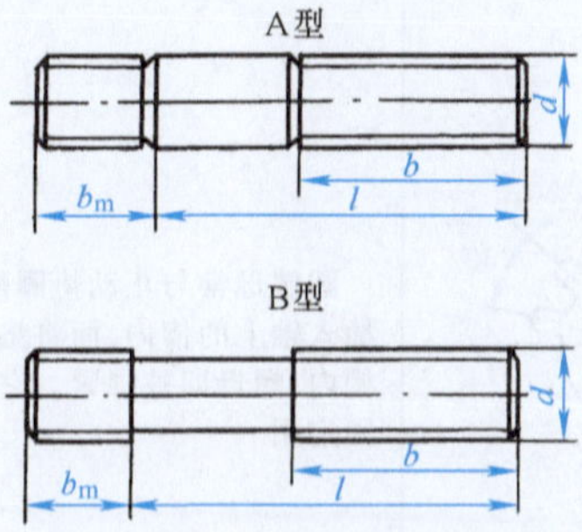	双头螺柱两端都有螺纹，两端螺纹可相同或不同，双头螺柱可带退刀槽或制成全螺纹，双头螺柱的一端常用于旋入铸铁或有色金属的螺孔中，旋入后即不拆卸；另一端则用于安装螺母，以固定其他零件
螺钉	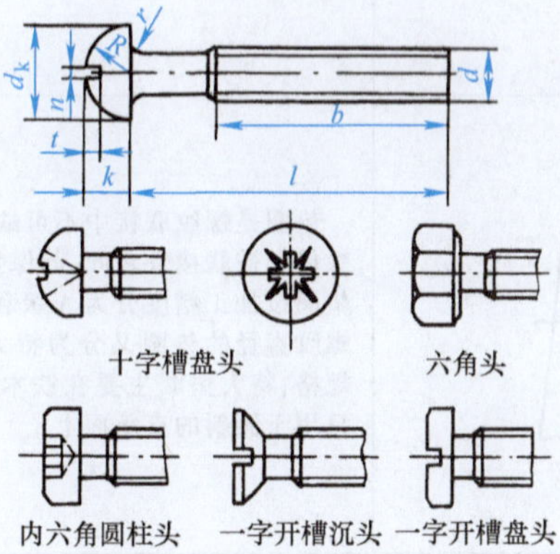	螺钉头部形状有六角头、圆柱头、圆头、盘头和沉头等，头部旋具槽有一字槽、十字槽和内六角孔等形式。十字槽螺钉头部强度高，对中性好，易于实现自动化装配；内六角圆柱头螺钉能承受较大的扳手力矩，联接强度高，可代替六角头螺栓，用于要求结构紧凑的场合
紧定螺钉	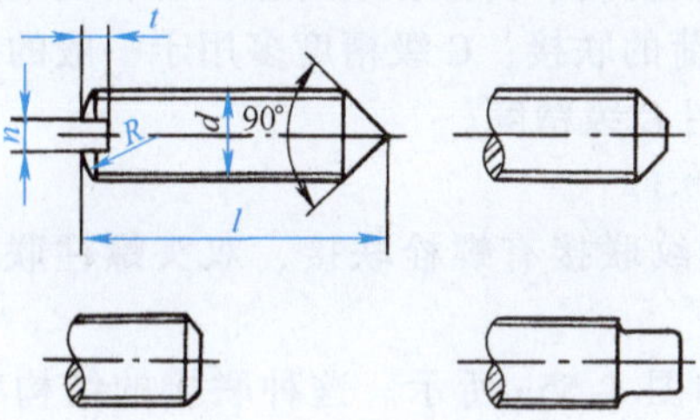	紧定螺钉的末端形状，常用的有锥端、平端和圆柱端。锥端适用于被顶紧零件的表面硬度较低或不经常拆卸的场合；平端接触面积大，不伤零件表面，常用于顶紧硬度较大的平面或经常拆卸的场合；圆柱端压入轴上的凹坑中，适用于紧定空心轴上的零件位置
六角螺母	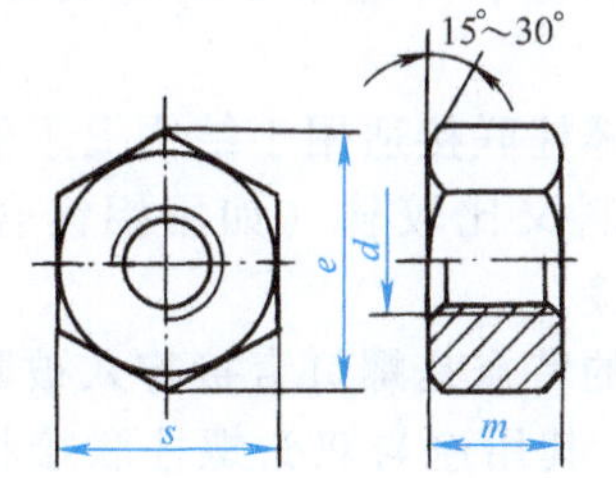	根据六角螺母厚度的不同，分为标准、厚、薄等三种。六角螺母的制造精度和螺栓相同，分为A、B、C三级，分别与相同级别的螺栓配用

（续）

类型	图　例	结构特点及应用
圆螺母	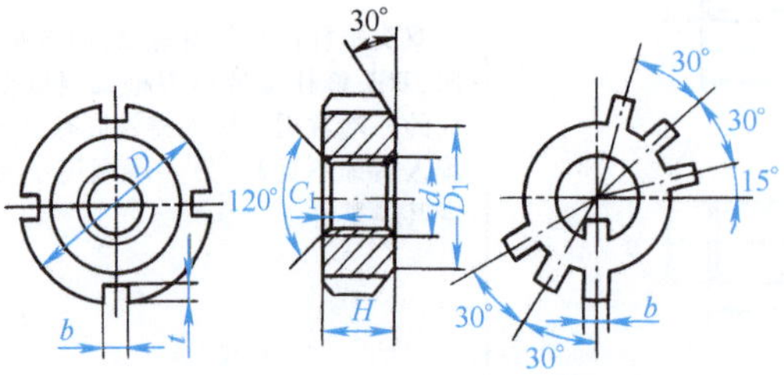 圆螺母　　止动片	圆螺母常与止动垫圈配用，装配时将垫圈内舌插入轴上的槽内，而将垫圈的外舌嵌入圆螺母的槽内，螺母即被锁紧。它常作为轴上零件的轴向固定用
垫圈	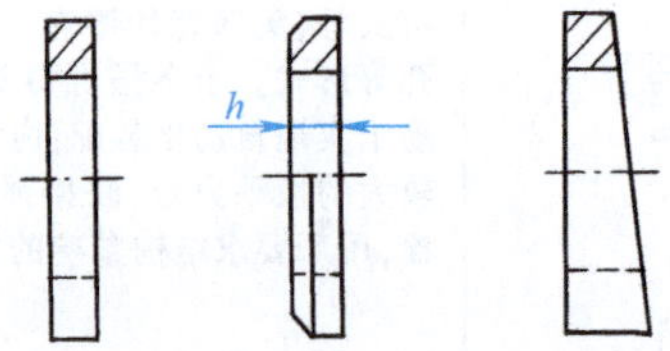	垫圈是螺纹联接中不可缺少的零件，常放置在螺母和被联接件之间，起保护支承面等作用。平垫圈按加工精度分为A级和C级两种，用于同一螺纹直径的垫圈又分为特大、大、普通和小四种规格；特大垫圈主要在铁木结构上使用；斜垫圈只用于倾斜的支承面上

根据GB/T 197—2003的规定，螺纹联接件分为三个精度等级，其代号为A、B、C级。A级精度的公差小，精度最高，用于要求配合精度高、防止振动等重要零件的联接；B级精度多用于受载较大且经常装拆、调整或承受变载荷的联接；C级精度多用于一般的螺纹联接。常用的标准螺纹联接件（螺栓、螺钉），通常选用C级精度。

3. 螺纹联接的基本类型及应用（微课4.13）

微课4.13

根据螺纹联接件的类型不同，常用的螺纹联接有螺栓联接、双头螺柱联接、螺钉联接和紧定螺钉联接。

（1）螺栓联接　常见的普通螺栓联接如图4-55a所示。这种联接的结构特点是被联接件上的通孔和螺栓间留有间隙，故通孔的加工精度低，结构简单，装拆方便，使用时不受被联接件材料的限制，因此应用极广。

图4-55b所示是六角头加长杆螺栓联接。孔和螺杆多采用基轴制过渡配合（H7/m6、H7/n6）。这种联接能精确固定被联接件的相对位置，并能承受横向载荷，但螺栓成本较高，对孔的加工精度要求也较高。

（2）双头螺柱联接　如图4-56所示，双头螺柱联接适用于结构上不能采用螺栓联接的场合。例如被联接件之一太厚不宜制成通孔，材料又比较软（如用铝镁合金制造的发电机壳体），且需要经常拆装时，往往采用双头螺柱联接。

（3）螺钉联接　如图4-57所示，螺钉联接的特点是螺钉直接拧入被联接件的螺纹孔，不用螺母，在结构上比双头螺柱联接简单、紧凑。其用途与双头螺柱联接相似，但如经常拆装时，易使螺纹孔磨损，可能导致被联接件报废，故多用于受力不大，或不需要经常拆装的场合。

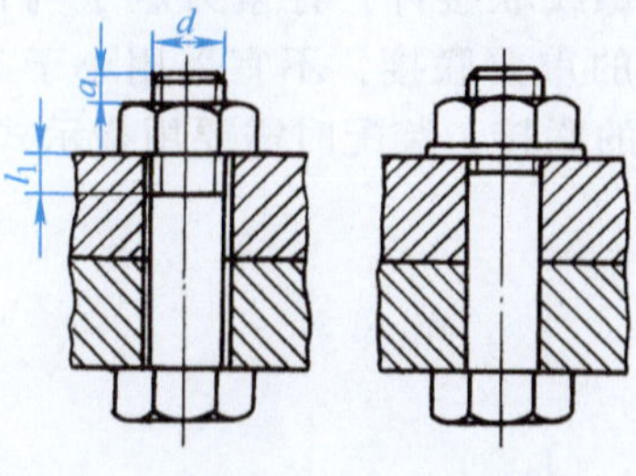

a)　　b)

普通螺栓联接　　六角头加长杆螺栓联接

图 4-55　螺栓联接

a) 普通螺栓联接　b) 六角头加长杆螺栓联接

螺纹余留长度 l_1

静载荷　$l_1 \geqslant (0.3 \sim 0.5)d$

静载荷　$l_1 \geqslant (0.3 \sim 0.5)d$

螺纹伸出长度 $a \approx (0.2 \sim 0.3)d$

(4) 紧定螺钉联接　紧定螺钉联接是利用拧入被联接件的螺纹孔中的螺钉末端，顶住另一零件的表面（图 4-58a）或顶入相应的凹坑中（图 4-58b），以固定两个零件的相对位置，并可以传递不大的力或转矩。

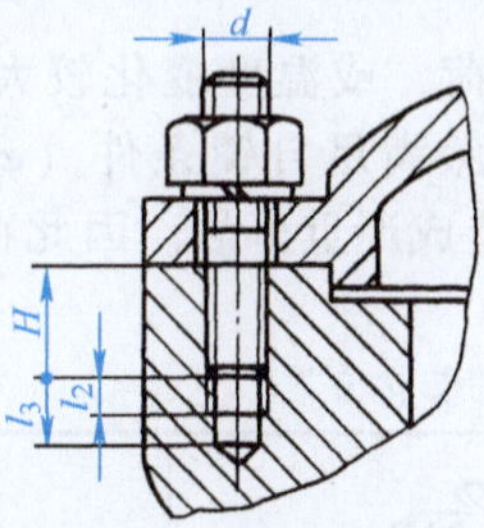

双头螺柱联接

图 4-56　双头螺柱联接

拧入深度 H，当螺孔材料为：

钢或青铜　$H \approx d$

铸铁　$H=(1.25 \sim 1.5)d$

铝合金　$H=(2 \sim 2.5)d$

$l_2=(0.3 \sim 0.5)d$　$l_3=(0.7 \sim 1.2)d$

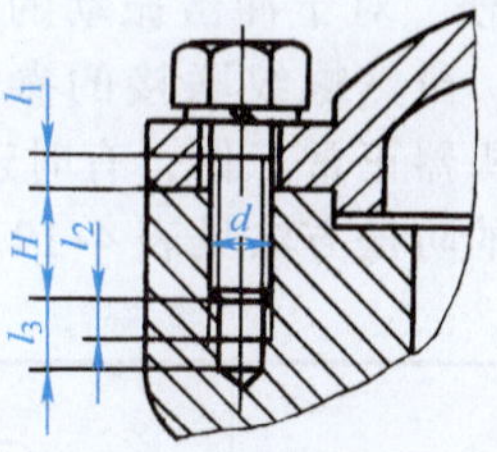

图 4-57　螺钉联接

螺钉联接

微课 4.14

4. 螺纹联接的预紧和防松（微课 4.14）

(1) 螺纹联接的预紧　多数螺纹联接在装配时都需要拧紧，使联接在承受工作载荷之前，预先受到力的作用。这个预加作用力称为预紧力，用 F_Q 表示。预紧的目的在于增强联接的可靠性和紧密性，以防止受载后被联接件之间出现缝隙或发生相对滑移。预紧力不足时，显然达不到目的。但预紧力过大时，则可能使联接过载，甚至疲劳断裂。装配时需要预紧的螺纹联接称为紧联接；不需要预紧的螺纹联接称为松联接。

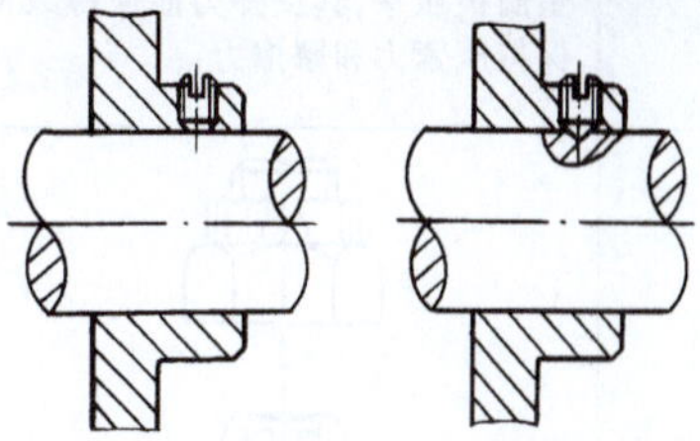

a)　　b)

图 4-58　紧定螺钉联接

a) 平端紧定螺钉联接

b) 锥端紧定螺钉联接

如图 4-59 所示，拧紧螺母时，施于螺母的拧紧力矩（扳手力矩）T，需克服螺纹间的摩擦力矩和螺母环形支承面上的摩擦力矩。对于 M10～M68 的常用粗牙普通钢螺栓，拧紧力矩的近似计算式为 $T \approx 0.2F_Q d$（d 为螺栓的公称直径；F_Q 为预紧力）。

上式表明，对于已知直径 d 的螺纹联接件，拧紧力矩 T 与预紧力 F_Q 呈线性关系。因此，对于只靠经验而对预紧力不加控制的重要联接，不宜采用小于 M16 的螺纹联接件，以免预紧时联接件发生过载失效。对于重要的联接，装配时需要用指示式扭力扳手或定力矩扳手，以达到控制预紧力的目的。

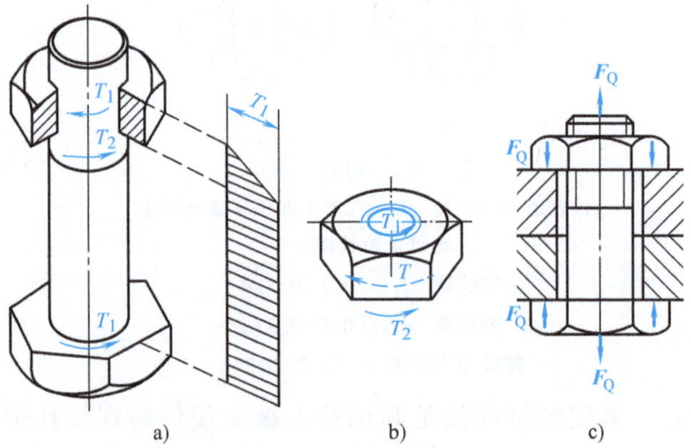

螺纹联接预紧-测力扳手

图 4-59 螺纹联接的预紧

螺纹联接预紧-定力扳手

（2）螺纹联接的防松 对于冲击振动的变载荷，或温度变化较大的环境，可能在某一瞬间联接中的摩擦力消失。虽然螺纹联接的参数仍然满足自锁条件（$\varphi \leqslant \rho_v$），但仍可能松动，甚至松脱，这不仅影响机器正常工作，有时还会造成严重事故。因此在这种情况下，必须采取必要的防松措施。常用的防松方法见表 4-19。

表 4-19 常用的防松方法

利用附加摩擦力防松	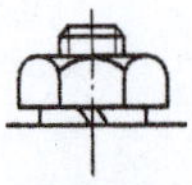 弹簧垫圈	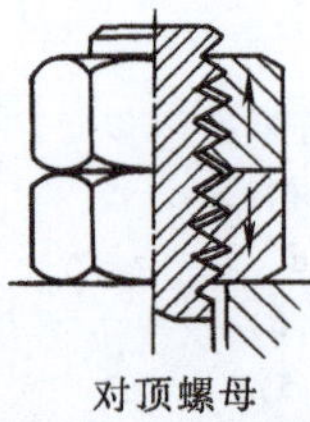 对顶螺母	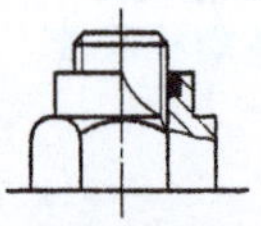 尼龙圈锁紧螺母
	弹簧垫圈材料为弹簧钢，装配后垫圈被压平，其反弹力能使螺纹间保持压紧力和摩擦力	利用两螺母的对顶作用使螺栓始终受到附加拉力和附加摩擦力的作用；结构简单，可用于低速重载场合	螺母中嵌有尼龙圈，拧上后尼龙圈内孔被胀大而箍紧螺栓
采用专门防松元件防松	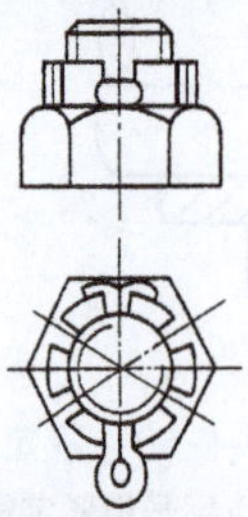 槽形螺母和开口销	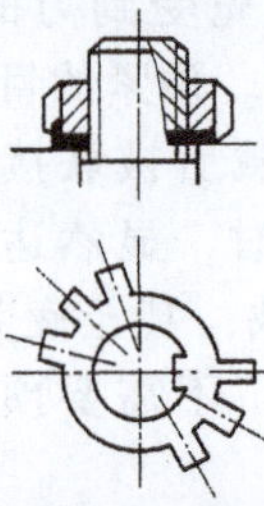 圆螺母用带翅垫片	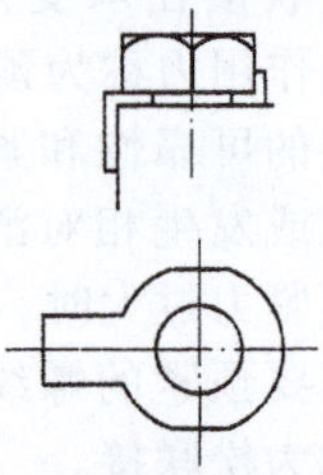 止动垫片
	槽形螺母拧紧后，用开口销穿过螺栓尾部小孔和螺母的槽，也可以用普通螺母拧紧后再配钻开口销孔	使垫片内翅嵌入螺栓（轴）的槽内，拧紧螺母后将垫片外翅之一折嵌于螺母的一个槽内	将垫片折边，以固定螺母和被联接件的相对位置

（续）

其他防松方法	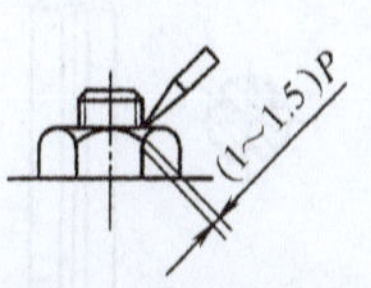 冲点法防松　用冲头冲 2~3 点	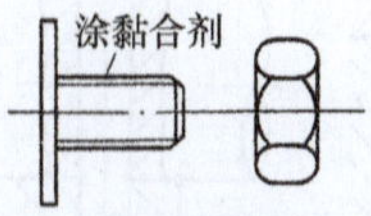 粘合法防松	用黏合剂涂于螺纹旋合表面，拧紧螺母后黏合剂能自行固化，防松效果良好
	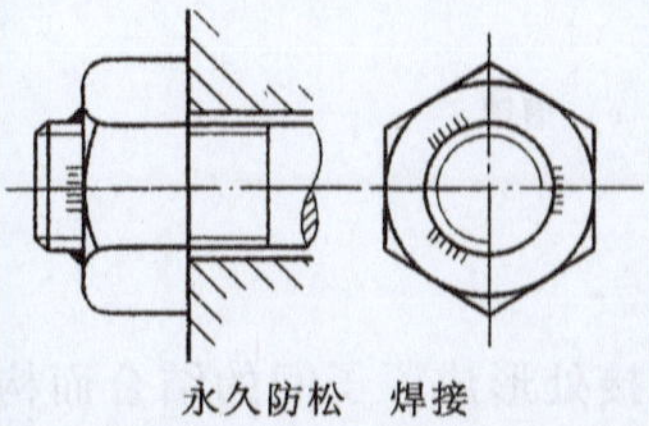 永久防松　焊接	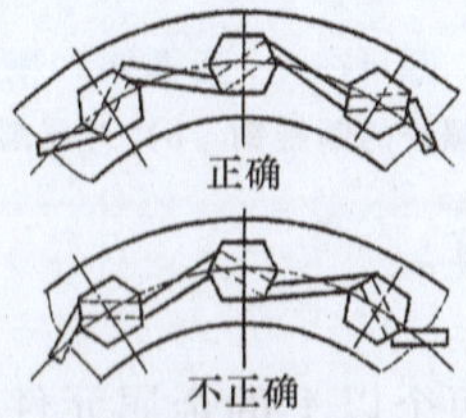 串联钢丝	用于螺栓组、螺钉组联接的防松

五、其他紧固联接

常用的紧固联接有销联接、铆接、焊接、粘接和过盈联接，它们在汽车制造中得到广泛的应用。

1. 销联接

销联接主要用来固定零件之间的相对位置，如图 4-60a 所示；也用于轴与轮毂的联接或其他零件的联接，并可传递不大的载荷，如图 4-60b 所示；还可作为安全装置中的过载剪断元件，称为安全销，如图 4-60c 所示。

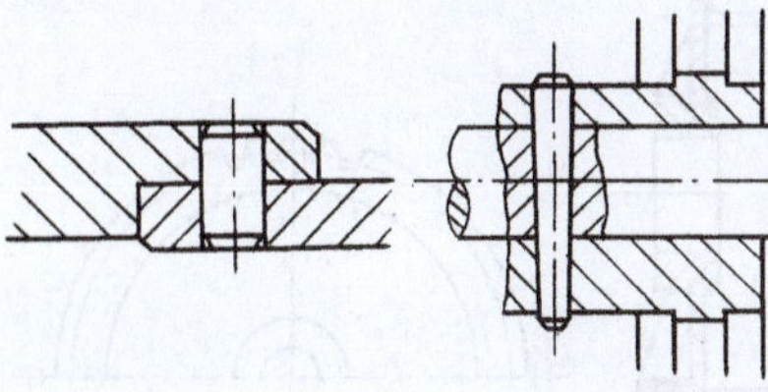

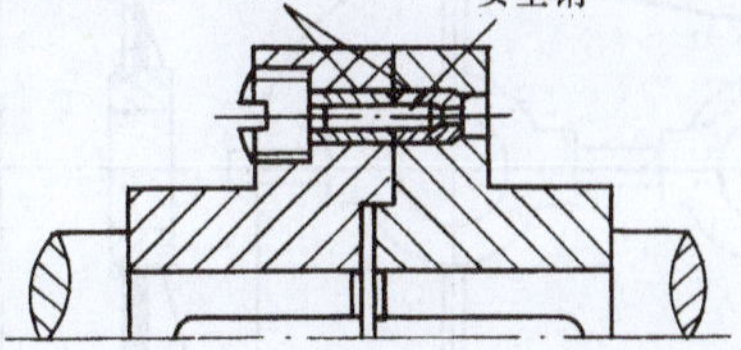

a)　　b)　　c)

图 4-60　销的用途

a）圆柱销　b）圆锥销　c）安全销

销根据其形状可分为圆柱销、圆锥销、槽销、开口销及特殊形状的销等，其中圆柱销、圆锥销、开口销均已标准化。

圆柱销联接中，销与销孔有微量过盈，经过多次装拆，其定位精度会降低。圆锥销联接中，销和销孔均具有 1∶50 的锥度，使其有可靠的自锁性能，安装方便，定位精度高，可以多次装拆而不会影响其定位精度。因此，对于需多次拆装的场合，宜采用圆锥销。端部带螺纹的圆锥销（图 4-61a）可以用于不通孔或拆卸困难的场合。开尾圆锥销（图 4-61b）在装入销孔后，把末端开口撑开，能保证销不致松脱，适用于有冲击和振动的场合。槽销上沿圆柱面或圆锥面的素线方向用滚压或模锻方法制出三条纵向凹槽（图 4-61c），将槽销压入销孔后，它的凹槽即产生了收缩变形，借材料的弹性变形固定在销孔中，故能承受振动和变载荷。

对受载荷的销联接，一般做剪切与挤压计算即可，要求其结构不易松脱并拆装方便。对于

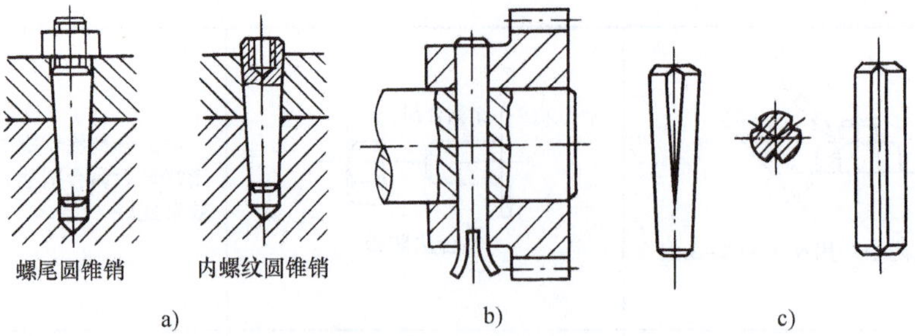

图 4-61 圆锥销和槽销

a）端部带螺纹的圆锥销 b）开尾圆锥销 c）槽销

安全销联接，直径应按过载剪断计算。

2. 焊接

焊接是利用局部加热的方法使两个以上的金属元件在连接处形成原子间的结合而构成的不可拆联接。焊接的方法很多，常用的有电弧焊、气焊等，其中尤以电弧焊应用最广。

电弧焊是利用电焊机的低压电流通过焊条（为一个极）与被联接件（为另一个极）形成的电路，在两极间引起电弧来熔化被联接件部分的金属和焊条，使熔化金属混合并填充接缝而形成焊缝。被焊接材料主要为低碳钢和低碳合金钢；有时也有中碳钢，但其焊接性低于低碳钢。焊条材料一般应与被焊材料相同或接近。与铆接相比，焊接具有重量轻、强度高、工艺简单等优点，所以应用日益广泛。在单件生产情况下，对结构形状复杂或尺寸较大的零件，如图 4-62a 所示的减速箱体、汽车机架等零件，采用焊接代替铸造，可使制造周期缩短，成本降低；大的锻件也可用分开制造后再经焊接成为整体的办法获得，如图 4-62b 所示的齿轮可焊接成整体，以方便制造，并降低成本。

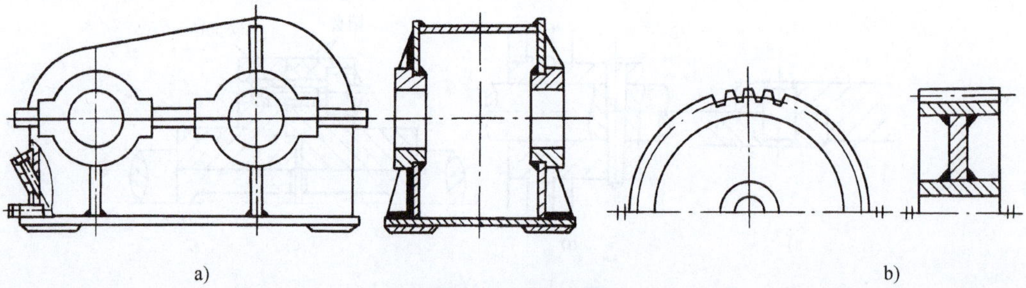

图 4-62 焊接实例

a）减速箱体 b）焊接齿轮

3. 粘接

粘接是用胶黏剂把两个工件连接在一起，并使接合处获得所需联接强度的联接方法。随着合成高分子胶黏剂的出现，促进了粘接技术的迅速发展，在汽车制造中得到广泛的应用。

粘接是多种因素综合作用的结果，是靠胶黏剂和工件接合面之间的机械作用、吸附作用和扩散作用等实现联接。粘接强度受到胶黏剂和工件材料及粘接工艺的影响。

常用的胶黏剂有酚醛乙烯、聚氨酯、环氧树脂等。

粘接接头的设计如图 4-63 所示，应尽量使胶层受剪（图 4-63a），避免出现扯离或剥离的现象。为避免接头边缘的剥离，可采用加固件（图 4-63b）、卷边（图 4-63c）或做成凹座（图 4-63d）等措施。由于胶黏剂的强度一般低于金属零件的强度，所以应使接头具有足够的

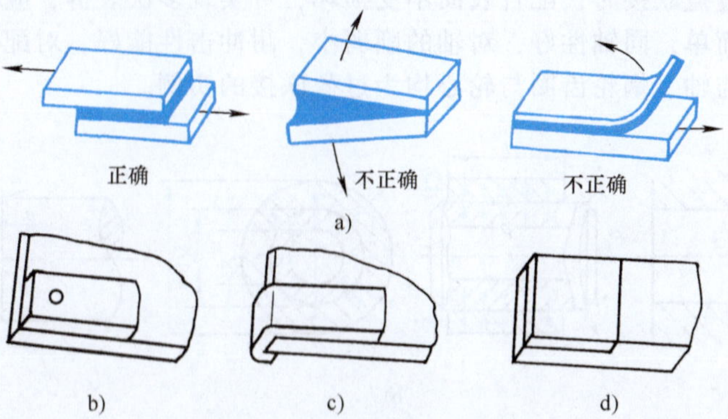

图 4-63 粘接接头的设计

a）粘接接头的受力 b）螺钉加固 c）卷边加固 d）凹座

粘接面积。

4. 铆钉联接

如图 4-64a 所示，铆钉联接是利用具有钉杆和预制头的铆钉通过被联接件的预制孔，然后利用铆枪施压再制出另一端的铆头构成的不可拆联接。铆钉已标准化，一般都采用钢制实心铆钉。铆钉头有多种形式，其中以半圆头铆钉应用最广，其他钉头形式只用于特殊情况，如沉头铆钉（图 4-64b）用于联接表面光滑的场合；平截头铆钉（图 4-64c）用于要求耐蚀的场合。

铆钉和被铆件一起形成铆缝。根据工作要求铆缝分三种：强固铆缝、强密铆缝、紧密铆缝。

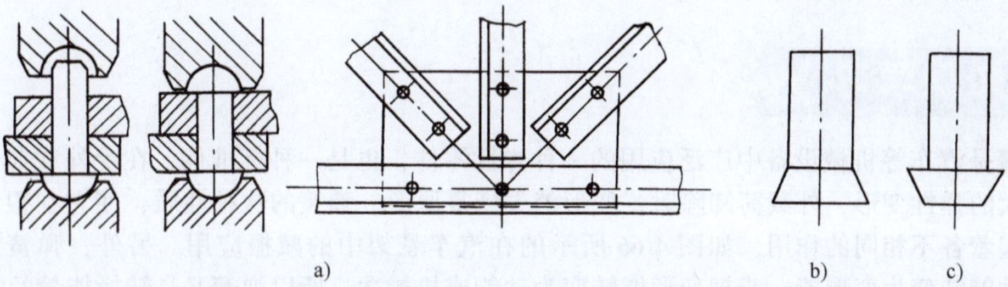

图 4-64 铆钉联接及铆钉头

a）铆钉联接的过程 b）沉头铆钉 c）平截头铆钉

铆钉联接具有工艺简单、耐冲击和牢固可靠等优点；但结构一般较为笨重，被联接件上由于有钉孔而受到较大的削弱，铆接时噪声很大，影响工人健康，铆钉联接的应用已逐渐减少。

5. 过盈联接

过盈联接是利用包容件（如轮毂）与被包容件（如轴）间存在过盈量实现的联接，如图 4-65a 所示。圆柱面过盈联接后，由于材料的弹性，在配合面之间的径向变形产生压力 p，工作时靠此压力产生的摩擦力来传递转矩 T 和轴向力 F_a，如图 4-65b 所示。其承载能力主要取决于过盈量的大小。

过盈量不大时，一般用压入法装配。为方便压入，孔口和轴端的倒角尺寸均有一定的要求，如图 4-65c 所示。过盈量大时，可用温差法装配，即加热包容件或冷却被包容件以形成装配间隙。用温差法装配，不像压入法那样会擦伤配合表面。一般情况下，拆开过盈联接要用很大的力，常会使零件配合表面或整个零件损坏，故属不可拆联接。但如果装配过盈量不大，或者过盈量虽大而采取适当的装拆方法，则这种联接也是可拆的。近年来，利用高压油压入联接的配合表面来拆卸过盈联接时，配合表面不受损坏，可实现多次装拆，应用日渐广泛。

过盈联接结构简单，同轴性好，对轴的削弱小，耐冲击性能好，对配合面的加工精度要求高。滚动轴承内圈与轴、蜗轮齿圈与轮心均为过盈联接的实例。

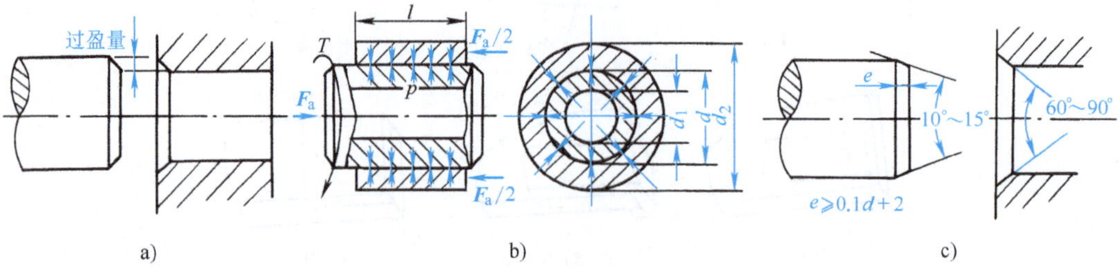

图 4-65 过盈联接

a) 示意图 b) 受力分析 c) 尺寸要求

任务 12 弹簧的认知与应用

任务要点

(1) 了解弹簧的功用；

(2) 认识弹簧的类型及应用。

知识学习

弹簧是汽车等机械设备中广泛应用的一种弹性零件，也是一种标准件，在受外载荷作用后能产生较大的弹性变形，外载荷卸除时，变形消失恢复原形。弹簧的这种性质，使它在很多机构和机器中起着各不相同的作用，如图 4-66 所示的在汽车悬架中的减振应用。另外，弹簧还能把机械功或动能转变为变形能，或把变形能转变为动能或机械功，所以弹簧又是转换能量的零件。

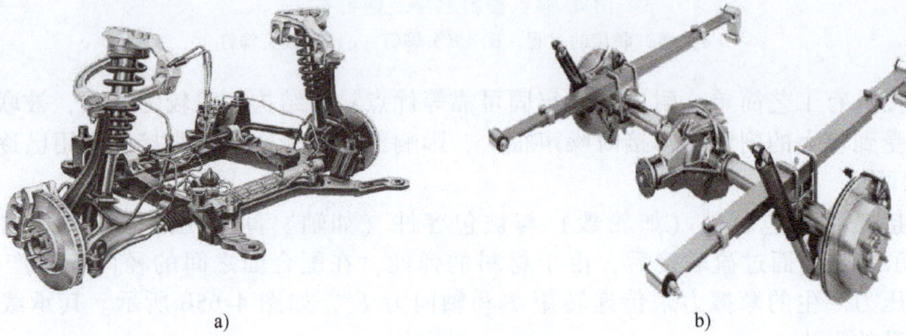

图 4-66 汽车悬架减振系统

一、弹簧的功用

弹簧在机械中作为弹性零件，主要功用有：

1）控制机构的运动或零件的位置，如凸轮机构、离合器、阀门以及各种调速器中的弹簧。

2）缓冲及吸振，如板弹簧（图4-67a）、各种缓冲器及弹性联轴器中的弹簧。

3）储存能量作为动力源，如钟表、仪器中使用的弹簧发条（图4-67a）。

4）测量载荷的大小，如弹簧秤中的弹簧（图4-67b）。

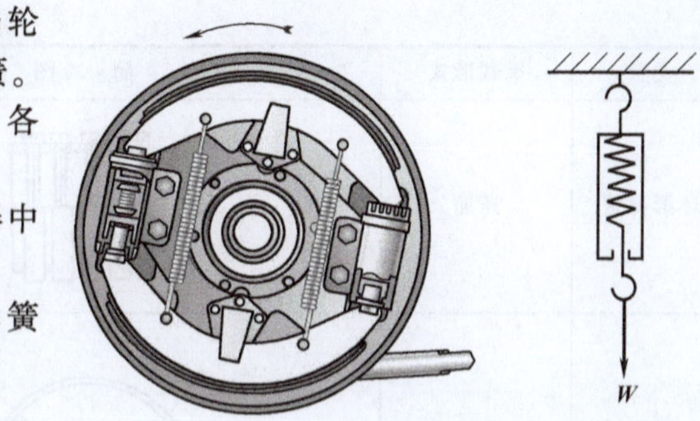

a)　　b)

图4-67　弹簧的应用

a）动力弹簧　b）弹簧秤

二、弹簧的类型及应用

弹簧的种类很多，从外形分，有螺旋弹簧、板弹簧、环形弹簧、碟形弹簧和平面涡卷弹簧等。螺旋弹簧按其形状又可分为圆柱螺旋弹簧和截锥螺旋弹簧等。

从其受载荷的性质分，有压缩弹簧、拉伸弹簧、扭转弹簧、弯曲弹簧等。弹簧的主要类型和特点见表4-20。

表4-20　弹簧的主要类型和特点

类型		承载形式	简　图	特点及应用
螺旋弹簧	圆柱	压缩	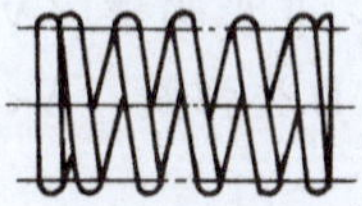	刚度稳定，结构简单，制造方便；应用范围最广，适用于各种机械
		拉伸	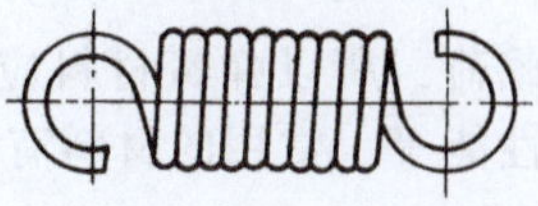	
		扭转	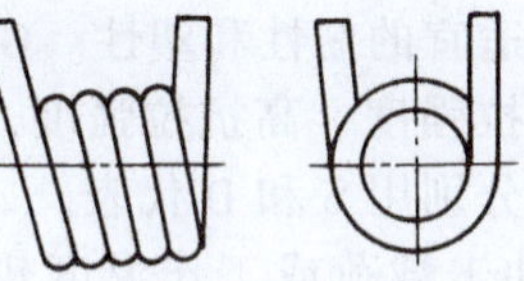	主要用于各种装置中的压紧和储能
	截锥	压缩	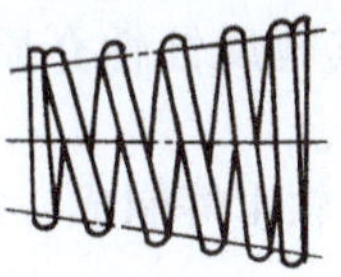	稳定性好，结构紧凑，刚度随载荷而变化，多用于需承受较大载荷和减振的场合
碟形弹簧		压缩	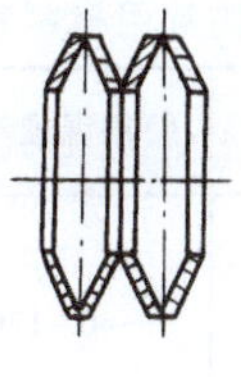	刚度大，缓冲吸振能力强，适用于载荷很大而弹簧轴向尺寸受限制的地方；具有变刚度的特性

（续）

类型	承载形式	简　图	特点及应用
环形弹簧	压缩	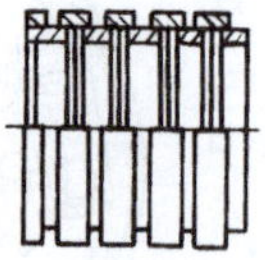	能吸收较多能量,有很高的缓冲和吸振能力,用于重型设备的缓冲装置
平面涡卷弹簧	扭转	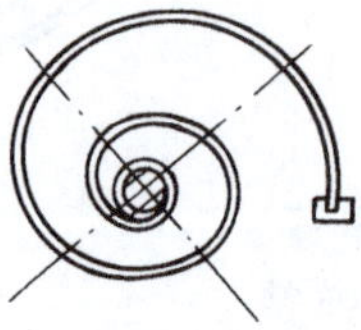	变形角大,能储存的能量大,轴向尺寸很小,多用作仪器、钟表中的储能弹簧
板弹簧	弯曲	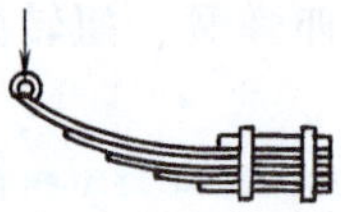	缓冲和减振性能好,多板弹簧减振能力强。主要用于汽车、拖拉机、火车车辆的悬架装置

另外按承受载荷的循环次数 N 的不同，弹簧还可分为三类：Ⅰ类弹簧（$N>10^6$ 次的弹簧），如内燃机气门弹簧、电磁制动器弹簧；Ⅱ类弹簧（$N=10^3\sim10^5$ 次和受冲击的弹簧），如调速器弹簧、安全阀弹簧、一般车辆弹簧；Ⅲ类弹簧（$N<10^3$ 次和受静载荷的一般弹簧），如摩擦式安全离合器弹簧等。

三、弹簧的材料

弹簧在机械中常承受具有冲击性的载荷，所以弹簧材料应具有高的弹性极限、疲劳极限、一定的冲击韧度、塑性和良好的热处理性能等。常用的材料有优质碳素弹簧钢、合金弹簧钢和有色金属合金。

（1）碳素弹簧钢　碳的质量分数在 0.6%~0.9%之间，如 65、70、85 等碳素弹簧钢。这类钢价廉，热处理后具有较高的强度、适宜的韧性和塑性。GB/T 4357—2009 规定：碳素弹簧钢按抗拉强度分为低抗拉强度、中等抗拉强度、高抗拉强度，分别用符号 L、M、H 代表；按照弹簧载荷特点分为静载荷和动载荷，分别用 S 和 D 代表。

（2）合金弹簧钢　承受变载荷、冲击载荷或工作温度较高的弹簧，需采用合金弹簧钢，常用的有硅锰钢和铬钒钢等。

（3）有色金属合金　在潮湿、酸性或其他腐蚀性介质中工作的弹簧，宜采用有色金属弹簧钢，常用的有硅青铜、锡青铜、铍青铜等。

弹簧也可用非金属材料如橡胶、塑料、软木等制成，如弹性套柱销联轴器中的弹性套是用橡胶制成的。

螺旋弹簧的常用材料和许用应力见表 4-21。

表 4-21　螺旋弹簧的常用材料和许用应力

类别	牌号	切变模量 G/GPa	弹性模量 E/GPa	使用温度/℃	推荐硬度	特点及应用
碳素弹簧钢丝	SL、SM、SH 等级	81.4~78.7	203.5~201.1	−40~120	45~50HRC	价廉易得,热处理后强度较高,但尺寸大了不易淬透,多用于制作小弹簧

（续）

类别	牌号	切变模量 G/GPa	弹性模量 E/GPa	使用温度/℃	推荐硬度	特点及应用
合金钢丝	60Si2Mn	78.7	196.2	-40~200	45~50HRC	弹性和耐回火性好，易于脱碳，适用于制造受重载的大弹簧
	50CrVA	78.7	196.2	-40~210		有较高的疲劳极限，弹性、淬透性和耐回火性好，常用于制造受变载荷的弹簧
不锈钢丝	40Cr13	75.7	206	-40~300	48~53HRC	耐蚀，耐高温，适用于受腐蚀介质影响的弹簧
青铜丝	QSi3-1	40.2	93.2	-40~120	90~100HRS	耐蚀，防磁，适用于机械或仪表中的弹簧
	QSn4-3	39.2	93.2		37~40	

选择弹簧材料时应充分考虑弹簧的工作条件（载荷的大小及性质、工作温度和周围介质的情况）、功用及经济性等因素，一般应优先采用碳素弹簧钢丝。

单元训练与测评

一、填空题

1. 根据轴所起的作用以及承受载荷性质的不同，轴可分为______、______和______三大类。

2. 滚动轴承主要由______、______、______和保持架等组成。

3. 根据滑动轴承所能承受载荷方向，将主要承受径向载荷的滑动轴承称______，主要承受轴向载荷的滑动轴承称______。

4. 联轴器和离合器是用来联接两轴，并在其间传递运动和______的装置，它们的区别是______。

5. 平键可分为______、______和______等类型，某齿轮与轴静联接，可选用______键联结。

6. 螺纹联接的类型有______、______和______。

二、选择题

1. 自行车轮的轴是______。

A. 心轴　　B. 转轴　　C. 传动轴

2. 自行车中链轮的轴是______。

A. 心轴　　B. 转轴　　C. 传动轴

3. 汽车变速器与后桥之间的轴是______。

A. 心轴　　B. 转轴　　C. 传动轴

4. 最常用来制造轴的材料是______。

A. 20 钢　　B. 45 钢　　C. 40Cr 钢　　D. 38CrMoAlA 钢

5. 轴环的用途是______。

A. 作为轴加工时的定位面　　B. 提高轴的强度

C. 提高轴的刚度　　D. 使轴上零件获得轴向固定

6. 滚动轴承内圈与轴颈、外圈与座孔的配合________。

A. 均为基轴制　　B. 前者为基轴制，后者为基孔制

C. 均为基孔制　　D. 前者为基孔制，后者为基轴制

7. 滚动轴承的代号由前置代号、基本代号和后置代号组成，其中基本代号表示________。

A. 轴承的类型、结构和尺寸　　B. 轴承组件

C. 轴承内部结构变化和轴承公差等级　　D. 轴承游隙和配置

8. 滚动轴承的类型代号由________表示。

A. 数字　　B. 数字或字母　　C. 字母　　D. 数字加字母

9. ________不宜用来同时承受径向载荷和轴向载荷。

A. 圆锥滚子轴承　　B. 角接触球轴承　　C. 深沟球轴承　　D. 圆柱滚子轴承

10. 当被联接件之一比较厚且材料为铸铁，需要经常拆装时，宜采用________

A. 双头螺柱联接　　B. 螺栓联接　　C. 螺钉联接

11. 在变速器中，要求滑动齿轮能在轴上有一定移动范围，轮与轴宜选用________。

A. 普通平键联结　　B. 导向键联结　　C. 半圆键联结

12. 在下列四种类型的联轴器中，能补偿两轴相对位移以及可缓和冲击，吸收振动的是________。

A. 凸缘联轴器　　B. 齿式联轴器　　C. 万向联轴器　　D. 弹性柱销联轴器

三、判断题

1. 汽车变速器与后桥之间的轴是传动轴，它的功用是传递运动和动力。（　）
2. 转轴工作时，其横截面上只承受拉、压正应力。（　）
3. 轴系上应重点保证润滑的零件是传动零件（如齿轮）和轴承。（　）
4. 联轴器和离合器在联接和传动作用上是相同的。（　）
5. 对于形状较复杂的轴（如曲轴）常采用球墨铸铁铸造加工。（　）
6. 键联结只能用于轴与轴上零件的周向固定。（　）
7. 为了保证润滑，轴瓦上油沟应开在轴承的承载区。（　）
8. 轴上与轴承相配的部分称为轴头。（　）
9. 螺栓联接预紧的目的是增强联接的强度。（　）
10. 汽车上用的制动器常采用内涨式制动器。（　）

四、简答题

1. 观察汽车的结构，分析不少于5根轴，说明观察到的每根轴的功用是什么，根据所受的载荷不同，属于什么类型，轴上零件的固定方法。

2. 图4-68为斜齿轮、轴、轴承组合结构图。齿轮用油润滑，轴承用脂润滑，编写序号列出图中的各设计结构不合理之处，并指出不合理的原因。（注：不必改正）

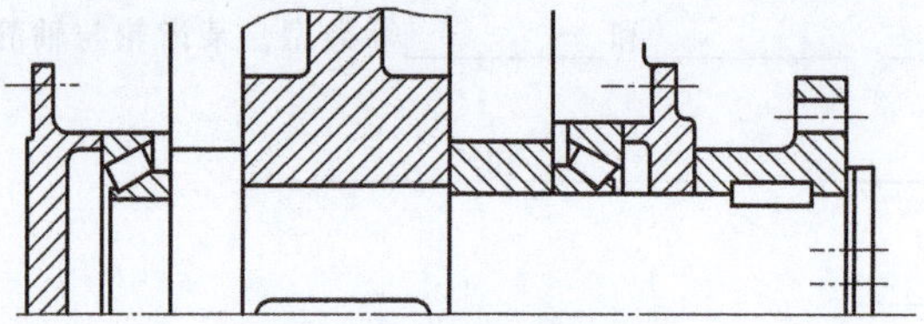

图4-68　轴系结构图

3. 滑动轴承适用于哪些场合？滑动轴承的常用材料有哪些？

4. 说明以下几个代号的含义：6315、30316、7305B/P4。

5. 键联结有哪些类型？各有什么特点？各应用于什么场合？

6. 花键联结有哪几种类型？说明各种类型花键的应用场合和定心方式。

7. 螺纹联接有哪几种主要类型？各适用于什么场合？各举一例子说明。

8. 螺纹联接为什么要考虑防松？常用的防松方法有哪几种？

9. 弹簧有哪些功能？试举例说明。

单元5

机械创新设计

教学导航

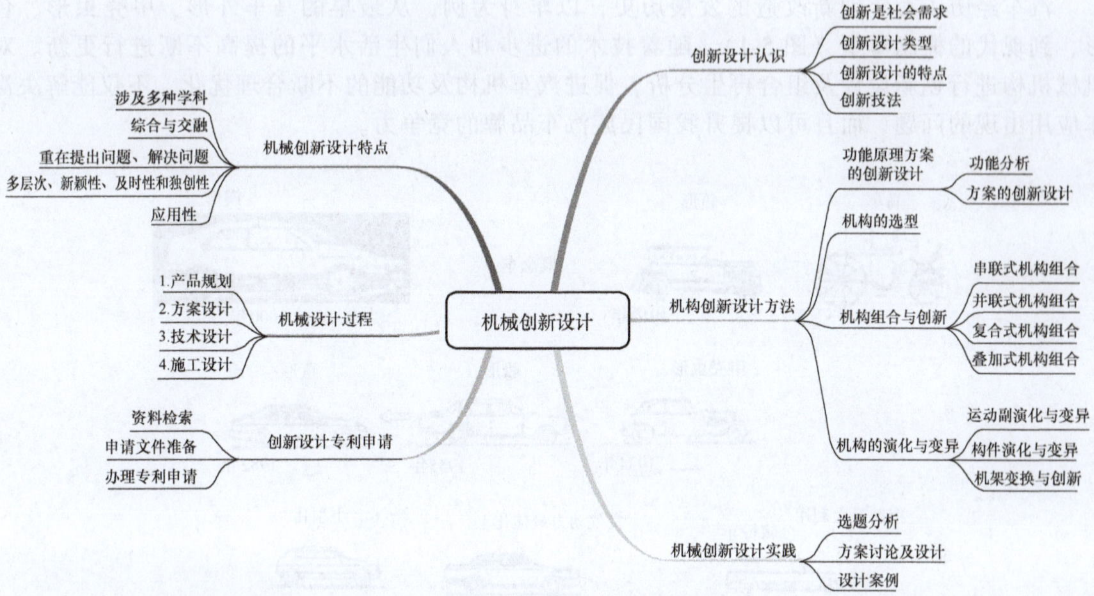

“创新”一直以来都是各个领域的学者及企业竭力追求的，因为不断地创新能给人类社会带来不断的惊喜和进步。而“机械”作为人类生活中必不可少的基础元素，毫无疑问也必须加入到创新的行列，以便能给人们的生活提供更多的便利。机械创新设计与社会的发展进步有着紧密的联系，通常是指对创造的某种实现，是在原有机械机构的基础上，通过重新排列组合、引申发散、否定重构等，设计创造出一种与原来既有一定联系又有明显区别的新事物。

学习目标

(1) 学习理解创新设计的知识基础，养成创新设计的思维习惯；
(2) 认识机构组合创新与结构创新的特点，培养学生独立开展新产品创新设计的能力；
(3) 训练创新设计制作的动手能力。

任务 13 机械创新设计认知

任务要点

(1) 了解创新设计与社会发展关系及创新的类型；
(2) 认识机械创新设计特点及设计过程。

知识学习

汽车经历了百年创新改造的发展历史，以车身为例，从最早的马车外形、甲壳虫形、鱼形、到现代的概念车型（图 5-1），随着技术的进步和人们生活水平的提高不断进行更新。对机械机构进行创新设计及组合再生分析，促进汽车机构及功能的不断合理优化，不仅能解决汽车应用出现的问题，而且可以提升我国民族汽车品牌的竞争力。

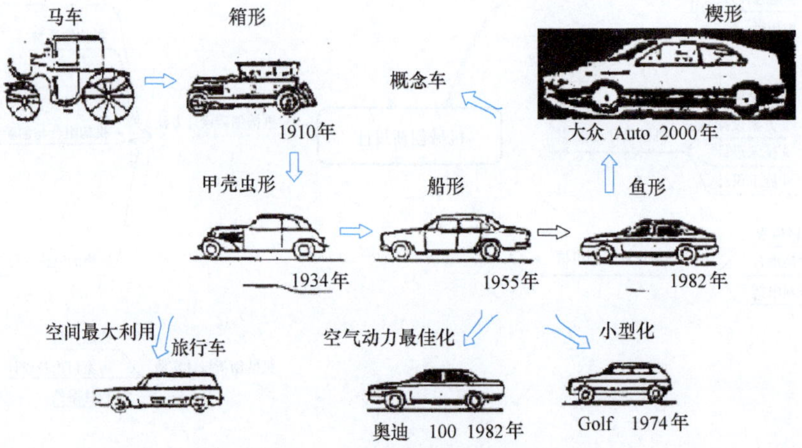

图 5-1 汽车车身演变示意图

一、创新设计类型和原则

创新设计是指充分发挥设计者的创造力，利用人类已有的相关科技成果进行创新构思，设计出具有科学性、创造性、新颖性及实用性成果的一种实践活动。

1. 创新与社会发展

创新是技术和经济发展的原动力，是国民经济发展的基础，是行业发展的灵魂，是实现企业竞争力的源泉，有利于企业获得更大的上升空间，以满足社会的发展需求。

市场经济的发展，使人们的生活水平有了快速提高，对生活品质也有了更高的要求，创新能满足人们的多元化需求，要求机械结构满足多元化的发展需求，使其具备良好的功能和性能，以保障工作效率。对此，在机械结构设计中，应强化创新设计理念，对机械结构进行优化，有利于提高机械的质量和性能，从而推动机械制造业快速发展，不断提高我国的经济实力。

因此，要求设计人员提高创新意识，采用新材料、新工艺、新结构等设计方式，打破常规设计理念的限制，对机械结构的本质进行创新，实现最优设计效果，从而提高机械制造领域的生命力，保证其蓬勃发展。

2. 创新设计的类型

根据设计的内容特点，创新设计可分为开发设计、变异设计和反求设计三种类型。

1）开发设计。针对新任务，提出新方案，完成从产品规划、原理方案、技术设计到施工设计的全过程。对新产品常采用开发设计。

2）变异设计。在已有产品的基础上，针对原有缺点或新的工作要求，从工作原理、机构、结构、参数、尺寸等方面进行一定变异，设计新产品以适应市场需要，提高竞争力。如在基本型产品的基础上，开发不同参数、尺寸或不同功能的变形系列产品就是变异设计的结果。满足个性化需求，改进现有产品的性能，常采取变异设计。

3）反求设计。针对已有的先进产品或设计，进行深入分析研究，探索、掌握其关键技术，在消化、吸收的基础上，开发出同类型的创新产品。对传统产品的改进常用反求设计。

开发设计以开创、探索创新，变异设计通过变异创新，反求设计在吸取中创新。创新是各种类型设计的共同点，也是设计的生命力所在。为此，设计人员特别是一线的生产技术人员，必须发挥创造思维，掌握基本设计规律和方法，灵活应用变异设计、反求设计等方法，在实践中不断提高创新设计的能力。

3. 创新设计的原则

创新设计必须具有独创性和实用性，取得创新方案的基本方法是多方案选优原则。

（1）独创性原则　创新设计必须具有其独创性和新颖性。设计者应追求与前人、众人不同的方案，打破一般思维的常规惯例，提出新功能、新原理、新机构、新材料设计，在求异和突破中体现创新。

（2）实用性原则　创新设计必须具有实用性。设计的实用性主要表现为市场的适应性和可生产性两个方面。市场的适应性指创新设计必须针对社会需求，满足用户的需要并可带来更大的经济效益；可生产性要求创新设计要有较好的加工工艺性和装配工艺性，能以市场可接受的价格加工成产品并投入使用。

（3）多方案选优原则　创新设计从多方面、多角度、多层次寻求解决问题的途径，在多方案比较中求新、求异、选优。

二、机械创新设计的特点及设计过程

1. 机械创新设计的特点

机械设计是机械工程的重要组成部分，是机械生产的第一步，是决定机械性能的最主要的因素。主要是指根据社会的需要对机械的工作原理、结构、运动方式、力和能量的传递方式、各个零件的材料和形状尺寸、润滑方法等进行构思、分析和计算，并将其转化为具体的描述以作为制造依据的工作过程。

机械创新设计是指对机械装置的创新和设计，现代的机械创新设计一般都是根据对大量的机械装置的组成、工作原理、设计过程及存在的问题进行分析后，再进一步归纳整理，找出形成新机械的方法，再用于指导新机械的创新和设计。

结合创新设计的特征，可归纳出机械创新设计具有如下特点：

1）机械创新设计是涉及多种学科（包括机械，电气、计算机、流体力学、工程力学等）的复合性工作，其结果的评价也是多指标、多角度的。

2）机械创新设计中相当一部分工作是非数据性、非计算性的，要依靠对各个学科知识的综合理解与交融，对已有经验的归纳与分析，要运用创造性的思维方法与创造学的基本原理展开工作。

3）机械创新设计不只是因为问题而设计，更重要的是提出问题、解决问题。

4）机械创新设计是多种层次的，不在乎规模的大小，不在乎理论的深浅，注重的是新颖性、及时性和独创性。

5）机械创新设计的最终目的在于应用。

机械创新设计属于技术创新的范畴，但是比常规设计的要求要高很多，现在的机械创新设计不仅是创造出一种具有时效性和经济性的新机械，同时，它还特别强调人在设计过程中，特别是在总体方案、结构设计中的主导和创造作用。

2. 机械设计过程

开发一个新的机械产品一般要经历四个阶段：

1）产品规划。市场需求调查，科技信息调研，论证必要性，可行性，确定产品功能目标。

2）方案设计。进行系统的功能分析与设计，工作原理构思与设计，工艺动作构思与设计，方案性能评价。

3）技术设计。进行系统中的零部件尺寸、参数、形状、结构、强度、刚度、精度设计，绘制相应的工作图，编写说明书。

4）施工设计。加工、制造等工艺设计，安装、调试及维护、使用说明。

任务 14 机构创新设计方法分析与应用

任务要点

（1）掌握机械产品传动机构的类型选型；

（2）掌握机构选型及组合创新设计方法。

知识学习

机构是机械最基本的组成单元，其特征之一就是具备运动特性。在机械产品的设计过程中，根据产品的要求，从功能分析入手，确定机械工作原理，进行工艺动作构思和工艺动作分解，确定执行机构构件所要完成的运动，拟定各执行构件动作相互协调配合的运动循环图；根据拟定的原理方案，选择合适的机构类型，并进行合理的机构组合，设计机械运动方案。可见，机械运动方案的设计，主要解决机械产品的工作原理方案及机构系统的选型和设计问题，它是机械方案设计阶段的初步工作，也是机械及机构创新设计的主要阶段。

一、机构的选型

机械常由简单的基本机构组合而成。机械传递运动功能是由若干机构传递运动而实现的。因此，机构选型一般先按执行构件的运动形式要求选择机构，同时还应考虑机构的功能特点和原动机的形式。满足各种运动要求的现有机构及其性能，可从机构手册或相关资料中查得，表 5-1 所列为按执行构件运动形式分类的机构及应用实例，可供机构选型时参考。常用原动机的运动形式及性能特点见表 5-2。

表 5-1 按执行构件的运动形式分类的机构及应用实例

执行构件运动形式及功能	机构类型	应用实例与原理
间歇运动	棘轮机构 槽轮机构 凸轮机构 不完全齿轮机构 气、液动机构	机床进给、转位、分度、离合器等装置 转位装置，如电影放映机 分度装置，间歇回转工作台 间歇回转，移动工作台 分度、定位
实现特定轨迹	平面连杆机构 平行四边形机构 凸轮机构 行星轮系 挠性件滑轮机构	连杆上某点可实现特定轨迹，如鹤式起重机，搅拌机等 用于直移或引导，如升降机、绘图仪等 直线移送机构 实现各种花纹图案 导引升降装置
夹压锁紧	连杆机构 凸轮机构 螺旋机构 斜面机构 棘轮机构 气、液动机构	利用机构的死点位置 利用自锁性质 利用阀控制
合成与分解运动	差动齿轮机构 差动螺旋机构 差动棘轮机构 差动连杆机构 差动滑轮机构	汽车后桥差速器 用于微调装置 用于微小的间歇进给装置 数字运算机构

表 5-2 常用原动机的运动形式及性能特点

运动形式	原动机类型	性能与特点
连续转动	电动机、内燃机	结构简单、价格便宜、维修方便、单机容量大、机动灵活性好，但初始成本高
往复移动	直线电动机、活塞式液压缸或气缸	结构简单、维修简单、尺寸小、调速方便、速度低、运转费用较高
往复运动	双向电动机、摆动活塞式液压缸或气缸	结构简单、维修简单、尺寸小、易调速、速度低、运转费用较高

二、机构组合与创新

单一基本机构的运动和动力性都有一定的局限性，随着生产过程机械化、自动化的发展，对机械的运动和动力性提出了更高的要求，为实现某些复杂的运动或动作协调的运动和运动特性的工作要求，需进行机构的创新构型，组建新的机构系统。如内燃机机构是由连杆机构、凸轮机构、齿轮机构组成的。

机构组合是以机构选型确定的机构方案为基础进行的，是机构构型创新的方法之一。机构组合方式很多，下面主要介绍串联式、并联式、复合式、叠加式机构组合。

（一）串联式机构组合与创新

1. 串联式机构组合的原理与创新方法

前一个机构（称前置机构）的输出构件与后一个机构（称后置机构）的输入构件刚性连接在一起，称之为串联式机构组合。其特征是前置机构和后置机构都是单自由度的机构。根据参与组合的前后机构连接点的不同，可分为Ⅰ型串联和Ⅱ型串联两种类型（图 5-2），连接点选在做简单运动的构件上，称为Ⅰ型串联，连接点选在做复杂平面运动的构件上，称为Ⅱ型串联。

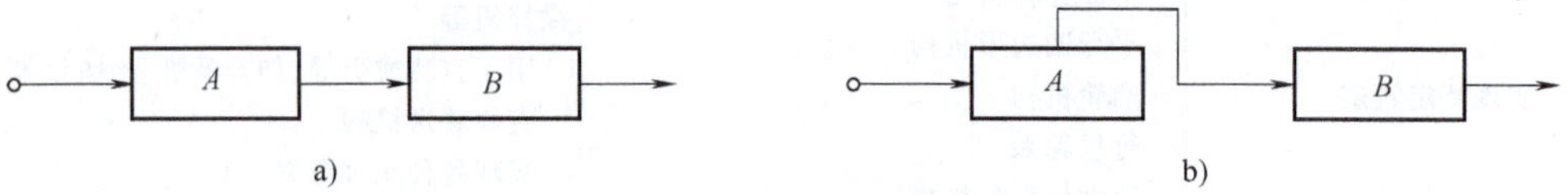

图 5-2 串联式机构组合

a）Ⅰ型串联 b）Ⅱ型串联

2. 串联式机构组合的主要功能分析

（1）Ⅰ型串联式组合 下面讨论两个基本机构的串联组合问题，并假设两个基本机构分别为前置子机构和后置子机构。

1）前置子机构为连杆机构。

例 5-1 图 5-3 所示是一个实现增力功能的串联机构组合，它是由一个前置子机构即曲柄摇杆机构 *ABCD* 和后置子机构即摇杆滑块机构 *DCE* 串联组合而成。在基本机构 *DCE* 中（图 5-3a），连杆 *CE* 上受有 *P* 力的作用，致使滑块 *E* 产生向下的冲压力 *Q*，则 $Q=P\cos\alpha$。随着滑块 *E* 的下移，α 减小，压力 *Q* 增大。若串联一个铰链四杆机构 *ABCD* 作为前置机构（图 5-3b），设连杆受力为 *F*，则后置机构的执行构件滑块 *E* 所受的冲压力为 $Q=P\cos\alpha=(FL/S)\cos\alpha$，此时，随着滑块 *E* 的下移，在 α 减小的同时，*L* 增大，*S* 减小。在 *F* 不增大的条件下，冲击力 *Q* 增大了 *L/S* 倍。设计时可根据要求确定 α、*S* 和 *L*，实现冲击力成倍增大。图 5-3c 为冲床运动机构的应用。

2）前置子机构为凸轮机构。

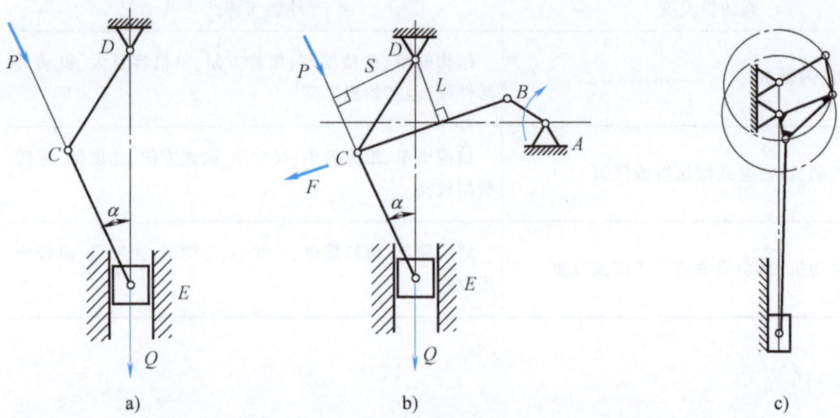

图 5-3 连杆增力机构

a）单滑块机构 b）串联组合机构 c）冲床运动机构

冲床运动机构

例 5-2 图 5-4 为使运动行程增大的凸轮—连杆机构示意图，前置子机构为摆动从动件凸轮机构，后置子机构为摇杆滑块机构。凸轮机构的从动件与摇杆滑块机构的主动件联为一体，该机构利用一个输出端半径 r_2 大于输入半径 r_1 的摇杆 BAC，使 C 点的位移大于 B 点的位移，从而可在凸轮尺寸较小的情况下，使滑块获得较大行程。

前置子机构为带传动、链传动或者齿轮传动时，与后置子机构为连杆机构、凸轮机构、齿轮机构等，它们的串联组合又会带来什么样新变化呢？大家可以想想、动手设计一下，也可以参考有关书籍学习。假如是三个或三个以上的机构串联呢，就像串冰糖葫芦，又可以创造出什么机械运动呢？

(2) Ⅱ型串联式组合　在Ⅱ型串联式组合中，后置子机构的输入构件，一般与前置机构中做复杂平面运动的连杆固联，使机构输出构件获得某些特殊的运动规律。

例 5-3　图 5-5 所示的六杆机构中，在一个运动循环内，滑块可实现两个不同的行程。在铰链四杆机构 $BCDE$ 中，连杆 2 的 A 点的运动轨迹为一个具有自交点的横向 8 字形的曲线（如图中双点画线所示），构件 4 与连杆 2 在 A 点铰接、与滑块 5 在 F 点铰接、滑块 5 可沿固定导路移动。这样，当曲柄 1 回转一周时，滑块 5 可往复移动两次。这就是利用连杆机构中连杆上某点的特殊轨迹串联一个后置子机构，实现特殊的运动要求。

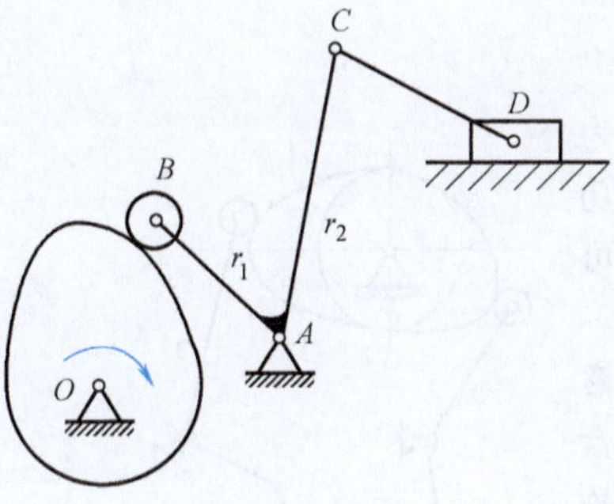

图 5-4　使运动行程增大的凸轮—连杆机构

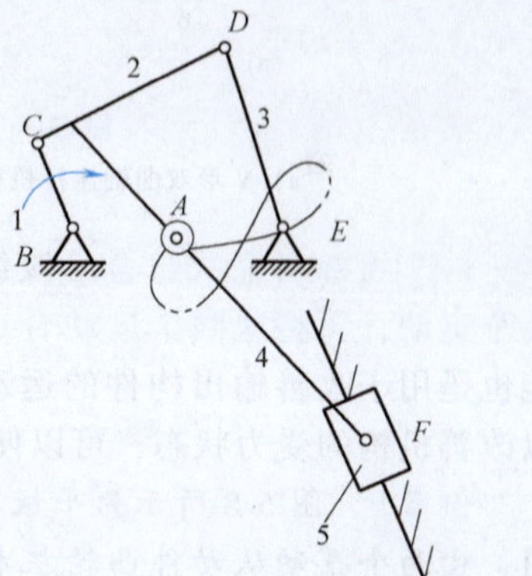

图 5-5　实现从动件两次行程的六杆机构

1—曲柄　2—连杆　3—摇杆　4—构件　5—滑块

（二）并联式机构组合与创新

1. 并联式机构组合的原理与创新方法

两个或两个以上基本机构并列布置，称为并联式机构组合。并联式机构组合的原理有Ⅰ型并联、Ⅱ型并联、Ⅲ型并联，如图 5-6 所示。各个机构具有各自的输入构件而共同输出构件为Ⅰ型并联，各个机构具有共同的输入构件和共同输出构件为Ⅱ型并联，各个机构具有相同的输入构件而具有不同输出构件为Ⅲ型并联。

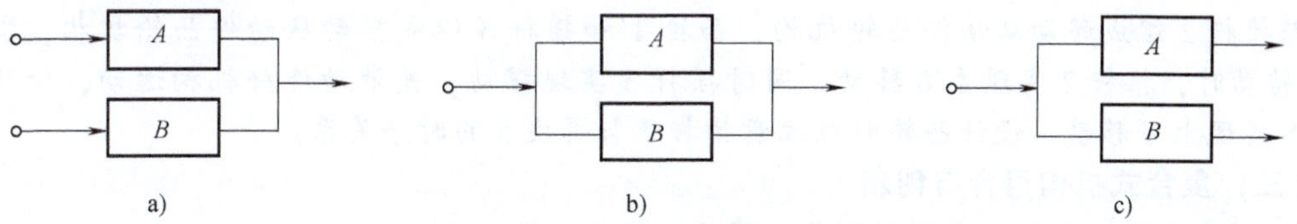

图 5-6　并联式机构组合

a）Ⅰ型并联　b）Ⅱ型并联　c）Ⅲ型并联

2. 并联式机构组合的主要功能分析

（1） Ⅰ型并联式组合　该组合相当于运动的合成，其主要功能是对输出构件运动形式的补充、加强和改善。

例 5-4　图 5-7a 所示为发动机的 V 形双曲轴连杆机构，是由两个曲柄滑块机构并联组合而成。气缸 V 形布置，它们的轴线通过曲柄回转的固定轴线，当分别向两个活塞输入运动时，曲柄可实现无死点位置的定轴转动，且具有良好的平衡、减振作用。但应注意，各并联机构的结构尺寸必须相同。图 5-7b 所示为多缸发动机曲轴连杆机构。

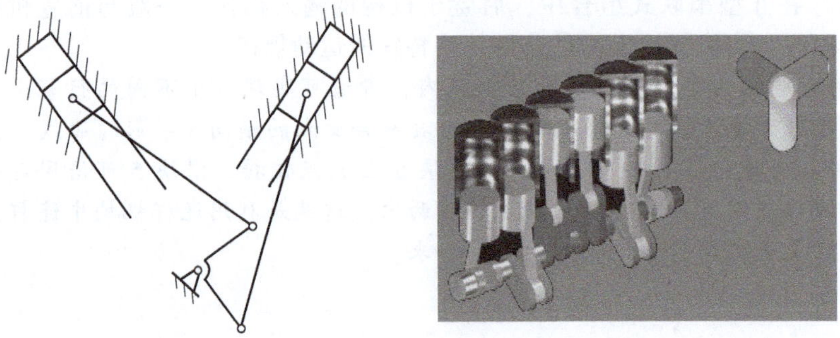

a)　　　　b)

图 5-7　发动机机构原理

a）V 形双曲轴连杆机构　b）多缸发动机曲轴连杆机构

多缸发动机原理

（2） Ⅱ型并联式组合　该组合相当于将一个运动分解为两个运动，再将这两个运动合成为一个运动输出，其主要功能也是用于改善输出构件的运动状态和运动轨迹，同时还可以改善机构的受力状态，可以使机构获得自身的动平衡。

例 5-5　图 5-8 所示为平板印刷机上吸纸机构的运动示意图，由两个摆动从动件凸轮机构和一个五杆机构组成，两盘形凸轮固接在同一转轴上，五杆机构的两连架杆分别与凸轮机构的从动件联为一体。当凸轮转动时，推动从动件 2、3 分别按要求的运动规律运动，并带动五杆机构的两连架杆，使固接在连杆 5 上的吸纸盘 P 按要求的矩形轨迹运动，以此来完成吸纸和送进等动作。该并联式机构组合，可使连杆的输出运动实现指定的运动轨迹。

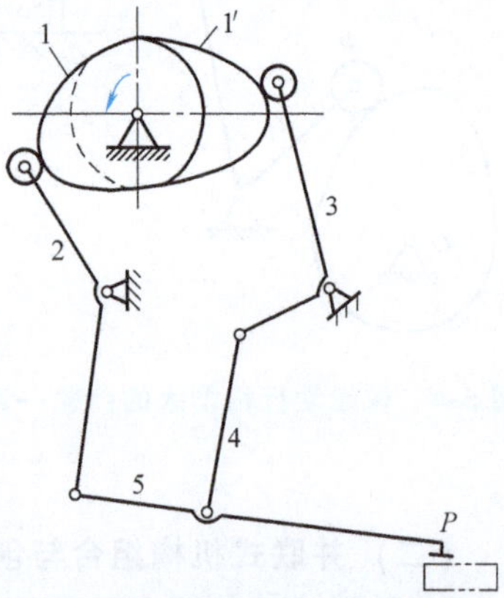

图 5-8　平板印刷机上的吸纸机构

1、1′—凸轮　2、3—从动件　4、5—连杆

（3） Ⅲ型并联组合　该组合相当于运动的分解，其主要功能是实现两个运动输出，而这两个运动又相互配合，完成较复杂的工艺动作。

例 5-6　图 5-9 所示为冲压机凸轮连杆机构，输入机构为两个固接在一起的盘状凸轮，凸轮 1 与推杆 2 组成移动从动件凸轮机构，凸轮 1′和摆杆 3 组成摆动从动件凸轮机构，当凸轮 1—1′转动时，推杆 2 实现左右移动，同时摆杆 3 实现摆动，并带动连杆机构运动，使从动件滑块 5 实现上下移动。设计凸轮时应注意推杆 2 与滑块 5 的时序关系。

（三）复合式机构组合与创新

1. 复合式机构组合的原理与创新方法

由一个具有两个或两个以上的自由度的基本机构和一个附加机构并接在一起的机构组合方式，称为复合式机构组合，其原理与创新方法有机构并接式和机构回接式两种，如图 5-10 所示。

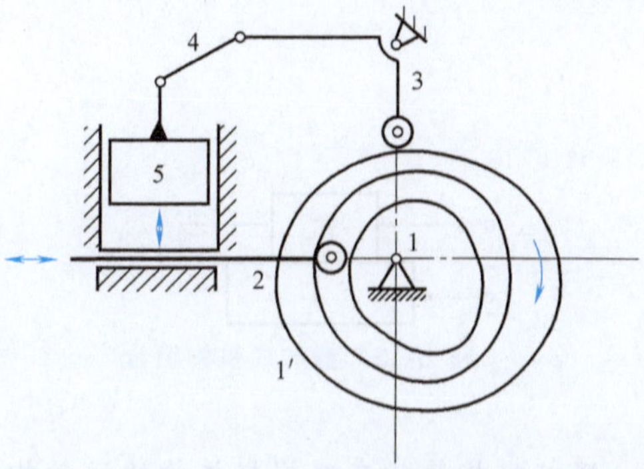

图 5-9 冲压机凸轮连杆机构

1、1′—凸轮 2—推杆 3—摆杆 4—连杆 5—滑块

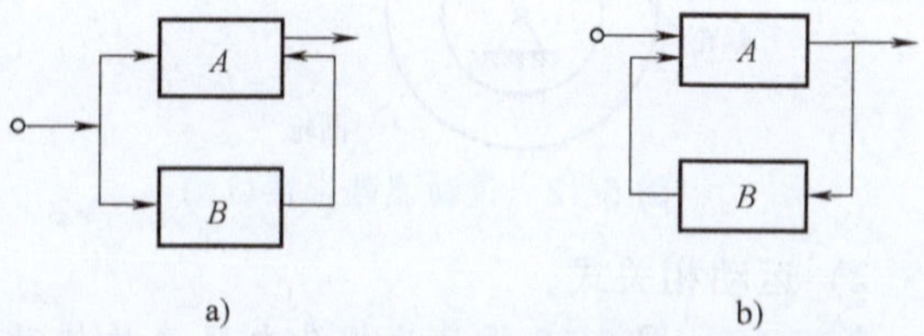

图 5-10 复合式机构组合

a）机构并接式 b）机构回接式

2. 复合式机构组合的主要功能分析

1）机构并接复合式组合。

例 5-7 图 5-11 所示的 IHI 摆式飞剪机剪切机构，其中具有两个自由度的五杆机构 *ABCDE* 为基础机构，四杆机构 *AFGE* 为附加机构。基础机构中的连架杆 *AB* 与附加机构中的连架杆 *AF* 并接，基础机构中的连架杆 *DE* 与附加机构中的连架杆 *GE* 并接，输出构件为基础机构中的连杆。当给整个机构一个输入时，由四杆机构带动五杆机构连架杆运动，合成后使基础机构中连杆按指定运动规律输出。该飞剪机剪切机构可实现上刀刃输出图示运动轨迹，而在剪切时（相当于上刀刃 *ab* 段）刀刃的水平分速度与钢带连续送进速度相同。

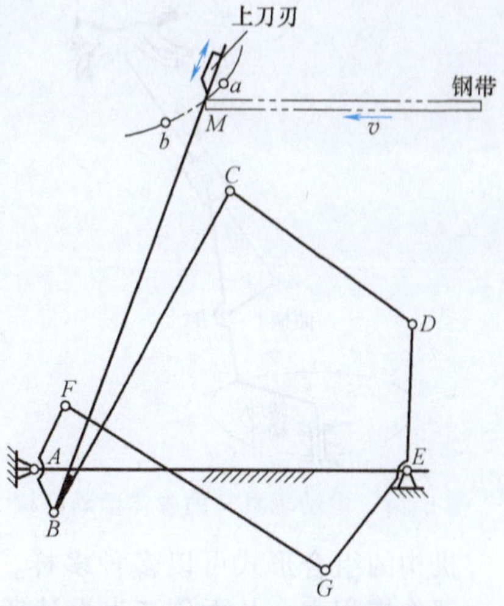

图 5-11 IHI 摆式飞剪机剪切机构

2）机构回接复合式组合。

例 5-8 图 5-12 所示是一种齿轮加工机床的传动误差补偿机构，由具有两个自由度的蜗杆机构作为基础机构，主动构件为蜗杆。凸轮机构为附加机构，而且附加机构的一个构件又回接到主动构件蜗杆上。从动构件是蜗轮。输入的运动是蜗杆的转动，从而使蜗轮以及与其并接的凸轮实现转动；凸轮的转动通过其从动件又使蜗杆实现往复移动，蜗杆转动和移动的合成从而使蜗轮的转速变得时快时慢。该组合机构在齿轮加工机床上作为传动误差补偿机构得到成功的应用。

（四）叠加式机构组合与创新

1. 叠加式机构组合的原理与创新方法

将一个机构安装在另一个机构的某一运动构件上的组合形式，称为叠加式机构组合，如图 5-13 所示，其输出的运动是若干个机构输出运动的组合，以实现特定的复杂输出动作。

2. 叠加式机构组合的主要功能分析

1）运动独立式。

例 5-9 图 5-14 所示是电动玩具马的主体运动机构，能模仿马飞奔前进的运动形态。它由曲柄摇块机构 *ABC* 安装在两杆机构的转动构件上组合而成。机构工作时分别由转动构件和曲柄输入转动，使马的运动轨迹是旋转运动和平面运动的叠加，产生了一种马飞奔向前的动态效果。

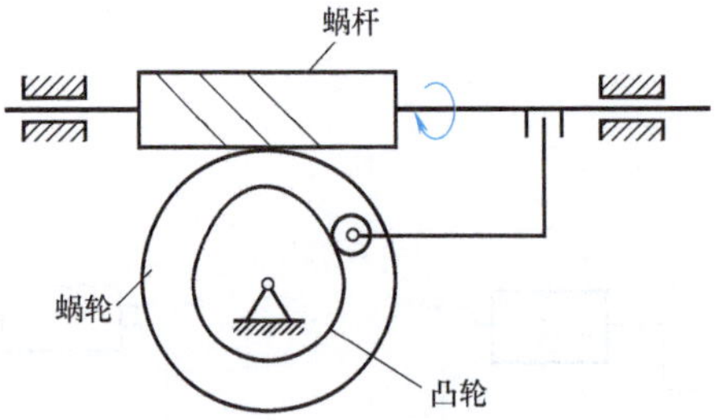

图 5-12 传动误差补偿机构

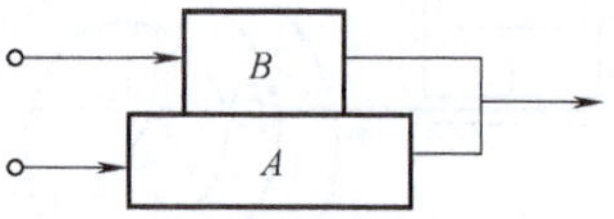

图 5-13 叠加式机构组合

2）运动相关式。

例 5-10 图 5-15 所示为摇头电风扇的传动机构。蜗杆机构装载在双摇杆机构的运动构件摇杆上，同时蜗杆机构中的蜗轮又与双摇杆机构中的连杆固连。当电动机带动电风扇转动时，通过蜗杆蜗轮机构又使双摇杆机构中装载蜗杆的连架杆摆动，实现了电扇在一定摆角范围内摇头送风的功能。

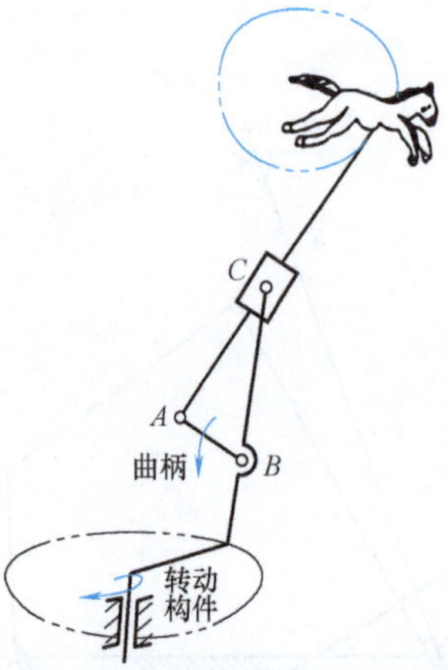

图 5-14 电动玩具马的主体运动机构

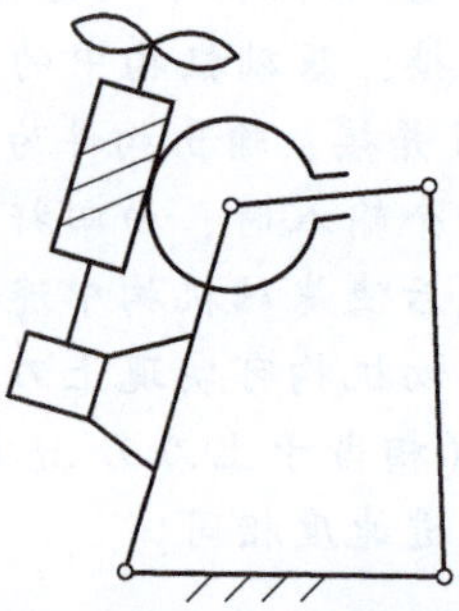
图 5-15 摇头电风扇传动机构

摇头电风扇传动机构

机构的组合形式可以多种多样，可以是两个或两个以上的机构串联、并联、叠加或者组合，就像搭积木，从而创造出设计者希望的机械运动。设计时，只要大胆尝试、细心求证，就能够创造出新功用的产品。

机构的创新设计不仅可以通过机构的组合叠加实现，也可以通过机构自身的组成构件变异或者运动副的形式改变而实现。以某机构为原始机构，通过对机构的某些组成元素（构件或运动副）性质的改变或变换，形成一种新功能的机构，称为机构的演化与变异。主要包括：对构件或运动副的形状或尺寸的改变、运动形式的改变、机架变换、机构的等效变换与机构结构的仿效等，从而实现更多的功能要求，使机构具有更好的性能。机构的演化与变异方式可以很多，感兴趣的读者可以查阅有关书籍和手册学习了解。

任务 15 机械创新设计实践

任务要点

（1）认识创新设计选题的一般方法；

（2）学习并实践典型案例，培养创新设计能力。

知识学习

机械创新设计首先要确定选题，然后进行多方案的设计比较，选出最优方案，最后进行制作、测试，发现问题再进行修正，直至生产出合用的新产品。

一、创新设计选题分析

在进行创新设计选题时，一方面来自于工作生活中急需解决的问题，另一方面需要设计人员发挥主动性，积极深入生活实际，调查研究，找出有意义、有研究开发潜力的项目。创新设计选题既要严谨又要灵活。严谨是指要严肃谨慎的对待，灵活则是因为创新选题并没有什么固定刻板的模式。一般来说，创新项目选题的步骤可以归结为“三部曲”。首先是现实调研以提出项目，再到选题论证，最后到项目评议的完整过程，每个环节相辅相成，完成最终的项目选题。设计主题的确定仅仅只是一个导向，离项目的选择乃至最终确定还有很大距离。

第一步　问题调研

问题调研不仅是机械创新设计选题的“敲门砖”，而且调研活动贯穿于项目的始终。问题调研的主要内容及评论要点如下：

（1）调研方向　了解调研的领域，应尽可能详细地列出所涉及的学科、区域、企业及人员等。

（2）调研问题与计划　是指应预先准备好通过调研想要了解清楚的问题，而且要有可行的人员安排与时间计划。

（3）现场环境情况　主要是指项目成果将来实施及应用现场的情况。

（4）现场交流与讨论　现场人员的观点和意见极具参考价值，有时甚至决定了项目的成败。因此，要注重与现场人员的交流和讨论。

（5）信息记录及新问题　调研过程中可能出现预想之外的问题、有价值的信息等往往与项目有重要的关系，要及时做好记录并做出新的调研，为下一步的项目研究提供有价值的依据。

第二步　选题论证

选题论证的工作是在问题调研的基础上论证出可能选择的项目。选题论证的主要内容及评论要点如下：

（1）参加会议人员　选择参与讨论会议的人员要有代表性。

（2）调研信息分析　调研的信息汇报给与会人员，供大家交流和讨论。

（3）项目研究方向清单　通过交流和讨论，理清与项目有重要关系并且需要研究的项目及问题清单。

（4）项目优先排序　从如上的项目中列出优先选择的项目。

（5）暂时选定项目综合考虑实际各种因素　如技术及经济条件、人员及时间安排等，选定要实施研究的“项目”或“若干项目”。

必要时，以上的工作可反复进行，开始新一轮调研，重新论证决策项目。

第三步　项目评议

项目评议是对第二步选题论证出的项目或若干项目从实施的角度进行更深入细致的分析研究。项目评议的主要内容及评论要点如下：

（1）参加会议人员　应选择项目具体执行人员等具有代表性的人员参加。

（2）项目及解读　尽可能详细地讲解项目的意义和技术构思等。

(3) 项目技术及经济论证　首先应从技术上论证项目的可行性，其次从项目的经济性方面论证。

(4) 项目核心和难点　要论证出项目的技术根本所在，如工作原理、技术难点、面临的困难等。

(5) 项目的肯定或否定　是指最后的决策。如果肯定项目时，则安排具体技术人员开始做项目；如果否定，则意味着前面的工作需要在更深层次上重新进行或完全放弃，同时，整理出否定的原因及理由，也对指导下一步工作具有实际意义。

二、创新设计选题方案讨论与设计

下面以常见的轮椅改造创新为例，来说明机械创新设计的一般方法。

案例：可升降省力便携式轮椅设计

轮椅是日常生活中经常看到的产品，也是残疾人、病人、老年人等群体常用到的产品，省力、轻便、安全、便宜等是设计产品不断追求的目标。

(一) 设计思想及基本内容

基于人性化设计思想，针对市面上的轮椅产品推动起来费力、使用者调节不方便等一些缺陷，新的设计选择对驱动方式进行创新设计，还要设计出具有能够方便自我调节高度的轮椅座位，同时要求轮椅尽可能地简单、方便、成本低廉，更具人性化，使残疾人的生活自理能力得到提高，同时享受到更加舒服、更具人性化的助残机械。简单地说，要既满足性能又满足成本方面的要求，即使用、携带方便，购买便宜。

对于升降机构，其目的主要在于提高残疾人的自理能力，使其坐在轮椅上可上升到约等于人正常站立的高度。从人机工程方面考虑驱动方式，采用推杆形式使用户用力比较舒适、方便，同时利用杠杆原理，实现省力的功能。

(二) 升降机构的设计

1. 升降机构的类型及比较

(1) 液压或气压驱动升降机构　通过液压缸或气缸来实现升降。如图 5-16 所示，此驱动方式比较简单，增力大，结构强度要求高，结构尺寸比较大，且结构复杂，不易维护保养。

(2) 螺杆副升降机构　通过旋转螺母或螺杆来调节高度，方式简单，便于维护，但重量大，也不便于用力。

(3) 叉杆升降机构　通过改变叉杆之间的角度来实现高度的调节，如图 5-17 所示，驱动方式主要来源于液压缸，结构简单，成本较低。

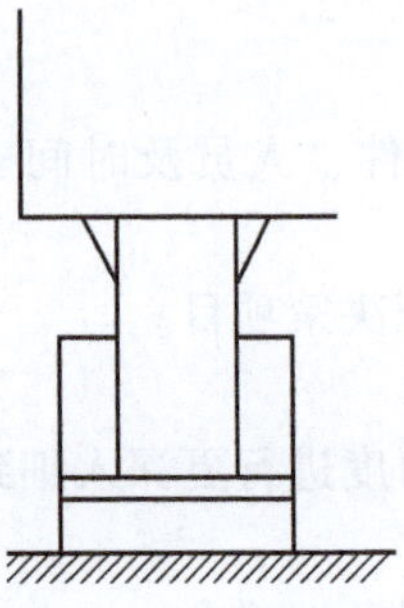

图 5-16　液压（气压）驱动升降机构

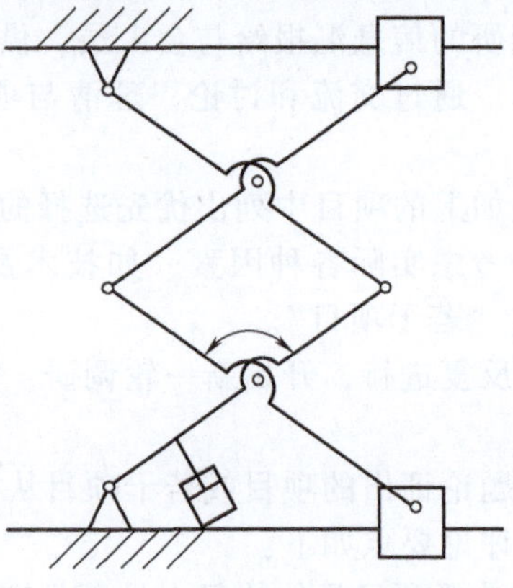

图 5-17　叉杆升降机构

叉杆升降机构

2. 升降机构的方案确定

通过对三种方案的综合比较，在第三种方案的基础上，综合所需达到的简单、轻便、成本低的目标，增加了滑轮、丝杆等构件，设计出图 5-18 所示的升降机构的方案。

该机构中滑轮 5 能够在滑道上滚动，使叉杆之间的角度可自由改变；通过转动摇臂 2 使丝杆转动，从而调节 a、b 两点之间的距离以改变叉杆角度，实现高度调节。

（1）升降叉杆级别的确定　根据 h 和 l 的要求，可选择一级或二级叉杆。根据本设计要求，否定二级叉杆结构，采用一级叉杆结构。对于一级叉杆结构，对其 h、l 进行调节，使受力与升降高度处于最佳平衡状态，得一级叉杆升降机构，如图 5-19 所示。

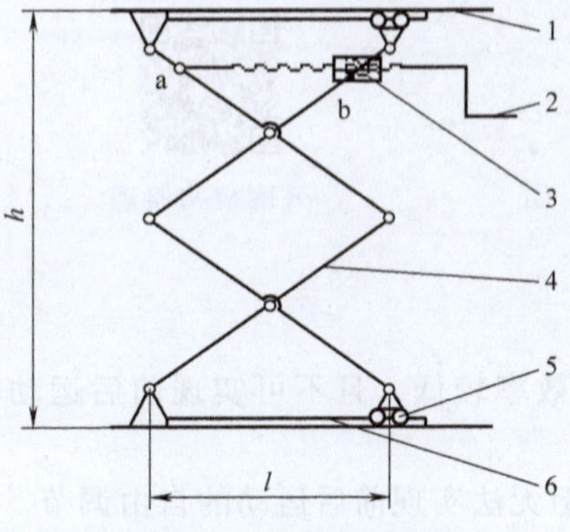

图 5-18　升降机构简图

1—上滑道　2—摇臂　3—螺旋副　4—叉杆　5—滑轮　6—下滑道

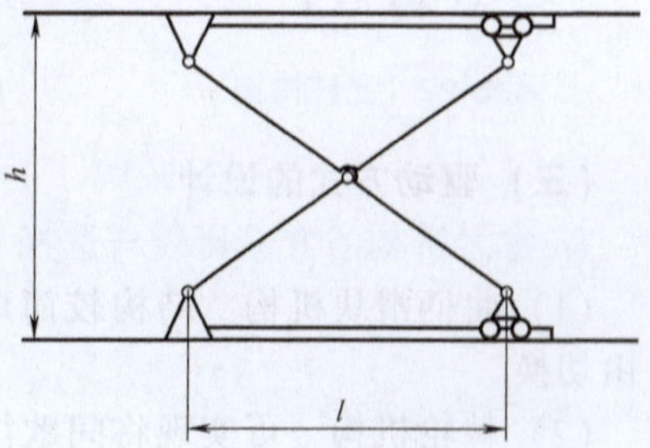

图 5-19　一级叉杆升降机构简图

（2）螺旋副及摇臂的设计　为了使左右叉杆副能够平衡升降，使升降平稳，故设计一对横杆将左右叉杆联在一起，螺旋副装在横杆中间，实现左右平衡受力、升降平衡（图 5-20）。根据三角形的稳定性原理，前后横杆之间也采用可滑动叉杆联接，使它们保持平行，升降更加平稳，且左右平衡上升。丝杆的后端轴向固定，前端与螺母配合，转动摇臂带动丝杆转动，就可以改变叉杆的前后距离，实现升降运动。摇臂采用可折叠式结构，可节约空间，方便操作者使用。

（3）滑道和叉杆设计　图 5-21 所示的滑道采用型材焊接结构，分别焊接在前后轮支架上，中间开槽，前叉杆与销钉采用过盈配合，销钉与滑道采用小间隙配合，后叉杆采用销轴与滑道体联接。叉杆采用不锈钢板材，孔 2 为两叉杆联接孔，孔 1、孔 3 为与上下滑道联接孔，孔 4 为与横杆联接的孔，如图 5-22 所示。升降机构三维设计图如图 5-23 所示。

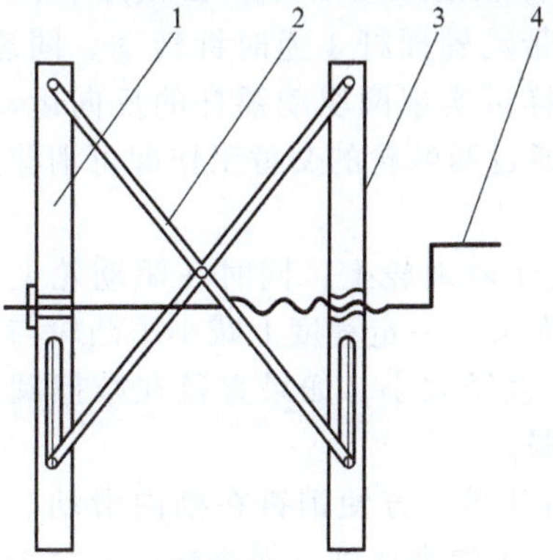

图 5-20　横杆系统简图

1、3—前后横杆　2—叉杆　4—摇臂

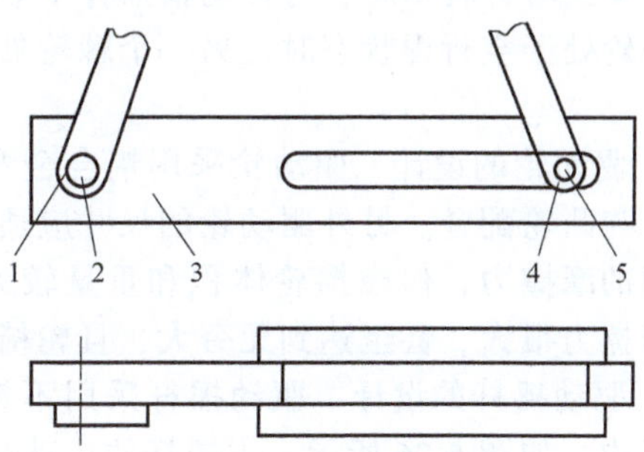

图 5-21　滑道结构简图

1—后叉杆　2—销轴　3—滑道　4—前叉杆　5—销钉

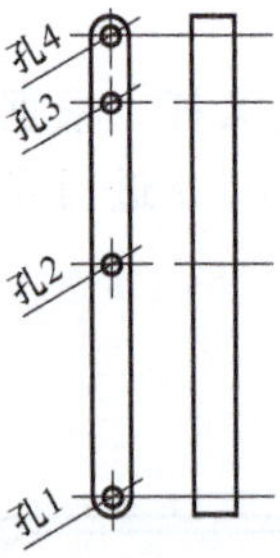

图 5-22 叉杆简图

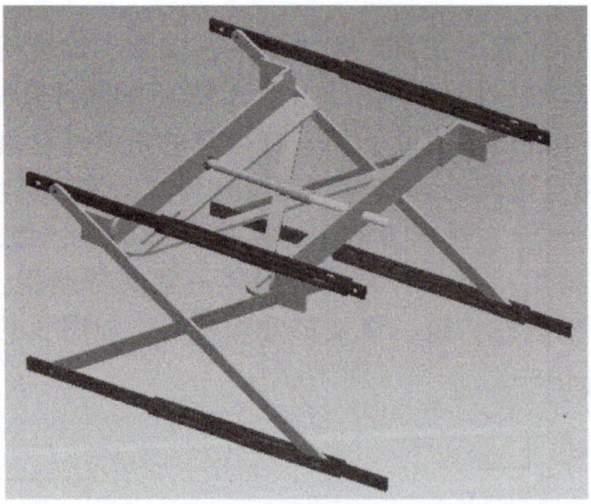

图 5-23 升降机构三维设计图

升降机构原理

(三) 驱动方式的设计

1. 省力机构的方案比较与选择

(1) 曲柄滑块机构　结构较简单，但没有省力功能，效率较低，且不可实现前后运动的自由切换。

(2) 棘轮机构　可实现将间歇往复运动转换为转动，但无法实现前后运动的自由调节。

(3) 摩擦棘轮机构　如图 5-24 所示，其结构简单，可实现将间歇的往复运动转化为转动，但间歇运动机构运动时只有一个行程做功，另一个行程为无用功，即为间歇驱动，效率低。

本设计采用两套摩擦棘轮机构，一套机构能够实现轮椅前进、后退、空档、制动的切换；另一套机构实现间歇运动的连续驱动。

2. 轮椅省力机构的方案设计

(1) 整体设计　实现轮椅的左右转向，可将轮椅前轮设计成万向轮形式，通过调节两后轮之间的速度可实现转向。如图 5-24 所示，基于摩擦棘轮的原理，当摇杆逆时针摇动时，棘轮与驱动轮之间无摩擦，由于自锁摩擦，可驱动轮逆时针运动，将棘轮拨到图示虚线位置时，摇杆顺时针运动即可带动驱动轮顺时针运动，可实现轮椅的前后运动。而当棘轮与驱动轮无接触时可实现空档，轮椅可自由运动。如果压紧棘轮，可实现制动。

由于摩擦棘轮为单驱动，即回程时不做功，故设计主、辅两套摩擦棘轮机构同时驱动，主、辅驱动摇杆上均装棘轮，原动力作用于主摇杆上，主驱动可实现前进、后退、空档、制动，辅助驱动可实现前进、空档。主、辅机构之间的驱动摇杆联接原理如图 5-25 所示，当主摇杆 4 顺时针方向转动时即可带动连杆 2 顺时针转动，从而带动辅摇杆 1 逆时针转动。同理，当主摇杆 4 逆时针转动时，可带动辅摇杆 1 顺时针转动。这样可实现两驱动摇杆的反向运动。当一个棘轮处于空行程状态时，另一个棘轮处于驱动状态，通过两棘轮的交替工作即可消除空行程。

(2) 驱动轮的设计　驱动轮采用铝合金弯曲而成，铆接于着地轮上，同时在驱动轮上加工凹槽，与凸轮配合。另外驱动轮的尺寸应适当，如果直径太大，一定程度上减小了凸轮与驱动轮之间的摩擦力，但摩擦轮体积和重量较大，浪费材料；直径太小，如果直径在摩擦圆之内，使摩擦力很大，甚至达到无穷大，且轮椅的越障能力较弱。

(3) 驱动摇杆的设计　驱动摇杆采用不锈钢板材，中间开槽，方便销钉在槽内滑动，形成滑块机构，如图 5-26 所示。主摇杆的运动幅度为 45°左右。为提高速度，辅摇杆应有大于主摇杆的运动幅度。槽还应保证主摇杆与连杆之间运动时夹角大于 90°，且角度越大效率越高，辅摇杆与连杆之间角度小于 90°，且角度越小效率越高。套筒采用管材加工而成，与轴采用小间隙配合，凸轮销钉与摇杆采用过盈配合，摇杆上部采用不锈钢管，同时摇杆与套筒采用焊接结构。

摩擦棘轮机构

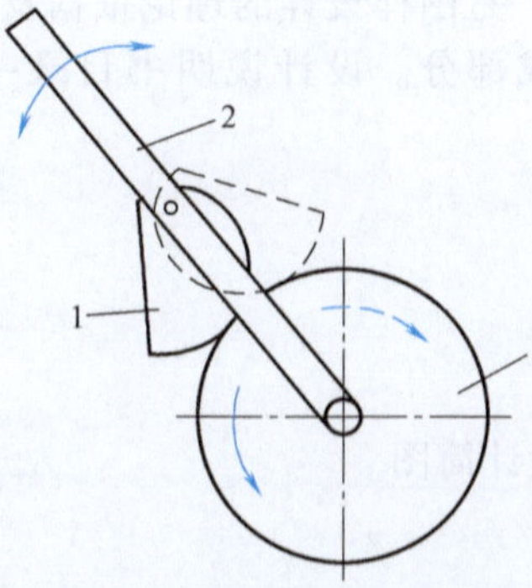

图 5-24　摩擦棘轮机构驱动原理

1—棘轮　2—摇杆　3—驱动轮

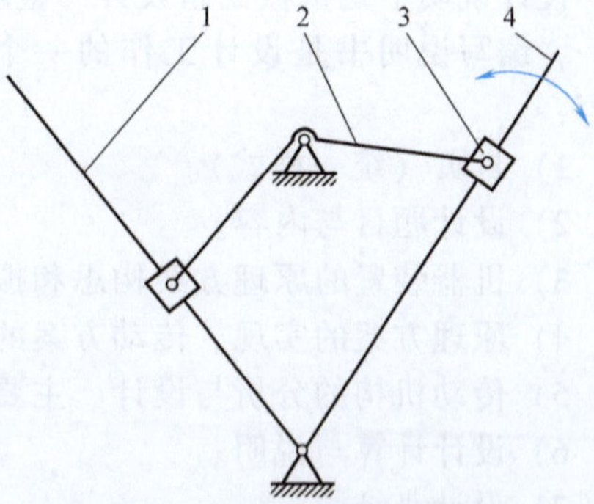

图 5-25　主、辅机构间驱动摇杆联接原理

1—辅摇杆　2—连杆　3—棘轮　4—主摇杆

改进了升降机构和驱动装置后，还需要配套地进行轮椅整体框架的改装设计，包括前后竖杆、转向轮座位板及折叠等设计，在此不一一撰述，有兴趣的读者可以自行动手或者参考相关书籍。

（四）改进后的轮椅特点

改装设计完成的可升降省力便携式轮椅三维设计图如图 5-27 所示。本例设计的可升降省力便携式轮椅具有以下特点：

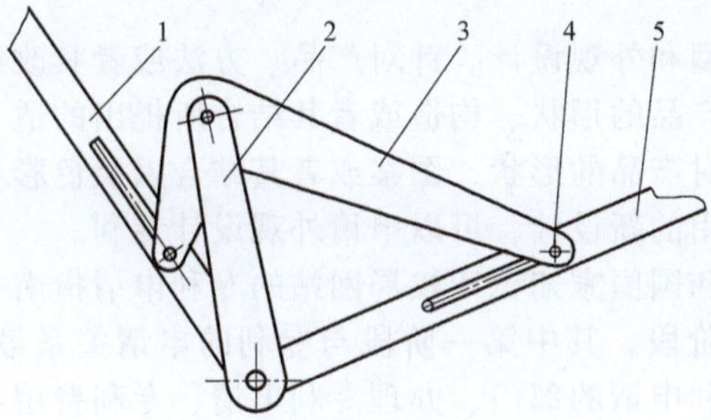

图 5-26　驱动摇杆联接机构示意图

1—辅摇杆　2—固定支架　3—连杆

4—销钉　5—主摇杆

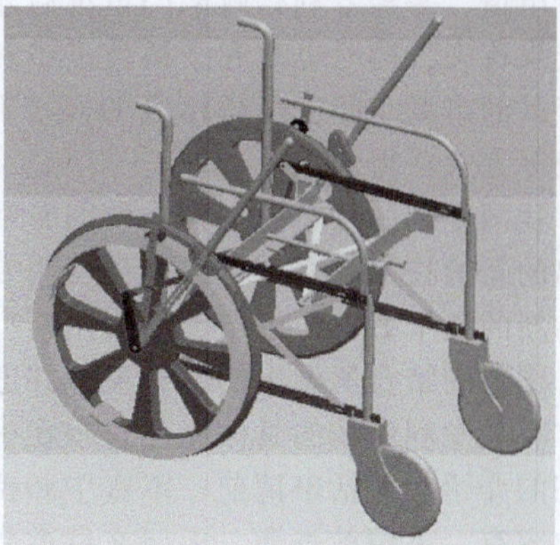

图 5-27　可升降省力便携式轮椅三维设计图

1）升降机构可实现预定的升程，驱动摇臂所需力较小，驱动方式简单、舒适。

2）驱动摇杆使驱动轮前进的力很小，用力方式非常方便、舒适，采用棘轮机构可圆满实现前进、后退、空档、制动，并且操作方便，可满足使用要求。同时主辅棘轮能够协调工作，使驱动摇杆能够连续驱动，达到提高效率与速度的目的。

3）轮椅可达到预期折叠功能，携带、储存方便。

4）轮椅制造成本低，可满足广大客户的需求。

读者从上面案例得到什么启发呢？同样的设计思想、方法可以应用到升降台、推车等许多日常生活的产品改造创新设计中，大家动手来开始创新设计、制作吧。

三、设计说明书编写

设计说明书是机械创新设计的整理和总结，是图样设计的理论依据及审核设计的技术文件之一，编写说明书是设计工作的一个重要组成部分。设计说明书目录一般包括以下几部分内容：

1）封页（统一格式）。

2）设计题目与内容。

3）机器装置的原理方案构思和拟定。

4）原理方案的实现、传动方案的设计。

5）传动机构的分析与设计、主要结构的设计简图。

6）设计计算与说明。

7）设计小结。

8）附录（图纸）。

四、创新设计实用新型专利资料检索申请

机械创新设计属于一种知识产权。知识产权是指对智力劳动成果所享有的占有、使用、处分和收益的权利。知识产权是一种无形财产权，它与房屋、汽车等有形财产一样，都受到国家法律的保护。

专利是专利权的简称，它是国家按专利法授予申请人（单位）在一定时期内对其发明创造成果所享有的独占、使用和处分的权利。专利权需要申请人（单位）按照法律规定的手续进行申请，并经专利行政部门审批后才能获得。申请专利既可以保护自己的发明成果，防止科研成果流失，同时也有利于科技进步和经济发展。人们可以通过申请专利的方式占据新技术及其产品的市场空间，获得相应的经济利益（如通过生产销售专利产品、转让专利技术、专利入股等方式获得利益）。

我国专利的种类有三种：发明专利、实用新型和外观设计。针对产品、方法或者其改进所提出的新的技术方案，可以申请发明专利；针对产品的形状、构造或者其结合所提出的适于实用的新的技术方案，可以申请实用新型专利；针对产品的形状、图案或者其结合以及色彩与形状、图案的结合所做出的富有美感并适于工业应用的新设计，可以申请外观设计专利。

有关专利申请的具体操作过程在中华人民共和国国家知识产权局网站的专利申请指南中有详细的介绍。包括申请前、审查中和授权后三个阶段。其中第一阶段与专利的申请关系最大，其内容有：申请前查询、申请文件准备、受理专利申请的部门、办理专利申请、专利费用和专利审批程序。

1. 申请专利的途径

1）直接到国家知识产权局申请专利或通过挂号邮寄申请文件方式申请专利，申请文件有：请求书、权利要求书、说明书、说明书附图、说明书摘要、摘要附图。

2）委托专利代理人代办专刊申请。采用这种方式，专利申请质量较高，可以避免因申请文件撰写质量问题而延误审查和授权。

2. 办理专利申请应当提交的申请文件

1）发明专利的申请文件应包括：发明专利请求书、说明书（说明书有附图的，应当提交说明书附图）、权利要求书、摘要（必要时应当有摘要附图），各一式两份。

2）实用新型专利的申请文件应包括：实用新型专利请求书、说明书、说明书附图、权利要求书、摘要及其摘要附图，各一式两份。

3）外观设计专利的申请文件应包括：外观设计专利请求书、图片或者照片，各一式两

高等职业教育汽车类专业校企合作“互联网+”创新型教材

汽车机械基础（少学时）

任 务 工 单

姓　　名____________________
专　　业____________________
班　　级____________________
任课教师____________________

________年______月~________年______月

目　录

任务工单 1　汽车机械总体分析

任务描述：

汽车是一个机械系统，是由许多相对独立的机构和构件组成的。一般汽车由发动机、底盘（传动系统、控制系统和车轮）、车身及电气设备部分组成，通过这四大部分实现汽车基本的行驶功能，也可以配置辅助系统增强安全行驶功能。对汽车的运用维护需要掌握汽车机械组成的相关基本知识：

1）认识汽车各结构总成。

2）辨认汽车各总成中典型零部件和机构。

3）对汽车发动机各结构组成部分进行认识。

4）绘制发动机平面机构简图。

学习指导：

通过“汽车机械总体分析”任务活动，对汽车结构组成进行认识，明确本课程的定位、任务、主要内容和学习目标，掌握汽车机械组成及基本特征，理解、掌握机械、机器、机构、零件等基本概念，加深对汽车专业认识，并掌握机构组成原理及简图表示方法。

任务活动：

1. 标出下图中汽车各部分名称。

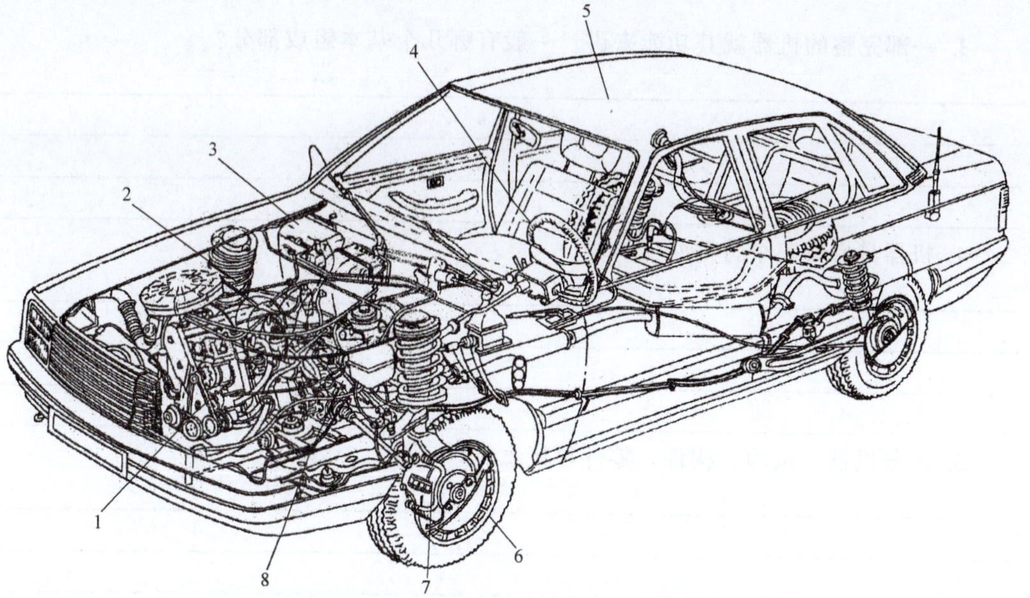

1 ______________________　　2 ______________________

3 ____________ 4 ____________

5 ____________ 6 ____________

7 ____________ 8 ____________

2. 标出单缸内燃机各部件名称。

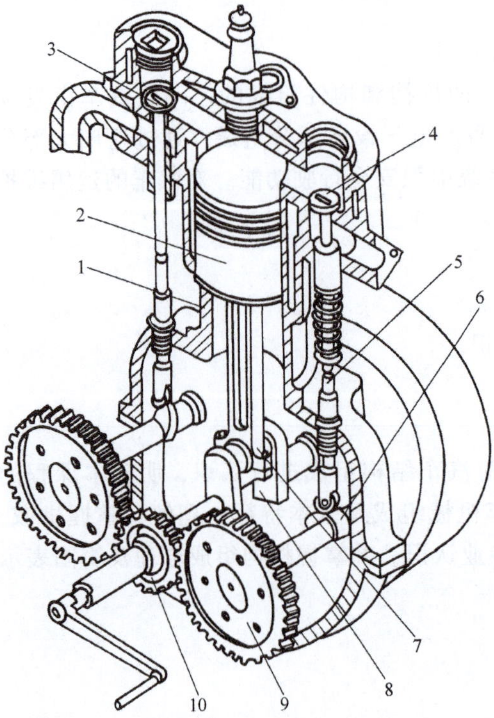

1 ____________

2 ____________

3 ____________

4 ____________

5 ____________

6 ____________

7 ____________

8 ____________

9 ____________

10 ____________

3. 一部完整的机器就其功能来讲，一般有哪几个基本组成部分？

4. 机器具有哪三个特征？

5. 区分机器、机构、构件、零件等概念。

6. 写出你所认识的组成机器的常用传动机构。

1 ____________________　2 ____________________

3 ____________________　4 ____________________

5 ____________________

7. 什么是机构运动简图，其绘制步骤如何？

____

____

____

____

____

8. 下面平面运动副都是什么副？画出其符号。

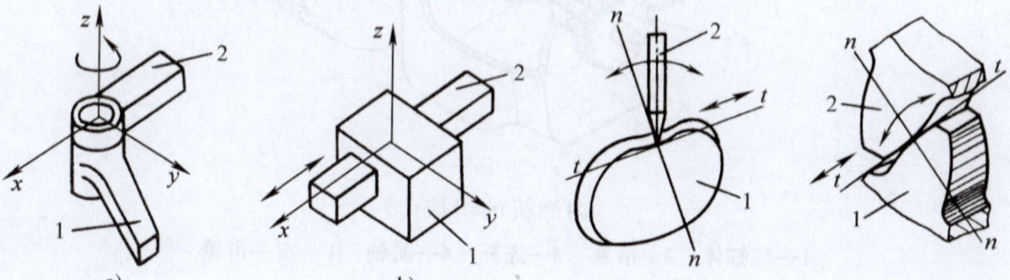

a)　b)　c)　d)

名称　a) __________　b) __________　c) __________　d) __________

符号　a)　b)　c)　d)

9. 绘制常用机构和运动副的简图符号。

名称	代表符号	名称	代表符号
杆的固定联接		链传动	
零件与轴的固定			
齿轮齿条传动		外啮合圆柱 齿轮机构	
锥齿轮传动			
蜗杆传动		内啮合圆柱 齿轮机构	

10. 绘制内燃机的机构运动简图。

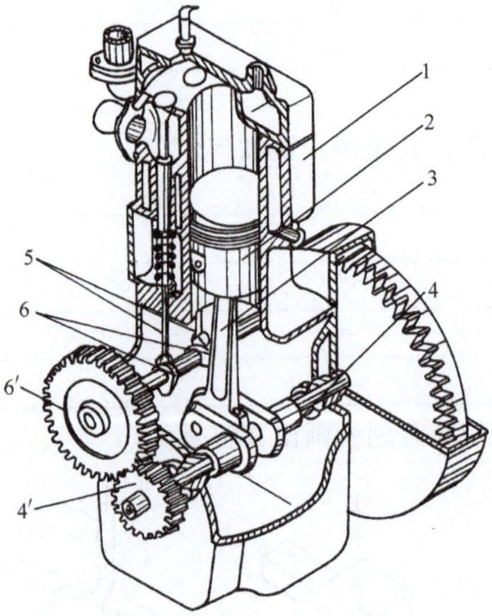

内燃机的组成

1—气缸体 2—活塞 3—连杆 4—曲轴 4′、6′—齿轮

5—进、排气门推杆 6—凸轮

11. 分析上题内燃机机构的组成，并计算内燃机机构的自由度。

任务工单2 汽车工程材料认知与应用

任务描述：

汽车上每个零件从汽车的设计、选材、加工制造，到汽车的使用、维修和养护无一不涉及材料问题。为了满足汽车的使用性能和零件所需的各项技术要求，在汽车机械中要合理地选择和使用材料，需要掌握汽车应用材料相关基本知识，了解汽车常用金属材料的性能、分类、特点及应用。

1）认识汽车工程材料的组成及分类。

2）对常用金属、非金属材料的基本知识（类型、牌号、应用）进行认识。

3）认识汽车各主要组成零部件的材料。

学习指导：

通过“汽车工程材料认知与应用”任务活动，认识汽车结构零件材料的应用，观察钢铁材料在汽车零部件上的应用，认识发动机曲柄连杆机构中各组成零部件的结构和材料选用，并比较分析各种零部件的材料特点。掌握汽车工程材料的组成及分类，了解材料的力学性能及相应指标。

任务活动：

1. 试写出你所认识的汽车零部件名称及应用材料类型名称。

1 ______________________ 2 ______________________

3 ______________________ 4 ______________________

5 ______________________ 6 ______________________

7 ______________________ 8 ______________________

2. 什么是材料的力学性能？请写出常用力学性能指标及相应符号。

3. 钢铁材料的种类很多，请写出钢铁材料的分类。

4. 普通碳素结构钢的牌号由什么组成？常用牌号有哪几种？举例说明其在工程上的应用。

5. 优质碳素结构钢的牌号如何表示，其在汽车上都有哪些应用？

6. 铸铁的种类有哪些？铸铁的性能特点如何？

7. 列表说明汽车发动机主要零件的用材情况。

代表零件	材料种类及牌号
缸体、缸盖、飞轮、正时齿轮	
缸套、排气门座	
曲轴	
活塞销	
连杆、连杆螺栓、曲轴	
各种轴承、轴瓦	
排气门	
气门弹簧	
活塞	

8. 了解汽车常用的高分子材料的类型及应用。

任务工单 3　汽车维修常用基本工具认知与使用

任务描述：

在汽车维修中，需要用到各种工具来实现结构的拆装及测量，不同的结构需要使用不同的工具，如何选用合适的工具并正确的使用工具进行安全操作，需要对常用工具类型及其应用操作有基本的认识。

学习指导：

通过“汽车维修常用基本工具认知与使用”活动，对汽车维修常用工具类型及使用方法有基本认识，掌握正确的选用及应用工具。

任务活动：

1. 螺钉旋具主要用于____________或____________有槽螺钉。常用的旋具是____________和____________形。

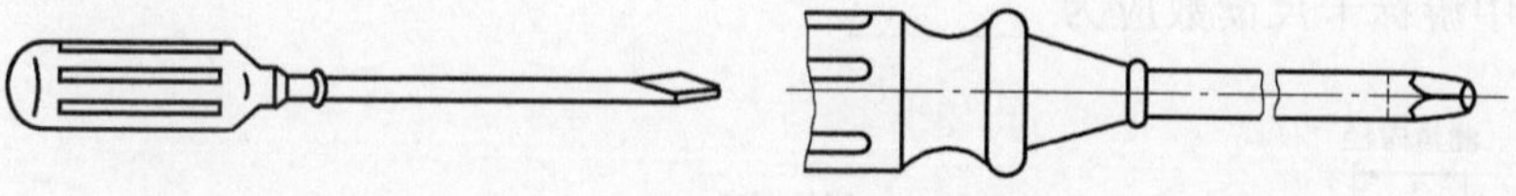

a) ________________　　b) ________________

2. 钳子多用来弯曲或安装小零件、剪断导线或螺栓等，指出下图中各种钳子的类型名称。

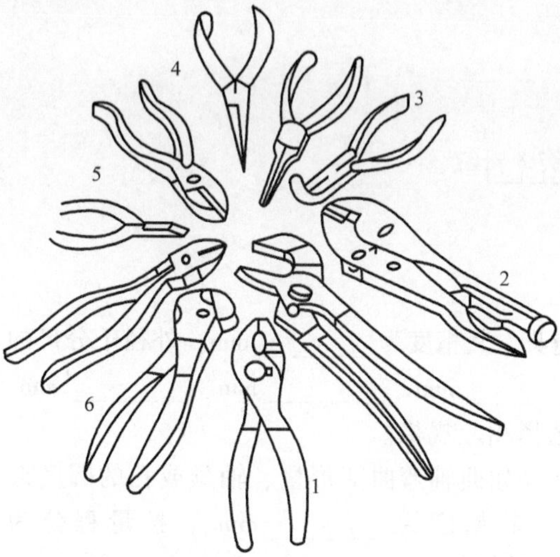

1 ____________________

2 ____________________

3 ____________________

4 ____________________

5 ____________________

6 ____________________

3. 扳手主要用来拧松或拧紧__________或__________，写出下图中常用扳手的类型名称。

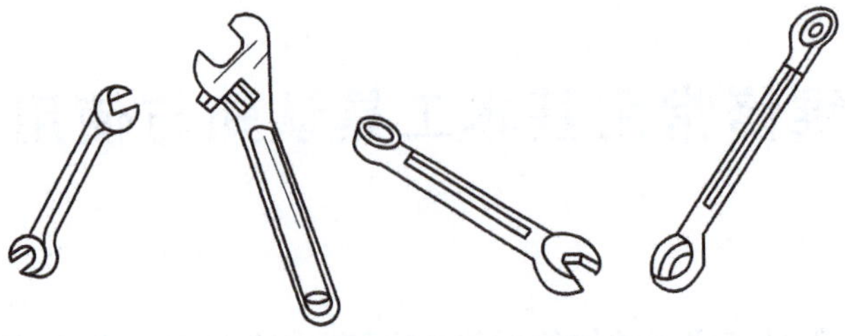

a) b) c) d)

a）________

b）________

c）________

d）________

4. 套筒扳手一般是由不同规格的套筒、加长杆和各种手柄等组成的成套工具，用于拆装________，具有________、________的优点，且对拆装位置隐蔽、空间狭小处的螺纹联接件更具优越性，所以在汽车维修中它是________最高的工具。

5. 扭力扳手用于拧紧对拧紧力矩有________的螺纹件，通常需要与套筒扳手配合使用，使用时可直接显示出所施加的________。

6. 汽车维护常用专用工具主要有：________、________、________和________。

7. 游标卡尺主要用来测量零件的________和________等，游标卡尺由________、________、________和固定卡脚组成。

8. 图中游标卡尺读数应为________。

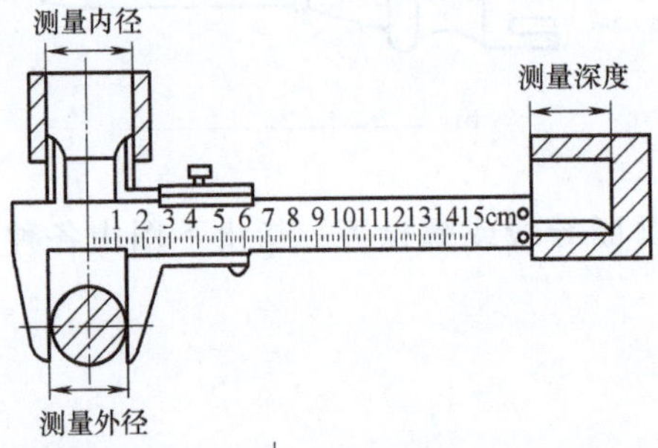

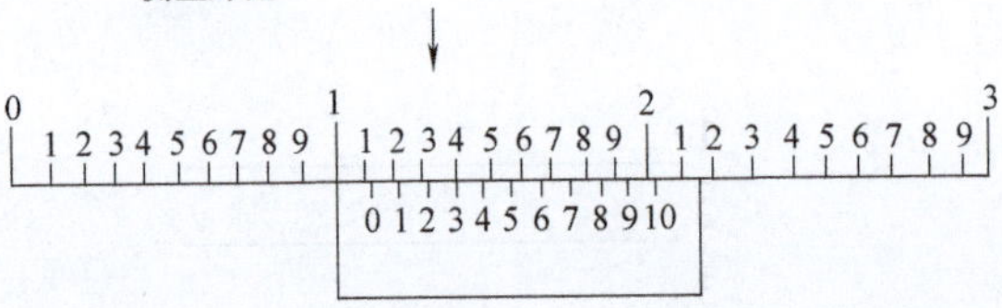

9. 外径千分尺是比游标卡尺________的量具，其精度为________mm。外径千分尺的规格按量程划分，常用的有________mm、________mm、________mm、________mm、________mm等规格，使用时应按零件尺寸选择相应规格。

10. 百分表主要用于测量零件的________（如曲轴弯曲变形量、轴颈或孔的圆度误差等）或配合间隙（如曲轴轴向间隙等），其精度为________mm，按量程分为________mm、________mm、________mm三种规格。

11. 在汽车维修中，量缸表主要用来测量孔的内径如________、________等，塞尺常用来测量零件之间的________，如________间隙、________间隙等。

任务工单 4　平面连杆机构分析与应用

任务描述：

平面连杆机构是由一些刚性构件采用低副（转动副和移动副）联接组成的平面机构。其类型很多，但构件的形状大多数是杆状的（称为杆），其中最简单、应用最广的是由四个构件（杆）组成的平面四杆机构。四杆机构包括铰链四杆机构和滑块四杆机构。目前，平面连杆传动机构已广泛应用于汽车和其他各种机械、仪表及操纵机构中，如汽车发动机中的活塞—连杆机构、汽车前轮的转向机构、发动机回转式柱塞油泵和刮水器等。对汽车发动机连杆机构进行传动分析需要：

1）对连杆机构进行组成认识与结构分析。

2）对发动机连杆机构进行运动特性分析。

学习指导：

通过“平面连杆机构分析与应用”活动，对汽车发动机连杆机构进行运动分析及结构认识，掌握连杆机构的分类、传动原理及传动特性分析，了解零部件选材。

任务活动：

1. 什么是平面连杆机构？

____

____

____

2. 什么是铰链四杆机构？指出图中铰链四杆机构中的机架、连架杆、连杆、曲柄、摇杆等构件。

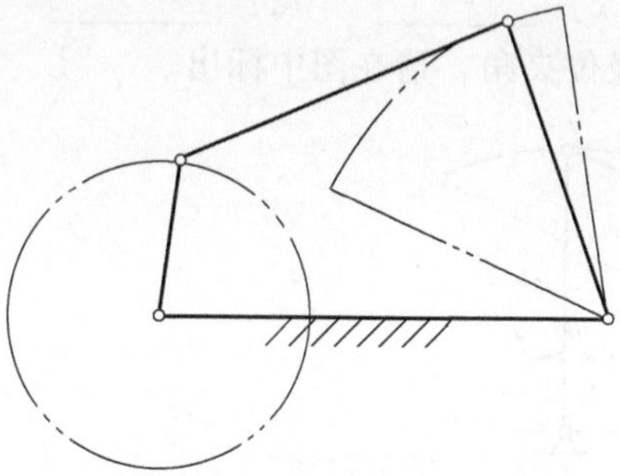

____

____

____

____

____

____

3. 完成下表，列出铰链四杆机构的三种基本形式、运动特点及应用。

序号	机构类型	机构简图	运动形式转化	应用举例
1				

（续）

序号	机构类型	机构简图	运动形式转化	应用举例
2				
3				

4. 图示机构分别是什么机构？

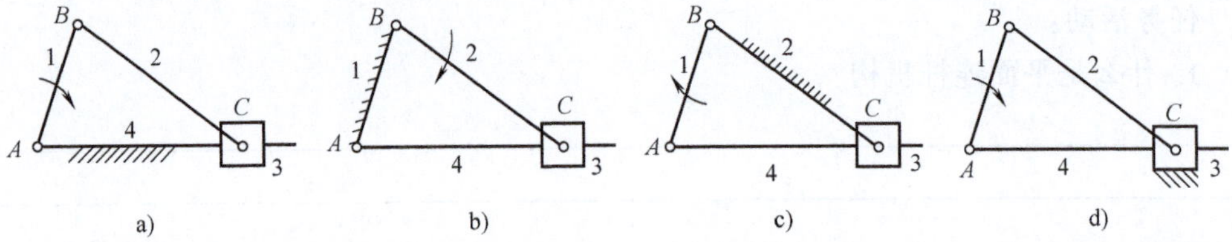

类型名称：a）________ b）________ c）________ d）________

应用举例：a）________ b）________ c）________ d）________

5. 用图分析什么是机构的急回特性，什么是极位夹角，请在图中标出。

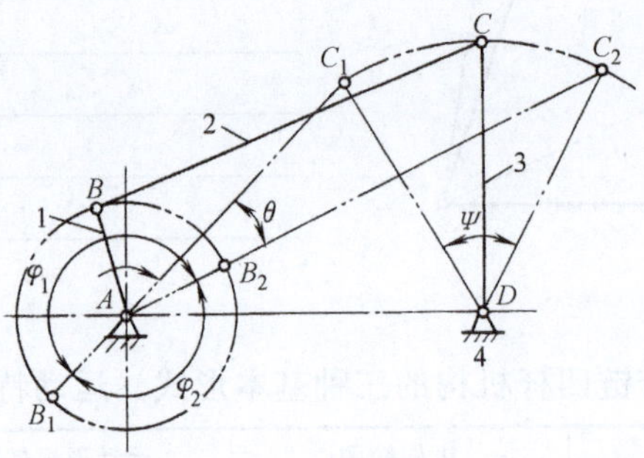

6. 什么是压力角？什么是传动角？在图中标出，传动角和压力角有何关系，并说明压力角的作用。

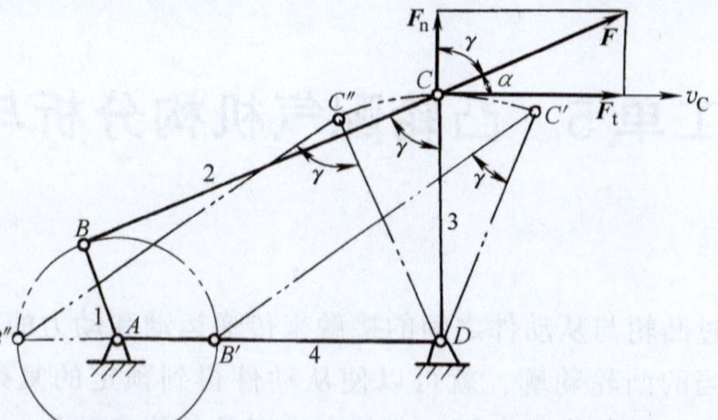

7. 什么是机构的死点位置？什么情况下机构存在死点位置？举例说明哪些机构存在死点位置。

任务工单5　凸轮配气机构分析与应用

任务描述：

凸轮传动是通过凸轮与从动件之间的接触来传递运动和动力的，是一种常用的高副机构，只要做出适当的凸轮轮廓，就可以使从动件得到预定的复杂运动规律，设计简单。因此，在各种机械设备中很常用，尤其在汽车及其他自动化、半自动化机器的控制机构中应用更广。对汽车发动机凸轮配气机构运动分析及结构进行认识必须：

1）对凸轮配气机构的组成、分类进行认识。

2）对凸轮配气机构及其他机构的传动规律进行认识。

3）分析凸轮配气机构运动构件的结构、摩擦、应用材料及失效形式。

学习指导：

通过“凸轮配气机构分析与应用”任务活动，对汽车发动机凸轮配气机构进行运动分析及结构认识，掌握凸轮传动机构的组成、分类及其在汽车上的应用，了解凸轮结构及从动件常用运动规律的特点和选择原则等知识和内容，并能够对汽车运动构件间的结构、材料选用及失效形式进行分析。

任务活动：

1. 认识凸轮传动机构的组成，了解传动原理。

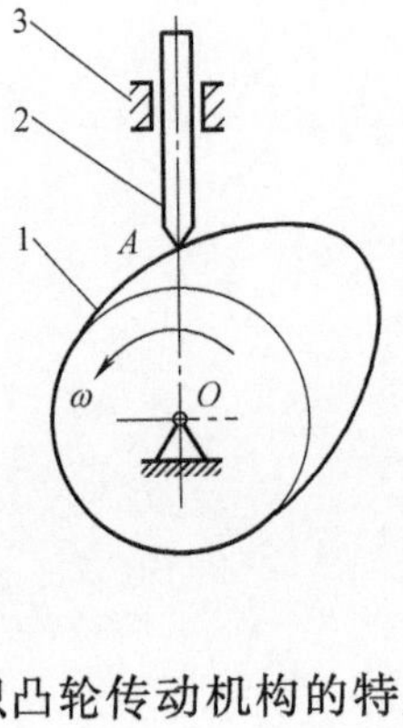

1 ______________________________

2 ______________________________

3 ______________________________

2. 认识凸轮传动机构的特点及其应用。

优点：____

____

缺点：____

____

应用：____

____

3. 写出下列各凸轮机构的类型名称，并举例说明其应用。

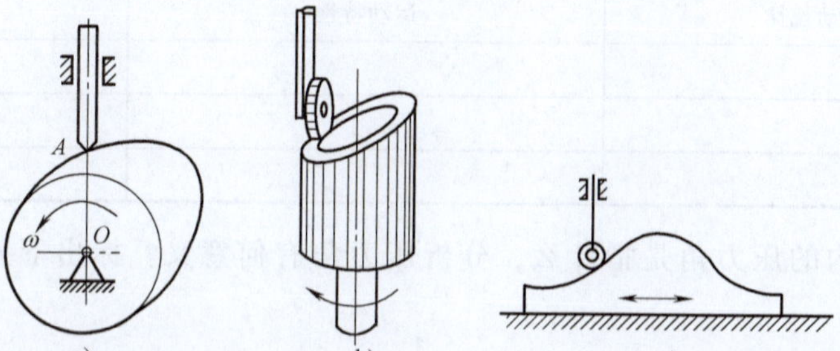

a)　　b)　　c)

类型名称：a）__________　b）__________　c）__________

应用举例：a）__________　b）__________　c）__________

4. 按从动件的形状可分为尖顶从动件、滚子从动件和平底从动件，请写出下列各凸轮机构属于哪种形式，并分析三种从动件结构的特点及应用。

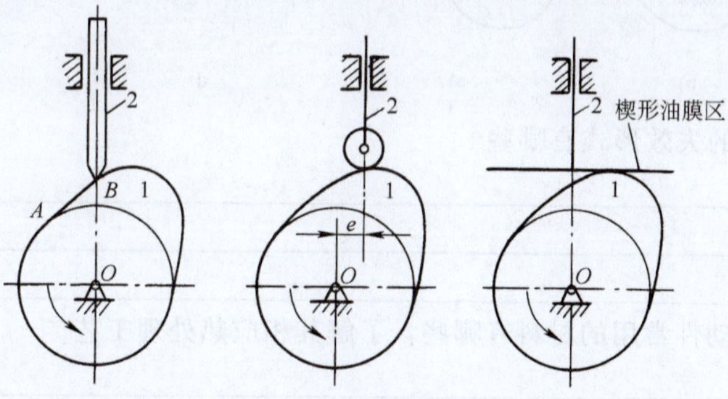

a)　　b)　　c)

名称：a）__________　b）__________　c）__________

特点：a）__________　b）__________　c）__________

应用：a）__________　b）__________　c）__________

5. 以对心移动尖顶从动件盘形凸轮机构为例，分析凸轮机构的工作过程（在图上标出相应行程凸轮轮廓及转角）。

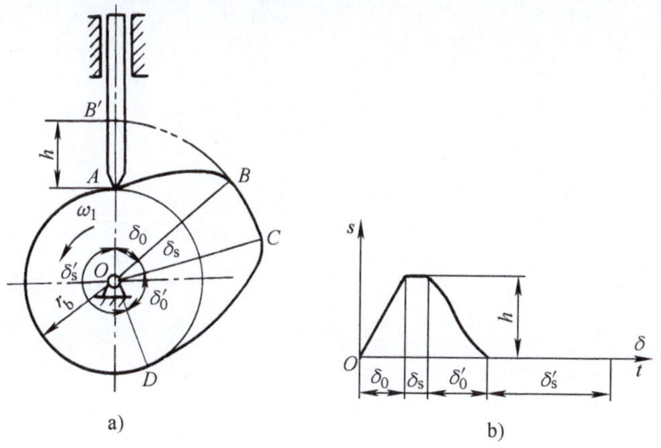

a)　　b)

凸轮机构工作过程：

____

____

____

____

6. 认识凸轮从动件常用运动规律，分析其运动特性及应用。

常用运动规律	运动特性	应用

7. 凸轮机构的压力角是指什么，分析压力角有何意义？标出下列凸轮机构的压力角。

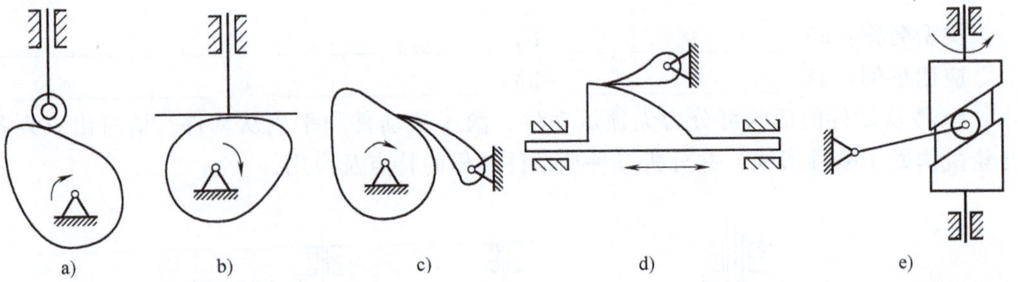

8. 凸轮常见的失效形式有哪些？

9. 凸轮和从动件常用的材料有哪些？了解其相应热处理工艺。

10. 什么是间歇运动机构？常用的间歇运动机构有哪些？

任务工单6　带传动分析与应用

任务描述：

带传动都是通过中间挠性件（带）传递运动和动力的，适用于两轴中心距较大的场合。与应用广泛的齿轮传动相比，它们具有结构简单、成本低等优点。因此，在汽车等机械传动中应用较广泛。对汽车带传动装置进行认识必须：

1）对发动机带（链）式正时传动机构进行拆卸、安装和调试。

2）对带（链）传动的基本知识（类型、牌号、选用）进行认识。

3）分析带（链）传动的弹性滑动与防松以及常见的失效形式。

学习指导：

通过“带传动分析与应用”任务活动，了解带传动的主要类型、特点、标准及应用，能正确选用传动类型及标准零件，掌握带传动和链传动的工作原理、传动能力分析及失效形式等基本知识，能够正确进行调试和维护。

任务活动：

1. 认识带传动机构的组成，了解传动原理。

1 ________

2 ________

3 ________

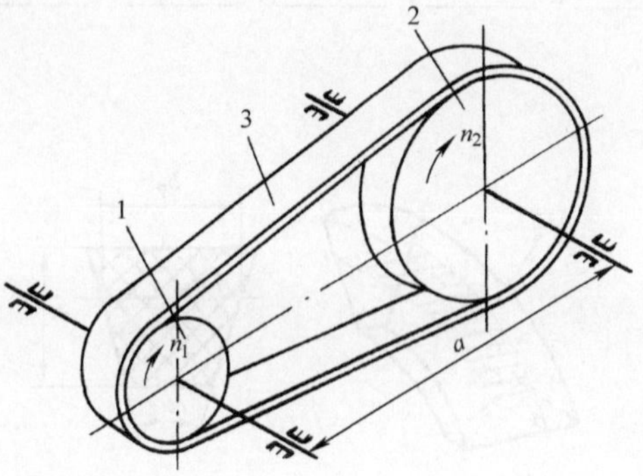

a)

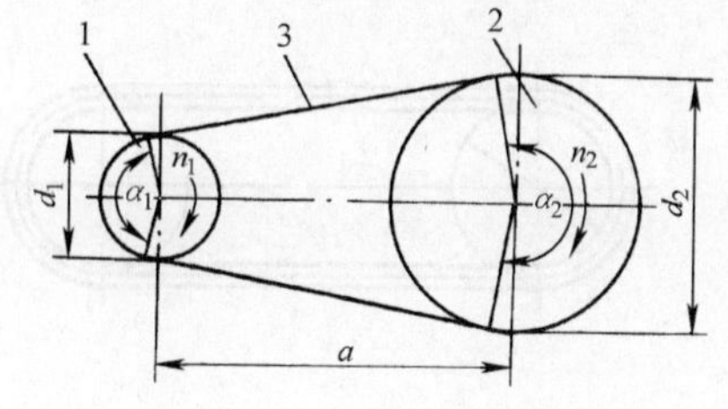

b)

传动原理：____

____

____

2. 认识带传动机构的特点及其应用。

优点：____

____

____

缺点：____

____

____

应用：____

____

____

3. 认识带传动的分类，带传动按传动原理可分为摩擦式和啮合式带传动，写出下列各带传动的类型名称，并说明其应用。

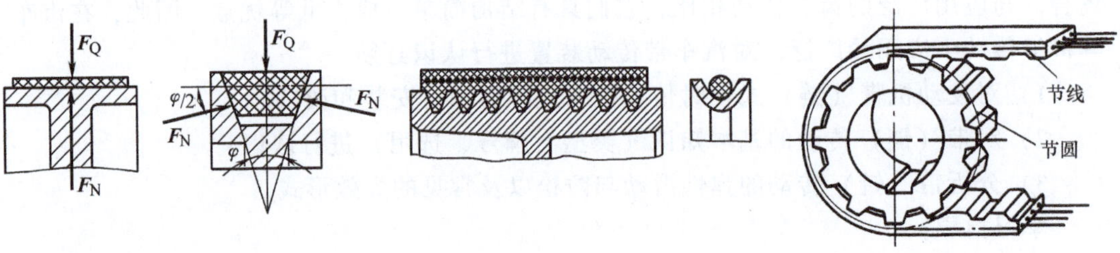

a) b) c) d) e)

名称：a）________ b）________ c）________ d）________ e）________

应用：a）________ b）________ c）________ d）________ e）________

4. 认识带传动类型、型号及选用。

1）普通 V 带是标准件，根据国家标准（GB/T 11544—2012）的规定，按截面尺寸不同，由小到大分为______、______、______、______、______、______、______七种型号。

2）写出图中 V 带各尺寸值的含义。

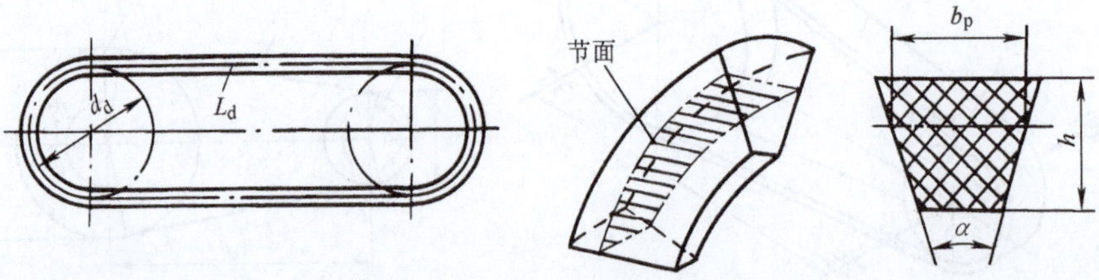

a) b) c)

L_d—__________ d_d—__________ b_p—__________ h—__________ α—__________

3）V 带的型号标记由带型号、基准长度、标准号三部分组成。如表示基准长度为 1420mm 的 Z 型 V 带，其标记为____________________。

5. 认识带轮结构、材料及工艺。

1）带轮一般是由轮缘、轮辐和轮毂三部分构成。轮缘是__________的部位；轮毂是______________的部分；轮辐是______________的部分。

2）带轮最常用的材料是__________，如__________；有时也可以采用__________或__________等。

3）写出以下 V 带轮结构形式的名称。

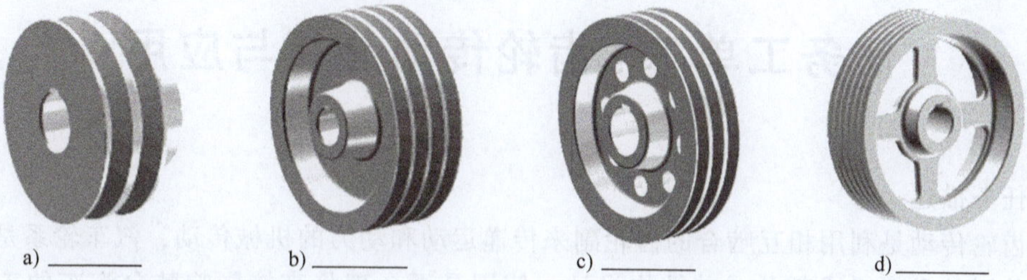

a) ________　b) ________　c) ________　d) ________

6. 认识带传动的失效形式。

1）带传动工作时的主要失效形式是：________、________和________。

2）区别弹性滑动和打滑两个现象，完成下表。

项　目	弹性滑动	打　滑
现象		
产生的原因		
结论		

7. 带传动需要进行定期张紧，常用的张紧装置有定期张紧装置和自动张紧装置两类，写出图中张紧装置的名称。

定期张紧装置：

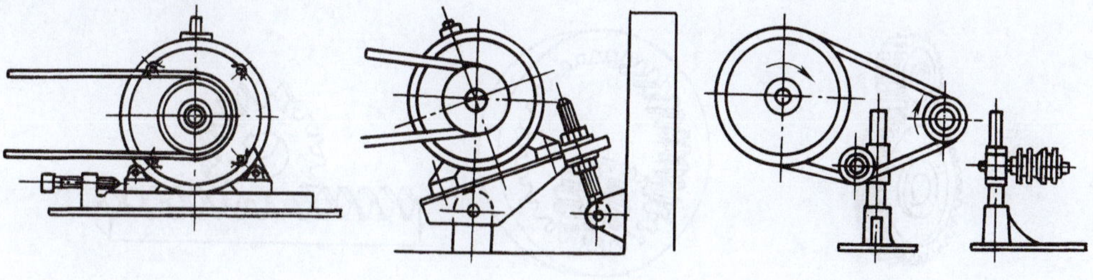

a) ________　b) ________　c) ________

自动张紧装置：

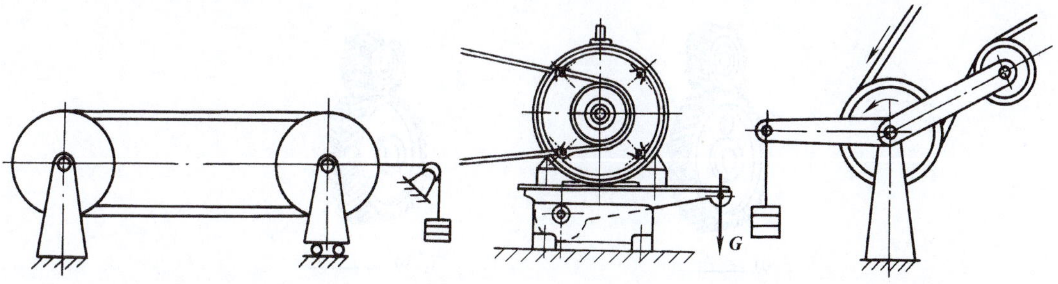

a) ________　b) ________　c) ________

任务工单 7　齿轮传动分析与应用

任务描述：

齿轮传动是利用相互啮合的齿轮副来传递运动和动力的机械传动，汽车轮系是汽车传动装置的重要组成部分，其结构设计、使用是否合理将直接影响整台汽车的工作性能。通过汽车轮系传动的学习，达到相关的知识点的认识：

1）齿轮结构、材料的认识。

2）齿轮使用性能结构认识与维护。

3）轮系结构的认识与在汽车的运用。

学习指导：

通过“齿轮传动分析与应用”任务活动，认识汽车变速器、差速器、主减速器等齿轮传动部件组成，了解齿轮类型、传动工作要求及齿轮传动特点，理解、掌握齿轮类型、结构、参数及正确啮合传动要求等基本概念。

任务活动：

1. 按照一对齿轮轴线的相互位置，齿轮传动可以分为平面齿轮传动和空间齿轮传动两类。请写出下图齿轮传动的类型名称。

1）平面齿轮传动。

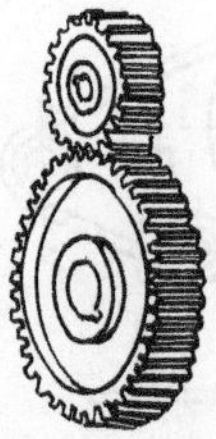

a) ________

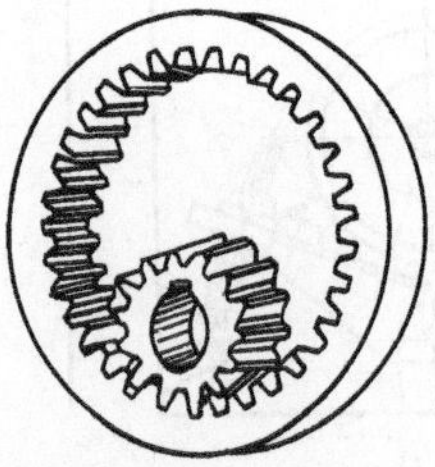

b) ________

c) ________

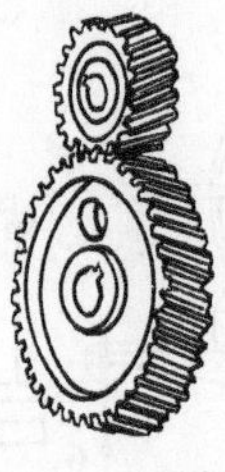

d) ________

e) ________

2）空间齿轮传动。

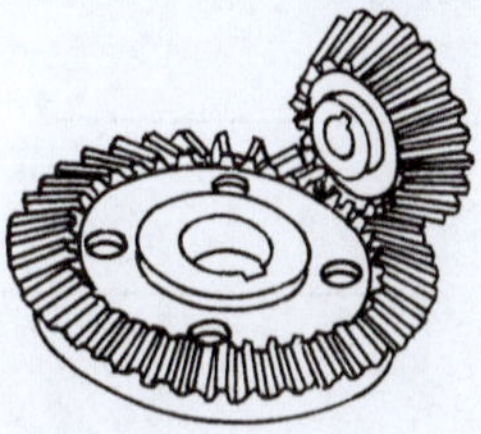

a) ______

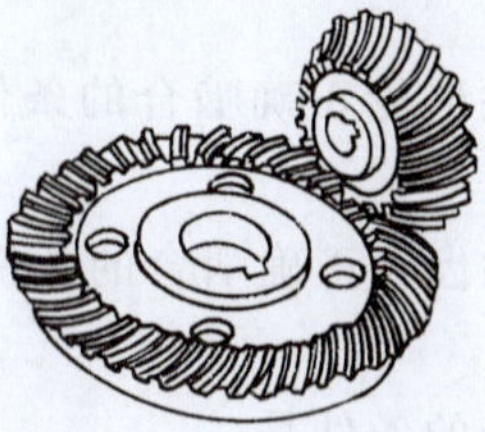

b) ______

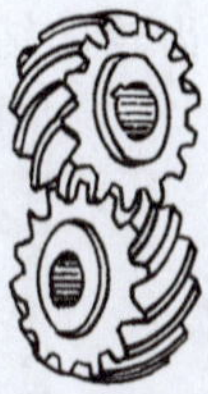

c) ______

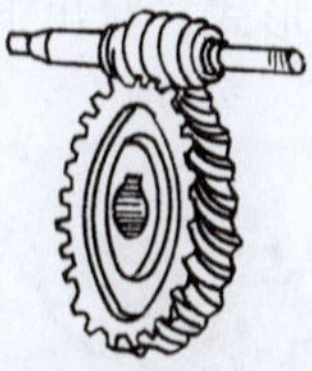

d) ______

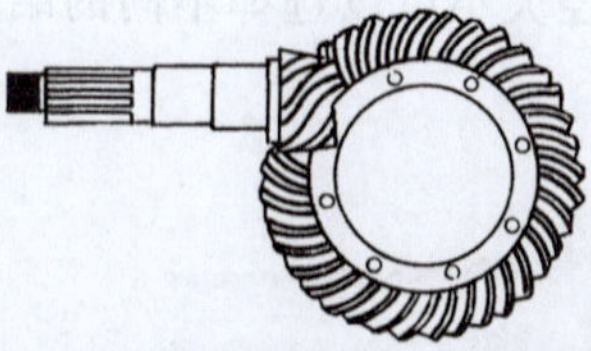

e) ______

2. 请在图中标出渐开线、发生线、向径、压力角、基圆、展角的相应位置。

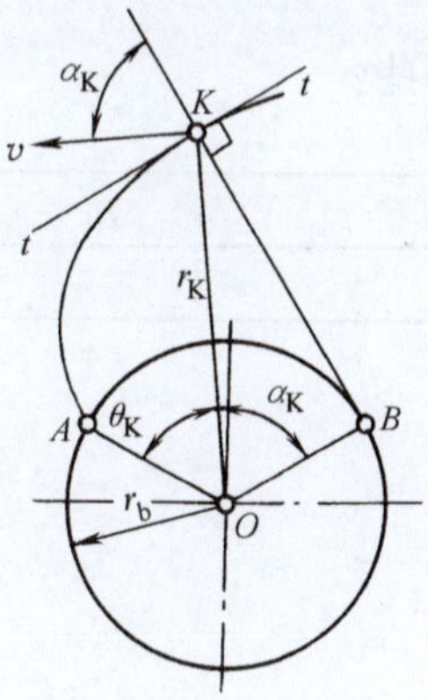

3. 认识齿轮结构。

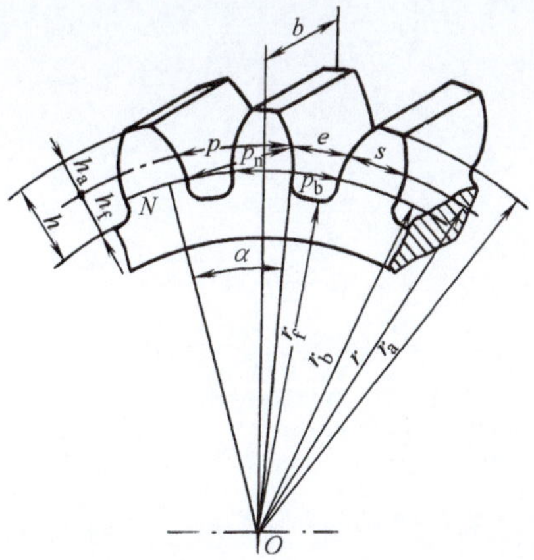

1）如图所示，写出标准直齿圆柱齿轮各基本尺寸代号的名称：

m—__________，z—__________，

s—__________，e—__________，

b—__________，h_a—__________，

h_f—__________，h—__________，

r_b—__________。

2）写出以下代号名称及计算公式：

d—__________，d = __________。

p—__________，p = __________。

3）直齿圆柱齿轮的基本参数包括__________、__________、__________、

__________、__________。

4. 渐开线直齿圆柱齿轮正确啮合的条件是________________；保证齿轮连续传动的条件是________________。

5. 渐开线斜齿圆柱齿轮正确啮合的条件是：____。

6. 锥齿轮正确啮合的条件是：____。

7. 齿轮按直径大小可以选择不同的结构形式，写出下列齿轮的结构名称。

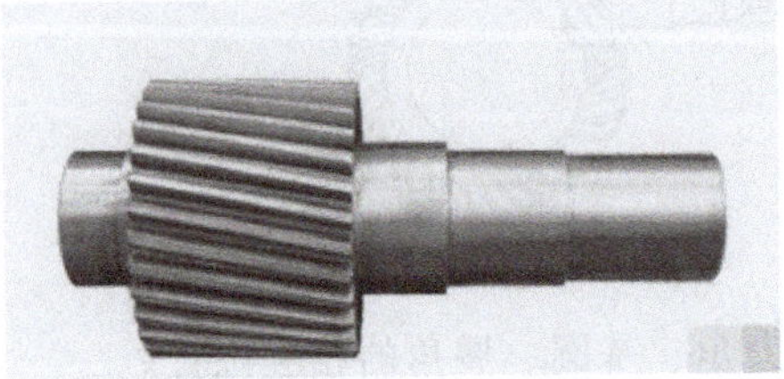

a) __________

b) __________

c) __________

8. 齿轮传动的失效形式有哪些？

____

____

____

任务工单 8　轮系传动分析与应用

任务描述：

齿轮传动是利用相互啮合的齿轮副来传递运动和动力的机械传动，汽车轮系是汽车传动装置的重要组成部分，其结构设计、使用是否合理将直接影响整台汽车的工作性能。通过汽车轮系传动的学习，达到相关的知识点的认识：

1）齿轮结构、材料的认识。

2）齿轮使用性能结构认识与维护。

3）轮系结构的认识与在汽车的运用。

学习指导：

通过“轮系传动分析与应用”任务活动，认识汽车变速器、差速器、主减速器等齿轮传动部件组成，分析轮系组成特点、类型及应用，理解、掌握轮系传动比计算。

任务活动：

1. 轮系结构认识：由一系列齿轮组成的传动系统，称为轮系。

1）请写出下面常见的轮系名称。

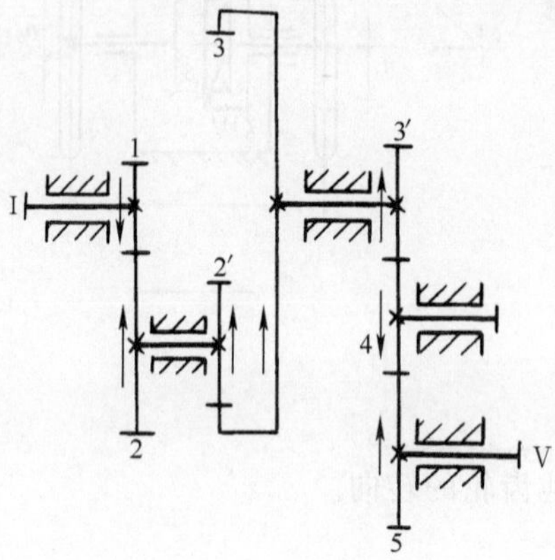

a) ________________

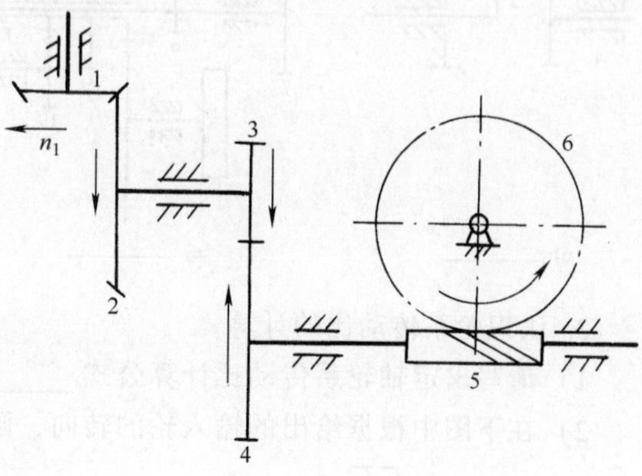

b) ________________

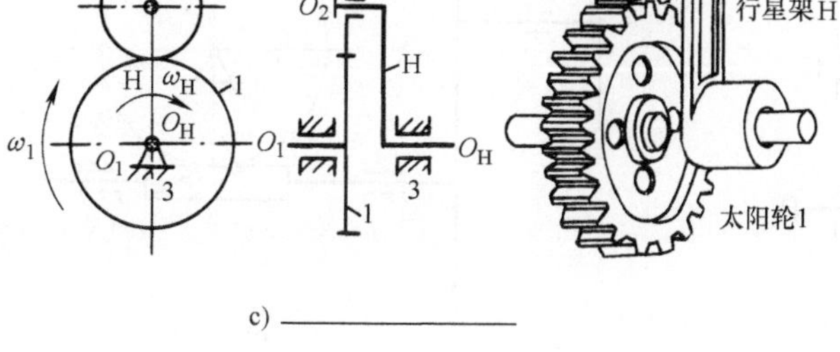

c) ________________

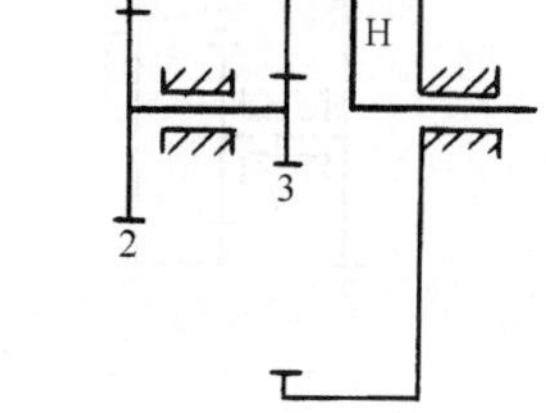

d) ________________

2）图 a 中，外啮合齿轮有______对，内啮合齿轮有______对，如 1 轴为输入轴，主动轮分别有轮______，从动轮有______轮，惰轮是______轮。图 c 中，1 是______轮，2 是______轮，H 是______。

3）汽车手动变速器用的是______轮系，驱动桥中的差速器称为______轮系。

2. 轮系广泛应用于汽车及其他各种机械中，请写出下图分别为哪一种轮系功用。

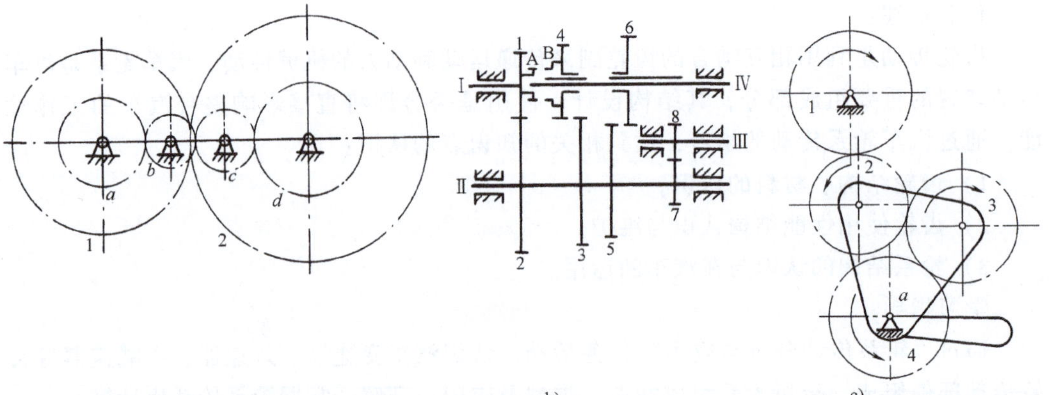

a) ____________ b) ____________ c) ____________

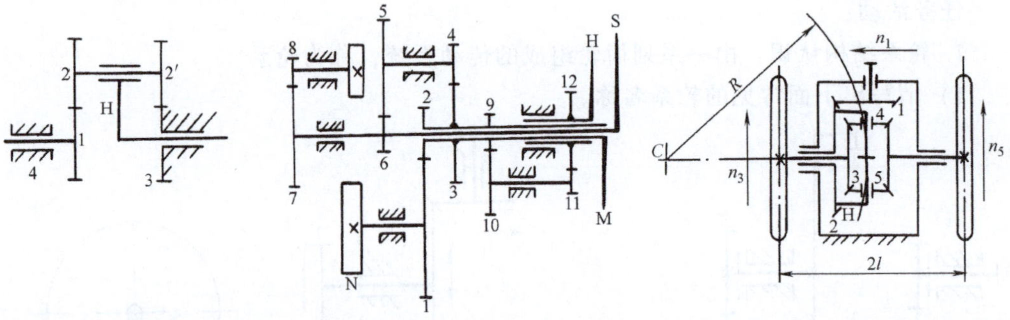

d) ________ e) ________ f) ________

3. 认识轮系传动比的计算。

1）请写出定轴轮系传动比计算公式________________。

2）在下图中根据给出的输入轮的转向，画出其他齿轮的转向。

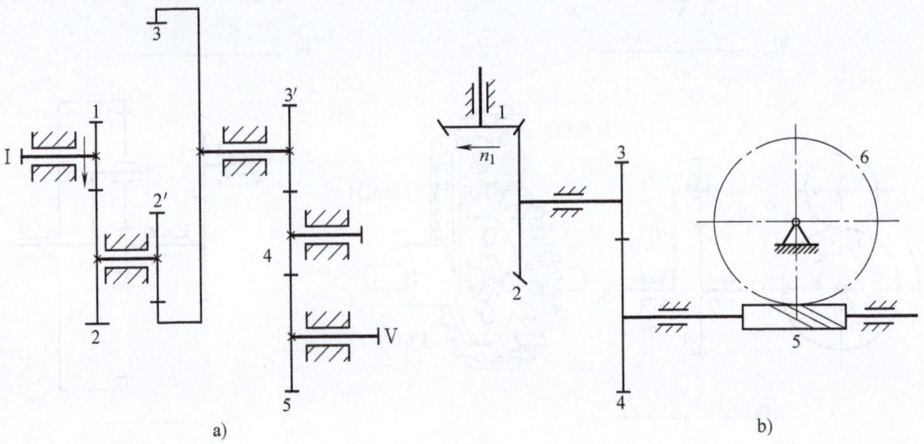

a) b)

4. 对于周转轮系，可以通过转化，成为一个假想的定轴轮系，按定轴轮系传动比的计算式来计算其传动比。

如图，设 n_H 为行星架 H 的转速，当给整个周转轮系加上一个绕轴线 O_H 的大小为 n_H、方向与 n_H 相反的公共转速________后，行星架 H 便静止不动了，即假想得转化轮系（定轴轮系）。

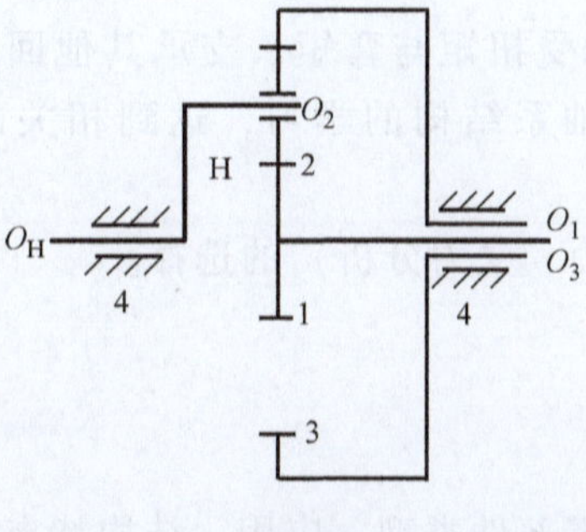

周转轮系

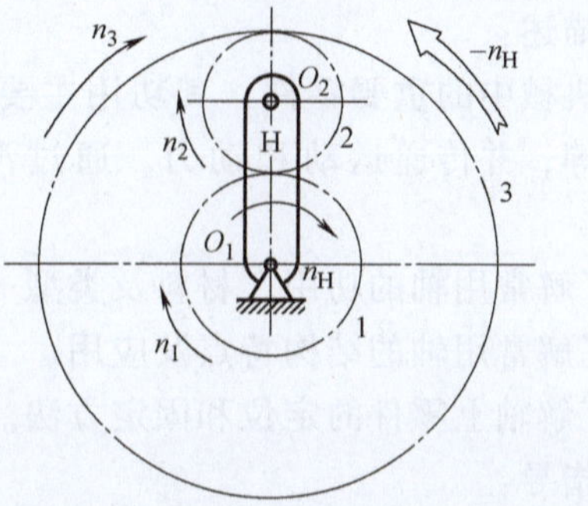

转化轮系

1）请写下转化轮系各构件的转速。

构件	原来的转速	转化轮系中的转速	构件	原来的转速	转化轮系中的转速
1	n_1	$n_1^H=$	3	n_3	$n_3^H=$
2	n_2	$n_2^H=$	H	n_H	$n_H^H=$

2）请写出周转轮系传动比计算公式：____

________；

3）应用转化轮系法计算中应注意的问题：________________________。

5. 对周转轮系，必须首先搞清楚轮系的组成，找出构成混合轮系的各个单一的____和____，分别列出其传动比的计算式，最后结合构件联接关系，联立求解，即可求出混合轮系的传动比。

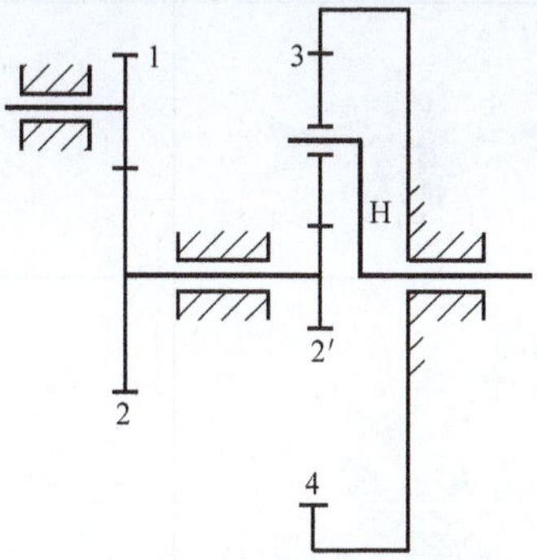

混合轮系

1）分析图示混合轮系的各单一轮系组成，________组成定轴轮系；________组成周转轮系。

2）定轴轮系和的关联条件：________。

任务工单9　轴系结构分析与应用

任务描述：

轴是机械中的重要零件，其功用主要是承受扭矩与弯矩，支承其他回转件，如齿轮、带轮等，并传递运动和动力。通过汽车轴系结构的学习，达到相关的知识点的认识：

1）了解常用轴的功用、材料及类型（受力、受力分析）的选择。

2）了解常用轴的结构特点及应用。

3）了解轴上零件的定位和固定方法。

学习指导：

通过“轴系结构分析与应用”，掌握轴系零部件类型、应用、结构特点及要求等知识，解决轴系零部件材料、类型选择、轴上零件定位和固定、装配要求等方面的问题。

任务活动：

1. 认识轴的类型。

1）根据所受载荷的不同，轴可分为三种，请写出下面三种图例分别代表哪一种轴，并写出其受力特点及应用场合。

种类	图　例	特点	应用
	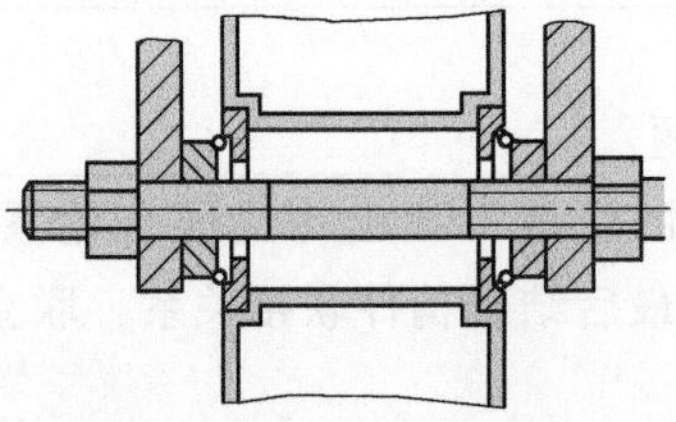		
	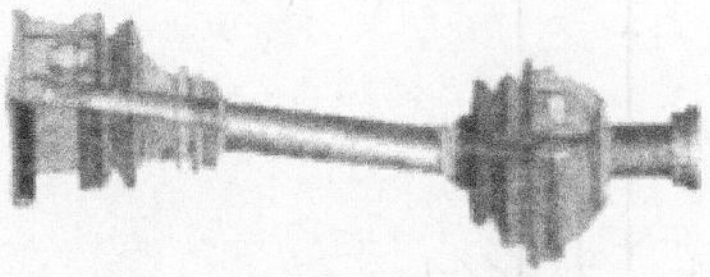		

2）按照轴的结构形状不同又可分为以下几种类型，请写出各种轴的名称。

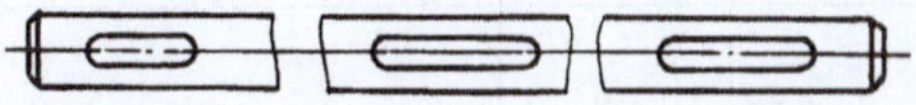

a) ________

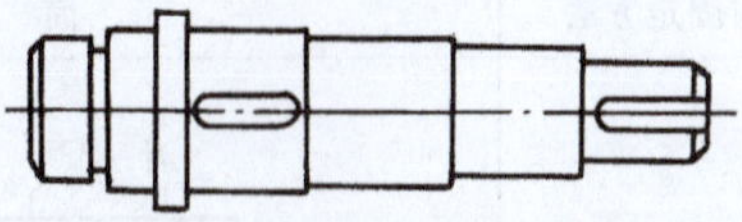

b) ________

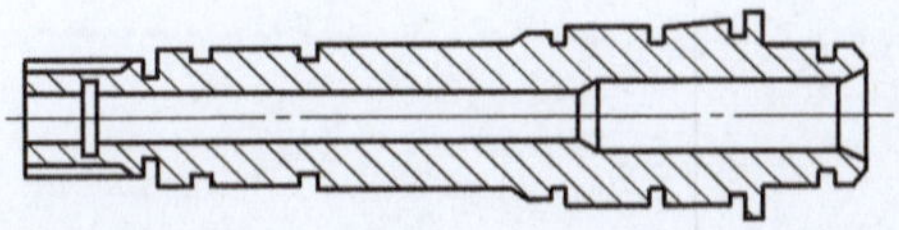

c) ________

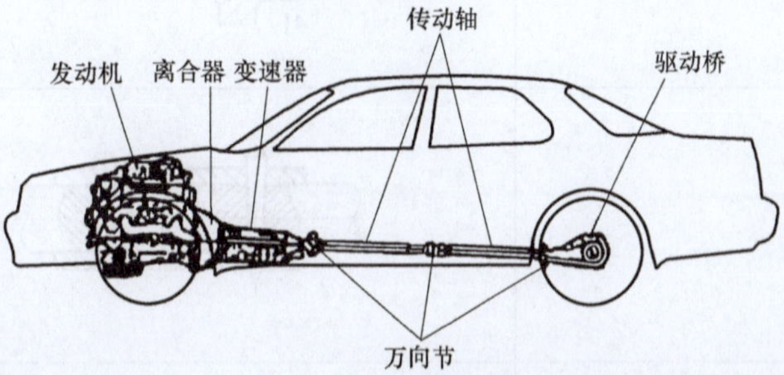

d) ________

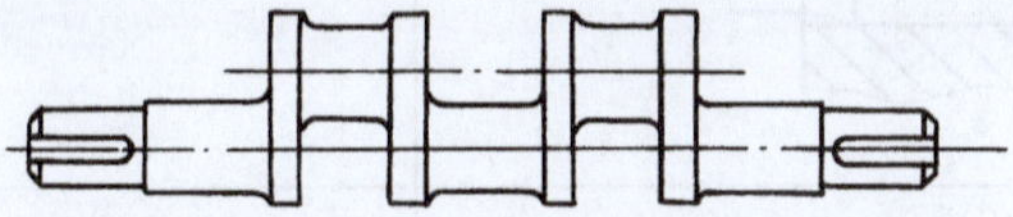

e) ________

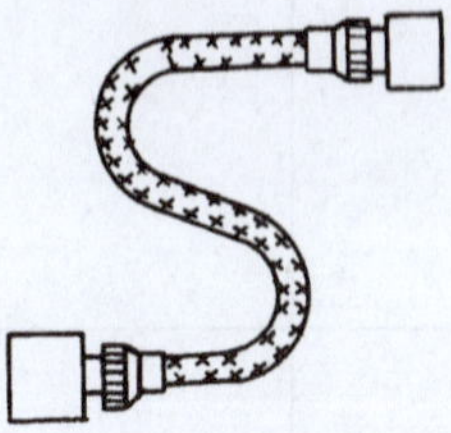

f) ________

2. 认识轴的结构，轴一般由轴头、轴身、轴颈三部分组成，下图所示为减速器输出轴，读懂阶梯轴结构且按图上标示的各序号指出各零件的名称。

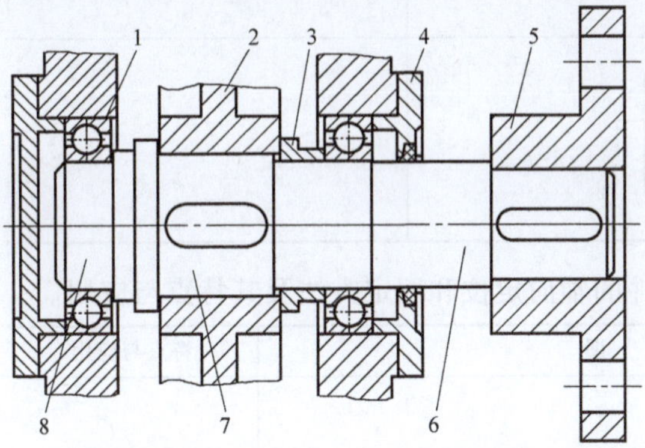

1 ________________
2 ________________
3 ________________
4 ________________
5 ________________
6 ________________
7 ________________
8 ________________

3. 请根据下表的图例写出常用轴上零件的周向定位和固定方法及其特点与应用。

定位与固定方法	简　图	特点与应用
	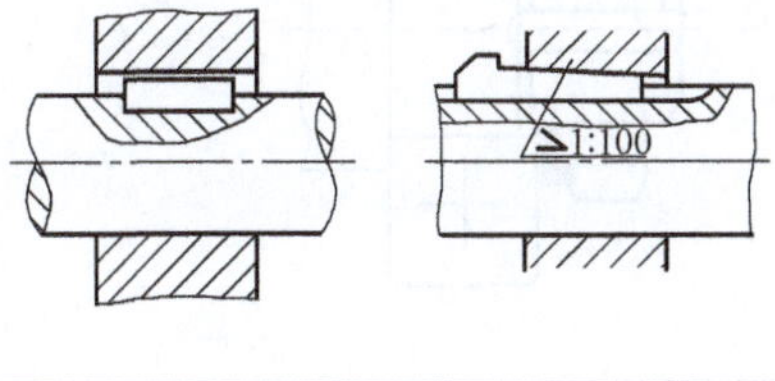	

（续）

定位与固定方法	简　图	特点与应用
	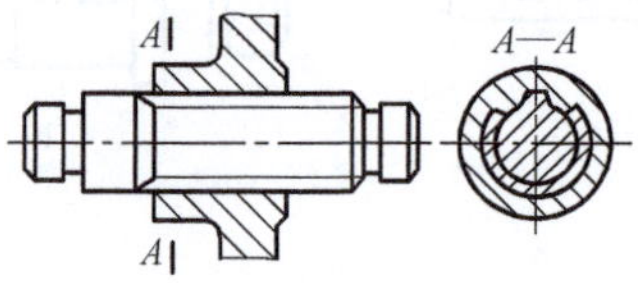	
	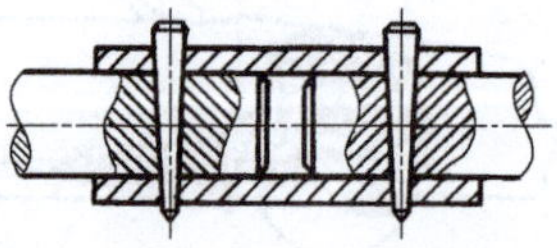	
	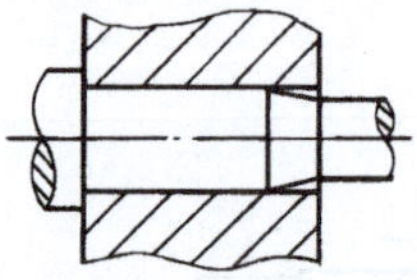	
	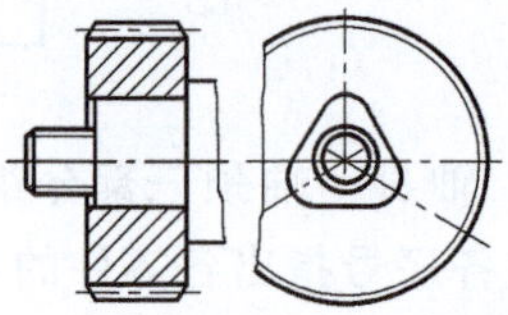	
	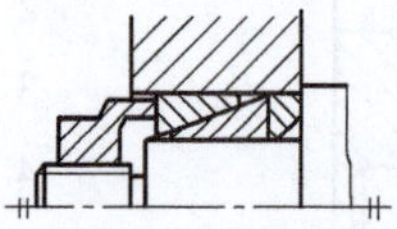	

4. 请根据下表的图例写出常用轴上零件的轴向定位和固定方法及其特点与应用。

定位与固定方法	简　图	特点与应用
	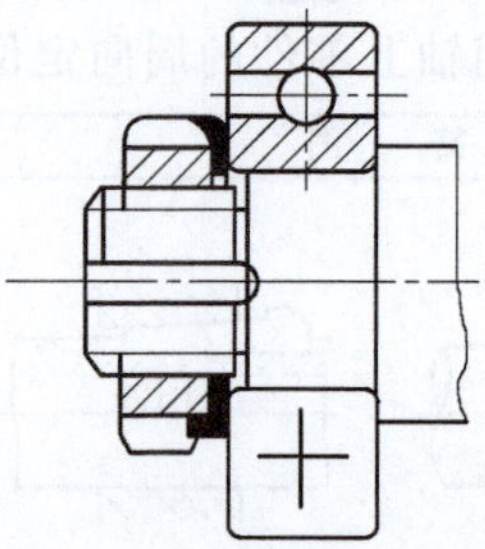	

（续）

定位与固定方法	简　图	特点与应用
	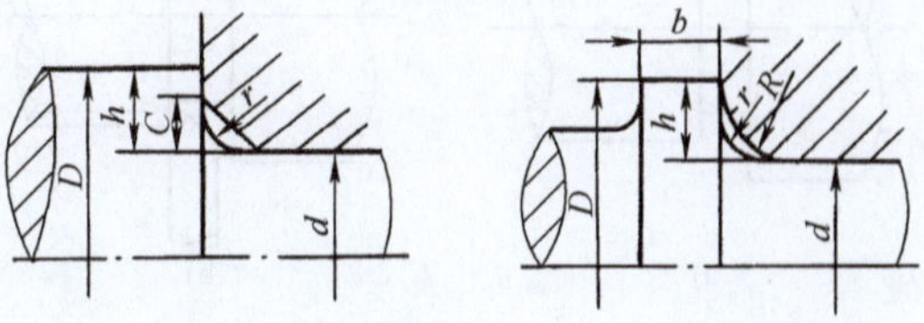	
	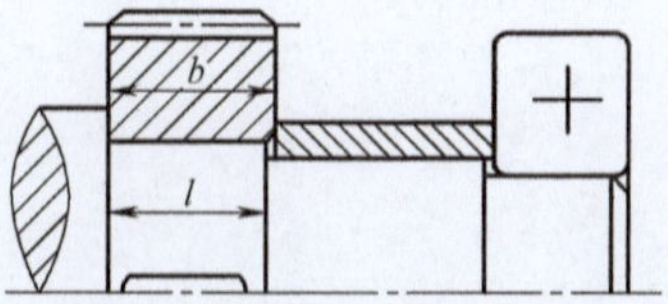	
	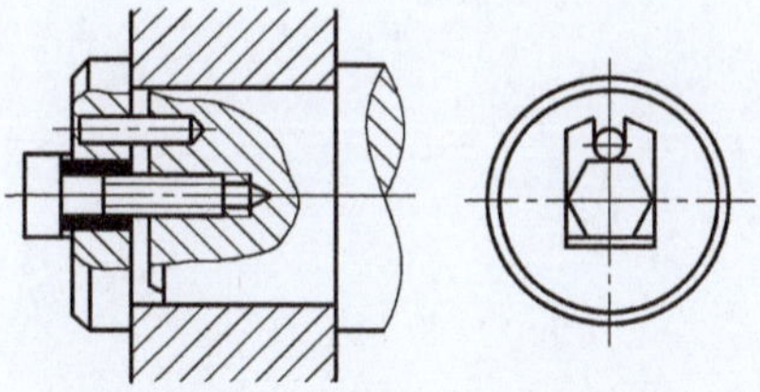	
	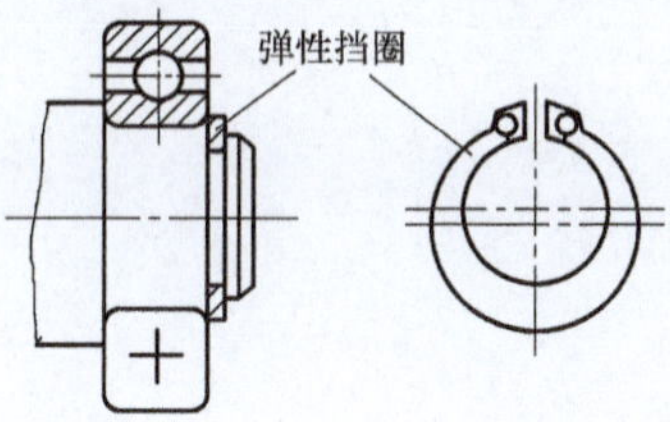	

5. 认识轴的结构工艺性要求。

1）为了便于轴上零件的安装和拆卸，一般轴的结构设计成＿＿＿＿＿的阶梯轴形状。

2）安装轴承的轴肩（或套筒）高度应＿＿＿＿＿轴承内圈厚度。

3）为避免损伤相配合的零件，轴上各段的轴端要有倒角或过渡圆角，并且同一轴上的圆角、倒角尺寸应尽量＿＿＿＿＿，便于加工。

4）图 a 和 b 所示分别表示加工时应留的槽，请填写名称。其中图 a 所示为＿＿＿＿＿加工时要留的槽，图 b 所示为＿＿＿＿＿加工时要留的槽。

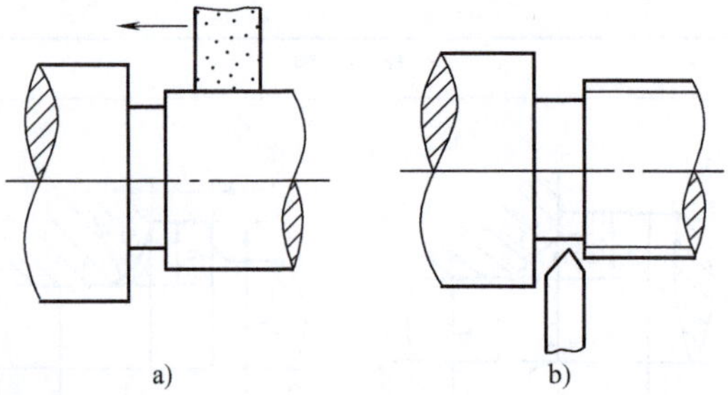

5）螺纹前导段的直径应______螺纹小径。

6）同一轴上有多个键槽时应开在______，避免多次装夹。

任务工单 10　轴承结构分析与应用

任务描述：

轴承是汽车传动机构中重要的支承零件，也广泛应用于其他各种机器、仪器和器械中，其主要作用是支承转动（或摆动）的运动零件，保证轴和轴上传动件的回转精度，减少摩擦和磨损，并承受载荷。通过汽车轴承结构的学习，达到相关的知识点的认识：

1）了解轴承的分类与应用。

2）掌握滑动轴承结构特点及装配要求。

3）掌握滚动轴承的类型、代号表示方法及其选用原则。

4）了解轴承组合结构的设计与安装。

学习指导：

通过“轴承结构分析与应用”任务活动，掌握轴承类型、应用、结构特点及要求等知识，解决类型选择、装配要求、使用维护等方面的问题。

任务活动：

1. 滑动轴承按所受载荷的方向分为两种类型，请写出下图中滑动轴承的类型名称。

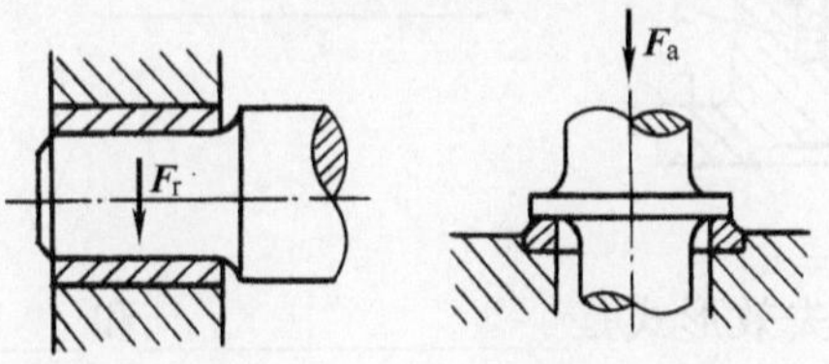

a) ________　　b) ________

2. 径向滑动轴承，主要承受径向载荷。径向滑动轴承主要结构形式有整体式和对开式两类。请写出下图中径向轴承的类型名称及各序号名称。

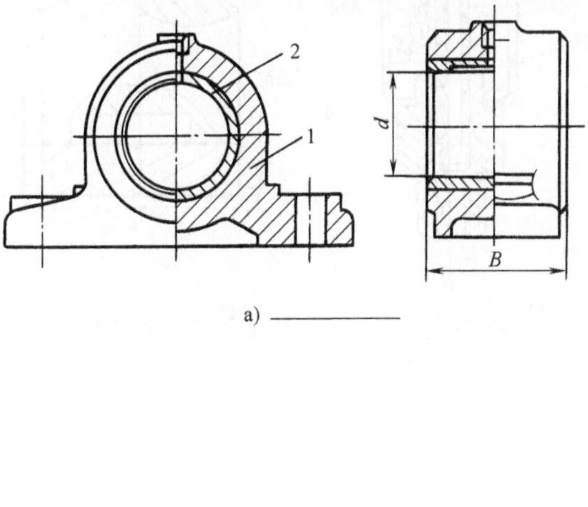

a) ________

1 ________________

2 ________________

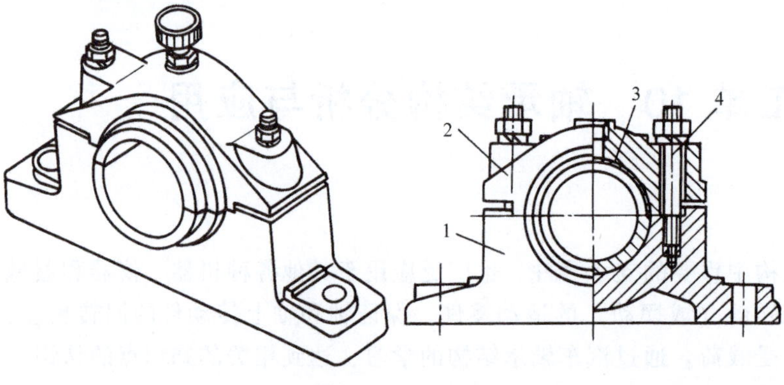

1 ____________
2 ____________
3 ____________
4 ____________

b) ____________

3. 推力滑动轴承用以承受轴向载荷，其常见的结构形式如下图，请写出下图中推力滑动轴承的类型名称及各序号名称。

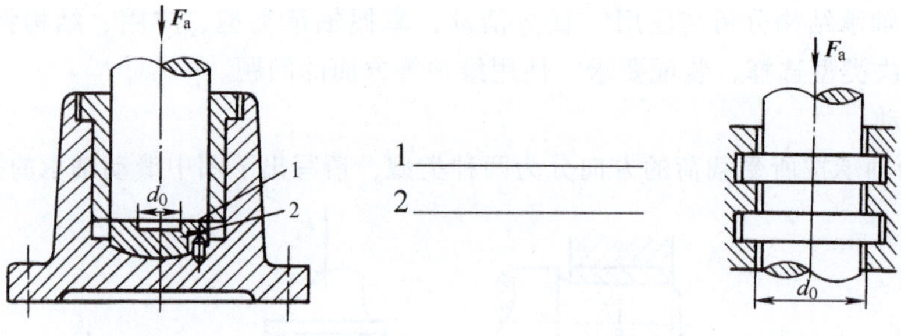

1 ____________
2 ____________

a) ____________ b) ____________

4. 滑动轴承最主要的失效形式是____________和____________。

5. 请写出下图中滑动轴承常用的润滑方法和润滑装置名称。

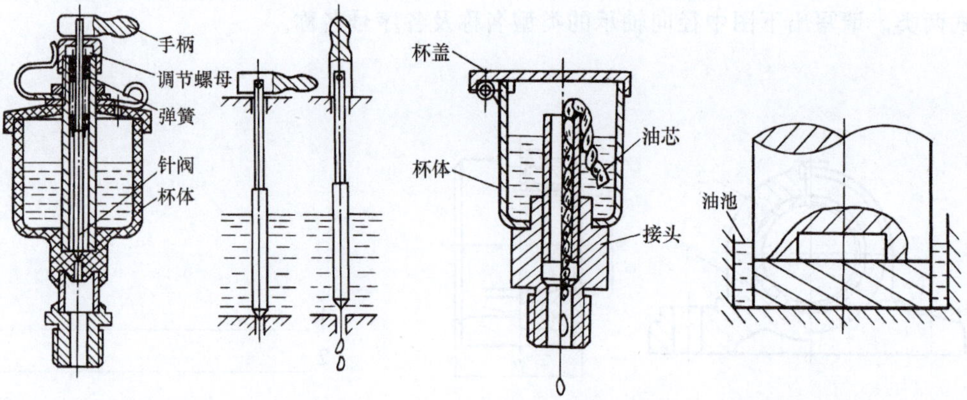

a) ____________ b) ____________ c) ____________

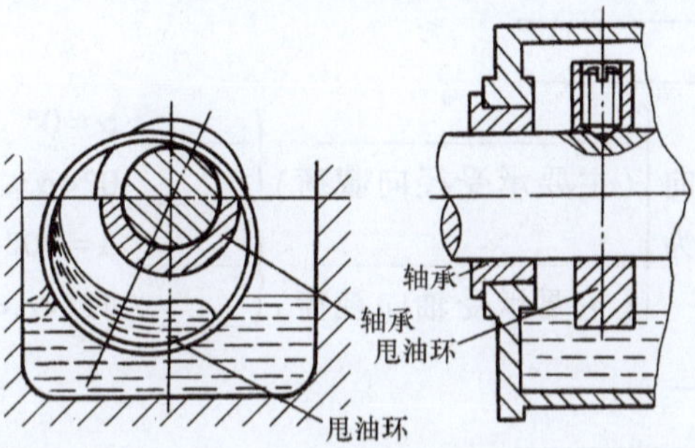

d) ________

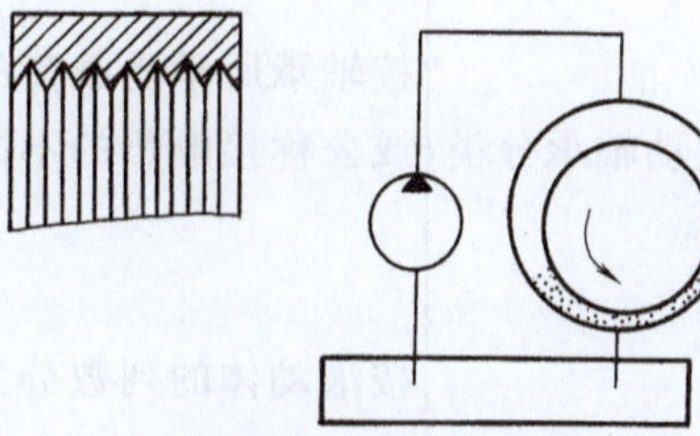

e) ________

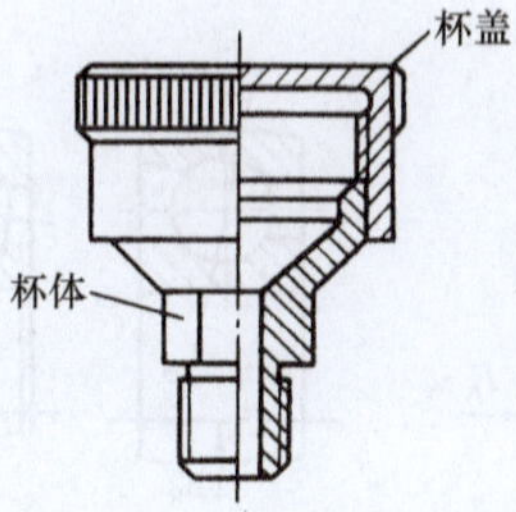

f) ________

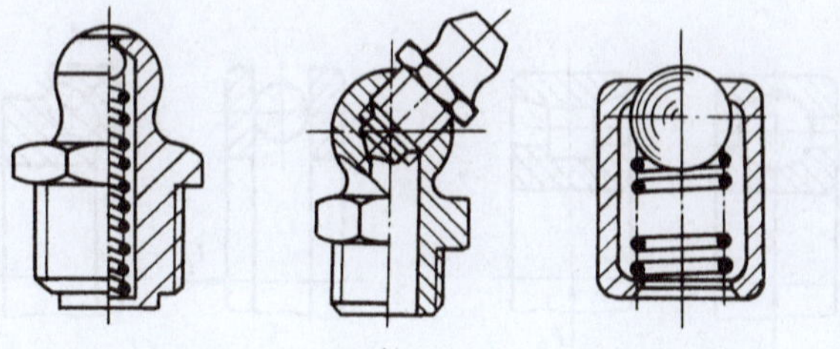

g) ________

6. 认识滚动轴承的结构，请写出下图中滚动轴承各组成部分的名称。

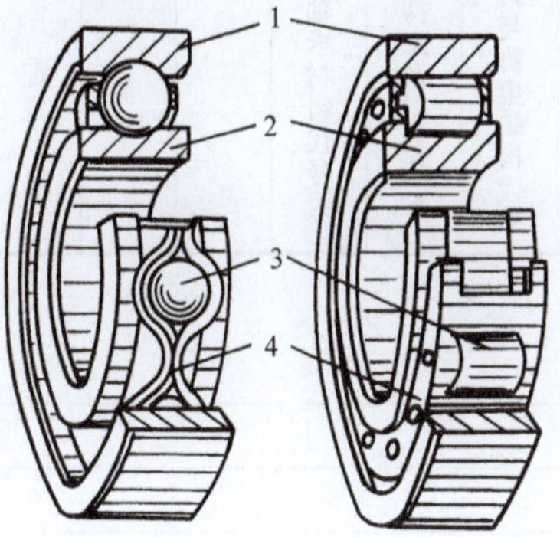

1 ________
2 ________
3 ________
4 ________

7. 滚动体是滚动轴承的核心元件，其形状如下图所示，请写出滚动体形状名称。

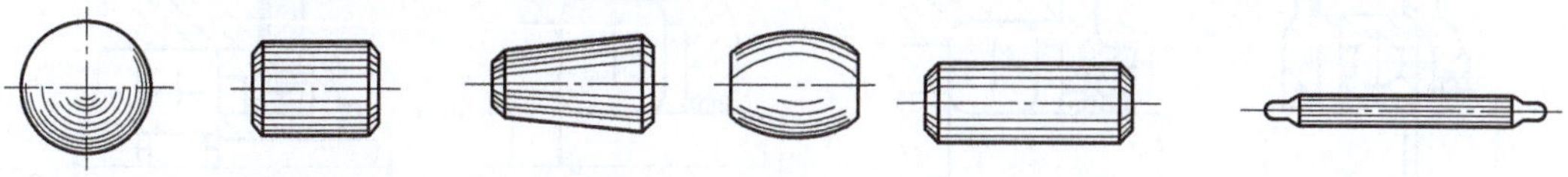

a) ________ b) ________ c) ________ d) ________ e) ________ f) ________

8. 认识滚动轴承的类型，请完成填空。

滚动轴承分类
- 按滚动体形状分为
  - ________
  - ________
- 按轴承所承受载荷的方向或公称接触角的不同分为
  - ________（主要承受径向载荷）
    - ________ $\alpha=0°$
    - ________ $0°<\alpha\leqslant45°$
  - ________（主要承受轴向载荷）
    - ________ $\alpha=90°$
    - ________ $45°<\alpha<90°$
- 按滚动体的列数分为
  - ________
  - ________
  - ________

9. 轴承的公称接触角是指什么？下图几种轴承分别是什么轴承，并标出其公称接触角。

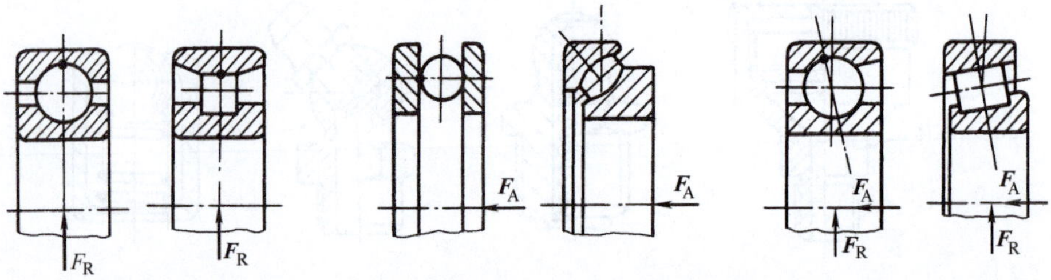

a)________ b)________ c)________

10. 认识滚动轴承的代号，完成下表。

<table>
<tr><td>前置代号</td><td colspan="5">基本代号</td><td colspan="8">后置代号</td></tr>
<tr><td rowspan="3">成套轴承分部件代号</td><td>第5位</td><td>第4位</td><td>第3位</td><td>第2位</td><td>第1位</td><td rowspan="3">内部结构代号</td><td rowspan="3">密封与防尘结构代号</td><td rowspan="3">保持架及材料代号</td><td rowspan="3">轴承材料代号</td><td rowspan="3"></td><td rowspan="3"></td><td rowspan="3">配置</td><td rowspan="3">其他</td></tr>
<tr><td rowspan="2"></td><td colspan="2">尺寸系列代号</td><td rowspan="2"></td><td rowspan="2"></td></tr>
<tr><td></td><td></td></tr>
</table>

11. 滚动轴承的失效形式主要有哪些？

____

____

____

12. 请写出下图滚动轴承的密封形式。

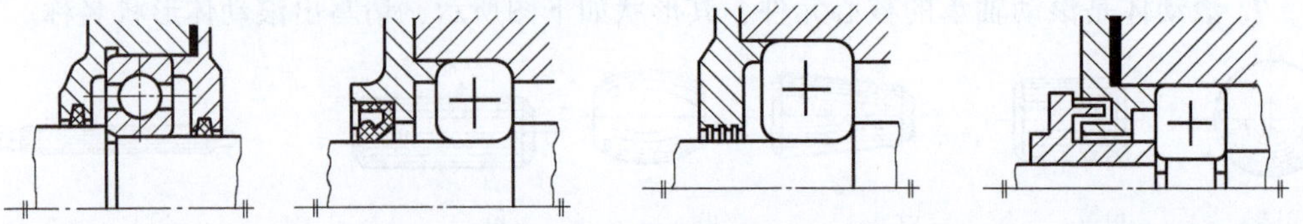

a)________ b)________ c)________ d)________

任务工单 11　常用联接类零件分析与应用

任务描述：

联轴器和离合器通常用来联接两轴并传递运动和转矩。有时也可以作为一种安全装置用来防止被联接件承受过大的载荷，起到过载保护的作用。通过汽车联轴器、离合器结构的学习，达到相关的知识点的认识：

1）认识并熟悉联轴器、离合器在汽车上的类型应用。

2）认识链联结的类型、特点和应用。

3）认识螺纹联接的类型、特点和应用。

学习指导：

通过“常用联接类零件分析与应用”任务活动，掌握联接类零部件的类型、结构特点及应用等知识，解决类型、型号选择、使用维护等方面的问题。

任务活动：

1. 按照联接件和被联接件是否可以相互运动，机械联接分为机械动联接和机械静联接，通常所说的联接主要指静联接，机械静联接按拆卸性质又可分为两类，如下所示，请写出常见的联接类型名称。

静联接
- 可拆的联接 ______ ______ ______
- 不可拆联接 ______ ______ ______

2. 联轴器和离合器在汽车中起什么作用？说明两者的区别。

____

____

____

3. 联轴器联接的两轴相对位置会发生变化，出现下图所示的相对位移或偏差，请写出每个图形代表哪一种相对位移。

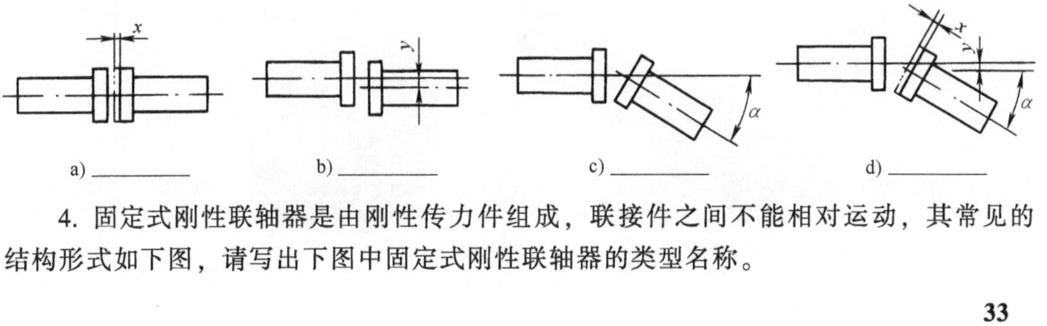

a) ________　b) ________　c) ________　d) ________

4. 固定式刚性联轴器是由刚性传力件组成，联接件之间不能相对运动，其常见的结构形式如下图，请写出下图中固定式刚性联轴器的类型名称。

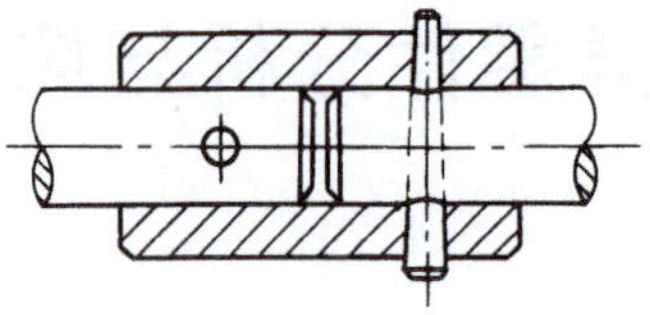

a) ________

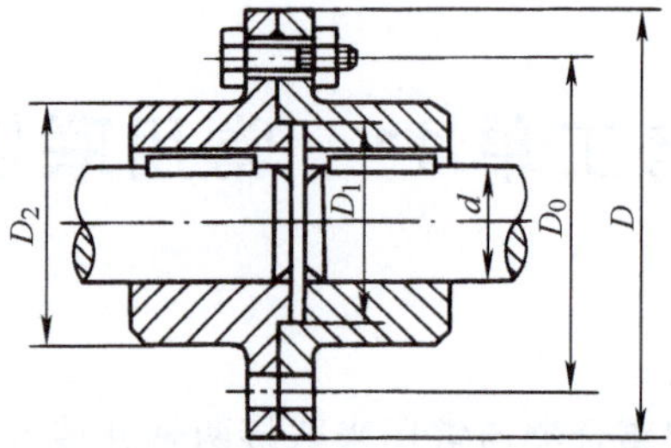

b) ________

5. 可移式刚性联轴器可以补偿两轴的相对位移，其常见的结构形式如下图所示，请写出下图中可移式刚性联轴器的类型名称。

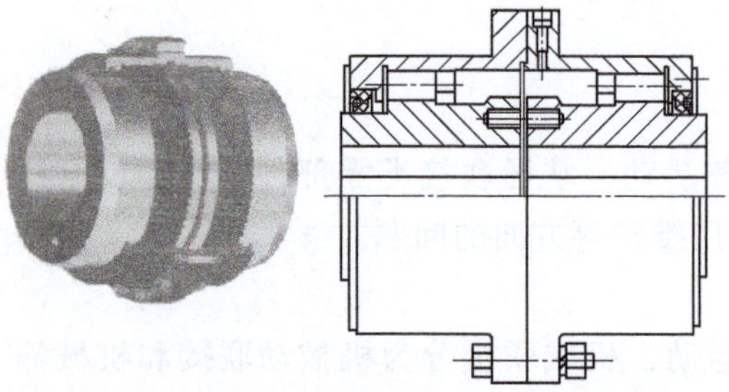

a) ________

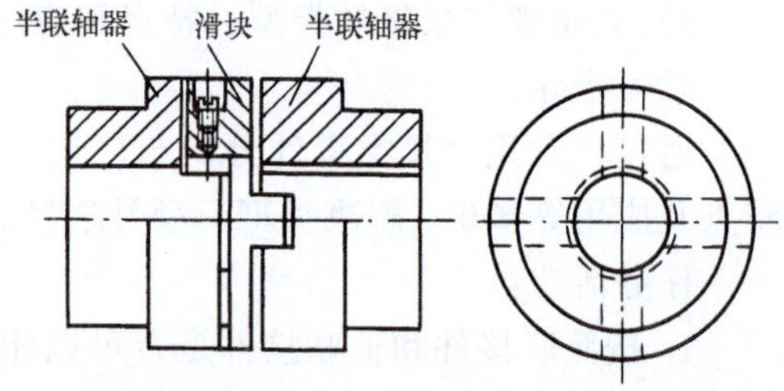

b) ________

6. 弹性联轴器依靠弹性元件的弹性变形来补偿两轴的相对位移，其常见的结构形式如下图，请写出下图中可移式刚性联轴器的类型名称。

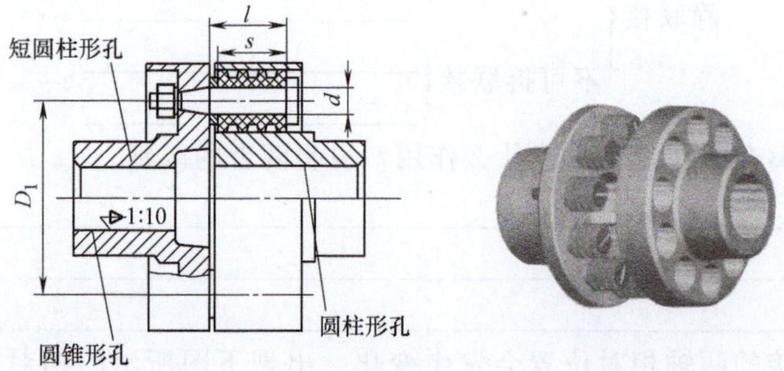

a) ________

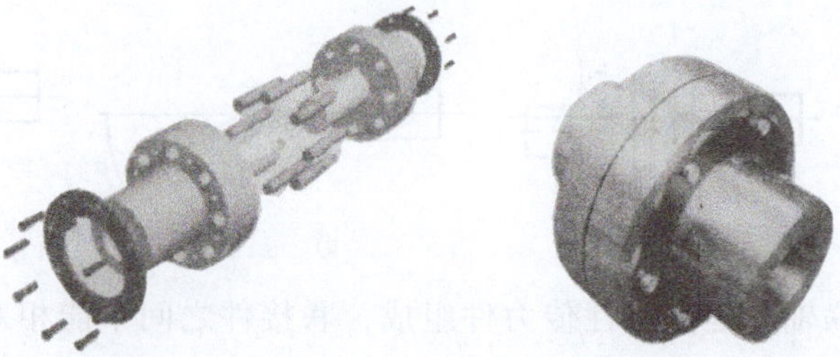

b) ________

7. 认识摩擦式离合器，请写出图中离合器的类型名称。

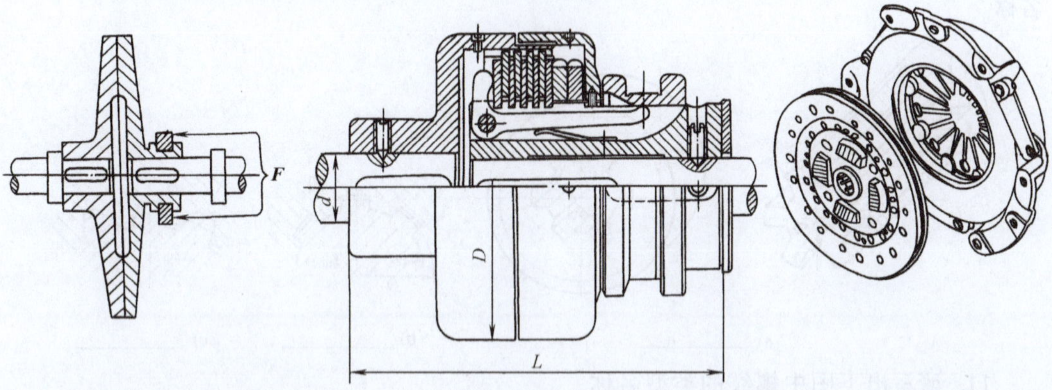

a) ________　　b) ________　　c) ________

8. 认识平键联结。常用的平键有普通平键和导向平键两种。

1）普通平键联结常用于________联接，请写出下图中普通平键的类型名称。

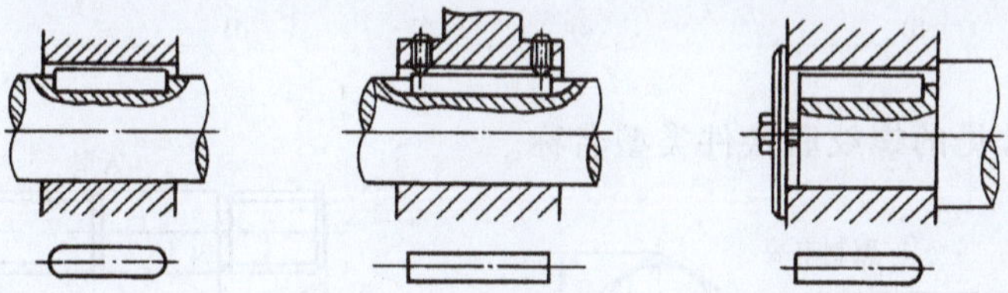

a) ________　　b) ________　　c) ________

2）导向平键常用于________联接，请写出下图中导向平键的类型名称。

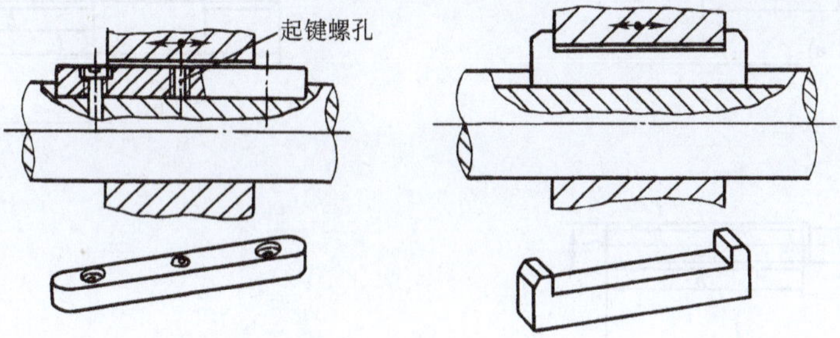

a) ________　　b) ________

9. 请写出下图中各种键的名称及其应用场合。

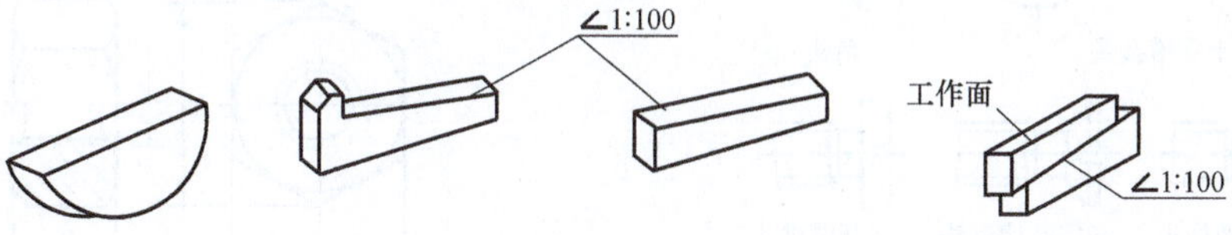

a)　　b)　　c)　　d)

名称：a）________　　b）________　　c）________　　d）________

应用：a）________　　b）________　　c）________　　d）________

10. 认识花键联结的结构，请说明其特点及应用，并写出下图中花键联结的类型名称。

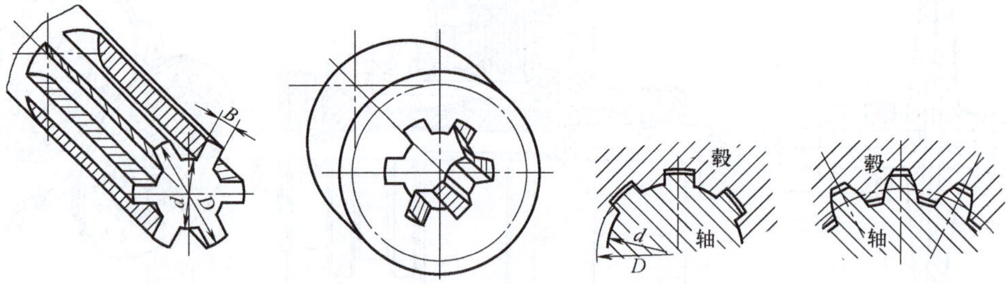

a) ____________ b) ____________ c) ____________

11. 请写出下图中螺纹的类型名称。

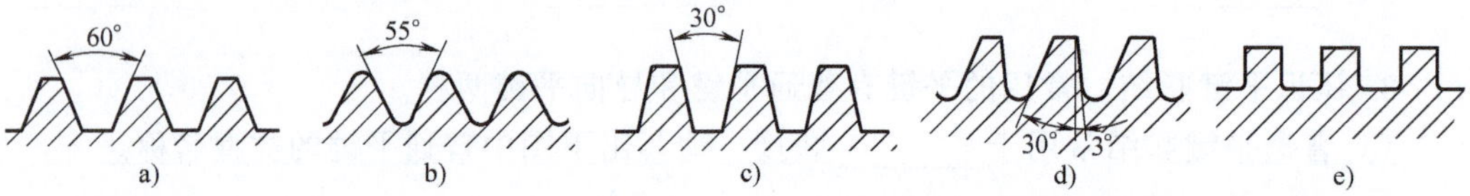

a) ____________ b) ____________ c) ____________ d) ____________ e) ____________

12. 请写出常见的螺纹联接件类型名称。

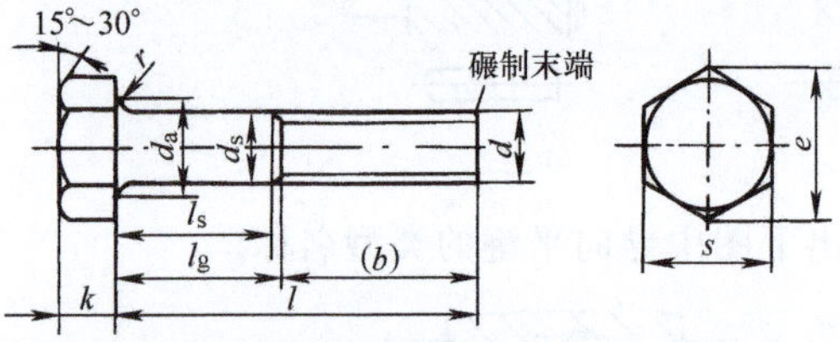

a) ____________

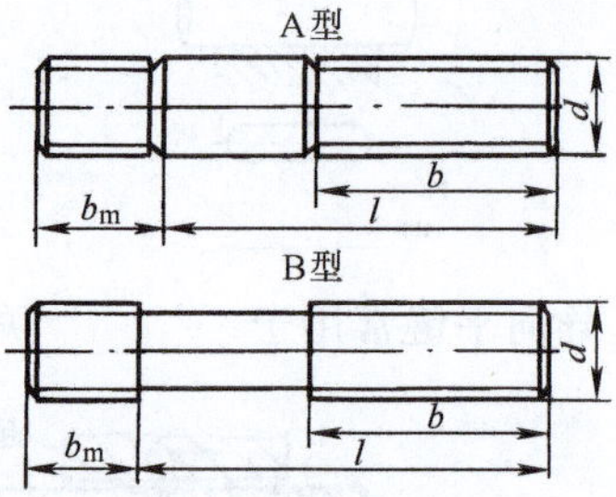

b) ____________

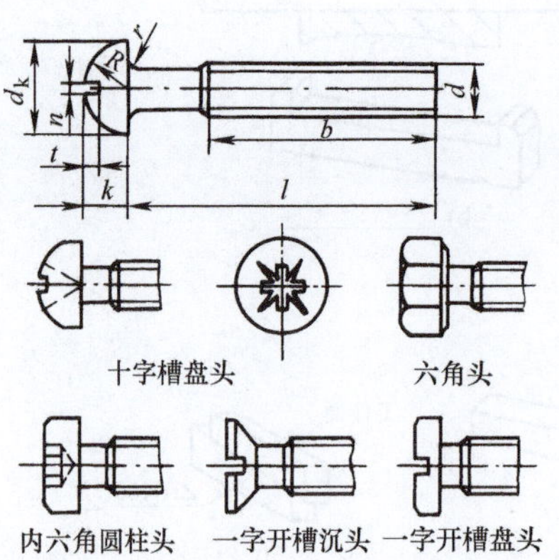

c) ____________

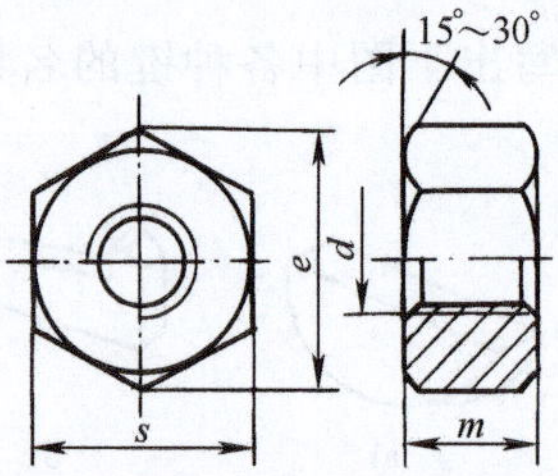

d) ____________

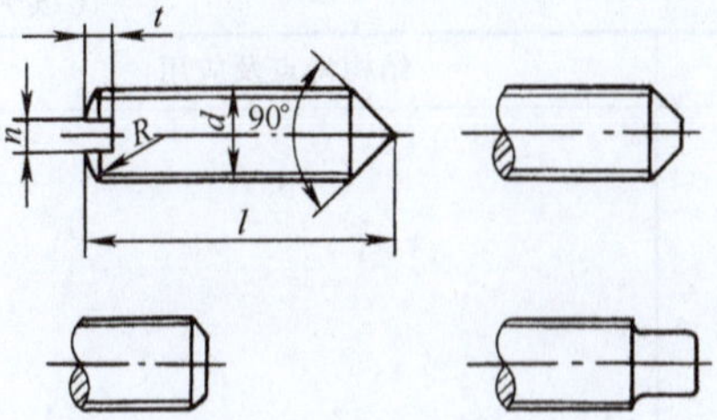

e) ____________

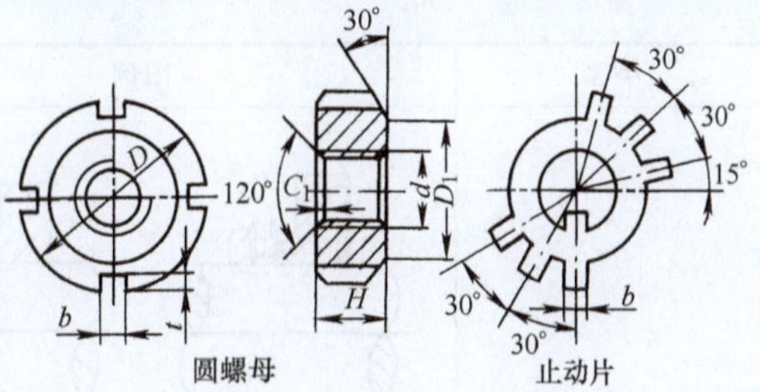

f) ____________

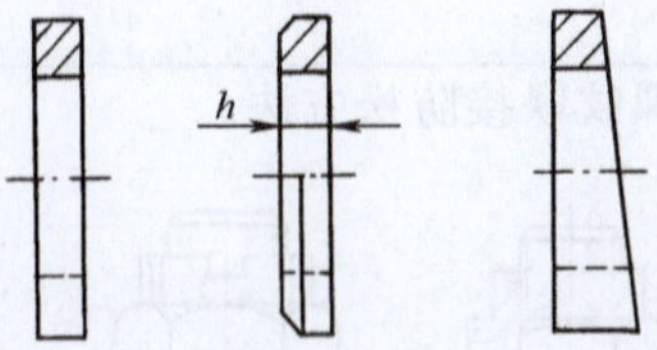

g) ____________

13. 请写出下图常用的螺纹联接的类型名称，结构特点及应用。

类型	图例	结构特点及应用
	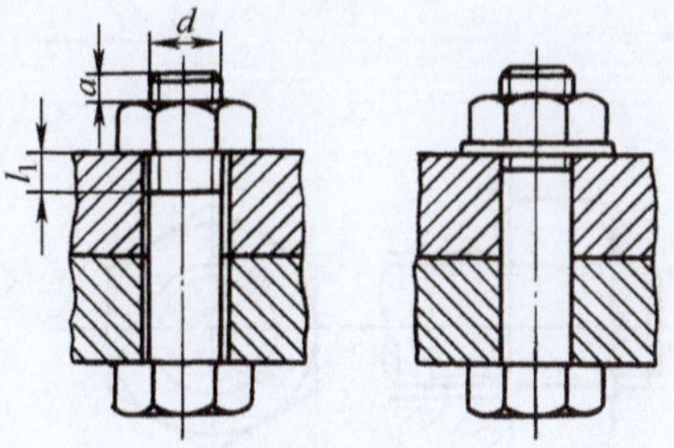	
	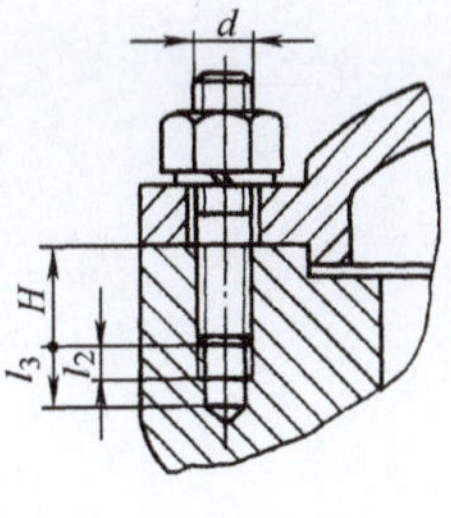	
	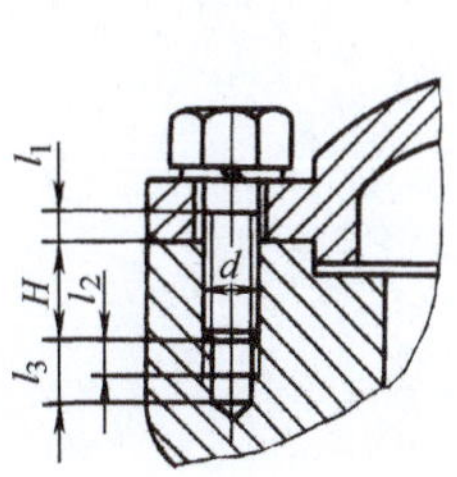	

（续）

类型	图例	结构特点及应用
	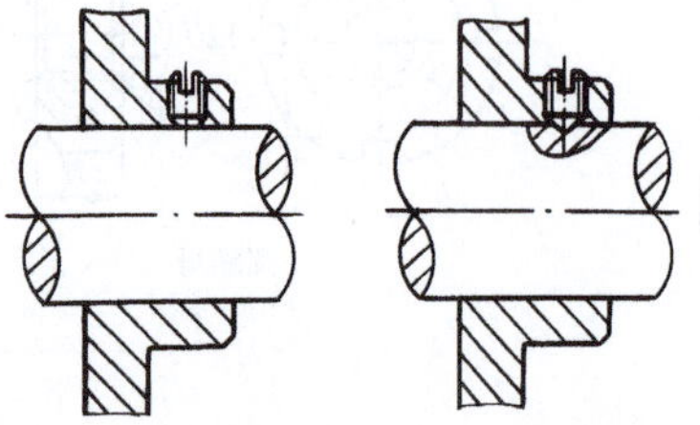	

14. 请写出下图中常见的螺纹联接防松方法。

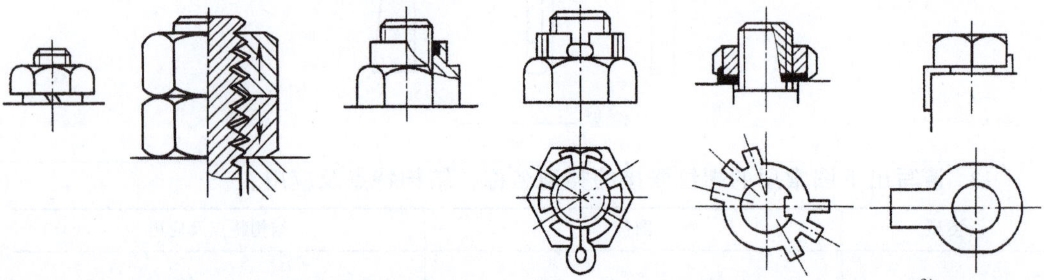

a) ________ b) ________ c) ________ d) ________ e) ________ f) ________

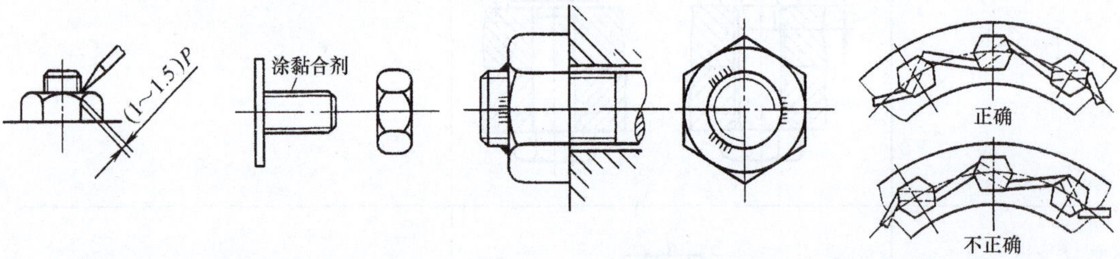

g) ________ h) ________ i) ________ j) ________

任务工单 12　弹簧的认知与应用

任务描述：

弹簧在汽车结构中有着重要的作用，更有很多汽车操作故障是由于弹簧性能引起的，如汽车在制动过程中产生制动拖滞现象，可能是由于制动控制阀的排气门弹簧疲劳折断或弹性失效引起的。因此，需要了解弹簧的特点，认识弹簧的功用及分类，合理选用和正确使用弹簧。

学习指导：

通过“弹簧的认知与应用”任务活动，了解弹簧的特点，认识弹簧的功用，认识弹簧的分类及应用，掌握弹簧的合理选用和正确使用。

任务活动：

1. 了解弹簧在汽车结构上的应用。

2. 弹簧的功用。

弹簧在机械中作为弹性元件，主要功用有：

1）____。

2）____。

3）____。

4）____。

3. 认识弹簧的类型及应用，请完成下表的填写。

类型		承载形式	简图	特点及应用
螺旋弹簧	圆柱		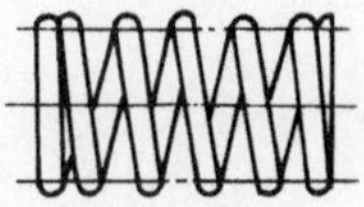	刚度稳定，结构简单，制造方便；应用范围最广，适用于各种机械
			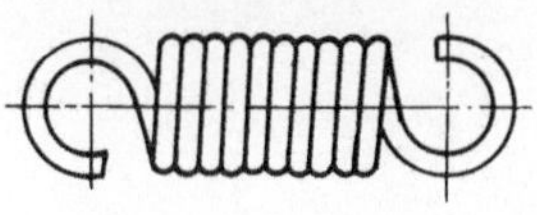	
			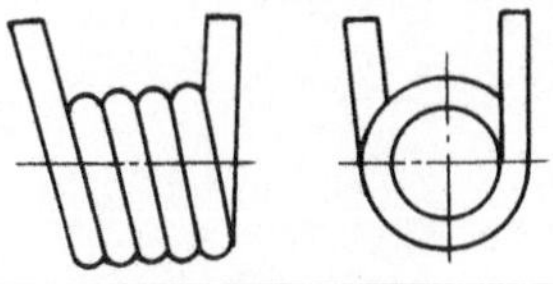	
	截锥	压缩		稳定性好，结构紧凑，刚度随载荷而变化，多用于需承受较大载荷和减振的场合

（续）

类型		承载形式	简图	特点及应用
碟形弹簧			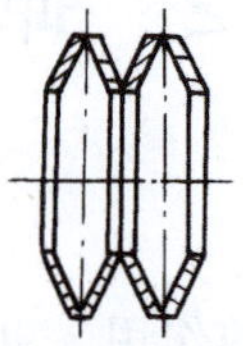	
环形弹簧			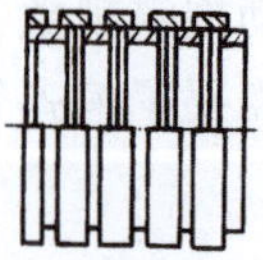	能吸收较多能量，有很高的缓冲和吸振能力，用于重型设备的缓冲装置
平面涡卷弹簧			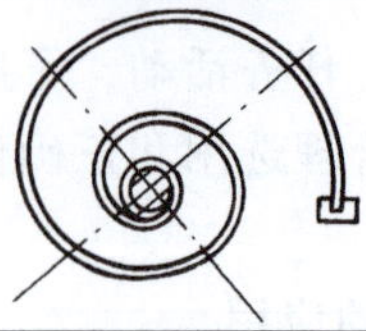	变形角大，能储存的能量大，轴向尺寸很小，多用作仪器、钟表中的储能弹簧
			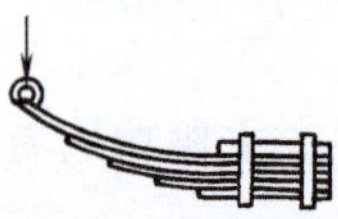	缓冲和减振性能好，多板弹簧减振能力强。主要用于汽车、拖拉机、火车车辆的悬架装置

任务工单 13　机械创新设计认知与实践

任务描述：

机械创新设计通常是在原有机械机构的基础上，通过重新排列组合、引申发散、否定重构等，创造新的功能原理和结构。对创新设计需要掌握相关基本知识：

1）认识创新设计，养成创新设计思维。

2）认识机构组合创新与结构创新的特点和方法。

3）掌握创新设计的方法步骤。

学习指导：

通过“机械创新设计认知与实践”任务活动，认识创新设计的类型、思维方法，了解机械创新设计的特点及设计过程，掌握汽车机械组成及基本特征，理解、掌握机械、机器、机构、零件等基本概念，加深对汽车专业的认识。

任务活动：

1. 什么是创新设计？了解机械创新设计有哪些特点。

2. 机构组合是以机构选型确定的机构方案为基础进行的，是机构构型创新的方法之一，常用的有：________、________、________、________机构组合。

3. 分析下图冲床运动机构组合的组合特点及主要功能。

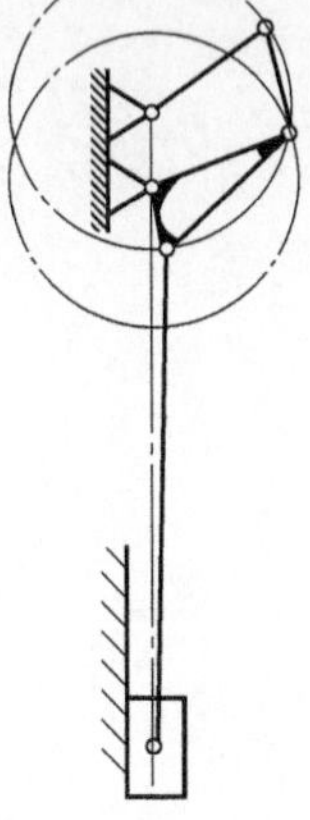

4. 分析下图机构组合的组合特点及主要功能。

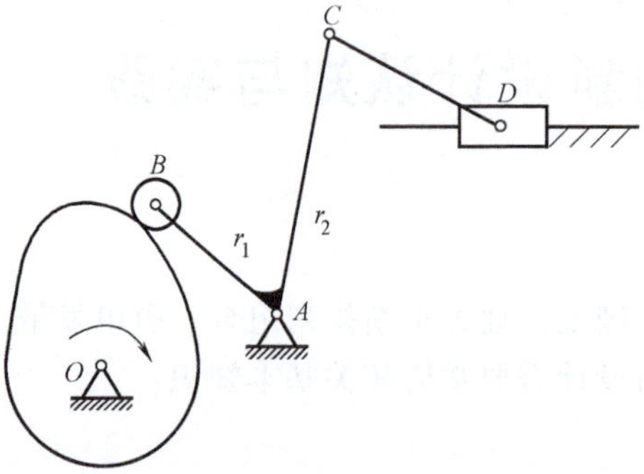

5. 分析多缸发动机曲柄连杆机构的组合特点及主要功能。

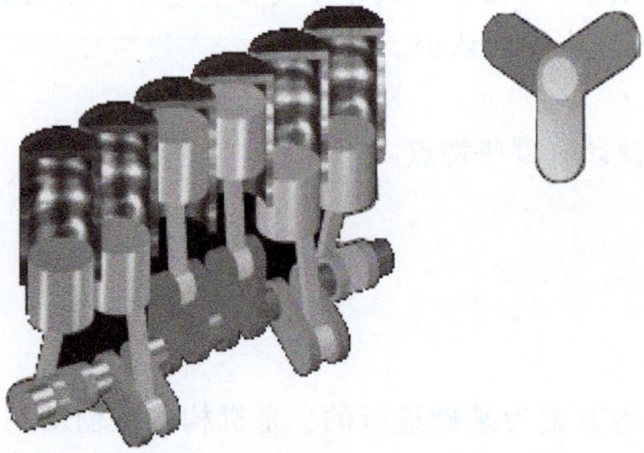

6. 分析平板印刷机上吸纸机构的组合特点及主要功能。

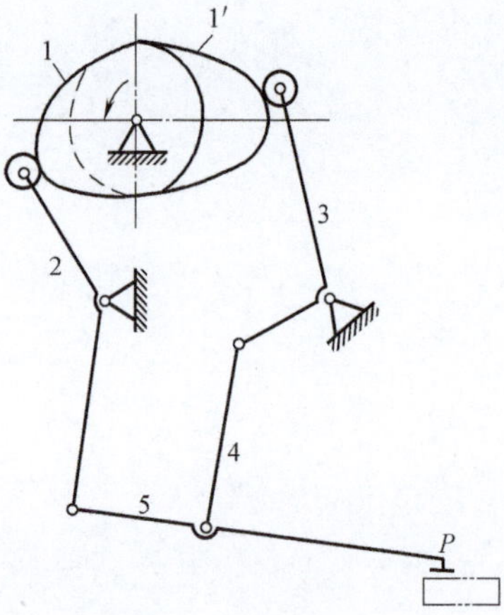

7. 分析电动玩具马的主体运动机构的组合特点及主要功能。

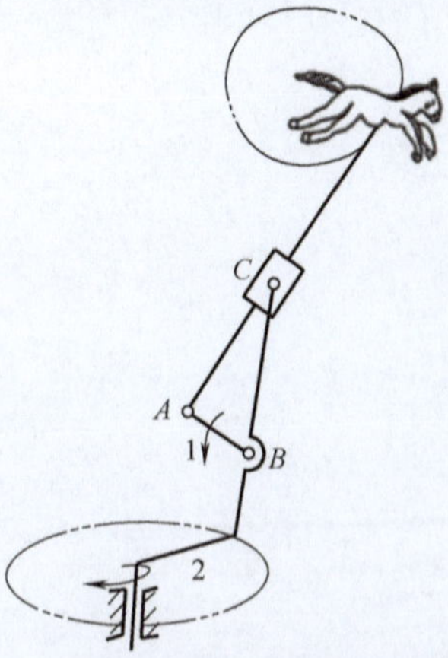

8. 创新项目选题的步骤可以分为哪几步？

9. 设计说明书是机械创新设计的整理和总结，一般包括哪几部分内容？

份。要求保护色彩的，还应当提交彩色图片或者照片一式两份。提交图片的，两份均应为图片；提交照片的，两份均应为照片，不得将图片或照片混用。如对图片或照片需要说明的，应当提交外观设计简要说明，一式两份。

申请文件的填写和撰写有特定的要求，申请人（单位）可以自行填写或撰写，也可以委托专利代理机构代为办理。考虑到精心撰写申请文件的重要性以及审批程序的法律严谨性，对经验不多的申请人来说，委托专利代理更为方便。

3. 委托代理申请发明和实用新型专利需要准备的材料

（1）必要信息

1）发明或实用新型名称。

2）发明人或设计人姓名、地址、国籍。

3）申请人姓名或名称、地址、国籍。

4）发明专利是否要求提前公开，是否要求在提交申请的同时请求实质审查。

（2）委托书　一件申请需提交一份委托书，申请量大的可以提交总委托书。委托书必须是由申请人签字或盖章的原件。因时间关系申请递交时不能够同时附委托书的，可以自申请日起两个月内补交。

（3）技术交底书　内容包括发明或实用新型名称、该发明或实用新型的技术领域、背景技术、该发明或实用新型的目的及实现目的的技术方案、实施效果、可提供附图对发明进行说明、实用新型必须提供附图。

1）专利名称应能够简明、准确地表明专利请求保护的主题。

2）技术领域是指本专利技术方案所属或直接应用的技术领域。

3）背景技术是指对该技术的理解、检索、审查有用的技术，可以引证反映这些背景技术的文件。背景技术是对最接近的现有技术的说明，它是改进技术方案的基础。此外，还要客观地指出背景技术中存在的问题和缺点，引证文献、资料的，应写明其出处。

4）发明内容包括所要解决的技术问题、解决其技术问题所采用的技术方案及其有益效果。

① 要解决的技术问题。指要解决的现有技术中存在的技术问题，应当针对现有技术存在的缺陷或不足，用简明、准确的语言写明所要解决的技术问题，也可以进一步说明其技术效果，但是不得采用广告式宣传用语。

② 技术方案。是申请人对其要解决的技术问题所采取的技术措施的集合。技术措施通常是由技术特征来体现的。技术方案应当清楚、完整地说明实用新型的形状、构造特征，说明技术方案是如何解决技术问题的，必要时应说明技术方案所依据的科学原理。撰写技术方案如机械产品时应注意以下几点：

a. 机械产品应描述必要零部件及整体结构关系，并描述其工作原理和工作过程。

b. 涉及电路的产品，请提供框图和电路原理图，并详细描述其连接关系和工作原理。

c. 机电结合的产品还应写明电路与机械部分的结合关系。

③ 有益效果。有益效果是指和现有技术相比所具有的优点及积极效果，它是由技术特征直接带来的，或者是由技术特征产生的必然的技术效果。

④ 附图说明。应写明附图的图名和图号，对各幅附图做简略说明，必要时可将附图中标号所示零部件名称列出。

⑤ 具体实施方式。具体实施方式是本技术方案基础上优选的具体实施例。实施方式应与技术方案相一致，并且应当对权利要求的技术特征给予详细说明，以支持权利要求。使所属技术领域的技术人员能够理解和实现，如果有多个实施例，每个实施例都必须与本专利所要解决的技术问题及其有益效果相一致。

如有必要，可以和专利代理机构签署委托代理合同。

单元训练与测评

1. 生活或生产实际中，对现有某机器或机械产品功能及结构进行调研，分析产品或结构中的机械问题，分析产品的工作原理、结构特点、强度、刚度、工艺性、材料选择、优缺点，提出改进设计方向等方面问题，形成独到见解或有创新的构思及方案设计。

2. 观察生活或生产实际，从改变某种生活方式或改造生产为目的，创新设计、改造或开发新一代机械装置。